ユーキャンの

2024年版

ケアマネジャー

書いて覚える！
ワークノート

U-CANが よくわかる！ その理由

● 過去の頻出問題から、出るポイントを凝縮して構成！！

■重要度を表示

過去に実施された試験問題を徹底的に分析。そのデータに基づき、レッスンごとに重要度をA、B、Cの3段階（最も重要度が高いものはA）で表示しています。

■重要事項を簡潔に表現

重要事項を簡潔に、コンパクトにまとめました。見開き単位で一定量の学習ができるため、1日の学習目標を設定しやすく、コツコツと少しずつ学習することができます。

● まとめノートをつくって効率的に理解できる

■キーワードの穴埋めや表づくりで理解

【書いて覚えよう！】では、左ページで学習した内容から、重要キーワードを穴埋めで書き込んだり、表や図を完成させることで、学習内容の理解をより深めることができます。

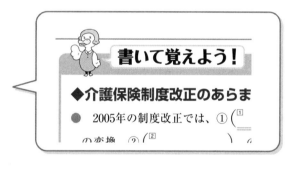

■振り返り確認で再度チェック

【確認しよう！】で、間違えやすいポイントをチェックできます（解答は本文中にあります）。

● 専門的な用語も、わかりやすい解説で理解しやすい

■用語解説も充実

過去の試験問題でよく問われている事項に関係する用語について、【用語】でわかりやすく解説しています。

本書の使い方

　ユーキャンの<ケアマネジャー>シリーズは、**はじめてレッスン**（入門書）、**速習レッスン**（基本書）、**過去問完全解説**、**一問一答**、**ワークノート**（書き込み式テキスト）、**2024徹底予想模試**、**要点まとめ**のラインアップで、段階を踏んだ効率的な学習をサポートします。本書「**ワークノート**」では、学習した内容をノートのように書いてまとめることで、知識の定着を図ります。

基本書に対応

 Lesson1
　分野名　　レッスンNo.

姉妹書「速習レッスン」の該当レッスン番号を記載しています。

介…介護支援分野
保…保健医療サービス分野
福…福祉サービス分野

重要度を表示

A

　本試験における重要度を A、B、Cで表示しました（最重要はA）。＊重要度は、過去問題の分析に基づいています。

学習スケジュールをチェック

　効果的な学習法として、繰り返し学習をおすすめします。1回目、2回目、3回目とそれぞれ学習した日をチェックしておきましょう。

マークで注目箇所を表示

　今年の試験対策として特に注意しておきたい内容に、注目マークをつけました。

介護支援分野　　**速 介 Lesson7**

レッスン **5**

保険者・国・都道府県の責務（1）

重要度 A
学習日

1. 市町村を中心とした事業の取り組み

　市町村および特別区（以下、市町村）は、介護保険の保険者として、介護保険事業を実施します。国は、介護保険事業の運営が健全かつ円滑に行われるよう保健医療サービス・福祉サービスの提供体制の確保に関する施策など措置を講じなければなりません。都道府県は、介護保険事業の運営が健全かつ円滑に行われるように、必要な助言および適切な援助をしなければなりません。また助言および援助をするにあたっては、介護サービスを提供する事業所・施設の業務の効率化、介護サービスの質の向上その他の生産性の向上に資する取り組みが促進されるよう努めなければなりません。

2. 国および地方公共団体の責務

（1）地域包括ケアシステムの推進
　国および地方公共団体（都道府県、市町村）は、介護サービスに関する施策、介護予防のための施策、地域における自立した日常生活の支援のための施策を、医療と居住に関する施策との有機的な連携を図りつつ、包括的に推進するよう努めます。また、これらの施策を包括的に推進するにあたっては、障害者その他の者の福祉に関する施策との有機的な連携を図るよう努めるとともに、地域住民が相互に人格と個性を尊重し合いながら、参加し、共生する地域社会の実現に資するよう努めなければなりません。

（2）認知症に関する施策の総合的な推進など
　「認知症施策推進大綱」の基本的な考え方等を踏まえ、国および地方公共団体は、認知症に関する施策を総合的に推進するよう努めるなどしなければなりません。

3. 市町村・都道府県への条例委任

　事業者・介護保険施設の人員・設備・運営基準、地域包括支援センターが包括的支援事業を実施するために必要な基準については、その指定権者である都道府県（指定都市・中核市は市）または市町村の条例に委任されています。ただし、指定基準の条例を制定する際には、国が定める以下の3つに沿って制定する必要があります。

①従うべき基準：必ず適合しなければならない基準。基準の範囲内で地域の実情に応じた内容は許容されるが、異なる内容を定めることは許されない
②標準：よるべき基準として、合理的な理由がある範囲内で地域の実情に応じ、異なる内容を定めることが許される
③参酌すべき基準：地方自治体が十分参酌した結果であれば、地域の実情に応じて、異

36

要点を振り返りチェック

　間違えやすいポイントを質問形式で振り返ります。解答は本文にあるので、最初は見ないで答え、答え合わせと復習をかねて、該当箇所をもう一度読み直しましょう。

介護支援分野 ● 保険者・国・都道府県の責務

書いて覚えよう

◆市町村を中心とした事業の取り組み

市町村	介護保険の（ ① ） として介護保険事業を実施する。 ※複数の市町村が地方自治法に定める広域連合や一部事務組合を設け、保険者となることも可能。
国	保健医療サービス・福祉サービスの提供体制の確保に関する施策などの措置を講じる。
都道府県	介護保険事業の運営が健全かつ円滑に行われるように、必要な（ ② ）や適切な（ ③ ）を行う。助言や援助をするにあたっては、介護サービスを提供する事業所・施設の業務の（ ④ ）、介護サービスの質の向上その他の（ ⑤ ）に資する取り組みが促進されるよう努めなければならない。

◆国および地方公共団体の責務

● 国および地方公共団体には、地域包括ケアシステムの推進や（ ⑥ ）に関する施策の総合的な推進などの責務がある。

◆市町村・都道府県への条例委任

従うべき基準	必ず（ ⑦ ）しなければならない基準。異なる内容を定めることは許されない。
（ ⑧ ）	よるべき基準としつつ、地域の実情に応じた内容を定めることが許される。
参酌すべき基準	地域の（ ⑨ ）に応じて、異なる内容を定めることが許容される。

確認しよう！

★事業者や施設の基準はどこの条例に定められる？ ⇨ Ⓐ

用語

特別区
東京23区のこと。
条例
その事務を運用するため、議会の議決により、地方公共団体（都道府県、市町村など）が制定する法律。制定された都道府県内、または市町村でしか効力がない。介護保険法では、介護保険の事務に関して、地域の実情にあわせて決めたほうが適当だと考えられるものは、条例により規定すべきとされている。
指定基準
各サービス事業者や施設のサービスごとに、①基本方針、②人員基準、③設備基準、④運営基準、⑤基準該当サービスの基準（認められている場合）、⑥介護予防のための効果的な支援の方法に関する基準（介護予防サービス、地域密着型介護予防サービス、介護予防支援）が定められ、これらをまとめて指定基準という。

NOTE

37

CONTENTS

介護支援分野

保健医療サービス分野

福祉サービス分野

資格について

① 受験資格

次の①〜⑤の業務に従事した期間が通算して5年以上、かつ900日以上ある人が受験することができます。

① 法定資格保有者

保健・医療・福祉に関する以下の法定資格に基づく業務に通算で5年以上、かつ900日以上従事した人

> 医師、歯科医師、薬剤師、保健師、助産師、看護師、准看護師、理学療法士、作業療法士、社会福祉士、介護福祉士、視能訓練士、義肢装具士、歯科衛生士、言語聴覚士、あん摩マッサージ指圧師、はり師、きゅう師、柔道整復師、栄養士（管理栄養士含む）、精神保健福祉士

② 生活相談員

生活相談員として、介護保険法に規定する特定施設入居者生活介護、介護老人福祉施設等において、相談援助業務に通算で5年以上、かつ900日以上従事した人

③ 支援相談員

支援相談員として、介護保険法に規定する介護老人保健施設において、相談援助業務に通算で5年以上、かつ900日以上従事した人

④ 相談支援専門員

相談支援専門員として、障害者総合支援法の計画相談支援、または児童福祉法に基づく障害児相談支援事業に通算で5年以上、かつ900日以上従事した人

⑤ 主任相談支援員

主任相談支援員として、生活困窮者自立支援法に規定する生活困窮者自立相談支援事業に通算で5年以上、かつ900日以上従事した人

➡ 介護支援専門員実務研修受講試験 ➡ 合格 ➡ 実務研修87時間以上受講 ➡ 修了 ➡ 資格登録、介護支援専門員証交付

※2018（平成30）年度試験からは、上記の法定資格所有者または相談援助業務従事者で、その資格に基づく実務経験が5年以上、かつ900日以上あることが受験要件となっています。

※2017（平成29）年度試験までは、経過措置として介護等の実務経験により受験が可能でしたが、現在は受験資格はありませんので注意しましょう。

※自分が受験資格に該当するかどうかの詳細は、必ず受験地の都道府県の受験要項にてご確認ください。

❷ 受験の手続き

　試験は全国共通の問題と日時で行われますが、実施するのは各都道府県ですので受験の手続きや申込み期間については都道府県によって異なります。詳細については受験要項で確認してください。

　受験要項は、受験資格に該当する業務に従事しているかたは勤務先の都道府県、受験資格に該当する業務に現在従事していないかたは住所地の都道府県に問い合わせて取り寄せます。

■試験の流れ（例年）

受験申込み受付期間	5月～7月頃
試験日	10月上旬～中旬の日曜日
受験地	受験申込みを受け付けた都道府県が指定
合格発表	12月上旬頃

❸ 試験について

（1）試験の内容

　試験の内容は下記の3つにわけられます。

・介護支援分野……………………介護保険制度とケアマネジメントなどについて。
・保健医療サービス分野…………高齢者の疾患、介護技術、検査などの医学知識、
　（保健医療サービスの知識等）　保健医療サービス各論などについて。
・福祉サービス分野………………相談援助、福祉サービス各論、他制度などについて。
　（福祉サービスの知識等）

（2）出題方式

　5肢複択方式……5つの選択肢から正解を2つまたは3つ選択して解答する。

（3）試験の問題数と解答時間

　2015年度の試験から法定資格による解答免除がなくなり、出題数は、一律で60問となりました。解答時間は2時間です。1問あたりでは、2分の解答時間となります。

■問題数と解答時間

分野	介護支援分野	保健医療サービス分野	福祉サービス分野
出題数	25問	20問	15問
解答時間	2時間		

（4）合格ライン

　「介護支援分野」と「保健医療福祉サービス分野（保健医療サービスの知識等と福祉サービスの知識等の合計）」の区分ごとに、合格点が示されます。

　合格点は、それぞれ7割程度の正解率を基準として、問題の難易度によって毎年補正されます。合格するには、両方の区分が合格点に達していることが必要で、どちらかが合格点に達していないと、合格にはなりません。

（5）合格率

合格率は、第21回試験では過去最低となりましたが、その後は20％前後で推移しています。受験者数は、受験要件の厳格化などにより第21回試験から減少していましたが、徐々に回復傾向にあります。

■受験者数・合格者数・合格率（厚生労働省発表）

	受験者数	合格者数	合格率
第1回（1998年度）	207,080人	91,269人	44.1%
第2回（1999年度）	165,117人	68,090人	41.2%
第3回（2000年度）	128,153人	43,854人	34.2%
第4回（2001年度）	92,735人	32,560人	35.1%
第5回（2002年度）	96,207人	29,508人	30.7%
第6回（2003年度）	112,961人	34,634人	30.7%
第7回（2004年度）	124,791人	37,781人	30.3%
第8回（2005年度）	136,030人	34,813人	25.6%
第9回（2006年度）	138,262人	28,391人	20.5%
第10回（2007年度）	139,006人	31,758人	22.8%
第11回（2008年度）	133,072人	28,992人	21.8%
第12回（2009年度）	140,277人	33,119人	23.6%
第13回（2010年度）	139,959人	28,703人	20.5%
第14回（2011年度）	145,529人	22,332人	15.3%
第15回（2012年度）	146,586人	27,905人	19.0%
第16回（2013年度）	144,397人	22,331人	15.5%
第17回（2014年度）	174,974人	33,539人	19.2%
第18回（2015年度）	134,539人	20,924人	15.6%
第19回（2016年度）	124,585人	16,281人	13.1%
第20回（2017年度）	131,560人	28,233人	21.5%
第21回（2018年度）	49,332人	4,990人	10.1%
第22回（2019年度）	41,049人	8,018人	19.5%
第23回（2020年度）	46,415人	8,200人	17.7%
第24回（2021年度）	54,290人	12,662人	23.3%
第25回（2022年度）	54,406人	10,328人	19.0%
第26回（2023年度）	56,494人	11,844人	21.0%
合　計	3,057,806人	751,059人	―

※第26回（2023年度）試験：10月8日　合格発表：12月4日

（注）2019（令和元）年10月13日実施の第22回試験は、台風19号の影響により1都12県で中止され、2020（令和2）年3月8日に再試験が実施されました。第22回試験の合格者数等は、再試験分を合算したものとなります。

介護保険制度改正の概要

2023（令和5）年5月（公布日：5月19日）に「全世代対応型の持続可能な社会保障制度を構築するための健康保険法等の一部を改正する法律」が成立し、健康保険法のほか複数の法律が一括で改正されました。介護保険法もこの法律の中で改正が行われています。介護保険制度にかかわる改正事項を中心にみていきましょう。

　「全世代対応型の持続可能な社会保障制度を構築するための健康保険法等の一部を改正する法律」は、**全世代**対応型の**持続可能な社会保障制度**を構築するため、①出産育児一時金に対する後期高齢者医療制度からの支援金の導入、②後期高齢者医療制度における後期高齢者負担率の見直し、③前期高齢者財政調整制度における報酬調整の導入、④医療費適正化計画の実効性の確保のための見直し、⑤かかりつけ医機能が発揮される制度整備、⑥市町村による介護情報の収集・提供などにかかる事業の創設等の措置を講じること、を趣旨としています。

少子・高齢化が進むなか、介護だけではなく、全世代で支え合う社会保障制度構築の視点も重要になりますね。上記の⑥は介護保険法に関する事項です。では、介護保険法の改正事項を順番にみていきましょう。

生産性の向上への取り組みと介護保険事業計画の見直しに関する事項

2024年4月1日施行

●都道府県の責務に生産性の向上などへの取り組みの促進の努力義務が規定

　都道府県の責務（第5条）には、「介護保険事業の運営が健全かつ円滑に行われるように、必要な助言および適切な援助をすること」が定められています。改正により、都道府県が「助言および援助」をするにあたり、介護サービス事業所・施設における**業務の効率化、介護サービスの質の向上**その他**生産性の向上**に資する取り組みが促進されるようにすることが努力義務として加わりました。

●介護保険事業計画の見直し
＜介護保険事業計画に生産性の向上に資する取り組みが追加＞

　都道府県介護保険事業支援計画では、介護サービスや地域支援事業の従事者の確保と資質の向上、業務の効率化とその質の向上に資する事業に関する事項について**定めるよう努める**ものとされていました。改正により、これに「**生産性の向上**」に資する事業に関する事項が追加されました。

市町村介護保険事業計画でも、同様の改正があり、定めるよう努める事項として、**生産性の向上に資する都道府県と連携した取り組み**に関する事項が加わりました。

キーワードは生産性の向上だね！

＜介護保険事業計画作成時の留意事項が追加＞
　市町村介護保険事業計画・都道府県介護保険事業支援計画の作成にあたり、住民の加齢に伴う**身体的、精神的および社会的な特性**を踏まえた**医療および介護の効果的・効率的な提供の重要性**に留意することが追加されました。

複合型サービスの定義の見直しに関する事項

2024年4月1日施行

●複合型サービスの定義の明確化
　複合型サービスにおける**看護小規模多機能型居宅介護**について、法律上の定義でそのサービス内容が明確にわかるよう改正がされました。

■第8条第23項　複合型サービスの定義

改正前	改正後
「複合型サービス」とは、居宅要介護者について、（中略）～を二種類以上組み合わせることにより提供されるサービスのうち、<u>訪問看護及び小規模多機能型居宅介護の組合せその他の居宅要介護者について一体的に提供されることが特に効果的かつ効率的なサービスの組合せにより提供されるサービスとして厚生労働省令で定めるものをいう。</u>	「複合型サービス」とは、居宅要介護者について、（中略）～を二種類以上組み合わせることにより提供されるサービスのうち、**次に掲げるものをいう。** 一　訪問看護及び小規模多機能型居宅介護を一体的に提供することにより、居宅要介護者について、その者の居宅において、又は厚生労働省令で定めるサービスの拠点に通わせ、若しくは短期間宿泊させ、日常生活上の世話及び機能訓練並びに療養上の世話又は必要な診療の補助を行うもの 二　前号に掲げるもののほか、居宅要介護者について一体的に提供されることが特に効果的かつ効率的なサービスの組合せにより提供されるサービスとして厚生労働省令で定めるもの

複合型サービスの新しい組み合わせが決まった場合は「厚生労働省令」で定められます。

地域包括支援センターの業務の見直しに関する事項

2024年4月1日施行

＜指定介護予防支援事業者の対象拡大＞

指定居宅介護支援事業者は、市町村から直接指定を受け、指定介護予防支援事業者として、要支援者のケアマネジメント（介護予防支援）を実施できることになりました。

指定居宅介護支援事業者は、これまでどおり、地域包括支援センターから介護予防支援の業務の委託を受けることもできます。

＜指定介護予防支援事業者に対する情報提供を求める規定を追加＞

包括的支援事業では、包括的・継続的ケアマネジメント支援業務において、居宅サービス計画・施設サービス計画の検証などを行いますが、改正により、介護予防サービス計画の検証も行うことになりました。そして、この介護予防サービス計画の検証の実施にあたり必要があると認めるときは、市町村長は、指定介護予防支援事業者に介護予防サービス計画の実施状況その他の厚生労働省令で定める事項に関する情報の提供を求めることができることになりました。

＜総合相談支援業務の委託＞

地域包括支援センターの設置者は、包括的支援事業のうち、総合相談支援業務（事業）の一部を指定居宅介護支援事業者に委託することが可能になりました。

介護サービス事業者経営情報の調査および分析などに関する事項

2024年4月1日施行

介護サービス事業者の経営状況を詳細に把握・分析し、介護保険制度の施策の検討などに活用できるよう、介護サービス事業者の収益や費用などの経営情報（介護サービス事業者経営情報）の調査・分析などに関する事項が、改正により介護保険制度に位置づけられました。

■事業者・都道府県知事・国の規定

介護サービス事業者	収益・費用などの介護サービス事業者経営情報を都道府県知事に定期的に報告しなければならない（義務）。
都道府県知事	介護サービス事業者経営情報について**調査・分析**を行い、その内容を**公表**するよう努める。事業者に対する報告命令、事業者が命令に従わない場合の指定取り消しなどの権限を有する。
厚生労働大臣（国）	介護サービス事業者経営情報を収集して整理・分析し、その結果をインターネットなどで国民に迅速に提供できるよう、必要な施策を実施。必要に応じて都道府県知事に介護サービス事業者の活動の状況などの情報の提供を求めることができる。

介護情報の収集・提供などにかかる事業の創設に関する事項

公布の日から起算して4年を超えない範囲内において政令で定める日に施行

市町村が行う地域支援事業の**包括的支援事業**に、次の事業が追加されました。

被保険者の保健医療の向上および福祉の増進を図るため、被保険者、介護サービス事業者その他の関係者が被保険者にかかる情報を共有し、および活用することを促進する事業

また、この事業での被保険者または被保険者であった者についての情報の収集、整理、利用または提供に関する事務の全部または一部を**社会保険診療報酬支払基金**や国民健康保険団体連合会などに委託することができます。

実施はずいぶん先ですね。

試験時点で未施行のものは、参考として読んでおきましょう。

その他

指定介護療養型医療施設は廃止が決定していましたが、経過措置により存続していました。2024（令和6）年3月31日をもって経過措置が終了し、完全に廃止されます。

今回の介護保険法の改正事項ではありませんが、押さえておきましょう。2012年度から新たな指定は行われず、介護医療院などへの転換が進められています。

過去5年（2019年～2023年）の試験問題を選択肢ごとにわけ、姉妹書「速習レッスン」の内容ごとに、出題状況を示しています。

※事例問題については含めていませんが、介護支援分野で毎年平均2問出題されています。
★★★＝10選択肢以上　★★＝5～9選択肢　★＝4選択肢以下

介護支援分野	第22回	第23回	第24回	第25回	第26回
高齢化と高齢者介護を取り巻く状況		★★			★★
介護保険制度の創設				★	
介護支援専門員	★★★		★★	★★	★
介護保険制度の実施状況と制度改正	★★	★★★	★★	★★★	★
社会保障と社会保険制度			★★		★★
介護保険制度の目的等	★★	★★	★★		
保険者・国・都道府県の責務等	★★	★★	★★	★★	★★
被保険者	★★		★	★★	★★★
要介護認定等の概要と申請手続き	★★★	★★	★★	★★★	★★
審査・判定と市町村の認定	★★	★★★	★★	★★	★
保険給付の種類		★★	★★		
利用者負担		★★★			★★
介護報酬					★
支給限度基準額			★★		
他法との給付調整・その他通則		★			★★
事業者・施設の指定	★★		★★	★	★★
事業者・施設の基準				★	
介護サービス情報の公表	★★	★	★★	★★	★★
地域支援事業	★★★	★★	★★	★★★	★★
地域包括支援センター					★★
介護保険事業計画	★★	★★	★★		★★★
保険財政	★★★	★★★	★★★	★★★	★
国保連の業務				★★	
介護保険審査会	★★	★★			★★
居宅介護支援事業の基準	★★	★★	★★	★★	★
居宅介護支援	★★★	★★★	★★★	★★★	★★
介護予防支援事業の基準					
介護予防ケアマネジメント	★★	★★		★★	
介護保険施設の基準				★	
施設介護支援	★★		★★		★★

要介護認定・要支援認定
近年では、認定調査票の基本調査項目や主治医意見書の内容からもよく出題されています。申請から認定までの流れをひと通り理解しておきましょう。

介護保険制度の内容
介護保険制度の内容を問う問題は、法律が根拠となるため、しっかりとした知識が求められます。特に介護保険事業計画、保険給付全般、事業者・施設の指定や運営基準、保険財政、地域支援事業について理解しておきましょう。

ケアマネジメント
基本的視点として、自立支援などのキーワードをおさえておきましょう。また、居宅介護支援事業者の運営基準、課題分析標準項目、ケアプランの作成についてもしっかりと学習しましょう。

保健医療サービス分野	第22回	第23回	第24回	第25回	第26回
老年症候群	★	★★	★	★	★★
高齢者の疾患の特徴・代謝異常による疾患とがん	★★		★	★	
脳・神経の疾患		★	★	★	
循環器の疾患	★	★		★	
呼吸器の疾患			★		
消化器・腎臓・尿路の疾患				★	
骨・関節の疾患	★	★	★	★	
目・皮膚の疾患			★	★	
バイタルサイン	★★★	★	★★	★	★★
検査値	★★	★★	★★	★★	★★
褥瘡への対応		★★	★		★★
食事の介護と口腔ケア	★★★	★★★	★	★	
排泄の介護			★★		
睡眠の介護	★★		★		
入浴・清潔の介護			★	★	
リハビリテーション		★		★★	★★
認知症	★★	★★	★★	★★	★★
高齢者の精神障害	★★	★★	★★	★★	★
医学的診断と現状の医学的問題	★★	★★	★★	★★	★★★
栄養と食生活の支援		★	★★	★★	★★
薬の作用と服薬管理			★	★★	
在宅医療管理	★★	★★	★★	★★	★
感染症の予防	★★	★★	★★		★★
急変時の対応	★★★	★★	★★	★	★★
健康増進と疾病障害の予防				★	★★
ターミナルケア	★★	★★	★★	★★	★★
訪問看護		★★	★★	★★	
訪問リハビリテーション					
居宅療養管理指導	★★				
通所リハビリテーション		★★		★★	★★
短期入所療養介護	★★	★		★★	★★
定期巡回・随時対応型訪問介護看護				★★	
看護小規模多機能型居宅介護	★★	★★	★★		★★
介護老人保健施設		★★	★★	★★	★★
介護医療院	★★	★★	★★		★★

医療の知識

バイタルサイン、検査値は頻出です。糖尿病や循環器の疾患、がんは生活習慣も深くかかわるため、予防の観点からの理解も重要です。

介護の知識

食事の介護について、栄養、口腔ケア、誤嚥性肺炎などとあわせて理解しておきましょう。

医療の知識

認知症は必ず問われる重要項目です。認知症の基本的な症状や対応、認知症の人や家族を支える社会資源など幅広く理解しておきましょう。

医療の知識

在宅医療管理、感染症の予防、急変時の対応、ターミナルケアは出題頻度も高く、大変重視されています。

サービス各論

人員・設備・運営基準のほか、介護報酬における基本報酬の区分や加算について、サービスの特色とあわせ、整理して覚えましょう。

福祉サービス分野	第22回	第23回	第24回	第25回	第26回
ソーシャルワークの概要	★★★	★★	★★	★★	★★
相談面接技術	★★★	★★★	★★★	★★★	★★★
支援困難事例		★★	★★	★★	
訪問介護	★★	★★	★★	★★	★★
訪問入浴介護	★★	★★	★★	★★	★★
通所介護	★★	★★	★★	★★	★★
短期入所生活介護	★★	★★	★★	★★	★★
特定施設入居者生活介護					
福祉用具		★★		★★	
住宅改修	★★		★★		★★
夜間対応型訪問介護	★★		★★		
地域密着型通所介護					
認知症対応型通所介護	★★		★★		★★
小規模多機能型居宅介護		★★		★★	★★
認知症対応型共同生活介護		★★		★★	
その他の地域密着型サービス					
介護老人福祉施設	★★	★★	★★	★★	★★
社会資源の導入・調整					
障害者福祉制度				★★	
生活保護制度	★★	★★	★★	★★	★★
生活困窮者自立支援制度	★★		★★		
後期高齢者医療制度					
高齢者住まい法					
老人福祉法					
個人情報保護法					
育児・介護休業法					
高齢者虐待の防止		★★			★★
成年後見制度	★★	★★	★★	★★	★★
日常生活自立支援事業					

福祉の知識

相談援助やコミュニケーション技術、ソーシャルワークの手法などでは、常識で解ける設問もありますので、得点源としましょう。

サービス各論

訪問介護や通所介護では介護報酬の加算要件もよく出題されます。訪問介護では、サービス内容、提供できない援助についても理解しておきましょう。福祉用具では給付内容が頻出です。

関連制度

高齢者の権利擁護のための制度（特に成年後見制度）、生活保護制度については、出題されると思って対策しておきましょう。高齢者虐待では、高齢者虐待防止法の条文内容が問われますので、しっかり理解しておきましょう。

介護支援分野

介護保険制度導入の背景

重要度 **C**
学習日 ／／／

1. 総人口の減少と高齢化の進行

わが国の総人口は、2070（令和52）年には8,700万人になると予測され、**少子・高齢化**が進んでいます。特に75歳以上の**後期高齢者**の増加が著しいです。20 〜 64歳の稼働年齢層と75歳以上の人口比率でみると、2015（平成27）年には、75歳以上1人を20 〜 64歳の4.4人で支えていましたが、2045（令和27）年には2.4人で支えることになると見込まれています。

2. 高齢者介護を取り巻く状況

（1）加齢による認定率増加と認知症高齢者の増加

要介護認定・要支援認定を受けた**要介護者・要支援者**（要介護者等）の割合は、加齢とともに上昇します。75歳以上で約3割、**85歳以上では約6割**となっています。また、厚生労働省の推計では、認知症高齢者数は、2025（令和7）年には、高齢者人口の**約2割**になると予測されています。

（2）世帯の動向

65歳以上の者のいる世帯では、**夫婦のみの世帯**（32.1％）が最も多く、次いで**単独世帯**（31.8％）、親と未婚の子のみの世帯（20.1％）となっています（2022年国民生活基礎調査）。

また、今後、世帯主が75歳以上の世帯数は**増加**し、単独世帯の増加が顕著になると推計されています。

3. 従来の制度と介護保険制度の創設

介護保険制度施行前は、高齢者の介護は、主に**老人福祉制度**と**老人医療制度**が対応してきました。老人福祉制度では**措置制度**、老人医療制度では社会保険制度のしくみを利用してサービスを提供していましたが、さまざまな問題点が指摘され、また対応窓口が異なり利用しにくいものとなっていました。こうした従来の高齢者介護に関する制度の問題点を解決するため、制度を再編成し、創設されたのが**介護保険制度**です。

書いて覚えよう！

◆総人口の減少と高齢化の進行

● わが国の総人口は、2070年には8,700万人になると予測され、（ ① _____ ）が進んでおり、特に75歳以上の（ ② _____ ）の増加が著しい。

◆高齢者介護を取り巻く状況

● 75歳以上で約3割、85歳以上では約（ ③ _____ ）が要介護認定を受けている。

● 2025年には、高齢者人口の約2割が（ ④ _____ ）になると予測されている。

● 65歳以上の者のいる世帯では、（ ⑤ _____ ）が最も多く、次いで（ ⑥ _____ ）、親と未婚の子のみの世帯となっている。

◆従来の制度と介護保険制度の創設

■ 従来の老人福祉制度と老人医療制度の特徴・問題点

	老人福祉制度（窓口：市町村）	老人医療制度（窓口：医療機関）
財源	公費＋利用者負担（利用者と家族の所得に応じた応能負担） →中高所得者層ほど重い負担	医療保険者の拠出金と公費＋利用者負担（原則応益負担）
サービス提供	措置によるサービス提供。 →利用者の権利保障が不十分／利用者がサービスを自由に選択しづらい／サービスの競争原理が働かず、サービスが画一的	社会的入院の増加。 →介護需要を医療保険で賄うことにより、医療保険者の財源圧迫

↓

問題点を解決するために創設されたのが（ ⑦ _____ ）

後期高齢者
高齢者とは、世界保健機関（WHO）の定義で65歳以上の人を指す。このうち、65歳以上75歳未満を前期高齢者、75歳以上を後期高齢者という。

措置制度
市町村が行う行政処分。

応能負担
その人が負担できる能力に応じて費用を負担するしくみ。所得が高いほど、負担額も大きくなる。

応益負担
利用したサービスの総量に応じて費用を負担するしくみ。

NOTE

レッスン 2 介護保険制度の創設（1）

1. 介護保険制度創設のねらい

社会保障構造改革の第一歩としても位置づけられる介護保険制度は、2000（平成12）年に施行されました。介護保険制度のねらいは、以下のとおりです。

①利用者自らの選択で、事業者や施設との契約により、ニーズに応じた介護サービスを選ぶことができる**利用者本位**の制度。

②**社会保険方式**による制度運営で、給付と負担の関係が明確。

③多様な事業者による**総合的・一体的・効率的**にサービスを提供。

④介護を従来の医療保険制度から切り離して社会的入院を解消する。

2. 介護保険制度の目的（介護保険法第1条）

介護保険制度の目的は、要介護者等が、<u>尊厳を保持</u>Ⓐし、またもてる能力に応じて自立した日常生活を送ることができるように、必要な保健医療サービスおよび福祉サービスの給付を行うため、国民の**共同連帯の理念**に基づいた介護保険制度を設け、国民の保健医療の向上および福祉の増進を図ることにある、と規定されています。

3. 介護保険制度の保険給付の考え方（介護保険法第2条）

介護保険制度では、被保険者が**要介護状態・要支援状態**となったときに必要な保険給付を行うこと、保険給付の際には次の事項に配慮することが規定されています。

①**要介護状態等の軽減**または**悪化の防止**のために行う。

②**医療との連携**に十分配慮する。

③心身の状況や環境に応じて、被保険者の選択により、適切なサービスを多様な事業者・施設から、**総合的・効率的**に提供する。

④保険給付の内容や水準は、被保険者が要介護状態になっても、可能なかぎり**居宅**において**自立した日常生活**を営むことができるように配慮されなければならない。

4. 国民の努力および義務（介護保険法第4条）

介護保険法第4条には、国民は、自ら要介護状態となることを予防するために、常に**健康の保持増進**に努めること、要介護状態になった場合でも、進んでリハビリテーションや保健医療サービス、福祉サービスなどを利用することで、自らもっている**能力の維持向上**に努めること、また、国民は、**共同連帯の理念**に基づき、介護保険事業に必要な**費用を公平に負担する義務**を負うことが規定されていますⒷ。

書いて覚えよう！

用語

介護保険における「居宅」

介護保険法上の「居宅」には、老人福祉法に規定する養護老人ホーム、軽費老人ホーム、有料老人ホームにおける居室も含まれる。

◆介護保険制度創設のねらい

① ([1]   ) 本位の制度

② ([2]   ) 方式により給付と負担の関係が明確

③ 総合的・一体的・効率的なサービスの提供

④ 介護を従来の ([3]   ) 制度から切り離す

NOTE

◆介護保険制度の保険給付の考え方

● 要介護状態等の軽減または ([4]   ) の防止のために行う。

● ([5]   ) との連携に十分配慮する。

● 心身の状況や環境に応じて、被保険者の選択により、適切なサービスを多様な事業者・施設から、([6]   ) ・ ([7]   ) に提供する。

● 保険給付の内容や水準は、被保険者が要介護状態になっても、可能なかぎり ([8]   ) において自立した日常生活を営むことができるように配慮されなければならない。

◆国民の努力および義務

● 国民は、自ら ([9]   ) 状態となることを予防するために、常に健康の ([10]   ) に努める。要介護状態になった場合でも、進んでリハビリテーションなどのサービスを利用することで、自らもっている能力の維持向上に努める。

● 国民は ([11]   ) の理念に基づき、介護保険事業に必要な費用を公平に ([12]   ) する義務を負っている。

確認しよう！

★介護保険の目的には、要介護者のなにの保持が挙げられている？⇒ **A**

★国民には、介護保険事業に必要な費用を負担する義務がある？⇒ **B**

介護保険制度の創設（2）

重要度 **B**
学習日 ／／／

1. 介護保険制度の実施状況

　被保険者数は、65歳以上の第1号被保険者が3,589万人（前期高齢者は1,715万人、後期高齢者は1,873万人）です。要介護認定・要支援認定を受けている数は、690万人で、制度施行時に比べると約2.7倍となっています。

　介護サービスの保険給付費は10兆4,317億円となっており、前年度と比べて2.0％伸びています（2021〔令和3〕年度介護保険事業状況報告）。

2. 介護保険制度改正のあらまし（1）

(1) 2005（平成17）年の制度改正

　①**予防重視型システム**への変換、②施設給付の見直し、③新たなサービス体系の確立（地域密着型サービス、地域包括支援センターの創設など）、④サービスの質の向上、⑤負担のあり方、制度運営の見直しが行われました（主に2006〔平成18〕年度施行）。

(2) 2011（平成23）年の制度改正

　①医療と介護の連携（定期巡回・随時対応型訪問介護看護の創設など）、②介護人材の確保と質の向上、③高齢者の住まいの整備など、④認知症対策の推進を柱とした改革が行われました（2012〔平成24〕年度施行）。

(3) 2014（平成26）年の制度改正

　①**地域包括ケアシステムの構築**（包括的支援事業に在宅医療・介護連携推進事業、生活支援体制整備事業、認知症総合支援事業を追加。市町村による地域ケア会議の設置を努力義務として法定化。介護予防訪問介護・介護予防通所介護を地域支援事業に移行など）と、②**費用負担の公平化**（特別養護老人ホームの入所対象を原則要介護3以上に。一定以上所得のある第1号被保険者の利用者負担割合を2割に引き上げなど）を2つの柱として改正が行われました（主に2015〔平成27〕年度施行）。

(4) 2017（平成29）年の制度改正

　①**地域包括ケアシステムの深化・推進**（新たな介護保険施設として、**介護医療院**を創設。高齢者と障害者が同一事業所でサービスを受けやすくするため、**共生型サービス**を創設など）と、②**介護保険制度の持続可能性の確保**（2割負担者のうち、特に所得の高い層を**3割**負担に。被用者保険間において、介護納付金〔第2号被保険者の保険料〕の総報酬割の導入など）が改正のポイントです。

書いて覚えよう！

◆介護保険制度改正のあらまし（1）

● 2005年の制度改正では、①（ □1 ） 型システムへの変換、②（ □2 ） の見直し、③（ □3 ） サービス、（ □4 ） の創設など新たなサービス体系の確立、④サービスの質の向上、⑤負担のあり方、制度運営の見直しが行われた。

● 2011年の制度改正では、①医療と介護の連携（定期巡回・随時対応型訪問介護看護の創設など）、②介護人材の確保と質の向上、③高齢者の住まいの整備など、④（ □5 ） 対策の推進を柱とした改革が行われた。

● 2014年の制度改正では、①（ □6 ） の構築と②（ □7 ） の公平化を2つの柱として行われた。

● 2017年の制度改正では、①地域包括ケアシステムの深化・推進（新たな介護保険施設として、（ □8 ） を創設。高齢者と障害者が同一事業所でサービスを受けやすくするため、（ □9 ） サービスを創設など）と、②介護保険制度の（ □10 ） の確保（2割負担者のうち、特に所得の高い層を （ □11 ） 割負担に。被用者保険間において、介護納付金〔第2号被保険者の保険料〕の総報酬割の導入など）がポイント。

共生型サービス

障害者が65歳になっても、使い慣れた障害福祉サービス事業所を利用できるように、介護保険または障害福祉のいずれかの指定を受けている事業所が、指定を受けやすくなるように改正された。対象となるのは、訪問介護、通所介護、地域密着型通所介護、（介護予防）短期入所生活介護。

NOTE

介護保険制度の創設（3）

1. 介護保険制度改正のあらまし（2）

（1）2020（令和2）年の制度改正

「地域共生社会の実現のための社会福祉法等の一部を改正する法律」が成立しました。介護保険法の改正では、①認知症施策の総合的な推進や介護サービス提供体制の整備等の推進、②医療・介護のデータ基盤の整備の推進、③介護人材確保および業務効率化の取り組みの強化がポイントになります。

①認知症施策の総合的な推進や介護サービス提供体制の整備等の推進

認知症施策推進大綱の考え方が国・地方公共団体の**努力義務**に追加され、介護保険事業計画に認知症施策の総合的な推進などにかかる事項も追加された。また、介護保険法における**認知症の定義**が見直された。

市町村の今後の人口構造の変化や見通しを勘案した**介護保険事業計画**の作成、介護保険事業計画の記載事項に**有料老人ホーム**や**サービス付き高齢者向け住宅**の設置状況が追加された。

②医療・介護のデータ基盤の整備の推進

国の介護データベース活用・推進のため、厚生労働大臣は、高齢者の状態やケア等に関する情報などの提供を、市町村・都道府県に加え、介護サービス事業者などにも求めることができる、とされた。

③介護人材確保および業務効率化の取り組みの強化

介護保険事業計画の記載事項に、介護人材確保や**業務効率化**の取り組みに関する事項が追加された。

また、地域住民の複雑化・複合化した支援ニーズに対応する包括的な支援体制を構築するため、社会福祉法に基づき**重層的支援体制整備事業**が創設されました（2021〔令和3〕年4月施行）。社会福祉法のほか複数の制度（介護保険制度、障害者総合支援制度、子ども・子育て支援制度、生活困窮者自立支援制度）に基づく①**相談支援**、②**参加支援**、③**地域づくりに向けた支援**を、対象者の属性や世代を問わず一体的に実施します。市町村が任意で行う事業であり、地域包括支援センターの業務など、介護保険制度の**地域支援事業**の一部（一般介護予防事業における地域介護予防活動支援事業、包括的支援事業における総合相談支援事業や権利擁護事業、包括的・継続的ケアマネジメント支援事業、生活支援体制整備事業）も、重層的支援体制整備事業として実施が可能です。

書いて覚えよう！

◆介護保険制度改正のあらまし（2）

● 2020年の制度改正では、①認知症施策の総合的な推進や介護サービス提供体制の整備等の推進、②医療・介護のデータ基盤の整備の推進、③介護人材確保および業務効率化の取り組みの強化がポイント。

①認知症施策の総合的な推進や介護サービス提供体制の整備等の推進	
認知症施策の総合的な推進	・認知症施策推進大綱の考え方を国・地方公共団体の（①＿＿＿＿＿）に追加、介護保険事業計画に認知症施策の総合的な推進などにかかる事項も追加 ・介護保険法における（②＿＿＿＿＿）の定義の見直し
介護サービス提供体制の整備	・市町村の今後の人口構造の変化や見通しを勘案した介護保険事業計画の作成 ・介護保険事業計画の記載事項に（③＿＿＿＿＿＿＿）やサービス付き高齢者向け住宅の設置状況を追加
②医療・介護のデータ基盤の整備の推進	
国の介護データベース活用・推進のため、厚生労働大臣は高齢者の状態やケア等に関する情報などの提供を求めることができる	
③介護人材確保および業務効率化の取り組みの強化	
介護保険事業計画の記載事項に、介護人材確保や（④＿＿＿＿＿）化の取り組みに関する事項を追加	

用語

重層的支援体制整備事業

「相談支援」では、世代や属性を問わず包括的に受け止め、多機関の協働をすすめる。「参加支援」では、あらゆる人が役割をもって社会参加できるプログラムの実施などを行う。「地域づくりに向けた支援」では、世代や属性を超えて交流できる場・居場所の確保などを行う。

NOTE

介護保険制度の創設（4）

1. 介護保険制度改正のあらまし（3）

（1）2023（令和5）年の制度改正

「全世代対応型の持続可能な社会保障制度を構築するための健康保険法等の一部を改正する法律」により、**全世代対応型の持続可能な社会保障制度**を構築するため、以下のような改正がされました。

①生産性の向上への取り組みと介護保険事業計画の見直しに関する事項

都道府県の責務に関して、都道府県が「助言および援助」をするにあたり、介護サービス事業所・施設における**業務の効率化**、介護サービスの質の向上その他**生産性の向上**に資する取り組みが促進されるようにすることが努力義務として追加された。

また、都道府県介護保険事業支援計画における定めるよう努める事項として、**生産性の向上に資する事業**に関する事項が追加された。

さらに、市町村介護保険事業計画における定めるよう努める事項として、**生産性の向上に資する都道府県と連携した取り組み**に関する事項が追加された。

市町村介護保険事業計画・都道府県介護保険事業支援計画の作成にあたり、住民の加齢に伴う身体的、精神的および**社会的な特性**を踏まえた**医療および介護の効果的・効率的な提供の重要性**に留意することが追加された。

②複合型サービスの定義の見直しに関する事項

複合型サービスにおける**看護小規模多機能型居宅介護**のサービス内容が明確にわかるように定義が見直された。

③地域包括支援センターの業務の見直しに関する事項

指定居宅介護支援事業者は、市町村から直接指定を受け、**指定介護予防支援事業者**として、要支援者のケアマネジメント（**介護予防支援**）が実施可能になった。

また、包括的支援事業において、**介護予防サービス計画の検証**も行うことになった。この検証の実施にあたり必要があると認めるときは、市町村長は、**指定介護予防支援事業者**に**介護予防サービス計画の実施状況**などの事項に関する**情報の提供**を求めることが可能になった。

さらに、地域包括支援センターの設置者は、包括的支援事業のうち、**総合相談支援業務**の一部を**指定居宅介護支援事業者**に**委託**することが可能になった。

④介護サービス事業者経営情報の調査・分析等に関する事項

介護サービス事業者の**経営状況**を詳細に把握・分析し、介護保険制度の施策の検討などに活用できるよう、介護サービス事業者の収益や費用などの経営情報（**介護サービス事業者経営情報**）の調査・分析などに関する事項が介護保険制度に位置づけられた。

書いて覚えよう！

NOTE

◆介護保険制度改正のあらまし（3）

● 2023年の制度改正では、（ ① ）対応型の持続可能な社会保障制度を構築するため、以下のような改正がされた。

①生産性の向上への取り組みと介護保険事業計画の見直しに関する事項

・都道府県の責務に関して、都道府県が「助言および援助」をするにあたり、介護サービス事業所・施設における業務の効率化、介護サービスの質の向上その他（ ② ）に資する取り組みが促進されるようにすることが努力義務として追加

・都道府県介護保険事業支援計画における定めるよう努める事項として、（ ③ ）に資する事業に関する事項が追加

・市町村介護保険事業計画における定めるよう努める事項として、生産性の向上に資する都道府県と（ ④ ）した取り組みに関する事項が追加　など

②複合型サービスの定義の見直しに関する事項

複合型サービスにおける看護小規模多機能型居宅介護のサービス内容が明確にわかるように定義を見直し

③地域包括支援センターの業務の見直しに関する事項

指定居宅介護支援事業者は、市町村から直接（ ⑤ ）を受け、指定介護予防支援事業者として、要支援者のケアマネジメント（介護予防支援）が実施可能　など

④介護サービス事業者経営情報の調査・分析等に関する事項

介護サービス事業者の（ ⑥ ）を詳細に把握・分析し、介護保険制度の施策の検討などに活用できるよう、介護サービス事業者の収益や費用などの経営情報（介護サービス事業者経営情報）の調査・分析などに関する事項を介護保険制度に位置づけ

レッスン **3**

社会保障と社会保険制度

重要度 **B**

学習日

1. 社会保障の体系

（1）社会保障とは

　国民の生活の安定が損なわれた場合に、国民にすこやかで安心できる生活を保障することを目的に、公的責任で生活を支える給付を行うものです。社会保障に含まれる中心的な制度は、**社会保険、公的扶助**（生活保護）、**社会福祉**（高齢者福祉、児童福祉、障害福祉、社会手当〔児童手当など〕）の３つです。

（2）社会保障の体系

　財源の違いにより**社会保険方式**（財源は主に**保険料**）と、**社会扶助方式**（財源は主に公費〔**租税**〕）にわけられます。また、給付の方式では、現物（物品）またはサービスで給付を行う**現物給付**と、金銭により給付を行う**金銭給付**にわけられます。

注目!

2. 社会保険の種類と分類

（1）社会保険の種類

　社会保険では、一定の保険事故が起こった際Aに被保険者に保険給付が行われます。現在５つの種類があります。

- ①**医療保険**B：**業務外**の事由による被保険者およびその被扶養者の疾病、負傷などを保険事故とし、医療サービスの現物給付を主に行う。
- ②**介護保険**：要介護状態・要支援状態を保険事故とし、介護サービスの現物給付を主に行う。
- ③**年金保険**：老齢、障害、死亡を保険事故とし、所得を保障し、生活の安定のための年金の支給（金銭給付）を主に行う。
- ④**雇用保険**：失業などを保険事故とし、労働者の生活の安定を図り、再就職を促進するために必要な給付（金銭給付）を主に行う。
- ⑤**労働者災害補償保険**：**業務上**の事由または通勤による疾病、負傷、障害、死亡などを保険事故とし、**医療の現物給付**と所得保障のための**年金**の支給（金銭給付）を主に行う。

（2）社会保険の分類

　社会保険は、加入期間および保険給付の長短と保険財政の形態では**短期保険**（単年度または数年度において収支のバランスを図る）と**長期保険**（長期にわたり収支のバランスを図る）にわけられます。

　また、対象とする区域・領域別では**職域保険**（会社などの組織に雇用されている人を対象）と**地域保険**（区域内の住民を対象）に、被保険者の種類別では**被用者保険**（会社員など）と**自営業者保険**（被用者保険の対象者以外）にわけられます。

　介護保険は**短期保険、地域保険**に分類され、被用者も自営業者も対象とします。

書いて覚えよう！

◆社会保障の体系

財源の違い による分類	社会保険方式	財源は主に（ □1 ）
	社会扶助方式	財源は主に公費（租税）
給付の方式 による分類	（ □2 ） 給付	現物・サービスによる給付
	金銭給付	（ □3 ） による給付

◆社会保険の種類と分類

種類	保険事故	主な給付内容
（ □4 ） 保険	業務外の事由による被保険者およびその被扶養者の疾病、負傷など	主に医療の現物給付
（ □5 ） 保険	要介護状態・要支援状態	介護サービスの現物給付
（ □6 ） 保険	老齢、障害、死亡	主に所得を保障し、年金の支給
（ □7 ） 保険	失業など	労働者の生活の安定を図り、再就職を促進するために必要な給付
労働者災害補償保険	業務上の事由または通勤による疾病、負傷、障害、死亡など	主に医療の現物給付と所得保障のための年金の支給

■ 社会保険の分類　　　　　　　　　　　　　　　　　　　　□ は介護保険

加入期間など………………（ □8 ） 保険 と 長期保険

対象とする区域・領域別…職域保険 と （ □9 ） 保険

被保険者の種類……………被用者保険 と 自営業者保険

 確認しよう！

★社会保険では、どのような場合に保険給付される？ ⇒

★主に現物給付により給付される保険は介護保険となに保険？ ⇒

介護保険制度と介護支援専門員（1）

重要度 **B**

学習日 ／／／

1. ケアマネジメントとは

　介護を必要とする高齢者などが、在宅で生活を続けていくためには、保健・医療・福祉に関するさまざまなサービスを長期にわたって提供する必要があります。しかし、介護を必要とする高齢者などの生活環境や心身状態は一様ではなく、ニーズも個人によってさまざまです。また、各種の制度・サービスのほか、ボランティアや近隣の支援など、利用できる**社会資源**も多岐にわたります。

　ケアマネジメントは、介護を必要とする高齢者などのニーズと社会資源を結びつけ、利用者に**総合的・一体的・効率的**にサービスを提供するシステムとして、提案されました。

2. 介護保険制度とケアマネジメント

　介護保険制度では、ケアマネジメントにおいて作成される介護サービス計画（ケアプラン）に基づき、サービスを利用することになります。

　介護保険制度で提供されるケアマネジメントには、要介護者への**居宅介護支援**、要支援者への**介護予防支援**、介護保険施設の入所者に提供する**施設介護支援**Aがあり、これらは保険給付として行われます。また、地域支援事業の**介護予防・日常生活支援総合事業**（総合事業）においても、要支援者などを対象に**介護予防ケアマネジメント**が行われます。

　サービスの基本的な流れはどのサービスも同じで、①**アセスメント（課題分析）** ⇒ ②**介護サービス計画（ケアプラン）**の作成 ⇒ ③サービス提供事業者（施設の場合はサービススタッフ）などとの**連絡・調整** ⇒ ④サービスの**継続的な把握（モニタリング）**や**評価**Bという手順で行います。

3. 介護支援専門員とは

　ケアマネジメントにおいて、中心的な役割を担うのが、介護支援専門員（ケアマネジャー）です。介護支援専門員は、要介護者等からの**相談**に応じ、要介護者等がその心身の状況などに応じ適切な介護給付等のサービスまたは総合事業を利用できるように、市町村、サービス提供事業者や施設、総合事業を行う者などと**連絡・調整**などを行う者で、要介護者等が自立した日常生活を営むのに必要な援助に関する**専門的知識や技術**を有する者として、**介護支援専門員証**の**交付**を受けた者をいいます。

書いて覚えよう!

◆ケアマネジメントとは

● ケアマネジメントは、介護を必要とする高齢者などのニーズと

（ 	[1]	 ）を結びつけ、利用者に（ 	[2]	 ）的・

一体的・効率的にサービスを提供するシステムとして、提案され

たものである。

◆介護保険制度とケアマネジメント

■介護保険制度で提供されるケアマネジメントの種類

（ [3] ）	在宅の要介護者に提供する
介護予防支援	在宅の要支援者に提供する
（ [4] ）	介護保険施設の入所者に提供する
介護予防ケアマネジメント	地域支援事業で行われる

■ケアマネジメントの流れ

①アセスメント（課題分析）

⇒②（ 	[5]	 ）（ケアプラン）の作成

⇒③サービス提供事業者などとの（ 	[6]	 ）・調整

⇒④サービスの継続的な把握（（ 	[7]	 ））や評価

◆介護支援専門員とは

● 介護支援専門員は、要介護者等からの（ 	[8]	 ）に応じ、

要介護者等が適切なサービスまたは総合事業を利用できるように、

各機関と連絡・調整などを行う者で、要介護者等が自立した日常生

活を営むのに必要な援助に関する専門的知識や技術を有する者と

して、（ 	[9]	 ）の交付を受けた者である。

用語

社会資源
援助を効果的に展開し目標を達成するために活用できる制度・機関・組織・施設・設備・物品・金銭・公私の団体・個人・技能・知識・専門職・ボランティア・情報などの総称。

NOTE

確認しよう!

★ケアマネジメントの種類は、居宅介護支援、介護予防支援、介護予防ケアマネジメントとあとひとつは？ ⇒ Ⓐ

★ケアマネジメントの過程で、アセスメント、ケアプランの作成、サービス提供事業者などとの連絡・調整の次に行われるのは？ ⇒ Ⓑ

<table>
<tr><td>重要度</td><td>B</td></tr>
<tr><td>学習日</td><td>／／／</td></tr>
</table>

レッスン4 介護保険制度と介護支援専門員(2)

1. 介護支援専門員証の交付など

(1) 介護支援専門員証の交付と更新

　介護支援専門員として実務を行うためには、一定の法定資格保有者または相談援助業務従事者が一定の実務経験を満たし、都道府県知事が行う介護支援専門員実務研修受講試験に合格し、**実務研修**を修了して、都道府県知事の**登録**を受け、**介護支援専門員証の交付**を受けることが必要です。

　介護支援専門員証の有効期間は、**5年**です。**更新**する場合は、原則的に**都道府県知事**が行う**更新研修**を受けなければなりません。登録後5年を超えている人は、**再研修**を受ける必要があります。

(2) 登録の移転

　介護支援専門員が、他都道府県の事業所や施設に勤務する場合は、登録している都道府県知事を経由して、その事業所などの所在地の都道府県知事に**登録の移転**を**申請**することができます。

2. 介護支援専門員の義務など

　①公正・誠実な業務遂行義務、②基準遵守義務、③資質向上努力義務、④名義貸しの禁止など、⑤信用失墜行為の禁止、⑥秘密保持義務が法律に規定されています。

3. 都道府県知事による命令と登録の消除

(1) 都道府県知事による命令

　都道府県知事は、介護支援専門員の業務が適正に実施されるように、登録を受けた介護支援専門員に対し、業務について**必要な報告を求める**ことができます。また、上記の介護支援専門員の義務のうち①、②に違反している場合、介護支援専門員証未交付者が介護支援専門員として業務を行った場合は、**必要な指示**をしたり、指定する研修を受けるよう**命令**することができます。介護支援専門員がこれらの指示、命令に従わない場合は、1年以内の期間を定めて**業務禁止処分**とすることができます。

(2) 都道府県知事による登録の消除

　都道府県知事は、本人から登録消除の申請があった場合、本人の死亡や心身の故障により業務を適正に行うことができないなどの届出があった場合、不正のため実務研修受講試験の合格を取り消された場合などには、介護支援専門員の**登録を消除**しなければなりません。また、一定の欠格事由に該当する場合、不正な手段で登録や介護支援専門員証の交付を受けた場合、都道府県知事の業務禁止処分に違反した場合なども、**職権で登録の消除**をしなければなりません。

書いて覚えよう！

NOTE

◆介護支援専門員証の交付など

■介護支援専門員証の交付を受ける手順

介護支援専門員実務研修受講試験に合格 ⇒ （□¹　　　　　　　）

を修了 ⇒ 登録 ⇒ 介護支援専門員証の交付

● 介護支援専門員証の有効期間は （□²　　　　） 年である。

● 介護支援専門員証を更新する場合は、原則的に都道府県知事が

行う （□³　　　　　　　） を受ける。

◆介護支援専門員の義務など

① 公正・誠実な業務遂行義務

② 基準遵守義務

③ 資質向上努力義務

④ 名義貸しの禁止など

⑤ （□⁴　　　　　　　　　） の禁止

⑥ （□⁵　　　　　　　） 義務

◆都道府県知事による命令

● （□⁶　　　　　　　　　） は、介護支援専門員が義務（上記①、②）

に違反している場合などは、必要な （□⁷　　　　　　） をしたり、

指定する研修を受けるよう （□⁸　　　　） することができる。介

護支援専門員がこれらの指示、命令に従わない場合は、1 年以内

の期間を定めて （□⁹　　　　　　　　） とすることができる。

確認しよう！

★介護支援専門員の登録は、他都道府県への移転はできない？ ⇒ Ⓐ

★都道府県知事は、本人の死亡や心身の故障により業務を適正に
　行うことができないなどの届出があった場合、介護支援専門員
　に対しなにをしなければならない？ ⇒ Ⓑ

レッスン **5**

保険者・国・都道府県の責務（1）

重要度　**A**
学習日　／　／　／

1. 市町村を中心とした事業の取り組み

　市町村および**特別区**（以下、市町村）は、介護保険の**保険者**として、介護保険事業を実施します。**国**は、介護保険事業の運営が健全かつ円滑に行われるよう保健医療サービス・福祉サービスの提供体制の確保に関する施策などの措置を講じなければなりません。**都道府県**は、介護保険事業の運営が健全かつ円滑に行われるように、必要な**助言**および適切な**援助**をしなければなりません。また、助言および援助をするにあたっては、介護サービスを提供する事業所・施設の**業務の効率化**、介護サービスの**質の向上**その他の**生産性の向上**に資する取り組みが促進されるよう努めなければなりません。

2. 国および地方公共団体の責務

（1）地域包括ケアシステムの推進

　国および地方公共団体（都道府県、市町村）は、**介護サービスに関する施策**、**介護予防のための施策**、地域における自立した**日常生活の支援のための施策**を、**医療と居住に関する施策との有機的な連携**を図りつつ、**包括的に推進**するよう努めます。また、これらの施策を包括的に推進するにあたっては、**障害者その他の者の福祉に関する施策**との**有機的な連携**を図るよう努めるとともに、地域住民が相互に人格と個性を尊重し合いながら、参加し、**共生する地域社会**の実現に資するよう努めなければなりません。

（2）認知症に関する施策の総合的な推進など

　「認知症施策推進大綱」の基本的な考え方等を踏まえ、国および地方公共団体は、認知症に関する施策を総合的に推進するよう努めるなどしなければなりません。

3. 市町村・都道府県への条例委任

　事業者・介護保険施設の人員・設備・運営基準、地域包括支援センターが包括的支援事業を実施するために必要な基準については、その指定権者である**都道府県**（指定都市・中核市は市）または**市町村**Ⓐの条例に委任されています。ただし、指定基準の条例を制定する際には、国が定める以下の3つに沿って制定する必要があります。

　①**従うべき基準**：必ず適合しなければならない基準。基準の範囲内で地域の実情に応じた内容は許容されるが、異なる内容を定めることは許されない

　②**標準**：よるべき基準としつつ、合理的な理由がある範囲内で地域の実情に応じ、異なる内容を定めることが許される

　③**参酌すべき基準**：地方自治体が十分参酌した結果であれば、地域の実情に応じて、異なる内容を定めることが許容される

書いて覚えよう！

◆市町村を中心とした事業の取り組み

市町村	介護保険の（①　　　　　　）として介護保険事業を実施する。 ※複数の市町村が地方自治法に定める広域連合や一部事務組合を設け、保険者となることも可能。
国	保健医療サービス・福祉サービスの提供体制の確保に関する施策などの措置を講じる。
都道府県	介護保険事業の運営が健全かつ円滑に行われるように、必要な（②　　　）や適切な（③　　　）を行う。助言や援助をするにあたっては、介護サービスを提供する事業所・施設の業務の（④　　　　　）、介護サービスの質の向上その他の（⑤　　　　　）に資する取り組みが促進されるよう努めなければならない。

◆国および地方公共団体の責務

● 　国および地方公共団体には、地域包括ケアシステムの推進や（⑥　　　　　　）に関する施策の総合的な推進などの責務がある。

◆市町村・都道府県への条例委任

従うべき 基準	必ず（⑦　　　　　）しなければならない基準。異なる内容を定めることは許されない。
（⑧　　　）	よるべき基準としつつ、地域の実情に応じた内容を定めることが許される。
参酌すべき 基準	地域の（⑨　　　）に応じて、異なる内容を定めることが許容される。

確認しよう！

★事業者や施設の基準はどこの条例に定められる？　⇨ Ⓐ

用語

特別区
東京23区のこと。
条例
その事務を運用するため、議会の議決により、地方公共団体（都道府県、市町村など）が制定する法律。制定された都道府県内、または市町村でしか効力がない。介護保険法では、介護保険の事務に関して、地域の実情にあわせて決めたほうが適当だと考えられるものは、条例により規定すべきとされている。
指定基準
各サービス事業者や施設のサービスごとに、①基本方針、②人員基準、③設備基準、④運営基準、⑤基準該当サービスの基準（認められている場合）、⑥介護予防のための効果的な支援の方法に関する基準（介護予防サービス、地域密着型介護予防サービス、介護予防支援）が定められる。これらをまとめて指定基準という。

NOTE

保険者・国・都道府県の責務(2)

重要度 **A**
学習日 ／／／

1. 市町村の主な事務 (★＝市町村が条例に定める事項)

①被保険者の**資格管理**に関する事務

②**要介護認定・要支援認定**に関する事務 A：要介護認定・要支援認定事務、介護認定審査会の設置（★委員の定数、任期の制定）

③保険給付に関する事務：介護報酬の審査・支払い、保険給付、★種類支給限度基準額の設定・区分支給限度基準額などの**上乗せ**および管理、★**市町村特別給付**の実施など

④事業者・施設に関する事務：★**地域密着型（介護予防）サービス事業・居宅介護支援事業・介護予防支援事業**の人員・設備・運営に関する**基準**の設定

⑤地域支援事業および保健福祉事業に関する事務：**地域支援事業の実施**、★**地域包括支援センター**が包括的支援事業を実施するために必要な基準の設定、**地域包括支援センター**の設置、保健福祉事業の実施など

⑥**市町村介護保険事業計画**の策定・変更に関する事務

⑦保険料に関する事務：★**第1号被保険者の保険料率**の算定、★普通徴収にかかる保険料の納期・賦課徴収などに関する事項の制定、★保険料の減免・徴収の猶予に関する事項の制定など

⑧介護保険に固有の条例の制定や改正などに関する事務

⑨財政運営に関する事務：**特別会計**の設置・管理など

2. 都道府県の主な事務

①市町村支援に関する事務：市町村による介護認定審査会の共同設置などの支援、要介護認定に係る審査・判定業務の受託（都道府県介護認定審査会の設置）、**介護保険審査会の設置・運営** B など

②事業者・施設などに関する事務：**居宅サービス事業・介護予防サービス事業・介護保険施設**の人員・設備・運営に関する**基準**などの設定、それらのサービスの事業者・施設の指定（許可）や指定更新・指導監督など

③**介護サービス情報の公表**に関する事務

④**介護支援専門員**に関する事務

⑤財政支援に関する事務：**財政安定化基金**の設置・運営など

⑥**都道府県介護保険事業支援計画**の策定・変更に関する事務

⑦その他の事務

　なお、介護保険法において、都道府県が処理する事務のうち、政令で定めるものについては、指定都市・中核市が行うこととされています（大都市特例）。

書いて覚えよう！

◆市町村の主な事務

①（ 　　① 　　） の資格管理に関する事務

②要介護認定・要支援認定に関する事務：要介護認定・要支援認定事務、介護認定審査会の設置（委員の定数、任期の制定）

③保険給付に関する事務：介護報酬の審査・支払い、保険給付、（ 　　② 　　） の設定・区分支給限度基準額などの上乗せおよび管理、市町村特別給付の実施など

④事業者・施設に関する事務

⑤地域支援事業および保健福祉事業に関する事務：地域支援事業の実施、（ 　　③ 　　） が包括的支援事業を実施するために必要な基準の設定など

⑥（ 　　④ 　　） の策定・変更に関する事務

⑦保険料に関する事務：（ 　　⑤ 　　） の保険料率の算定など

⑧介護保険に固有の条例の制定や改正などに関する事務

⑨財政運営に関する事務：（ 　　⑥ 　　） の設置・管理など

◆都道府県の主な事務

①市町村支援に関する事務：介護保険審査会の設置・運営など

②事業者・（ 　　⑦ 　　） などに関する事務

③介護サービス情報の（ 　　⑧ 　　） に関する事務

④介護支援専門員に関する事務

⑤財政支援に関する事務：（ 　　⑨ 　　） の設置・運営など

⑥（ 　　⑩ 　　） の策定・変更に関する事務　　⑦その他の事務

大都市特例
2012（平成24）年度から大都市特例として、都道府県が行う事業者・施設に関する一部の事務の権限が、指定都市（人口50万人以上の市）・中核市（人口20万人以上の市）に移譲された。事業者・施設の指定や指導監督に関する事務（連絡調整や援助に関する事務を除く）、事業者・施設の指定基準（人員・設備・運営基準）の条例の制定は、指定都市・中核市が行う。

広域連合
市町村や都道府県の枠を取り払い、広い区域で行政事務を行う。

一部事務組合
一部の事務について、複数の市町村や都道府県が広域的に処理をする。

NOTE

確認しよう！

★要介護認定・要支援認定に関する事務はどこが行う？ ⇒ **A**

★介護保険審査会は市町村、都道府県のどちらが設置・運営する？ ⇒ **B**

レッスン5　保険者・国・都道府県の責務(3)

重要度　**A**

学習日

1. 国の事務

①**基本的な枠組み**の設定：**法令**の制定、要介護認定・要支援認定の基準づくり、事業者・施設の**基準省令**を定める、介護報酬の額や支給限度基準額の設定、**第2号被保険者負担率**の設定、介護保険事業計画の基本指針の策定、「介護予防・日常生活支援総合事業の適切かつ有効な実施を図るために必要な指針」の作成・公表

②**財政面の支援**に関する事務：**調整交付金**の交付、介護給付費と地域支援事業に要する費用の定率の国庫負担、財政安定化基金への国庫負担など

③**指導・監督、助言**など：介護保険事業支援計画作成の助言や情報提供など、都道府県・市町村が行う事業者等に対する指導・監督等についての報告請求・助言・勧告

④その他：**医療保険者、社会保険診療報酬支払基金（支払基金）**への報告徴収や実地検査、国保連に対する指導・監督

2. 医療保険者の責務・事務

医療保険者は、介護保険事業が健全かつ円滑に行われるよう協力しなければなりません。40歳以上65歳未満の**第2号被保険者の介護保険料（2号保険料）**は、<u>医療保険者</u>が医療保険料と一体的に**徴収**します。

3. 年金保険者の責務・事務

年金保険者は、年金の支払い時に第1号被保険者の介護保険料分（1号保険料）を天引きして**徴収（特別徴収）**し、市町村に納入します。

> 　無年金者、低年金者（年額18万円未満の受給者）などは特別徴収の対象とならず、市町村による普通徴収が行われています。普通徴収では、市町村が被保険者に納入通知書を送付し、直接保険料の納付を求めます。

4. 社会保障審議会

介護給付費にかかわる介護報酬の算定基準や厚生労働省令で定める事業者・施設の人員・設備・運営に関する基準を厚生労働大臣が定める際には、**社会保障審議会**の意見を聴かなければなりません。

書いて覚えよう！

用語

社会保障審議会
厚生労働省に設置される、国の社会保障および人口問題に関する重要事項を調査・審議する機関。審議会には複数の分科会と部会が設置され、各分野ごとに審議が行われる。このうち「介護給付費分科会」が介護保険法の規定による事項を扱う。

◆国の事務

基本的な枠組みの設定	○（ ① ） の制定 ○要介護認定・要支援認定の基準づくり ○事業者・施設の基準省令を定める ○介護報酬の額や支給限度基準額の設定 ○第（ ② ） 号被保険者負担率の設定、介護保険事業計画の基本指針の策定 ○「介護予防・日常生活支援総合事業の適切かつ有効な実施を図るために必要な指針」の作成・公表
財政面の支援に関する事務	○（ ③ ） の交付 ○介護給付費と地域支援事業に要する費用の定率の国庫負担 ○財政安定化基金への国庫負担など
指導・監督、助言など	○事業支援計画作成の助言や情報提供など ○都道府県・市町村が行う事業者等に対する指導・監督等についての報告請求・助言・勧告
その他	○医療保険者、社会保険診療報酬支払基金（支払基金）への報告徴収や実地検査 ○国保連に対する指導・監督

◆医療保険者・年金保険者の責務・事務

● 第（ ④ ） 号被保険者の介護保険料は、医療保険者が（ ⑤ ） と一体的に徴収する。

● 年金保険者は、年金の支払い時に第（ ⑥ ） 号被保険者の介護保険料分を天引きして徴収（（ ⑦ ） ）し、市町村に納入する。

◆社会保障審議会

● 介護給付費にかかわる介護報酬の算定基準などを厚生労働大臣が定める際には、（ ⑧ ） の意見を聴く。

NOTE

確認しよう！

★第2号被保険者の保険料は、だれが徴収する？　　⇒

レッスン **6** ## 介護保険事業計画（1）

重要度 **A**
学習日 ／／／

1. 国の基本指針

　厚生労働大臣は、「地域における医療および介護の総合的な確保の促進に関する法律（医療介護総合確保法）」に規定する総合確保方針に即し、基本指針として①介護給付等対象サービスの提供体制の確保および地域支援事業の実施に関する基本的事項_A、②市町村介護保険事業計画において、介護サービスの種類ごとの量の見込みを定めるにあたって参酌すべき標準のほか、市町村および都道府県の計画作成に関する事項、などを定め公表します。この基本指針を定め、または変更する際には、あらかじめ、総務大臣その他関係行政機関の長に協議する必要があります。

注目！ ## 2. 市町村介護保険事業計画

　市町村介護保険事業計画は、国の基本指針に即して**3年を1期**として市町村が定めます。市町村は、計画を定めたり変更する際には、あらかじめ、**被保険者の意見を反映**させるために、**必要な措置を講じる**必要があります。また、都道府県とも十分連携をとりながら策定されます。市町村は、計画を定めたり変更する際には、あらかじめ、都道府県の意見を聴き（下記の「定めるべき事項①・②」の部分のみ）、策定または変更した市町村介護保険事業計画は、遅滞なく都道府県知事に提出しなければなりません。

■市町村介護保険事業計画に定められる主な事項

定めるべき事項：①市町村が定める区域（日常生活圏域）ごとの各年度の**介護給付等対象サービスの種類ごとの量の見込み**（認知症対応型共同生活介護などの**必要利用定員総数**など）、②各年度の地域支援事業の量の見込み_B、③自立支援等施策に関する事項、およびこれらの目標に関する事項

定めるよう努める事項：①上記①の必要利用定員総数その他の**介護給付等対象サービス**の種類ごとの量の**見込み量確保のための方策**、②**地域支援事業**にかかる費用の額および**見込み量確保のための方策**、③介護給付等対象サービスの種類ごとの量、保険給付に要する費用の額などに関する**中長期的な推計**、④**介護支援専門員**その他の**介護給付等対象サービス**および**地域支援事業の従事者の確保・資質の向上**に資する都道府県と連携した取り組みに関する事項、⑤介護給付等対象サービスの提供または地域支援事業の実施のための事業所・施設における業務の効率化、介護サービスの質の向上その他の生産性の向上に資する都道府県と連携した取り組みに関する事項、⑥認知症である被保険者の地域における自立した日常生活の支援に関する事項等その他の関連施策との有機的な連携に関する事項その他の認知症に関する施策の総合的な推進に関する事項、⑦有料老人ホーム、サービス付き高齢者向け住宅それぞれの入居定員総数など

書いて覚えよう！

◆国の基本指針

①介護給付等対象サービスの提供体制の確保および
（　①　　　　　　　　　　） の実施に関する基本的事項。

②市町村介護保険事業計画において、（　②　　　　　　　　　）の
種類ごとの量の見込みを定めるにあたって参酌すべき標準の
ほか、市町村および都道府県の計画作成に関する事項。

● 　基本指針を定め、または変更する際には、あらかじめ、総務大
臣その他関係行政機関の長に （　③　　　　　） する必要がある。

◆市町村介護保険事業計画

● 　市町村介護保険事業計画は、国の基本指針に即して （　④　　　）
年を1期として市町村が定める。

● 　市町村は、計画を定めたり変更する際には、あらかじめ
（　⑤　　　　　　） の意見を反映させるために、必要な措置を講
じる必要がある。

● 　市町村は、計画を定めたり変更する際には、あらかじめ、都道
府県の意見を聴き（「定めるべき事項①・②」の部分のみ）、策定
または変更した市町村介護保険事業計画は、遅滞なく （　⑥
　　　　　　） に提出しなければならない。

● 　市町村介護保険事業計画に定めるべき事項には、①市町村が定
める区域（日常生活圏域）ごとの各年度の （　⑦
　　　　　　） の種類ごとの量の見込みと、②各年度の （　⑧
　　　　　　） の量の見込み、③自立支援等施策に関する事項、お
よびこれらの目標に関する事項がある。

確認しよう！

★国が定める基本指針には、地域支援事業の実施に関する基本的
事項が含まれる？　　　　　　　　　　　　　　　⇨ Ⓐ

★各年度の地域支援事業の量の見込みは、定めるべき事項？　⇨ Ⓑ

自立支援等施策

2018年度の改正で、市町村介護保険事業計画に定めるべき事項として、「被保険者の地域における自立した日常生活の支援、要介護状態等となることの予防または要介護状態等の軽減・悪化の防止、介護給付等に要する費用の適正化に関し、市町村が取り組むべき施策（自立支援等施策）に関する事項、およびこれらの目標に関する事項」が追加された。

NOTE

レッスン **6**

介護保険事業計画（2）

重要度 **A**
学習日

1. 都道府県介護保険事業支援計画

　都道府県介護保険事業支援計画は、国の基本指針に即し、3年を1期Aとして都道府県が定めます。都道府県は、策定または変更した都道府県介護保険事業支援計画を、**厚生労働大臣に提出**しなければなりません。

■都道府県介護保険事業支援計画に定められる事項

定めるべき事項：都道府県が定める区域（老人福祉圏域）ごとの各年度の①**地域密着型介護老人福祉施設入所者生活介護**などの必要利用定員総数や**介護保険施設**の種類ごとの必要入所定員総数Bなど、②市町村の自立支援等施策への支援に関し、都道府県が取り組むべき施策とこれらの目標に関する事項

定めるよう努める事項：①介護保険施設などの介護給付等対象サービスを提供するための施設における**生活環境の改善**を図るための事業に関する事項、②**介護サービス情報の公表**に関する事項C、③**介護支援専門員**その他の介護給付等対象サービスや地域支援事業の従事者の確保および**資質の向上**に資する事業に関する事項、④介護給付等対象サービスの提供または地域支援事業の実施のための事業所・施設における**業務の効率化**、介護サービスの**質の向上**その他の**生産性の向上**に資する事項、⑤介護保険施設相互間の**連携確保**に関する事業その他の介護給付等対象サービスの円滑な提供を図るための事業に関する事項、⑥介護予防・日常生活支援総合事業および**包括的支援事業**に関する、**市町村相互間の連絡調整を行う事業**に関する事項、⑦都道府県が定める区域ごとの**有料老人ホーム**、**サービス付き高齢者向け住宅**のそれぞれの入居定員総数

2. 老人福祉計画などとの関係

①**老人福祉計画との一体的作成**：市町村介護保険事業計画は、**市町村老人福祉計画**（老人福祉法）、都道府県介護保険事業支援計画は、**都道府県老人福祉計画**（老人福祉法）と、それぞれ**一体のものとして作成**される。

②**市町村計画、医療計画などとの整合性の確保**：市町村介護保険事業計画は、**市町村計画**（医療介護総合確保法）、都道府県介護保険事業支援計画は、**都道府県計画**（医療介護総合確保法）と**医療計画**（医療法）との**整合性**を確保して作成される。

③**地域福祉計画などとの調和**：市町村介護保険事業計画は、**市町村地域福祉計画**（社会福祉法）、市町村高齢者居住安定確保計画（高齢者の居住の安定確保に関する法律）などと調和をとりながら作成される。また、都道府県介護保険事業支援計画は、**都道府県地域福祉支援計画**（社会福祉法）、**都道府県高齢者居住安定確保計画**（高齢者の居住の安定確保に関する法律）などと調和をとりながら作成される。

書いて覚えよう！

◆都道府県介護保険事業支援計画

● 都道府県介護保険事業支援計画は、国の基本指針に即して定められる。都道府県は、策定または変更した都道府県介護保険事業支援計画を、（［①］_____）に提出しなければならない。

◆老人福祉計画などとの関係

● 市町村介護保険事業計画は（［②］_____）と、都道府県介護保険事業支援計画は都道府県老人福祉計画と、それぞれ（［③］_____）のものとして作成される。

● 市町村介護保険事業計画は、（［④］_____）（医療介護総合確保法）と、都道府県介護保険事業支援計画は、都道府県計画（医療介護総合確保法）と（［⑤］_____）（医療法）との整合性の確保が図られたものでなければならない。

計　画	調和をとりながら作成される計画
市町村介護保険事業計画	市町村地域福祉計画（社会福祉法）
	市町村高齢者居住安定確保計画（高齢者の居住の安定確保に関する法律）
都道府県介護保険事業支援計画	都道府県地域福祉支援計画（社会福祉法）
	（［⑥］_____）（高齢者の居住の安定確保に関する法律）

確認しよう！

★都道府県介護保険事業支援計画の1期は何年？ ⇒ Ⓐ

★都道府県介護保険事業支援計画に定めるべき事項には、介護保険施設の種類ごとのなにが含まれる？ ⇒ Ⓑ

★介護サービス情報の公表に関する事項は、都道府県介護保険事業支援計画に定めるよう努める事項？ ⇒ Ⓒ

レッスン **7**

被保険者（1）

重要度 **A**
学習日 ／／／

1. 被保険者の資格要件

　介護保険では、次の被保険者が保険料を納め、保険事故（要介護状態・要支援状態）が起きた場合に、介護サービスという保障を受けることができます。

①**第1号被保険者**：市町村の区域内に**住所を有する**、**65歳以上**Ⓐの者

②**第2号被保険者**：市町村の区域内に**住所を有する**、**40歳以上65歳未満**の者で、**医療保険に加入**Ⓑしている者

　住所を有するとは、一般に、住民基本台帳上の住所を有することをいいます。

　日本国籍のない外国人でも、国内に住所があると認められ、一定の要件を満たしていれば被保険者Ⓒとなります。

2. 被保険者資格の強制適用

　介護保険の被保険者資格は**強制適用**され、被保険者の資格要件に該当すれば、**本人の意思にかかわりなく、何ら手続きを要せずに被保険者**Ⓓとなります。

　生活保護の被保護者は、国民健康保険の適用除外（対象外）となるため、40歳以上65歳未満の被保護者は、国民健康保険以外の医療保険に加入していないかぎり、介護保険の被保険者とはなりません。

　介護が必要となった場合は、生活保護の「介護扶助」により介護サービスを受けます。

3. 被保険者の適用除外

　次の適用除外施設に入所（入院）している人については、当分の間、介護保険制度の被保険者から除外されます。

　①**指定障害者支援施設**（障害者総合支援法の支給決定を受けて、生活介護および施設入所支援を受けている人）、②障害者支援施設（身体障害者福祉法、知的障害者福祉法に基づく措置により入所している人）、③指定障害福祉サービス事業者であって、障害者総合支援法の規定により療養介護を行う病院、④**医療型障害児入所施設・指定発達支援医療機関**（児童福祉法の規定）、⑤独立行政法人国立重度知的障害者総合施設のぞみの園法に規定する福祉施設、⑥**国立ハンセン病療養所等**Ⓔ（ハンセン病問題の解決の促進に関する法律の規定）、⑦**救護施設**Ⓕ（生活保護法の規定）、⑧被災労働者の受ける介護の援護を図るために必要な事業にかかる施設（労働者災害補償保険法の規定）

書いて覚えよう！

◆被保険者の資格要件

第1号 被保険者	市町村の区域内に住所を有する、（ ① 　　　　 ） 歳 以上の者
第2号 被保険者	市町村の区域内に住所を有する、40歳以上65歳未 満の者で、（ ② 　　　　　 ） に加入している者

● 住所を有するとは、一般に、（ ③ 　　　　　　　　 ） 上の住所を有することをいう。

● 日本国籍のない外国人でも、国内に （ ④ 　　　　 ） があると認められ、一定の要件を満たしていれば被保険者となる。

◆被保険者資格の強制適用

介護保険の被保険者資格は （ ⑤ 　　　　　 ） され、被保険者の資格要件に該当すれば、本人の意思にかかわりなく、何ら手続きを要せずに被保険者となる。

● （ ⑥ 　　　 ） 歳以上 （ ⑦ 　　　 ） 歳未満の生活保護の被保護者は、国民健康保険以外の医療保険に加入していないかぎり、介護保険の被保険者とはならない。

◆被保険者の適用除外

指定障害者支援施設、国立ハンセン病療養所等、救護施設などの（ ⑧ 　　　　　　　　　 ） に入所（入院）している人については、当分の間、介護保険制度の被保険者から除外される。

確認しよう！

★第1号被保険者は何歳以上？ ⇨ Ⓐ

★第2号被保険者の資格要件は住所、年齢とあとひとつは？ ⇨ Ⓑ

★日本国籍のない外国人は介護保険の被保険者となれる？ ⇨ Ⓒ

★被保険者の資格要件に該当した場合、本人が手続きをしなくても、被保険者となる？ ⇨ Ⓓ

★国立ハンセン病療養所は適用除外施設？ ⇨ Ⓔ

★救護施設は適用除外施設？ ⇨ Ⓕ

レッスン **7**

被保険者（2）

重要度 **A**
学習日 ／／／

1. 被保険者資格の取得と喪失

介護保険の適用要件となる事実が発生した日をもって、何ら手続きを要せず資格を取得します。このような資格取得の形態を**発生主義**、**事実発生主義**といいます。

届出がされないなど保険者がその事実を把握していなかった場合でも、介護保険を適用すべき事実が判明すれば、その事実発生の日に遡（さかのぼ）って、被保険者資格を取得したものとして取り扱います。これを資格の**遡及（そきゅう）適用**といいます。

資格を取得するとき		資格を喪失するとき
年齢到達（誕生日の前日）	医療保険加入者→40歳	死亡（死亡した日の翌日）
	40歳以上65歳未満の医療保険未加入者→65歳 	
住所移転（他市町村からの転入）		住所移転（他市町村への転出）
医療保険への加入（40歳以上65歳未満の者の場合）		医療保険非加入（第2号被保険者が医療保険加入者でなくなった日の当日）
適用除外でなくなった場合		適用除外に該当した場合（適用除外に該当するに至った日の翌日）

2. 届出

第1号被保険者は、次のような資格の得喪（とくそう）などの場合には、市町村に届出（14日以内）をする義務があります。届出は、本人の**世帯主**が**代行**することもできます。

①転入、住所地特例適用被保険者でなくなったことによる資格取得

②外国人で65歳に達したとき（公簿等で確認できる場合は不要）

③住所地特例の適用を受けるに至ったとき等

④氏名の変更

⑤同一市町村内での住所変更

⑥所属世帯または世帯主の変更

⑦転出・死亡による資格喪失

③～⑦の場合、届出の際に被保険者証と負担割合証を添付。

第2号被保険者は、要介護認定等を申請した場合や被保険者証の交付を申請した場合にかぎり、市町村の管理上、届出が必要になります。

> 住民が住民基本台帳法上の届出（転入届、転出届、転居届、世帯変更届等）をすれば、介護保険上の届出をしたとみなされます。
> また、65歳に到達したことにより医療保険未加入者が第1号被保険者となる場合は、市町村が自動的に処理するため届出の必要はありません。

書いて覚えよう！

◆被保険者資格の取得と喪失

● 介護保険の被保険者資格は、適用要件となる事実が（ $\boxed{1}$ ）した日をもって、何ら手続きを要せず取得する。

● 保険者が資格取得の事実を把握していなかった場合でも、介護保険を適用すべき事実発生の日に遡って、被保険者資格を取得したものとして取り扱う。これを資格の（ $\boxed{2}$ ）という。

● 介護保険の被保険者資格は、（ $\boxed{3}$ ）、住所移転、医療保険への加入、適用除外でなくなった場合に取得する。

◆届出

● 第（ $\boxed{4}$ ）号被保険者は、下欄のような資格の得喪などの場合、市町村に届出をする義務がある。

● 届出は、本人の（ $\boxed{5}$ ）が代行することもできる。

第1号被保険者	転入、住所地特例適用被保険者でなくなったことにより資格を取得した場合	届出が必要
	外国人で65歳に達したとき（公簿等で確認できる場合は不要）	
	住所地特例の適用を受けるに至ったとき等	
	（ $\boxed{6}$ ）を変更した場合	
	同一市町村内で住所を変更した場合	
	所属世帯または世帯主を変更した場合	
	転出・死亡により資格を喪失した場合	
第2号被保険者	（ $\boxed{7}$ ）等を申請した場合	
	被保険者証の交付を申請した場合	

確認しよう！

★医療保険に加入していない人は、65歳になっても被保険者になれない？ ⇨ Ⓐ

★第2号被保険者が同一市町村内で住所を変更した場合、届出は必要？ ⇨ Ⓑ

被保険者（3）

重要度 **B**
学習日

1. 住所地特例

　住所地特例とは、**住所地特例対象施設**への入所や入居により、その施設のある市町村に住所を変更した場合には、**変更前の住所地の市町村**がそのまま保険者になり続けるというものです。

　また、2つ以上の施設に順次入所・入居した場合は、最初の施設に入所・入居する前の住所地の市町村が保険者となります。

　住所地特例対象施設は、以下の施設です。

①**介護保険施設**（介護老人福祉施設、介護老人保健施設、介護医療院

②**特定施設**（有料老人ホーム、軽費老人ホーム、養護老人ホームで、地域密着型特定
　施設でないもの）

③**養護老人ホーム**（老人福祉法上の入所措置）

　住所地特例が適用される被保険者（住所地特例適用被保険者）は、**保険者**である**市町村**に対して次の手続きが必要となります。

転出して別の市町村の施設に入所するとき	転出届・住所地特例適用届
施設を退所して元の住所に戻るとき	転入届・住所地特例終了届
施設を退所し、継続して別の施設に入所するとき	住所地特例変更届

　　住所地特例適用被保険者は、2015（平成27）年度から、それまで利用できなかった住所地の市町村の地域密着型サービスや介護予防支援、地域支援事業のサービスを利用できるようになりました。また、2018（平成30）年度からは、障害者支援施設、救護施設など一部の適用除外施設の退所者が介護保険施設などに入所した場合、適用除外施設入所前の住所地の市町村が保険者となりました。

2. 被保険者証

　被保険者証は、被保険者であることを示す証明書で、要介護認定の申請や届出、保険給付を受けるときに必要なものです。様式は全国一律です。**第1号被保険者**は、65歳到達月に**全員に交付**されますが、第2号被保険者の場合は、**要介護認定・要支援認定を申請した人**（認定結果の交付時に交付）か**交付の求めがあった人**に交付されます。

　被保険者証は、被保険者資格を失ったときにはすみやかに市町村に返還します。

　被保険者証を破ったり汚したり、なくしたときは、ただちに市町村に再交付を申請します。

書いて覚えよう！

◆住所地特例

● 住所地特例対象施設への入所や入居により、その施設のある市町村に住所を変更した場合、変更（ ① ）の住所地の市町村がそのまま保険者になることを住所地特例という。

● 2つ以上の施設に順次入所・入居した場合は、（ ② ）の施設に入所・入居する前の住所地の市町村が保険者となる。

● 住所地特例対象施設とは、①（ ③ ）、②特定施設、③養護老人ホームをいう。

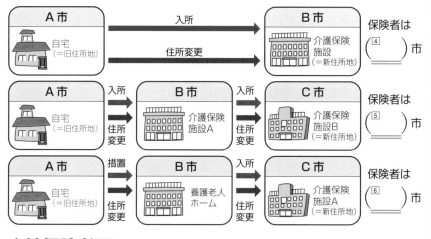

◆被保険者証

● 被保険者証の様式は（ ⑦ ）。

● 第1号被保険者は、65歳到達月に全員に交付される。第2号被保険者は、（ ⑧ ）を申請した人か交付の求めがあった人に交付される。

● 被保険者資格を失ったときにはすみやかに（ ⑨ ）に返還する。被保険者証を破ったり汚したり、なくしたときは、ただちに（ ⑩ ）を申請する。

確認しよう！

★2018年度から介護保険施設として新設された施設は？ ⇒ Ⓐ
★第1号被保険者の場合、被保険者証はどんな人に交付される？ ⇒ Ⓑ

介護医療院
これまで介護老人福祉施設、介護老人保健施設、介護療養型医療施設の3施設だった介護保険施設に、2018年度から新たに介護医療院が加わった。廃止期限が2024〔令和6〕年3月末まで延長された介護療養型医療施設の受け皿ともなる施設。

地域密着型特定施設
入居定員29人以下の介護専用型特定施設。

NOTE

レッスン**8**

要介護状態・要支援状態

重要度 **A**
学習日 ／／／

1. 要介護状態・要支援状態とは

　介護保険の給付は、被保険者が市町村に**要介護認定・要支援認定**を申請し、**要介護状態**にある**要介護者**か、**要支援状態**にある**要支援者**と認定された場合に受けることができます。

　ただし、40歳以上65歳未満の<u>第**2**号被保険者</u>Ⓐは、その要介護状態または要支援状態の原因が**特定疾病**でなければ、認定されません。

①**要介護状態：身体上または精神上の障害**があるために、入浴、排泄、食事などの日常生活における基本的な動作の**全部または一部**について、**6か月**にわたり継続して、**常時介護**を要すると見込まれる状態。

②**要支援状態：身体上もしくは精神上の障害**があるために、入浴、排泄、食事などの日常生活における基本的な動作の**全部もしくは一部**について、**6か月**にわたり継続して、**常時介護を要する状態の軽減もしくは悪化の防止**のために支援を要する、または日常生活を営むのに支障があると見込まれる状態。

2. 特定疾病とは

（1）特定疾病の条件

　特定疾病は、次のいずれをも満たすものとされています。

①65歳以上の高齢者に多く発生しているが、40歳以上65歳未満でも発生がみられるなど罹患率・有病率に加齢との関係が認められ、医学的根拠が明確に定義できる。

②継続して要介護状態等になる割合が高いと考えられる。

（2）特定疾病の種類

　次の<u>**16**の疾病</u>Ⓑが特定疾病として認められています。

①がん（医師が一般に認められている医学的知見に基づき回復の見込みがない状態に至ったと判断したものにかぎる。いわゆる**がん末期**）、②<u>**関節リウマチ**</u>Ⓒ、③**筋萎縮性側索硬化症**（ALS）、④**後縦靱帯骨化症**、⑤**骨折を伴う骨粗鬆症**、⑥**初老期における認知症**（アルツハイマー病、血管性認知症、レビー小体型認知症など）、⑦**進行性核上性麻痺、大脳皮質基底核変性症およびパーキンソン病**、⑧**脊髄小脳変性症**、⑨**脊柱管狭窄症**、⑩**早老症**、⑪**多系統萎縮症**（シャイ・ドレーガー症候群、オリーブ橋小脳萎縮症、線条体黒質変性症）、⑫**糖尿病性神経障害、糖尿病性腎症および糖尿病性網膜症**、⑬**脳血管疾患**、⑭**閉塞性動脈硬化症**、⑮**慢性閉塞性肺疾患**（慢性気管支炎、肺気腫、気管支喘息、びまん性汎細気管支炎）、⑯**両側の膝関節または股関節に著しい変形を伴う変形性関節症**

書いて覚えよう！

◆要介護状態・要支援状態とは

● 介護保険の給付は、被保険者が（ ① ）に要介護認定・要支援認定を申請し、要介護状態にある要介護者か、要支援状態にある要支援者と（ ② ）された場合に受けることができる。

要介護状態	（ ③ ）上または精神上の障害があるために、入浴、排泄、食事などの日常生活における基本的な動作の全部または一部について、（ ④ ）か月にわたり継続して、常時（ ⑤ ）を要すると見込まれる状態。
要支援状態	身体上もしくは（ ⑥ ）上の障害があるために、入浴、排泄、食事などの日常生活における基本的な動作の全部もしくは一部について、（ ⑦ ）か月にわたり継続して、常時介護を要する状態の（ ⑧ ）もしくは（ ⑨ ）の防止のために支援を要する、または日常生活を営むのに支障があると見込まれる状態。

◆特定疾病とは（特定疾病の条件）

① （ ⑩ ）歳以上の高齢者に多く発生しているが、40歳以上65歳未満でも発生がみられるなど罹患率・有病率に加齢との関係が認められ、医学的根拠が明確に定義できる。

②継続して（ ⑪ ）等になる割合が高いと考えられる。

確認しよう！

★要介護状態または要支援状態の原因が特定疾病でなければ、認定されないのは第1号、第2号どちらの被保険者？ ⇒ Ⓐ

★特定疾病の種類は何種類？ ⇒ Ⓑ

★関節リウマチは特定疾病？ ⇒ Ⓒ

用語

6か月にわたり継続して
要介護状態・要支援状態の継続見込み期間は6か月だが、第2号被保険者ががん末期により要介護状態や要支援状態となり余命が6か月に満たないと判断される場合は、継続見込み期間は死亡までの間とされている。

NOTE

要介護認定・要支援認定の手続き（1）

重要度 A
学習日 ／／／

1. 要介護認定・要支援認定の概要

　要介護認定・要支援認定は、**市町村**が被保険者の介護サービスの必要の程度を判断するためのものです。認定調査や審査・判定は、公平・客観性の観点から、国の定める**全国一律**の基準で行われます。要介護認定と要支援認定の手順は基本的に同じですが、法律上は別々の手続きとなっています。要介護認定を申請した被保険者が要支援者に該当する場合は、要支援認定の申請を行ったものとして、要支援認定が行われます（**みなし認定**）。要支援認定を申請し、要介護者に該当する場合も同様です。申請から認定までは、以下の流れで行われます。

　　①被保険者が要介護認定・要支援認定を**市町村**へ申請する。

⇒②市町村が認定調査を行い、コンピュータによる推計で**一次判定**を行う。

⇒③**二次判定**では、**介護認定審査会**による審査・判定が行われる。

⇒④要介護認定（区分1～5）、要支援認定（区分1～2）、非該当が決定する。

2. 要介護認定・要支援認定の申請

　被保険者は、申請書に必要事項を記入し、介護保険の**被保険者証**を添付して、市町村の窓口に申請します（被保険者証の交付を受けていない**第2号被保険者**の場合は不要）。また、第2号被保険者は**医療保険の被保険者証**を提示します。申請は、**家族**や親族、成年後見人による申請代理のほか、次の者が**代行**することもできます。

①**地域包括支援センター**

②**指定居宅介護支援事業者**、**地域密着型介護老人福祉施設**、介護保険施設（指定基準の要介護認定等の申請にかかる援助の規定に違反したことのない者）

③社会保険労務士法に基づく**社会保険労務士**

④民生委員

　認定が行われた場合、その効力は申請日まで遡ります。つまり、認定の申請をすれば、介護サービスを現物給付で受けることが可能です（不認定の場合は全額自己負担）。

　また、要介護認定の申請時に、被保険者証の提出と引きかえに、資格者証（暫定被保険者証）が発行されます。認定結果が記載された被保険者証が交付されるまでの間有効となります。

書いて覚えよう！

◆要介護認定・要支援認定の概要

● 要介護認定・要支援認定は、（[①＿＿＿＿＿＿＿＿]） が被保険者の介護サービスの必要の程度を判断するためのものである。

● 認定調査や審査・判定は、公平・客観性の観点から、国の定める（[②＿＿＿＿＿＿＿＿]） の基準で行われる。

● 一次判定は（[③＿＿＿＿＿＿＿]） による推計で、二次判定は（[④＿＿＿＿＿＿＿＿＿＿]） による審査・判定が行われる。

◆要介護認定・要支援認定の申請

● 被保険者は、申請書に必要事項を記入し、介護保険の（[⑤＿＿＿＿＿＿＿＿]） を添付して、市町村の窓口に申請する。

● 第2号被保険者は、申請の際に （[⑥＿＿＿＿＿＿＿]） の被保険者証を提示する。

■要介護認定・要支援認定の申請代理・代行

申請代理が可能	（[⑦＿＿＿＿＿]）、親族、成年後見人
申請代行が可能	①（[⑧＿＿＿＿＿＿＿＿＿＿]） ②指定居宅介護支援事業者、地域密着型介護老人福祉施設、介護保険施設で、指定基準の要介護認定等の （[⑨＿＿＿＿]） にかかる援助の規定に違反したことのない者 ③社会保険労務士法に基づく社会保険労務士 ④民生委員

確認しよう！

★要介護認定・要支援認定は、被保険者の介護サービスの必要の程度を判断するためのものとしてどこが行っている？ ⇒ Ⓐ

★要介護認定を申請した被保険者が要支援者に該当する場合は、あらためて要支援認定を申請しなければならない？ ⇒ Ⓑ

★申請の際、第2号被保険者はなにを提示する？ ⇒ Ⓒ

★指定居宅介護支援事業者は、申請代行ができる？ ⇒ Ⓓ

要介護認定・要支援認定の手続き(2)

重要度 A
学習日

1. 認定調査

(1) 市町村による認定調査の実施

申請を受けた市町村は、被保険者に**面接**して、全国一律の**認定調査票**をもとに認定調査を行います。市町村は、被保険者が正当な理由なく認定調査に応じない場合には、申請を却下することができます。

新規の認定調査は、原則的に**市町村の職員**が行います。例外的に、**指定市町村事務受託法人**には新規認定、更新認定、要介護状態区分の変更認定での委託が可能です。また、被保険者が遠隔地に住んでいる場合は**他市町村**に調査を**嘱託**することができます。

更新認定、変更認定では、指定市町村事務受託法人のほか①**地域包括支援センター**、②**指定居宅介護支援事業者**、**地域密着型介護老人福祉施設、介護保険施設、介護支援専門員**で指定基準の**利益供与などの禁止**の規定などに違反したことのない者に委託できます。

(2) 守秘義務

委託を受けた指定居宅介護支援事業者、介護保険施設などの役員や職員と、認定調査を行う介護支援専門員には、**守秘義務**が課せられます。刑法などの罰則の適用に関しては、**公務員**と同等とみなされます。

(3) 認定調査票の構成（全国一律）

①**概況調査**：基本的なプロフィール
②**基本調査**：「**身体機能・起居動作に関連する項目**」「**生活機能に関連する項目**」「**認知機能に関連する項目**」「**精神・行動障害に関連する項目**」「**社会生活への適応に関連する項目**」「**特別な医療に関連する項目**」「**日常生活自立度に関連する項目**」から成る。基本調査はコンピュータに入力され、一次判定に用いられる。
③**特記事項**：基本調査を文章で補完するもの。介護認定審査会による審査・判定（二次判定）での資料となる。

2. 主治医等による意見

市町村は、認定調査と同時に被保険者が申請書に記載した**主治医**に、生活機能低下の原因となっている傷病や特別な医療、心身の状態（日常生活の自立度、認知症の中核症状や周辺症状など）、生活機能とサービスなどに関する**主治医意見書**への記載を求めます。主治医がいない場合は、**市町村の指定する医師や市町村の職員である医師**が診断し、主治医意見書を作成します。主治医意見書は「基本情報」「傷病に関する意見」「特別な医療」「心身の状態に関する意見」「生活機能とサービスに関する意見」「その他特記事項」から成り、一次判定で一部用いられるほか、介護認定審査会による審査・判定（二次判定）での重要な資料となります。

書いて覚えよう！

◆認定調査

● 申請を受けた市町村は、被保険者に （ ［１］ ） して、全国一律の （ ［２］ ） をもとに認定調査を行う。新規の認定調査は、原則的に （ ［３］ ） の職員が行う。

■認定調査の委託

委託先	委託できる調査
（ ［４］ ）	新規認定、更新認定、変更認定
地域包括支援センター （ ［５］ ）、地域密着型介護老人福祉施設、介護保険施設、介護支援専門員で、利益供与などの禁止の規定などに違反したことのない者	更新認定、変更認定

■認定調査票の構成

認定調査票（全国一律）

①概況調査	② （ ［６］ ）	③特記事項
氏名、住所など	心身の状況、特別な医療など	基本調査の補完

◆主治医等による意見

● 市町村は、認定調査と同時に被保険者が申請書に記載した （ ［７］ ） に、生活機能低下の原因となっている傷病や特別な医療、心身の状態、生活機能とサービスなどに関する （ ［８］ ） への記載を求める。

● 主治医意見書は、介護認定審査会による審査・判定 （ （ ［９］ ） ） での重要な資料となる。

確認しよう！

★認定調査の委託を受けた者に、守秘義務は課せられる？　⇒ Ⓐ

★「認定調査票」のうち、二次判定での資料となるのはなに？　⇒ Ⓑ

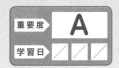

審査・判定（1）

重要度　A
学習日　／　／　／

1. コンピュータによる一次判定

（1）要介護認定等基準時間とは

　一次判定では、認定調査の「認定調査票」の**基本調査**の項目 をコンピュータで分析して、5分野の介助に関する8種類の行為ごとに、1日に必要な介護時間を推計した**要介護認定等基準時間**を算定し、要介護状態区分を判定します。

■ 5分野（8種類）の行為

①**直接生活介助**：入浴、排泄、食事などの介護。樹形モデルでさらに「**食事**」、「**排泄**」、「**移動**」、「**清潔保持**」の4つにわけられる。

②**間接生活介助**：洗濯、掃除などの家事援助など

③**認知症の行動・心理症状（BPSD）関連行為**：**徘徊に対する探索**など

④**機能訓練関連行為**：歩行訓練、日常生活訓練などの機能訓練

⑤**医療関連行為**：**輸液の管理**、**褥瘡の処置**などの診療の補助など

> 　要介護認定等基準時間は、介護の手間（介護の必要の程度）を判断する指標となるものです。実際の介護サービスの提供時間や家庭での介護の時間を表すものではありません。

（2）一次判定のしくみ

　このコンピュータの推計方法は**樹形モデル**といわれます。**基本調査**の調査項目や**中間評価項目**ごとに選択肢が設けられ、1分間タイムスタディ・データの中から、その心身の状況が最も近い高齢者のデータが探し出され、分岐していきます。

　基本調査の「特別な医療」の12項目に該当するものがある場合は、要介護認定等基準時間（医療関連行為）に合算され、5分野の介助に関する8種類の行為ごとに要する時間が算定されます。運動能力の低下していない認知症高齢者では、要介護度が軽く出る傾向があるため、「認知症加算」がされます。

　こうして合算された要介護認定等基準時間により、非該当（自立）、要支援1・2、要介護1～5のいずれにあてはまるかの一次判定結果が示されます。

　市町村は、この一次判定の結果と、「認定調査票」の特記事項、「主治医意見書」を**介護認定審査会**に通知して、審査・判定を求めます。

書いて覚えよう！

用語

1分間タイムスタディ・データ
介護老人福祉施設などに入所している3,500人の高齢者について、48時間にわたり、どのような介護サービスがどれくらいの時間にわたって行われたかを調べて得たデータ。

◆コンピュータによる一次判定

● 一次判定では、認定調査の「認定調査票」の（ ⓵　　　　　　　 ）

の項目をコンピュータで分析して、１日に必要な介護時間を推計

した（ ⓶　　　　　　　　　　　　 ）を算定する。

■ 要介護認定等基準時間の５分野の行為

直接生活介助	入浴、排泄、（ ⓷　　　 ）などの介護
（ ⓸　　　　　　　 ）	洗濯、掃除などの家事援助など
認知症の行動・心理症状(BPSD)関連行為	（ ⓹　　 ）に対する探索など
機能訓練関連行為	歩行訓練、日常生活訓練などの機能訓練
（ ⓺　　 ）関連行為	輸液の管理、褥瘡の処置などの診療の補助など

● 要介護認定等基準時間のコンピュータの推計方法は、

（ ⓻　　　　　　　　 ）といわれる。

● 要介護認定等基準時間は、基本調査の項目による

（ ⓼　 ）分野の介助に関する（ ⓽　 ）種類の行為ごと

に要する時間を算定したものである。

● 市町村は、一次判定の結果と、「認定調査票」の特記事項、「主

治医意見書」を（ ⓾　　　　　　　　 ）に通知し、審査・判

定を求める。

確認しよう！

★一次判定でコンピュータで分析するのは、認定調査の「認定調査票」のどの項目？ ⇒ Ⓐ

★運動能力の低下していない認知症高齢者に対して加算されるのは、なに加算？ ⇒ Ⓑ

レッスン **10** 審査・判定(2)

重要度 **A**
学習日

1. 介護認定審査会による二次判定

　介護認定審査会は、**一次判定の結果を原案**として、認定調査票の**特記事項**、主治医意見書の内容を踏まえ、次の点について**審査・判定(二次判定)** を行います。

　①第2号被保険者については、その心身の状態が**特定疾病**に該当するかどうか。

　②要介護状態または要支援状態に該当するかどうか。

　③該当する**要介護状態区分、要支援状態区分**。

　審査・判定にあたり必要があれば、**被保険者、家族、主治医、認定調査員**などの**関係者の意見を聴く**ことができます。

2. 介護認定審査会の設置

　介護認定審査会は**市町村の附属機関**として設置されますが、①複数の市町村による**共同設置**や**都道府県・他市町村**への審査・判定業務の**委託**(認定調査や認定自体は各市町村が行わなければならない)、②**広域連合・一部事務組合**の活用による設置(認定調査や認定自体も行うことができる)が認められています。介護認定審査会の委員は**市町村長**が任命します。任期は2年(2年を超え3年以下の期間で市町村が条例で定めることができる)で、**再任**ができます。定数は、必要数の**合議体**を設置できる員数を市町村が**条例**で定めます。委員の位置づけは、特別職の非常勤公務員です。守秘義務が課せられます。

　審査・判定は、介護認定審査会の会長が指名する合議体により行われます。合議体の定数は、**5人を標準**に、市町村が定めます。構成する委員の**過半数**が出席しなければ、会議を開いたり議決を行うことはできません。議事は、出席した委員の**過半数**によって**議決**し、可否同数の場合は合議体の長が決することとされます。

3. 介護認定審査会の意見とサービスの種類の指定

　市町村は、介護認定審査会から①**療養に関する事項**について意見が述べられている場合は、その意見に基づき、その被保険者が受けられる**サービスの種類を指定**することができます。指定された以外のサービスについては、保険給付が行われません。また、②**留意すべき事項**について述べられている場合は、事業者や施設、介護支援専門員は、その意見に配慮してサービスを提供したり、居宅サービス計画を立てたりする必要があります。

　被保険者は、市町村に対して、指定されたサービスの種類について**変更の申請**を行うことができます。

書いて覚えよう！

◆介護認定審査会による二次判定

● 　介護認定審査会は、一次判定の結果を原案として、認定調査票の特記事項、（ ① 　　　　　　　　　　　 ） の内容を踏まえて、次の点について審査・判定（二次判定）を行う。

　　①第2号被保険者については、その心身の状態が （ ② 　　　　　　 ） に該当するかどうか。

　　②要介護状態または要支援状態に該当するかどうか。

　　③該当する要介護状態区分、要支援状態区分。

◆介護認定審査会の設置

● 　介護認定審査会の委員の任命は市町村長が行う。任期は2年（2年を超え3年以下の期間で市町村が条例で定めることができる）で、（ ③ 　　　　　 ） ができる。定数は、必要数の （ ④ 　　　　　 ） を設置できる員数を市町村が （ ⑤ 　　　　 ） で定める。

◆介護認定審査会の意見とサービスの種類の指定

● 　療養に関する事項について意見が述べられている場合……市町村はその意見に基づき、被保険者が受けられるサービスの（ ⑥ 　　　　 ） を指定することができる。指定されたサービス以外は （ ⑦ 　　　　　 ） が行われない。

● 　留意すべき事項について述べられている場合……事業者や施設、介護支援専門員は、その意見に配慮してサービスを提供したり、（ ⑧ 　　　　　　 ） を立てたりする必要がある。

確認しよう！

★介護認定審査会の委員には、なんの義務が課せられている？ ⇨ Ⓐ

★介護認定審査会の議事は、出席した委員の何人で議決する？ ⇨ Ⓑ

用語

療養に関する事項
要介護状態または要支援状態の軽減または悪化の防止のために必要な療養に関する事項（要支援者については、必要な家事援助に関する事項を含む）。

留意すべき事項
サービス（要支援者については、総合事業の「介護予防・生活支援サービス事業」のうち、介護予防ケアマネジメント以外の3つの事業を含む）の適切かつ有効な利用などに関し、被保険者が留意すべき事項。

NOTE

レッスン **11** 市町村の認定と
更新認定（1）

重要度 **A**
学習日 ／／／

1. 市町村による認定

（1）市町村の認定と通知

市町村は、介護認定審査会の審査・判定の結果に基づいて**認定**または**不認定**の決定を行い、その結果を**被保険者**に**通知**します。その際、次の事項について、被保険者証_Aに記載して返却します。

①該当する**要介護状態区分**または**要支援状態区分**

②**介護認定審査会の意見**が述べられている場合は、その意見（サービスの種類の指定を含む）

要介護・要支援のいずれにも該当しないと認めたときは、被保険者にその結果と理由を通知し、被保険者証を返却します。

なお、被保険者は、市町村の決定内容に不服がある場合は、都道府県に設置された**介護保険審査会**に審査請求をすることができます。

（2）申請から認定までの期間とその延期

市町村による認定は、原則として申請のあった日から**30日以内**に行われます。

ただし、調査に日時を要するなど特別の理由がある場合は、延期されることもあります。この場合、市町村は、申請のあった日から**30日以内**に被保険者にその理由と申請処理に要する見込期間を**通知**します。

> 被保険者は、申請から30日以内に認定や処分延期に関する通知がされない場合は、申請が却下されたとみなすことができるよ。

2. 新規認定と認定の効力の発生

新規認定された場合、有効期間は**6か月**です。認定の効力は**申請のあった日**に遡ります。このため、申請日から、**暫定居宅サービス計画**（または暫定介護予防サービス計画）を作成すれば、介護保険のサービスを法定代理受領による**現物給付**（利用時に1割または2割か3割の支払い）で受けることができます。

また、**認定申請前にサービスを利用していた場合**については、緊急やむを得ないなどの理由があり、市町村が必要と認めれば、**償還払いで給付を受ける**_Bことができます。

書いて覚えよう！

◆市町村による認定

■認定の際に被保険者証に記載される事項

①該当する要介護状態区分または要支援状態区分
②（⬜¹　　　　　　　　　　）　の意見が述べられている場合は、その意見（（⬜²　　　　　　　　　）　の指定を含む）

● 要介護・要支援のいずれにも該当しないと認めたときは、被保険者にその結果と理由を通知し、（⬜³　　　　　　　）　を返却する。

● 被保険者は、市町村の認定に関する決定内容に不服がある場合、（⬜⁴　　　　　）　に設置された　（⬜⁵　　　　　　　　）　に対して、審査請求をすることができる。

● 市町村による認定は、原則として申請のあった日から（⬜⁶　　　）　日以内に行われる。

● 調査に日時を要するなど特別の理由により認定が延期される場合、市町村は、申請のあった日から　（⬜⁷　　　）　日以内に被保険者にその理由と申請処理に要する見込期間を通知する。

◆新規認定と認定の効力の発生

● 新規認定の有効期間は　（⬜⁸　　　）　か月である。

● 認定の効力は　（⬜⁹　　　　　　　　）　日に遡る。

● 認定申請日から、暫定居宅サービス計画（暫定介護予防サービス計画）を作成すれば、（⬜¹⁰　　　）　給付で受けることができる。

確認しよう！

★市町村は、介護認定審査会の意見が述べられている場合、それをなにに記載して被保険者に返却する？　⇒ Ⓐ

★緊急やむを得ず認定申請前にサービスを利用していた場合、給付を受けることはできる？　⇒ Ⓑ

用語

償還払い
サービス利用時に、利用者が事業者・施設に費用の全額を支払い、あとで市町村から保険給付分の払い戻しを受ける方法。

NOTE

レッスン 11 市町村の認定と更新認定（2）

重要度 **A**
学習日 ／／／

1. 更新認定・区分変更の認定など

（1）更新認定

　引き続き要介護状態等にある被保険者は、認定の効力が途切れないように、有効期間満了日の**60日前**から満了日までの間に更新認定の申請を行うことができます。

　その手続きは、基本的に**新規認定と同様**です。更新認定された場合の有効期間は原則**12か月**で、その効力は、更新前の認定の**有効期間満了日の翌日**から発生します。

（2）区分変更の認定申請

　認定を受けた被保険者は、認定の有効期間中に要介護度等に変化があった場合は、要介護状態区分または要支援状態区分（要介護状態区分等）の**変更認定**を市町村に**申請**することができます。認定された場合、有効期間と効力の発生日は新規認定と同じです。

（3）職権による認定区分の変更

　市町村は、認定を受けた被保険者の**介護の必要の程度が低下**し、要介護状態区分等をより軽度の区分に変更する必要がある場合は、有効期間満了前でも、**被保険者の申請を待たず**に職権によって要介護状態区分等の変更の認定（変更認定）ができます。有効期間は新規認定と同じで、認定の効力は市町村の処分日（認定日）から発生します。

（4）認定の取り消し

　市町村は、被保険者が要介護者等に該当しなくなったときや、正当な理由なく認定調査や主治医意見書のための診断に応じないときは、認定を取り消すことができます。

2. 要介護認定・要支援認定の有効期間

　認定の有効期間は、介護認定審査会の意見に基づき、市町村が必要と認める場合は、**短縮や延長**が認められています。**新規認定**の設定可能範囲が**3〜12か月**、**区分変更認定**の設定可能範囲が**3〜12か月**、**更新認定**の設定可能範囲は**3〜36か月**で、要介護度・要支援度に変更がない場合は、**3〜48か月**です。

3. 住所移転時の認定

　要介護認定等を受けた被保険者が住所を移転して、保険者である市町村が変わる場合は、新しい市町村において、あらためて認定を受ける必要があります。ただし、被保険者が、移転前の市町村から認定について証明する書類の交付を受け、それを添えて移転先の市町村に認定の申請（転入日から**14日以内**）を行うことで、**審査・判定は行われず**、前の市町村での審査・判定結果に基づいて、認定を受けることができます。

書いて覚えよう！

◆更新認定・区分変更の認定など

● 有効期間満了日の（① ＿＿＿＿）日前から満了日までの間に更新認定の申請を行うことができる。手続きは、基本的に（② ＿＿＿＿＿＿）の手続きと同様である。更新認定の効力は、更新前の認定の有効期間満了日の（③ ＿＿＿＿＿）から発生する。

● 認定を受けた被保険者は、認定の有効期間中に要介護度等に変化があった場合は、要介護状態区分等の（④ ＿＿＿＿＿＿）を市町村に（⑤ ＿＿＿＿）することができる。

● 市町村は、認定を受けた被保険者の（⑥ ＿＿＿＿＿）の必要の程度が低下した場合は、有効期間満了前でも、被保険者の（⑦ ＿＿＿＿）を待たずに職権によって要介護状態区分等の変更の認定（変更認定）をすることができる。

◆要介護認定・要支援認定の有効期間

	原則有効期間	設定可能範囲
新規認定	6か月	3～（⑧ ＿＿＿＿）か月
区分変更認定	6か月	3～（⑨ ＿＿＿＿）か月
更新認定	12か月	3～（⑩ ＿＿＿＿）か月 3～48か月※

※要介護度・要支援度に変更がない場合

◆住所移転時の認定

● 要介護認定等を受けた被保険者が住所を移転して、保険者である市町村が変わる場合は、新しい市町村において、あらためて（⑪ ＿＿＿＿＿）を受ける必要がある。

確認しよう！

★更新認定の場合の有効期間は原則何か月？　⇨ Ⓐ

★市町村は、被保険者が要介護者等に該当しなくなったときなどは、認定を取り消すことができる？　⇨ Ⓑ

★住所移転後、何日以内に移転先の市町村に認定の申請をする？⇨ Ⓒ

レッスン **12** # サービスの概要

重要度 **B**
学習日 ／／／

1. 保険給付の種類

　介護給付は、**要介護者**に対してなされる給付です。居宅サービス、地域密着型サービス、住宅改修、居宅介護支援、施設サービスなどが給付の対象になります。

　サービス利用に関する給付のほか、利用者負担の軽減に関する給付として、高額介護サービス費、高額医療合算介護サービス費、特定入所者介護サービス費があります。

　また、サービス利用に関する給付（居宅介護福祉用具購入費、居宅介護住宅改修費を除く）と特定入所者介護サービス費に対しては、要介護認定等を申請する前に緊急やむを得ない理由でサービスを利用した場合など、市町村が認めた場合に支給される特例サービス費もあります。予防給付も同様です。

　予防給付は、**要支援者**に対してなされる給付です。介護予防サービス、地域密着型介護予防サービス、介護予防住宅改修、介護予防支援などが給付の対象になります。

　市町村特別給付は、**要介護者・要支援者**に対してなされる**市町村独自**の保険給付です。法定給付（介護保険法で定められている給付）以外のサービスを、市町村が**条例**に定め、給付の対象とします。原則として財源は**第1号被保険者の保険料**（1号保険料）で賄うこととされています。

　介護保険上の「居宅」には、老人福祉法に規定する養護老人ホーム、軽費老人ホーム、有料老人ホームにおける居室も含まれます。

　移送サービスや寝具乾燥サービスなど、市町村特別給付により保険給付の種類を増やすことを横出しサービスといいます。

2. 地域支援事業

　介護予防を目的として、保険給付とは別に**地域支援事業**が介護保険制度に位置づけられています。

　総合事業では、要支援者、事業対象者などに、多様なサービスを地域の実情にあわせて柔軟に、総合的に提供するしくみとなっています。なお、予防給付の介護予防訪問介護・介護予防通所介護は、2017（平成29）年度までに地域支援事業の**介護予防・日常生活支援総合事業（総合事業）**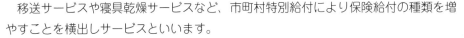に移行しました。

書いて覚えよう！

◆保険給付の種類

介護給付	要介護者	（①　　　　　　　　　　）、地域密着型サービス、住宅改修、居宅介護支援、施設サービス
		高額介護サービス費、高額医療合算介護サービス費、特定入所者介護サービス費
		特例サービス費
予防給付	（②　　　　　　　　　　）	介護予防サービス、地域密着型介護予防サービス、介護予防住宅改修、（③　　　　　　）
		高額介護予防サービス費、高額医療合算介護予防サービス費、特定入所者介護予防サービス費
		特例介護予防サービス費
市町村特別給付	要介護者・要支援者	法定給付以外のサービスで、市町村が独自に（④　　　　　）に定めたもの。財源は（⑤　　　　）号保険料

◆地域支援事業

● （⑥　　　　　　　　　） を目的として、保険給付とは別に地域支援事業が介護保険制度に位置づけられている。

● 総合事業は、（⑦　　　　　　　　　　）、事業対象者などに、多様なサービスを地域の実情にあわせて柔軟に、総合的に提供するしくみとなっている。

確認しよう！

★市町村特別給付は、だれに対してなされる給付？　⇒ Ⓐ

★介護予防訪問介護と介護予防通所介護はなにに移行した？　⇒ Ⓑ

レッスン 13 介護給付（1）

1. 居宅介護サービス費・居宅介護福祉用具購入費

要介護者が、都道府県知事の指定を受けた**指定居宅サービス事業者**から**指定居宅サービス**（特定福祉用具販売を除く）を受けたときに、居宅介護サービス費Aが現物給付されます。指定特定福祉用具販売を行う指定居宅サービス事業者から**特定福祉用具**を購入した場合は、居宅介護福祉用具購入費が**償還払い**Bで支給されます。

2. 指定居宅サービスの種類と内容

①**訪問介護**：介護福祉士などが**要介護者**の居宅を訪問して、**入浴**、**排泄**、**食事**などの**介護**、その他の日常生活上の世話を行う。

②**訪問入浴介護**：要介護者の居宅を訪問し、**浴槽を提供して入浴の介護**を行う。

③**訪問看護**C：看護師などが要介護者の居宅を訪問して、**療養上の世話**または必要な**診療の補助**を行う。

④**訪問リハビリテーション**：病院・診療所、介護老人保健施設、介護医療院の理学療法士や作業療法士、言語聴覚士が要介護者の居宅を訪問して、**理学療法**、**作業療法**、その他必要な**リハビリテーション**を行う。

⑤**居宅療養管理指導**：病院・診療所または薬局の医師、歯科医師、薬剤師、歯科衛生士、管理栄養士、病院・診療所または訪問看護ステーションの保健師、看護師、准看護師が要介護者の居宅を訪問して、**療養上の管理と指導**を行う。

⑥**通所介護**：要介護者に**老人デイサービスセンター**などに通ってきてもらい、入浴、排泄、食事などの介護、その他の日常生活上の世話や機能訓練などを行う（**利用定員が19人以上**のものにかぎり、認知症対応型通所介護を除く）。

⑦**通所リハビリテーション**：要介護者に**介護老人保健施設**などに通ってきてもらい、**理学療法**、**作業療法**、その他必要な**リハビリテーション**を行う。

⑧**短期入所生活介護**D：要介護者に**老人短期入所施設**や**特別養護老人ホーム**などに短期間入所してもらい、入浴、排泄、食事などの介護、その他の日常生活上の世話や機能訓練を行う。

⑨**短期入所療養介護**：要介護者に**介護老人保健施設**などに短期間入所してもらい、**看護**、**医学的管理下における介護**や機能訓練、その他必要な**医療**や日常生活上の世話を行う。

⑩**特定施設入居者生活介護**：**有料老人ホーム**、軽費老人ホーム、養護老人ホームである**特定施設**Eに入居している要介護者に、特定施設サービス計画に基づき、入浴、排泄、食事などの介護、その他の日常生活上の世話、機能訓練、療養上の世話を行う。

⑪**福祉用具貸与**：居宅の要介護者に対し、福祉用具を貸与する。

⑫**特定福祉用具販売**：居宅の要介護者に対し、特定福祉用具を販売する。

書いて覚えよう！

◆居宅介護サービス費・居宅介護福祉用具購入費と 指定居宅サービスの種類

給付の種類	サービス
（□1　　　　　　　　　）費 要介護者が（□2　　　　　）の指定を受けた指定居宅サービス事業者から指定居宅サービスを受けたときに、現物給付される。	①訪問介護 ②訪問入浴介護 ③訪問看護 ④訪問リハビリテーション ⑤（□3　　　　　　　　　） ⑥通所介護 ⑦通所リハビリテーション ⑧短期入所生活介護 ⑨短期入所療養介護 ⑩特定施設入居者生活介護 ⑪（□4　　　　　　）貸与
（□5　　　　　　　　　）費 要介護者が指定特定福祉用具販売を行う指定居宅サービス事業者から特定福祉用具を購入した場合に、（□6　　　　）で支給される。	⑫（□7　　　　　　　　）販売

確認しよう！

★指定居宅サービス事業者から指定居宅サービスを受けたときに給付されるのは、なに費？　⇒ Ⓐ

★居宅介護福祉用具購入費の給付は、どのようにされる？　⇒ Ⓑ

★看護師などが要介護者の居宅を訪問して、療養上の世話または必要な診療の補助を行うのは、どのサービス？　⇒ Ⓒ

★要介護者に老人短期入所施設や特別養護老人ホームなどに短期間入所してもらい、入浴、排泄、食事などの介護、その他の日常生活上の世話や機能訓練を行うのは、どのサービス？　⇒ Ⓓ

★特定施設入居者生活介護は、どこに入居している要介護者に対して提供されるサービス？　⇒ Ⓔ

介護給付（2）

重要度 **B**
学習日 ／／／

1. 地域密着型介護サービス費

　要介護者が、市町村長の指定を受けた**指定地域密着型サービス事業者**から次の**指定地域密着型サービス**を受けたときに、地域密着型介護サービス費が現物給付されます。

2. 地域密着型サービスの種類と内容

①**定期巡回・随時対応型訪問介護看護**：介護福祉士などが定期的な巡回訪問により、または随時通報を受け、要介護者の居宅を訪問して、入浴、排泄、食事などの介護、その他の日常生活上の世話を行う。それとともに、事業所の看護師など、または連携する訪問看護事業所が療養上の世話または必要な**診療の補助**を行う。

②**夜間対応型訪問介護**：介護福祉士などが夜間の定期的な**巡回訪問**により、または**随時通報**を受け、要介護者の居宅を訪問して、入浴、排泄、食事などの**介護**、その他の日常生活上の世話を行う。

③**地域密着型通所介護**：内容は通所介護と同じ。ただし、**利用定員が18人以下**であるものにかぎる（認知症対応型通所介護に該当するものを除く）。

④**認知症対応型通所介護**：**認知症である要介護者**に老人デイサービスセンターなどに通所させ入浴、排泄、食事などの介護、その他の日常生活上の世話や機能訓練を行う。

⑤**小規模多機能型居宅介護**：要介護者に、**居宅において**、または**一定のサービス拠点に通所**または**短期間宿泊**してもらい、入浴、排泄、食事などの介護、その他の日常生活上の世話や機能訓練を行う。

⑥**認知症対応型共同生活介護**：認知症である要介護者に対し、その共同生活住居で、入浴、排泄、食事などの介護、その他の日常生活上の世話や機能訓練を行う。

⑦**地域密着型特定施設入居者生活介護**：**入居定員が29人以下である有料老人ホーム**などの**介護専用型特定施設**（**地域密着型特定施設**という）に入居している要介護者に、地域密着型特定施設サービス計画に基づき、入浴、排泄、食事などの介護、その他の日常生活上の世話、機能訓練や療養上の世話を行う。

⑧**地域密着型介護老人福祉施設入所者生活介護**：**入所定員が29人以下の特別養護老人ホーム**である**地域密着型介護老人福祉施設**に入所している要介護者（原則要介護3以上）に対し、地域密着型施設サービス計画に基づき、入浴、排泄、食事などの介護、その他の日常生活上の世話、機能訓練、健康管理、および療養上の世話を行う。

⑨**複合型サービス（看護小規模多機能型居宅介護）**：居宅の要介護者に対して、一体的に提供されることが特に効果的・効率的であるとして、居宅サービスや地域密着型サービスを2種類以上組み合わせて提供するサービス。このうち、**訪問看護**と小規模多機能型居宅介護を組み合わせた**看護小規模多機能型居宅介護**を実施する。

書いて覚えよう！

● **地域密着型介護サービス費**：要介護者が、市町村長の指定を受けた（ ① 　　　　　　　　　　　　　　　　　 ）から指定地域密着型サービスを受けたときに、（ ② 　　　　 ）給付される。

■地域密着型サービスの種類と内容

①定期巡回・随時対応型訪問介護看護
②（ ③ 　　　　　　　　　　　 ）：介護福祉士などが夜間の定期的な巡回訪問または随時通報により要介護者の居宅を訪問し、介護、その他の日常生活上の世話を行う。
③地域密着型通所介護：利用定員が（ ④ 　　　 ）人以下の通所介護。
④認知症対応型通所介護：認知症の要介護者を対象とする。
⑤小規模多機能型居宅介護：要介護者に、（ ⑤ 　　　 ）において、または一定のサービス拠点に（ ⑥ 　　　 ）または短期間宿泊してもらい、介護、その他の日常生活上の世話などを行う。
⑥（ ⑦ 　　　　　　　　　　　　　　 ）：認知症である要介護者に対し、その共同生活住居で、入浴、排泄、食事などの介護、その他の日常生活上の世話や機能訓練を行う。
⑦地域密着型特定施設入居者生活介護：入居定員が（ ⑧ 　　　 ）人以下である有料老人ホームなどの（ ⑨ 　　　　　　　 ）（地域密着型特定施設）に入居している要介護者に、介護、その他の日常生活上の世話などを行う。
⑧地域密着型介護老人福祉施設入所者生活介護
⑨複合型サービス（（ ⑩ 　　　　　　　　　　　　　　　 ））

確認しよう！

★要介護者の居宅に訪問するか、サービス拠点に通所または短期間宿泊して、介護などが行われるのはどのサービス？ ⇒ A

★看護小規模多機能型居宅介護は、小規模多機能型居宅介護となんのサービスを組み合わせたサービス？ ⇒ B

介護給付（3）

重要度 **B**

学習日 / / /

1. 住宅改修

要介護者が次の一定の住宅改修を行った場合、**居宅介護住宅改修費**が償還払いで支給されます。指定事業者は特に定められていません**A**。

①手すりの取りつけ　　　　　②段差の解消

③すべりの防止および移動の円滑化などのための床または通路面の材料の変更

④引き戸などへの扉の取り替え　⑤洋式便器などへの便器の取り替え

⑥①～⑤の改修に関連して、必要となる工事

2. 居宅介護支援

要介護者が、**市町村長の指定**を受けた**指定居宅介護支援事業者**から、**指定居宅介護支援**を受けたときに、居宅介護サービス計画費として費用の10割が**現物給付**されます。**利用者負担はありません**B**。

居宅介護支援とは、**居宅介護支援事業所**の**介護支援専門員**が居宅の**要介護者**の依頼を受け、心身の状況や環境、本人や家族の希望などを勘案し、利用する居宅サービスや地域密着型サービスなどの種類、内容、担当者などを定めた**居宅サービス計画**の作成、その居宅サービス計画に基づいた適切なサービス提供が確保されるよう、事業者や関係機関との**連絡調整**などを行い、必要に応じて介護保険施設等の紹介などを行うサービスです。

3. 施設サービス

要介護者が**都道府県知事の指定**を受けた**介護保険施設**に入所・入院して次の**指定施設サービス**を受けたときに、施設介護サービス費が現物給付されます。

①**介護福祉施設サービス**：身体上・精神上著しい障害があるために**常時介護**を必要とする、入所定員が**30人以上**の**特別養護老人ホーム**に入所する要介護者（原則として要介護3以上）**C**に対し、施設サービス計画に基づき、入浴、排泄、食事などの介護その他の日常生活上の世話、機能訓練、**健康管理**および**療養上の世話**を行う。

②**介護保健施設サービス**：病状が**安定期**にある、**介護老人保健施設**に入所する要介護者に対し、施設サービス計画に基づき、**看護、医学的管理下における介護**および機能訓練、その他**必要な医療**と日常生活上の世話を行う。

③**介護医療院サービス**：病状が安定期にあり、主に長期にわたり療養が必要である要介護者を対象に、施設サービス計画に基づいて、療養上の管理、看護、医学的管理のもとにおける介護および機能訓練その他必要な医療と日常生活上の世話を行う。

書いて覚えよう！

◆住宅改修

● 要介護者が一定の住宅改修を行った場合、
（ __①__ ） が償還払いで支給される。指定事業者は特に定められていない。

■住宅改修の対象

① （ __②__ ） の取りつけ　② （ __③__ ） の解消
③すべりの防止および移動の円滑化などのための床または通路面の材料の変更
④ （ __④__ ） などへの扉の取り替え
⑤洋式便器などへの便器の取り替え
⑥①〜⑤の改修に関連して、必要となる工事

◆居宅介護支援

居宅介護サービス計画費	・市町村長の指定を受けた （ __⑤__ ） から、指定居宅介護支援を受けたときに給付される。 ・費用は （ __⑥__ ） が現物給付され、利用者負担はない。

◆施設サービス

施設介護サービス費	要介護者が （ __⑦__ ） の指定を受けた （ __⑧__ ） に入所・入院して、指定施設サービスを受けたときに （ __⑨__ ） される。

確認しよう！

★住宅改修のサービスを行う指定事業者は定められている？　⇒ Ⓐ

★要介護者が、指定居宅介護支援事業者から、指定居宅介護支援
　を受けたときの費用については、利用者の負担はある？　⇒ Ⓑ

★介護老人福祉施設には、要介護者ならだれでも入所できる？　⇒ Ⓒ

用語

介護療養型医療施設の廃止

介護療養型医療施設は、2011（平成23）年度末（2012〔平成24〕年3月31日）をもって廃止されることが法令に規定されていたが、2018年度の改正で2度目の延長が決まり、2024（令和6）年3月31日をもって廃止されることになった。期限までに介護老人保険施設や介護医療院などへの転換が進められる。

NOTE

レッスン **14** 予防給付

1. 予防給付の特徴

予防給付は、**要支援者**に給付されるものです。①介護予防を目的に、**生活機能の維持・改善**を積極的にめざすという観点からサービスが提供される、②多くのサービスで「介護予防サービス計画に定める期間」とサービス提供期間が示され、サービス提供による生活機能の維持・改善効果を**定期的に評価**するしくみがとられている、③介護予防サービス、地域密着型介護予防サービス、介護予防支援、介護予防住宅改修などが給付の対象となるが、長期に入所する<u>施設サービスは含まれない</u>、といった点に特徴があります。

2. 予防給付とサービスの種類

（1）介護予防サービス費・介護予防福祉用具購入費と介護予防サービスの種類

要支援者が、都道府県知事の指定を受けた**指定介護予防サービス事業者**から**指定介護予防サービス**（特定介護予防福祉用具販売を除く）を受けたときに、介護予防サービス費が現物給付されます。指定介護予防福祉用具販売事業者から**特定介護予防福祉用具販売**を受けた場合は、介護予防福祉用具購入費が償還払いで支給されます。

　①介護予防訪問入浴介護　　　　　　②介護予防訪問看護
　③介護予防訪問リハビリテーション　④介護予防居宅療養管理指導
　⑤介護予防通所リハビリテーション　⑥介護予防短期入所生活介護
　⑦介護予防短期入所療養介護　　　　⑧介護予防特定施設入居者生活介護
　⑨介護予防福祉用具貸与　　　　　　⑩特定介護予防福祉用具販売

（2）地域密着型介護予防サービス費と地域密着型介護予防サービスの種類

要支援者が、市町村長の指定を受けた**指定地域密着型介護予防サービス事業者**から指定地域密着型介護予防サービスを受けたときに、地域密着型介護予防サービス費が現物給付されます。

　①介護予防認知症対応型通所介護　　②介護予防小規模多機能型居宅介護
　③介護予防認知症対応型共同生活介護（認知症である**要支援2**の者が対象）

（3）介護予防住宅改修費

要支援者が一定の住宅改修を行った場合、**介護予防住宅改修費**が償還払いで支給されます。指定事業者は特に定められていません。

（4）介護予防サービス計画費

要支援者が、**市町村長**の指定を受けた**指定介護予防支援事業者**から**指定介護予防支援**を受けたときに、**介護予防サービス計画費**として10割が現物給付されます。**利用者負担はありません**。

書いて覚えよう！

NOTE

◆予防給付の特徴

①（ ① ） の維持・改善を積極的にめざす。
②サービス提供による生活機能の維持・改善効果を定期的に（ ② ） するしくみがとられている。
③長期に入所する（ ③ ） は含まれない。

◆予防給付とサービスの種類

（ ④ ）費	①介護予防訪問入浴介護 ②介護予防訪問看護 ③介護予防訪問リハビリテーション ④介護予防居宅療養管理指導 ⑤介護予防通所リハビリテーション ⑥介護予防短期入所生活介護 ⑦介護予防短期入所療養介護 ⑧介護予防特定施設入居者生活介護 ⑨介護予防福祉用具貸与	介護予防サービス
（ ⑤ ）費	⑩特定介護予防福祉用具販売	
地域密着型介護予防サービス費	①介護予防認知症対応型通所介護 ②介護予防小規模多機能型居宅介護 ③介護予防認知症対応型共同生活介護 （認知症である要支援（ ⑥ ） の者が対象）	地域密着型介護予防サービス
介護予防住宅改修費	一定の住宅改修を行った場合に、（ ⑦ ） で支給される。	
（ ⑧ ）費	指定介護予防支援を受けたときに現物給付される。利用者負担はない。	

確認しよう！

★予防給付に施設サービスは含まれる？　⇒

レッスン 15 特例サービス費

1. 介護給付（要介護者）における特例サービス費

（1）特例居宅介護サービス費

要介護者が次のいずれかの場合に**居宅サービス**を受けたときに、**市町村**が必要と認めれば、特例居宅介護サービス費が**償還払い**で支給されます。

①要介護認定の**申請前**に、緊急などのやむを得ない理由で、指定サービス、基準該当サービスまたは相当サービスを受けた場合

②**基準該当サービス**を受けた場合 A

③離島などで、相当サービスを受けた場合

④緊急などのやむを得ない理由で、被保険者証を提示しないで指定サービスを受けた場合

（2）特例地域密着型サービス費

要介護者が上記①、③、④のいずれかの場合に**地域密着型サービス**を受けたときに、市町村が必要と認めれば、特例地域密着型サービス費が**償還払い**で支給されます。

（3）特例居宅介護サービス計画費

要介護者が上記②〜④のいずれかの場合に**居宅介護支援**を受けたときに、市町村が必要と認めれば、特例居宅介護サービス計画費が**償還払い**で支給されます。

（4）特例施設介護サービス費

要介護者が上記①、④のいずれかの場合に介護保険施設から指定施設サービスを受けた場合に、市町村が必要と認めれば、特例施設介護サービス費が償還払いで支給されます。

2. 予防給付（要支援者）における特例サービス費

（1）特例介護予防サービス費

要支援者が上記1の①〜④のいずれかの場合に**介護予防サービス**を受けたときに、市町村が必要と認めれば特例介護予防サービス費が償還払いで支給されます。

（2）特例地域密着型介護予防サービス費

要支援者が上記1の①、③、④のいずれかの場合に**地域密着型介護予防サービス**を受けたときに、市町村が必要と認めれば、特例地域密着型介護予防サービス費が償還払いで支給されます。

（3）特例介護予防サービス計画費

要支援者が上記1の②〜④のいずれかの場合に**介護予防支援**を受けたとき、市町村が必要と認めれば、特例介護予防サービス計画費が償還払いで支給されます。

書いて覚えよう！

用語

基準該当サービス
指定を受けていない基準該当サービスの事業者が行うサービスのこと。

NOTE

支給要件	①要介護認定の（ ① ）前に、緊急などのやむを得ない理由で、指定サービス、基準該当サービスまたは相当サービスを受けた場合 ②（ ② ）サービスを受けた場合 ③離島などで、相当サービスを受けた場合 ④緊急などのやむを得ない理由で、（ ③ ）を提示しないで指定サービスを受けた場合	
要介護者	特例居宅介護サービス費	上記①～④のいずれかの場合
	特例地域密着型サービス費	上記①、③、④のいずれかの場合
	特例居宅介護サービス計画費	上記②～④のいずれかの場合
	特例施設介護サービス費	上記①、④のいずれかの場合
要支援者	（ ④ ）費	上記①～④のいずれかの場合
	特例地域密着型介護予防サービス費	上記①、③、④のいずれかの場合
	（ ⑤ ）費	上記②～④のいずれかの場合

確認しよう！

★基準該当の居宅サービスを受けた場合でも、市町村が必要と認めれば、特例居宅介護サービス費が支給される？　⇨ Ⓐ

レッスン 16 利用者負担（1）

1. 利用者負担

　利用者が介護保険のサービスを利用した場合、原則としてサービス費用の定率**1割**（一定以上所得のある第1号被保険者は**2割**または**3割**。被保険者がサービスを利用する際は、事業者等に対し、被保険者証とともに**負担割合証**を提示する）を利用者が負担し、9割（8割もしくは7割）が保険給付されます。なお、**居宅介護サービス計画費**などのケアマネジメントの費用については、**10割**が保険給付され、利用者負担はありません。

　①**食費**A、**居住費・滞在費・宿泊費**、②**日常生活費**（施設サービス、地域密着型介護老人福祉施設入所者生活介護、短期入所サービスのおむつ代を除く）、③本人の希望による**特別な**サービスは保険給付の対象外です。

2. 現物給付

　サービス利用時に、利用者が事業者・施設に費用をいったん全額支払い、あとで市町村から保険給付分の払い戻しを受けることを**償還払い**といいます。介護保険制度では、利便性などを考慮し、一定の要件を満たした場合には、事業者や施設に直接給付分の支払いがされる**法定代理受領**がされ、利用者はサービス利用時に1割（または2割か3割）を支払い、**現物給付**でサービスを受けることができるようになっています。

　法定代理受領による現物給付の要件（介護給付の場合）は、**指定事業者・指定（許可）施設**からサービスを受けること、指定居宅介護支援などを受ける旨をあらかじめ市町村に届け出たうえで、計画に位置づけたサービス（区分支給限度基準額の設定されているサービス）を利用すること、認定申請後にサービスを受けていること、サービスを受ける際に被保険者証を提示することです。

　なお、**基準該当サービス**や離島などでの相当サービスを受けた場合は、各市町村が独自にその手続きを定めることにより、**現物給付**ができることになっています。

　また、**福祉用具購入費、住宅改修費、高額介護サービス費、高額医療合算介護サービス費**（すべて予防給付も同様）については、現物給付とはならず**償還払い**となります。

3. 高額介護サービス費

　要介護者が1か月に支払った介護サービスの定率1割（または2割か3割）の**利用者負担額**が、所得区分ごとに定められた負担上限額を超えた場合、高額介護サービス費（要支援者に対しては高額介護予防サービス費）として超えた額が**償還払い**Bで支給されます。ただし、**福祉用具購入費**と**住宅改修費**の利用者負担額については対象となりません。

　負担上限額は、**所得**に応じて**世帯および個人単位**で設定され、支給は個人単位で、上限を超えた世帯合算額を個人の負担額の割合に応じてわけた額が払い戻されます。

書いて覚えよう！

◆利用者負担

● 介護保険のサービスを利用した場合、原則としてサービス費用の定率（ ① ）割を利用者が負担する。（ ② ）などのケアマネジメントの費用には、利用者負担はない。

◆現物給付

● 以下の要件を満たした場合には、事業者や施設に直接給付分の支払いがされる（ ③ ）がされ、利用者はサービス利用時に1割（または2割か3割）を支払い、（ ④ ）でサービスを受けることができるようになっている。

○（ ⑤ ）・指定施設からサービスを受けること
○指定居宅介護支援などを受ける旨をあらかじめ市町村に届け出たうえで、計画に位置づけたサービス（区分支給限度基準額の設定されているサービス）を利用すること
○認定申請後にサービスを受けていること
○サービスを受ける際に被保険者証を提示すること

● 福祉用具購入費、（ ⑥ ）費、高額介護サービス費、高額医療合算介護サービス費は、現物給付とはならない。

◆高額介護サービス費

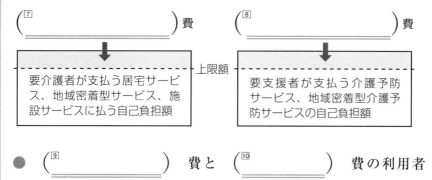

（ ⑦ ）費

（ ⑧ ）費

上限額

要介護者が支払う居宅サービス、地域密着型サービス、施設サービスに払う自己負担額

要支援者が支払う介護予防サービス、地域密着型介護予防サービスの自己負担額

● （ ⑨ ）費と（ ⑩ ）費の利用者負担額については高額介護サービス費の対象とならない。

確認しよう！

★介護保険のサービスを利用した際の食費は保険給付の対象？ ⇒ Ⓐ
★高額介護サービス費の支給は、現物給付と償還払いのどちら？ ⇒ Ⓑ

用語 📖

一定以上の所得者
合計所得金額が160万円以上（単身で年金収入のみの場合、280万円以上）を基本とする。2015（平成27）年8月より、一定以上所得者の負担割合が2割となった。2017〔平成29〕年度の改正によりさらに、この2割負担者のうち、特に所得の高い層の負担割合が3割に変更となった。

負担割合証
利用負担の割合を示す証明書。有効期限も定められる。市町村から、認定を受けた被保険者全員に交付される。

法定代理受領
サービスを提供した事業者や施設が被保険者に代わって保険者から保険給付を受けること（代理受領）。

高額介護サービス
所得に応じた負担の上限額（以下、カッコ内）は、課税所得約690万円以上（140,100円／世帯）、課税所得約380万円以上約690万円未満（93,000円／世帯）、課税所得約145万円以上約380万円未満（44,400円／世帯）、市町村民税世帯非課税等（24,600円／世帯）、年金と所得額の合計が80万円以下等の個人は15,000円）、生活保護受給者等（15,000円／個人）となっている。

レッスン **16** 利用者負担（2）

重要度 A
学習日 ／／／

1. 高額医療合算介護サービス費

　要介護者が**1年間**に支払った介護サービスの利用者負担額と、各医療保険における自己負担額の**合計額**（高額介護サービス費、医療保険の高額療養費等が受けられる場合は、それらの適用を受けたうえでの額）が世帯の所得区分に応じた上限額を超えた場合、高額医療合算介護サービス費（要支援者の場合は高額医療合算介護予防サービス費）として、超えた額がそれぞれの制度から**償還払い**で支給されます。

2. 特定入所者介護サービス費

　低所得の**要介護者**が、**施設サービス**、**地域密着型介護老人福祉施設入所者生活介護**、**短期入所生活介護**、**短期入所療養介護**を利用した場合、**食費**、**居住費**（滞在費）の負担限度額を超える費用について、特定入所者介護サービス費（要支援者の場合は特定入所者介護予防サービス費）が現物給付されます。

　利用者が負担するのは所得に応じて定められた負担限度額までとなります。給付額は、食費と居住費（滞在費）のそれぞれについて、基準費用額から負担限度額を控除した（差し引いた）額の合計額です。

3. その他低所得者への配慮・保険給付の制限

①**特別な事情による定率負担の減免**：市町村は、**災害**や生計維持者の**死亡**・心身の重大な**障害**・長期入院・**事業の休廃止**などの事情により、要介護（要支援）被保険者または生計維持者の収入が大幅に減り、1割（または2割か3割）の負担が困難な利用者に対して、その負担を減額または免除することができる。給付率は、9割（または8割か7割）を超え、10割以下で定める。

②**社会福祉法人などによる負担額軽減**：市町村が生計困難であると認定した人および生活保護受給者に対し、社会福祉法人または市町村が経営する社会福祉事業体が訪問介護、通所介護などの福祉サービスを提供する場合、サービスの**定率負担**、**食費**、**居住費**（滞在費）、宿泊費について、原則4分の1（老齢福祉年金受給者は2分の1）が軽減される。

③**保険給付の制限**：介護保険の被保険者であっても、刑事施設や労役場などに拘禁されている期間は、保険給付は行われない。また、故意の犯罪行為または重大な過失、正当な理由なしにサービス利用に関する指示に従わないため、要介護状態等になったり、その悪化を招いた者や、市町村による文書の提出の求めなどに応じない者には、給付の全部または一部を行わないことができる。

書いて覚えよう！

◆高額医療合算介護サービス費

● 要介護者が（ ① ）年間に支払った介護サービス利用者負担額と、各医療保険における自己負担額の合計額が世帯の所得区分に応じた上限額を超えた場合、高額医療合算介護サービス費として、超えた額がそれぞれの制度から（ ② ）で支給される。

◆特定入所者介護サービス費

● 低所得の要介護者が、施設サービス、地域密着型介護老人福祉施設入所者生活介護、短期入所生活介護、短期入所療養介護を利用した場合、食費、居住費（滞在費）の（ ③ ）を超える費用について、特定入所者介護サービス費が（ ④ ）される。

● 給付額は、食費と居住費（滞在費）のそれぞれについて、（ ⑤ ）から負担限度額を控除した額の合計額である。

◆その他低所得者への配慮・保険給付の制限

● 低所得者への配慮として、特別な事情による（ ⑥ ）の減免、（ ⑦ ）などによる負担額軽減がある。

● 介護保険の被保険者であっても、刑事施設や（ ⑧ ）などに（ ⑨ ）されている期間は、保険給付は行われない。故意の犯罪行為や重大な過失、正当な理由なしにサービス利用に関する指示に従わないため、要介護状態等になったり、その悪化を招いた者や、（ ⑩ ）による文書の提出の求めなどに応じない者には、給付の全部または一部を行わないことができる。

確認しよう！

★低所得の要介護者が、施設サービスを利用した際の食費が負担限度額を超える場合の軽減措置はある？ ⇒ Ⓐ

★社会福祉法人などによる負担額軽減は、定率負担、居住費、滞在費、宿泊費とあとなにを対象とする？ ⇒ Ⓑ

用語

特定入所者介護サービス費の対象者
生活保護受給者等と市町村民税世帯非課税者。世帯が違っていても、配偶者が市町村民税課税者である場合は対象外。また、現金、預貯金などの資産が一定額を超える人は対象外。

基準費用額
施設などにおける食事や居住などに要する平均的な費用の額を勘案し、厚生労働大臣が定める額。食費、居住費（滞在費）のそれぞれについて設定されている。

NOTE

レッスン **17** ## 介護報酬（1）

重要度 **B**
学習日 ／／／

1. 介護報酬とは

（1）介護報酬とは

　各介護サービス費用の額は、介護給付費といい、**厚生労働大臣**の定める基準に基づいて、算定します。この介護サービス費用は、保険給付が法定代理受領方式により現物給付化される場合は、サービスを提供した事業者・施設が、そのサービスの対価として保険者である市町村から報酬として支払いを受けるため、**介護報酬**と呼ばれます。

　実際にサービスの提供に要したサービス費用の額が介護報酬の額を下回ったときには、実際にかかった額に応じて保険者からの支払い額と利用者負担額が決まります。

（2）介護報酬の算定基準設定の際の勘案事項

　介護報酬の算定基準は、サービスの種類ごとに、サービスの内容、事業所の地域で平均的に必要になる費用（物件費や人件費など）、それに施設を利用するサービスでは要介護状態区分などを勘案したうえで設定されます。

　また、厚生労働大臣が介護報酬の算定基準を定めようとする際には、あらかじめ**社会保障審議会**Ⓐの意見を聴かなくてはなりません。

　事業者は、実際の費用に基づき、介護報酬額より低い割引額でサービスを提供することが可能です。この場合、利用者はその割引後の費用の1割（または2割か3割）を負担します。保険給付は、実際の費用に基づき行われます。

　地域密着型サービス、地域密着型介護予防サービスについては、サービスの種類その他の事情を勘案して、厚生労働大臣が定める基準により算定した額を限度として、厚生労働大臣が定める額に代えて、市町村が独自に介護報酬の額を定めることができます。

---

2. 介護報酬の算定

①**算定の方法**：**介護給付費単位数表**に各サービス・施設などに応じて定められた**単位数**に、**1単位の単価**を掛けて金額に換算する。このうち原則**9割**（または8割もしくは7割）が保険給付される。

②**1単位の単価**：基本は**10円**だが、サービスの種類ごとに8つの地域区分で**地域差**が反映されている。ただし、（介護予防）**居宅療養管理指導**Ⓑ、（介護予防）**福祉用具貸与**については**地域差がなく**、一律1単位10円である。

書いて覚えよう！

◆介護報酬とは

● 各介護サービス費用の額は、介護給付費といい、（［1］＿＿＿＿＿＿＿＿）の定める基準に基づいて算定する。この介護サービス費用は、（［2］＿＿＿＿＿＿）と呼ばれる。

● 実際にサービスの提供に要したサービス費用の額が介護報酬の額を（［3］＿＿＿）回ったときには、実際にかかった額に応じて保険者からの支払い額と（［4］＿＿＿＿＿＿）額が決まる。

● 算定基準は、サービスの（［5］＿＿＿＿）ごとに、サービスの内容、事業所の（［6］＿＿＿＿）で平均的に必要になる費用、それに施設を利用するサービスでは要介護状態区分などを勘案したうえで設定される。

◆介護報酬の算定

● 算定は、介護給付費単位数表に各サービス・施設などに応じて定められた（［7］＿＿＿＿＿）に、1単位の単価（基本は10円）を掛けて金額に換算する。このうち原則（［8］＿＿＿）割が保険給付される。

● 1単位の単価は、サービスの種類ごとに8つの地域区分で（［9］＿＿＿＿＿）が反映されている。ただし、（介護予防）居宅療養管理指導、（介護予防）福祉用具貸与については地域差がない。

確認しよう！

★厚生労働大臣が介護報酬の算定基準を定めようとする際には、あらかじめどこの意見を聴かなくてならない？ ⇒ Ⓐ

★1単位の単価に地域差がないサービスは、福祉用具貸与と、あとひとつは（介護予防含む）？ ⇒ Ⓑ

レッスン **17** **介護報酬（2）**

重要度 **B**
学習日 ／／／

1. 介護報酬の請求の手続き

（1）現物給付の請求手続き

現物給付の請求では、事業者・施設、総合事業の指定事業者や受託者は各月分の保険給付額や事業支給費などについて、通常**翌月の10日**までに事業所や施設所在地の**国保連（国民健康保険団体連合会）**に**請求書**や**明細書**を提出して行います。居宅介護支援事業者、介護予防支援事業者など給付管理を行う事業者等は、**給付管理票**も提出します。請求は、原則として伝送（データ送信）または磁気媒体の提出によって行います。

国保連は、その請求を審査したうえで**市町村**に費用請求をして支払いを受け、それをもって事業者・施設に介護報酬を支払います。支払いは、**請求月の翌月末**（サービス提供の翌々月末）となります。

なお、保険優先の公費負担医療などの公費分や、介護保険の被保険者でない生活保護受給者の介護扶助についても、同一の請求書・明細書で請求します。

（2）介護給付費等審査委員会

国保連では、この審査を専門的見地から公正かつ中立的に処理するために、**介護給付費等審査委員会**を設置します。

この委員会は、それぞれ同数の①**介護給付等対象サービス担当者または総合事業担当者を代表する委員**、②**市町村代表委員**、③**公益代表委員**から構成されます。委員は国保連が委嘱し、任期は２年です。①、②の委員については関係団体の推薦を得ることになっています。また、③から選挙により会長を選出します。

審査は委員定数の半数以上の出席により行い、出席した委員の過半数によって議決します。可否同数の場合は会長が決することとされます。

なお、審査を行うため必要な場合は、都道府県知事（または市町村長）の承認を得て、事業者・施設や総合事業の指定事業者・受託者に**報告**、**帳簿書類**の**提出**または**提示**、開設者・管理者・サービス担当者などの**出頭**を求めることができます。

2. 介護報酬請求の消滅時効など

被保険者が保険給付を受ける権利または事業者・施設が法定代理受領により介護報酬を受ける権利の消滅時効は**２年**です。消滅時効の起算日は、被保険者が**償還払い**で介護給付費を請求する場合は、サービス費用を支払った日の翌日、事業者・施設ではサービス提供月の翌々々月の１日です。

市町村が介護報酬の過払いをした場合の返還請求権の消滅時効は、不正請求によるものの場合は**２年** A、不正請求ではない場合は**５年**です。

書いて覚えよう！

 **用語**

公益代表委員
何らかの利益や権利関係が生じたりしない、中立な立場から発言する人。社会福祉士会や弁護士会の代表者、大学の教員などさまざまな人が考えられる。

◆介護報酬の請求の手続き

■現物給付の請求手続き

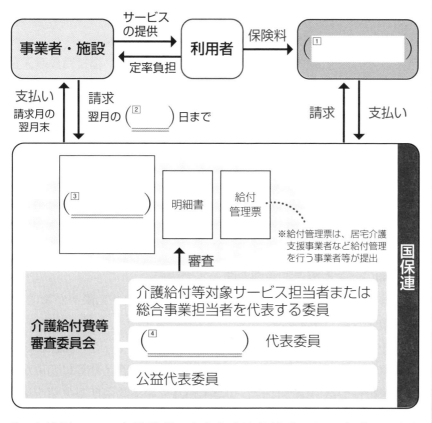

- 国保連では、介護報酬の審査を専門的見地から、公正かつ中立的に処理するために、（ ⑤　　　　　　　　　　　） を設置する。

- 審査は委員定数の （ ⑥　　　　　 ） 以上の出席により行い、出席した委員の （ ⑦　　　　　 ） によって議決する。

◆介護報酬請求の消滅時効など

- 被保険者が保険給付を受ける権利または事業者・施設が法定代理受領により介護報酬を受ける権利の消滅時効は（ ⑧　　 ） 年。

確認しよう！

★不正請求で過払いをした場合、市町村の返還請求権の消滅時効は何年？　⇨ Ⓐ

NOTE

レッスン **18** 支給限度基準額（1）

重要度 **B**
学習日

　在宅の介護サービスの一部には、支給限度基準額が設定されています。保険給付は、その範囲内で行われ、支給限度基準額を超えた分は、**利用者負担**です。

　厚生労働大臣が定める支給限度基準額には、**区分支給限度基準額、福祉用具購入費支給限度基準額、住宅改修費支給限度基準額**があります。

1. 区分支給限度基準額

（1）区分支給限度基準額とは

　保険給付の対象となる居宅サービスなど（特例でのサービスも含む）については、区分支給限度基準額が設定され、この範囲内であれば、サービスを自由に組み合わせて利用することが可能です。要介護者の場合は「**居宅サービス等区分**」、要支援者の場合は「**介護予防サービス等区分**」としてサービスがまとめられ、上限額が設定されています。

（2）区分支給限度基準額の設定と限度額管理期間

　区分支給限度基準額は、要介護状態等区分別に、**1か月**の単位数で上限額が設定され、**1か月**（A）を単位に限度額を管理します。

　新規認定で、月の途中から認定の有効期間が始まった場合でも、日割り計算はせず、**1か月分の支給限度基準額**が適用されます。月の途中で要介護状態区分等に変更があった場合は、**要介護状態区分等の重いほう**に合わせた1か月分の支給限度基準額が適用されます。

2. 福祉用具購入費支給限度基準額・住宅改修費支給限度基準額

（1）福祉用具購入費支給限度基準額

　特定福祉用具の購入に関して、設定される支給限度基準額です。**同一年度**（4月1日から12か月間）で**10万円**と設定されており、その範囲内で、実際の購入額の9割（または8割か7割）が償還払いで支給されます。購入費の支給は、原則、同一年度で1種目につき1回にかぎられます。ただし、破損したり、介護の必要の程度が著しく高くなったりなど特別な事情がある場合は、市町村が認めれば、再び同一種目の福祉用具の給付を受けることが可能です。

（2）住宅改修費支給限度基準額

　住宅改修に関して、設定される支給限度基準額です。**居住する住宅**について**20万円**と設定されており、その範囲内で、実際の改修額の9割（または8割か7割）が償還払いで支給されます。**転居**した場合は、**再度給付**が受けられます（B）。また、同一住宅であっても、最初に支給を受けた住宅改修の着工時点と比較して、**介護の必要の程度が著しく高くなった場合**は、1回にかぎり再度給付が受けられます。

書いて覚えよう！

用語

住宅改修費支給限度基準額における「介護の必要の程度が著しく高くなった場合」
要介護状態区分を基準とした「介護の必要の程度」が3段階以上高くなった場合をいう。「介護の必要の程度」においては要支援2と要介護1は同一段階として扱われるため、要介護状態区分等でみると、要介護者の場合は3区分以上、要支援者の場合は、4区分以上重度化したときに、再度給付を受けられる。

(① 　　) サービス等区分	(② 　　) サービス等区分
○訪問介護　○訪問入浴介護 ○訪問看護　○訪問リハビリテーション ○通所介護　○通所リハビリテーション ○短期入所生活介護 ○短期入所療養介護　○福祉用具貸与 ○定期巡回・随時対応型訪問介護看護 ○夜間対応型訪問介護 ○地域密着型通所介護 ○認知症対応型通所介護 ○小規模多機能型居宅介護 ○短期利用の認知症対応型共同生活介護 ○短期利用の特定施設入居者生活介護、 　地域密着型特定施設入居者生活介護 ○看護小規模多機能型居宅介護 ※特例によるサービスも含む	○介護予防訪問入浴介護 ○介護予防訪問看護 ○介護予防訪問リハビリテーション ○介護予防通所リハビリテーション ○介護予防福祉用具貸与 ○介護予防短期入所生活介護 ○介護予防短期入所療養介護 ○介護予防認知症対応型通所介護 ○介護予防小規模多機能型居宅介護 ○短期利用の介護予防認知症対応型共同生活介護 ※特例によるサービスも含む

要介護状態等区分ごとに、(③ 　　) か月の単位数で定める

○要介護5：36,217	○要介護2：19,705	○要支援2：10,531
○要介護4：30,938	○要介護1：16,765	○要支援1：　5,032
○要介護3：27,048	※利用者の自己負担分も含めた額として設定されている	

市町村はサービスの種類ごとの限度額を定められる

福祉用具購入費

要介護状態等区分に関係なく、同一年度で (④ 　　) 万円

特別な事情がある場合を除いて
原則、同一年度で1種目につき (⑤ 　　) 回

住宅改修費

要介護状態等区分と期間に関係なく、居住する住宅について (⑥ 　　) 万円

(⑦ 　　) した場合、(⑧ 　　　　) が
著しく高くなった場合は再度給付を受けられる

確認しよう！

★区分支給限度基準額の限度額管理期間は何か月？　⇒ Ⓐ

★転居した場合は、再度住宅改修費が給付される？　⇒ Ⓑ

NOTE

レッスン 18 支給限度基準額(2)

重要度 B
学習日 ／／／

1. 市町村独自の支給限度基準額の設定

(1) 種類支給限度基準額の設定

区分支給限度基準額は、居宅サービス等区分や介護予防サービス等区分の限度額内で自由にサービスを組み合わせることができますが、市町村によっては特定のサービスが不足し、利用者が公平に利用できないということもあります。

このため、**市町村**は、地域のサービスの供給量を勘案し、区分支給限度基準額の範囲内で、特定の**サービスの種類別**の支給限度基準額（**種類支給限度基準額**）を**条例**で定めることができます。その場合、たとえ区分支給限度基準額内におさまっていても、種類支給限度基準額を超えたサービスについては、<u>保険給付の対象となりません</u>**A**。

(2) 支給限度基準額の上乗せ

市町村は、独自の判断で厚生労働大臣が定める支給限度基準額を**上回る額**を、その市町村の支給限度基準額として条例で定めることができます。この場合の費用は、<u>基本的に1号保険料</u>**B**から支払われます。

各市町村は、1号保険料の水準、介護サービス基盤の整備状況、上乗せに要する費用などを考慮したうえで、上乗せの可否や程度を決めていくことになります。

2. 支給限度基準額の設定されないサービス

次のものは、支給限度基準額が定められていません。

①**居宅療養管理指導**・介護予防居宅療養管理指導、②**特定施設入居者生活介護**・地域密着型特定施設入居者生活介護（短期利用を除く）、介護予防特定施設入居者生活介護、③**認知症対応型共同生活介護**・介護予防認知症対応型共同生活介護（短期利用を除く）、④**居宅介護支援**・介護予防支援、⑤地域密着型介護老人福祉施設入所者生活介護、⑥施設サービス。

①の居宅療養管理指導は、医師が必要と認めた場合に給付されるため、ケアプランに位置づけなくても現物給付が可能です。また、②〜⑥は単独で給付される保険給付です。これらは、介護報酬に基づき費用の上限額が定められます。

書いて覚えよう！

◆市町村独自の支給限度基準額の設定

● 市町村は、地域のサービスの供給量を勘案し

（ ① _____ ） の範囲内で、特定のサービスの

（ ② _____ ） 別の支給限度基準額（種類支給限度基準額）を条

例で定めることができる。種類支給限度基準額を超えたサービス

については、保険給付の対象とならない。

● 市町村は、独自の判断で厚生労働大臣が定める支給限度基準額

を （ ③ ____ ） 回る額を、その市町村の支給限度基準額として

（ ④ ____ ） で定めることができる。

◆支給限度基準額の設定されないサービス

○（ ⑤ _____ ） ○介護予防居宅療養管理指導	医師が必要と認めた場合に給付されるため、ケアプランに位置づけなくても現物給付が可能。
○特定施設入居者生活介護 　※短期利用を除く。 ○地域密着型特定施設入居者生活介護 　※短期利用を除く。 ○介護予防特定施設入居者生活介護 ○認知症対応型共同生活介護 　※短期利用を除く。 ○介護予防認知症対応型共同生活介護 　※短期利用を除く。 ○（ ⑥ _____ ） ○介護予防支援 ○地域密着型介護老人福祉施設入所者生活介護 ○施設サービス	単独で給付され、介護報酬に基づき費用の上限額が定められる。

確認しよう！

★区分支給限度基準額内におさまっていれば、種類支給限度基準

額を超えたサービスについても、保険給付の対象となる？　⇒ Ⓐ

★市町村が独自の判断で定めた支給限度基準額の費用は、なにか

ら支払われる？　⇒ Ⓑ

用語

短期利用

（地域密着型）特定施設入居者生活介護、（介護予防）認知症対応型共同生活介護では、あらかじめ30日以内の利用期間を定めて、利用することができる。この場合、区分支給限度基準額の管理対象となる。

NOTE

他法との給付調整・その他通則（1）

重要度 **A**
学習日 ／／／

1. 災害補償関係各法との給付調整

　労働災害や公務災害に対する療養や介護補償などの給付を行う法律、戦傷病者特別援護法、原子爆弾被爆者に対する援護に関する法律など**国家補償的な給付**を行う法令の規定により、介護保険の給付に相当するものを受けることができるときは、**災害補償関係各法**などが優先して適用され、一定の限度において介護保険による給付は行われません。

2. 老人福祉制度による措置との調整

　要介護高齢者への福祉サービスは、利用者と事業者・施設との間の「契約に基づくサービスの利用」を基本とした**介護保険による給付**が行われています。しかし、本人が家族の虐待・無視を受けている場合、認知症などで意思能力が乏しく、かつ本人を代理する家族がいない場合などのやむを得ない事由による**特別養護老人ホームへの入所や在宅福祉サービスの利用**は、老人福祉法に基づき、**措置**により行われます。

3. 医療保険との給付調整

　訪問看護、訪問リハビリテーションなど介護保険と医療保険で同様のサービスの給付がある場合は、**介護保険**による給付が優先します。ただし、これらのサービスを受けていても、急性増悪時や神経難病、末期がんなどの場合は、医療保険 からの給付になります。また、歯の治療など施設で提供が難しい医療も医療保険から給付されます。

4. 保険優先の公費負担医療との給付調整

　保険優先の公費負担医療の給付と介護保険の給付が重複する場合は、**介護保険の給付が優先**し、利用者負担分について公費が適用されます。公費負担は現物給付で行われ、事業者や施設は、介護給付費請求時に公費適用分を請求します。

5. 生活保護との給付調整

　生活保護の8つの扶助のうち、**介護扶助**は介護保険とほぼ同範囲、同程度のサービスに対して公費で給付するものです。サービスは、生活保護法による指定を受けた事業者が提供します。介護保険の被保険者である生活保護受給者の場合は、**介護保険の給付が優先して適用されます**（生活保護法の**他法優先の原則**）。ただし利用者負担分は生活保護の**介護扶助**から、第1号被保険者の**保険料**は生活保護の**生活扶助**から給付されます。

　医療保険に加入していない40歳から64歳の生活保護受給者の場合は、介護保険に加入できないため、すべて生活保護の**介護扶助**によって介護サービスが支給されます。

書いて覚えよう！

公費負担医療
医療の利用者負担金を公費で負担する制度。感染症法に基づく公費負担、生活保護法による公費負担（利用者負担はなし）、障害者総合支援法による自立支援医療などがある。

災害補償関係各法	下記の法令の規定により、介護保険の給付に相当するものを受けることができるときは、（①　　　　　　　　　）などが優先して適用される。 ○労働災害……労働者災害補償保険法、船員保険法、労働基準法 ○公務災害……国家公務員災害補償法、地方公務員災害補償法、警察官の職務に協力援助した者の災害給付に関する法律 ○国家補償……戦傷病者特別援護法、原子爆弾被爆者に対する援護に関する法律
老人福祉制度	やむを得ない事由による（②　　　　　　　　　）への入所や在宅福祉サービスの利用は、老人福祉法に基づき、（③　　　　　）により行われる。
医療保険	介護保険と医療保険で同様のサービスがある場合は、（④　　　　　　　）による給付が優先する。ただし、急性増悪時や神経難病、末期がんなどの場合は、（⑤　　　　　　　）から給付される。
保険優先の公費負担医療	保険優先の公費負担医療の給付と介護保険の給付が重複する場合は、（⑥　　　　　　　）の給付が優先し、利用者負担分について（⑦　　　　　）が適用される。
生活保護	・介護保険の被保険者である生活保護受給者の場合は、（⑧　　　　　　）の給付が優先して適用される。ただし利用者負担分は生活保護の（⑨　　　　　　）から、第1号被保険者の保険料は生活保護の（⑩　　　　　　）から給付される。 ・介護保険の被保険者でない生活保護受給者の場合は、すべて生活保護の（⑪　　　　　　）によって介護サービスが支給される。

NOTE

確認しよう！

★要介護者等が急性増悪で訪問看護を受ける場合は、どの保険から給付を受ける？　⇒

レッスン 19 他法との給付調整・その他通則（2）

重要度 **A**

学習日 ／　／　／

1. 障害者総合支援法との給付調整

　障害者総合支援法に規定される自立支援給付には、介護給付費や自立支援医療など障害者（児）に対する介護サービスや医療サービスの提供に関する給付が含まれます。障害者が要介護者等と認定され介護保険の給付を受ける場合は、介護保険と重複するサービスについては**介護保険の給付が優先**します。一方、**障害者施策固有のサービスは、障害者総合支援法その他障害者福祉制度から給付**が行われます。

2. その他通則

①**市町村による第三者行為への損害賠償請求権**：被保険者の要介護状態・要支援状態の原因が、**第三者の加害行為**にあった場合には、市町村は介護保険の保険給付額の限度において、被保険者が第三者に対してもつ**損害賠償請求権を取得**する。同様に、介護保険の保険給付を行う前に、被保険者が第三者からすでに損害賠償を受けている場合には、市町村はその**価額の限度**において**保険給付を行わなくてもよい**。

②**不正利得に対する市町村の徴収権**：市町村は、被保険者が不正受給した場合、被保険者から給付の全額または一部を徴収することができる。不正受給が**特定入所者介護サービス費・特定入所者介護予防サービス費**（特例サービス含む）の場合、その不正受給の返還額に加えて給付額の**2倍以下**の金額を**加算して徴収**できる。なお、不正受給が医師または歯科医師の虚偽の診断書により行われた場合には、その医師などにも徴収金の納付を命じることができる。また、事業者や施設が不正に現物給付の支払いを受けた場合は、返還させるべき額に**4割**を加算して徴収できる。

③**市町村による文書等の物件の提出の求めなど**：市町村は、介護保険の保険給付が適正に行われるように、受給者、事業者・施設のサービス担当者、住宅改修を行う者などに対し、**文書等の物件の提出や提示**を求め、職員による質問を行うことができる。また、受給者が正当な理由なく求めに応じないなどの場合は、**保険給付の全部または一部を制限**することができる。

④**厚生労働大臣・都道府県知事による文書提示命令など**：厚生労働大臣、都道府県知事は、介護保険の保険給付が適正に行われるように、サービスを行った者や使用者に対し、報告やサービス提供記録、**帳簿書類などの物件の提示命令**や、職員による質問などを行うことができる。また、受給者や受給者であった者に対しても、受けたサービスの内容に関して報告命令や職員による質問などを行うことができる。

⑤**受給権の保護と公課の禁止**：介護保険の保険給付を受ける権利は、他人に譲り渡したり、担保にしたり、差し押さえたりはできない。また、社会保険の通則のひとつとして、保険給付として受けた金品に対し、租税や公課を課すことはできない。

NOTE

書いて覚えよう！

◆障害者総合支援法との給付調整

● 障害者が要介護者等と認定され介護保険の給付を受ける場合は、介護保険と重複するサービスは（ ① ＿＿＿＿＿＿＿ ）の給付が優先する。障害者施策固有のサービスは、（ ② ＿＿＿＿＿ ＿）その他障害者福祉制度から給付が行われる。

◆その他通則

市町村による第三者行為への損害賠償請求権	被保険者の要介護状態・要支援状態の原因が、第三者の加害行為にあった場合、市町村は介護保険の保険給付額の限度において、被保険者が第三者に対してもつ（ ③ ＿＿＿＿＿＿ ）を取得する。
不正利得に対する市町村の徴収権	市町村は、被保険者が不正受給した場合、被保険者から給付の（ ④ ＿＿＿ ）または一部を徴収することができる。 市町村は、事業者や施設が不正に現物給付の支払いを受けた場合は、返還させるべき額に（ ⑤ ＿ ）割を加算して徴収できる。
市町村による文書等の物件の提出の求めなど	市町村は、受給者、事業者・施設のサービス担当者、住宅改修を行う者などに対し、文書等の物件の（ ⑥ ＿＿＿ ）や提示を求め、職員による（ ⑦ ＿＿＿ ）を行うことができる。
厚生労働大臣、都道府県知事による文書提示命令など	厚生労働大臣、都道府県知事は、サービスを行った者や使用者に対し、報告やサービス提供記録、帳簿書類などの物件の提示（ ⑧ ＿＿＿ ）や、職員による質問などを行うことができる。
受給権の保護と公課の禁止	介護保険の保険給付を受ける権利は、他人に譲り渡したり、（ ⑨ ＿＿＿ ）にしたり、差し押さえたりはできない。保険給付として受けた金品に対し、租税や（ ⑩ ＿＿＿ ）を課すことはできない。

レッスン **20** # 事業者・施設の 指定など（1）

重要度 **A**
学習日 ／／／

1. 指定事務の概要

（1）事業者・施設の指定

　介護保険によるサービスは、**都道府県知事**（指定都市・中核市では市長）の**指定・許可**、または**市町村長**の**指定**を受けた事業者等（事業者・施設）が行います。指定は、原則として、事業者等の**申請**に基づいて行われます。都道府県知事または市町村長が事業者等の指定をした場合にはその旨を**公示**します。なお、申請者が一定の**欠格事由**に該当する場合は、指定をしてはなりません。

都道府県知事の指定（許可）：指定居宅サービス事業者、指定介護予防サービス事業者、介護保険施設（介護老人保健施設、介護医療院は開設許可）Ⓐ

市町村長の指定：指定地域密着型サービス事業者、指定地域密着型介護予防サービス事業者、指定居宅介護支援事業者、指定介護予防支援事業者

（2）指定の有効期間

　指定には**6年間**の**有効期間**が設けられ、指定を受けているすべての事業者は**6年ごと**Ⓑに指定の更新の申請を行います。

2. 事業者の責務・義務など

（1）変更の届出など

　事業者等は、①事業所の名称や所在地などに変更があったとき、②休止した事業を再開したとき、③事業を廃止または休止しようとするときは、指定を受けた都道府県知事または市町村長に届け出なければなりません（①、②は10日以内、③は1か月前まで。②、③は、指定介護老人福祉施設、指定地域密着型介護老人福祉施設入所者生活介護の事業を除く）。

（2）事業者等の責務

　①設備および運営に関する基準に従い、利用者の**心身の状況**に応じた適切なサービスを提供するとともに、自ら提供する**サービスの質の評価**を行い、常に利用者の立場に立ったサービスを提供するよう努めなければならない。②被保険者証に記載された**介護認定審査会の意見**に配慮してサービスを提供するよう努めなければならない。③人員基準に従い、必要な員数の従業者を確保しなければならない。④事業者が事業の**廃止**や**休止**の届出をした場合は、その届出日前1か月以内にサービスを利用し、引き続きサービスの利用を希望する人に必要なサービスが継続的に提供されるよう、ほかの事業者や関係者などとの**連絡調整その他の便宜の提供**を行わなければならない。⑤利用者の人格を尊重し、介護保険法やこれに基づく命令を遵守し、利用者のために忠実に職務を遂行しなければならない。

書いて覚えよう！

◆指定事務の概要

● 介護保険のサービスは、（ ① 　　　　　　　　 ）の指定・許可、または市町村長の （ ② 　　　　　 ） を受けた事業者・施設が行う。

● 都道府県知事または市町村長が事業者等の指定をした場合にはその旨を （ ③ 　　　　 ） する。

● 指定には （ ④ 　　　 ） 年間の有効期間が設けられ、指定を受けているすべての事業者は6年ごとに指定の （ ⑤ 　　　 ） の申請を行う。

◆事業者の責務・義務など

■変更の届出など（都道府県知事または市町村長に届け出る期日）

事業所の名称や所在地などに変更があったとき	（ ⑥ 　　　 ）日以内
休止した事業を再開したとき	
事業を廃止または休止しようとするとき	（ ⑦ 　　　 ）前まで

● 指定居宅サービス事業者の責務として、利用者の （ ⑧ 　　　 ） の状況に応じた適切なサービスを提供し、提供するサービスの質の （ ⑨ 　　　 ） を行うこと、（ ⑩ 　　　　　　　 ） の意見に配慮してサービスを提供するよう努めること、必要な従業者数を確保すること、事業者が事業の廃止や休止の届出をした場合は、引き続きサービスの利用を希望する人に必要なサービスが継続的に提供されるよう、ほかの事業者や関係者などとの （ ⑪ 　　　　　 ） その他の便宜の提供を行うことなどがある。

確認しよう！

★都道府県知事が指定（許可）する事業者等は、指定居宅サービス事業者、指定介護予防サービス事業者とあとひとつは？ ⇒ Ⓐ

★指定居宅サービス事業者は、何年ごとに指定の更新の申請を行わなければならない？ ⇒ Ⓑ

用語

指定の辞退
指定介護老人福祉施設、指定地域密着型介護老人福祉施設入所者生活介護の事業の場合、事業の休止や廃止の規定はなく、1か月以上の予告期間を設けて「指定の辞退」をすることができる。

NOTE

レッスン 20 事業者・施設の指定など(2)

1. 業務管理体制の整備

　事業者および施設は、**業務管理体制の整備**をしなければなりません。その整備に関する事項（法令遵守責任者、法令遵守するための規定など）については、事業所や施設の所在地域等に応じて厚生労働大臣・都道府県知事・指定都市の長・中核市の長・市町村長（以下、厚生労働大臣等）に届け出る必要があります。

2. 事業者等への指導・監督

(1) 報告命令と立ち入り検査など

　都道府県知事または**市町村長**は、居宅介護サービス費等の支給に関し必要に応じ、事業者等やその従業者等に対し、**報告**や**帳簿書類**の**提出・提示を命**じたり、**出頭**を求めたり、職員に関係者への質問や事業所、その他事業に関係のある場所（事業所の本部など）に**立ち入り検査**をさせたりすることができます。

(2) 勧告と命令

　都道府県知事または**市町村長**は、指定権限のある事業者等について、①市町村長の意見や協議に基づく都道府県知事から付された条件に従わないとき（居宅サービス事業者の場合）、②基準に違反しているとき（**人員基準**を満たさず、**設備・運営基準**に従い適正な事業運営をしていない場合）、③事業の休廃止時に、利用者への継続的なサービス提供のための便宜を提供していないときに、期限を定めて基準を遵守するなどの措置をとるべきことを**勧告**することができます。

　この事業者等が期限内にその勧告に従わない場合は、その旨を**公表**することができます。事業者等が正当な理由なくその勧告に沿った措置をとらなかった場合は、期限を決めて措置をとるよう**命令**できます（命令をした場合、その旨を**公示**しなければならない）。

　厚生労働大臣等は、事業者等の**業務管理体制の整備**に関して必要があれば、報告命令や立ち入り検査Ⓐ、勧告、命令などができます。

3. 指定の取り消し、指定の効力の停止

　都道府県知事または市町村長は、指定権限をもつ事業者等が、指定の取り消し事由のいずれかに該当した場合に、指定した事業者等の**指定を取り消す**か、期間を定めて**指定の全部または一部の効力を停止**することができます（その場合、その旨を**公示**しなければならない）。なお、市町村長が指定した事業者等に対し指定の取り消しや指定の効力の停止を行った場合は、**都道府県知事に届け出る**必要があります。

　また、市町村は、都道府県の指定事業者等が上記の勧告要件や指定の取り消し事由のいずれかに該当すると認める場合には、その旨を都道府県知事に通知しなければなりません。

書いて覚えよう！

◆業務管理体制の整備

● 事業者および施設は、業務管理体制の整備に関する事項については、（ ①＿＿＿＿＿＿ ）・（ ②＿＿＿＿＿＿＿＿ ）・指定都市の長・中核市の長・（ ③＿＿＿＿＿＿ ）に届け出る必要がある。

◆事業者等への指導・監督

■ 報告命令と立ち入り検査など、勧告と命令

都道府県知事 または （ ④＿＿＿＿ ）	●居宅介護サービス費等の支給に関し必要に応じて 報告や帳簿書類の提出・提示の命令、 （ ⑤＿＿＿ ）の求め、立ち入り検査	→	事業者や その従業者等
厚生労働大臣等	●事業者等の（ ⑥＿＿＿＿＿＿ ） に関して必要があれば 勧告や命令など	↑	

■ 都道府県知事が居宅サービス事業者に対して行う勧告と命令

事業者が 基準に違反した 場合など	事業者が 期限内に勧告に 従わない場合	事業者が正当な 理由がなく勧告 に従わない場合
↓	↓	↓
都道府県知事は 勧告ができる	都道府県知事は （ ⑦＿＿＿＿ ） することができる	都道府県知事は （ ⑧＿＿＿＿ ） できる ※その旨は公示する。

◆指定の取り消し・指定の効力の停止

● 都道府県知事は、指定取り消しの事由のいずれかに該当した場合に、指定した事業者等の指定を（ ⑨＿＿＿＿＿＿ ）か、期間を定めて指定の全部または一部の効力を停止することができ、その旨を（ ⑩＿＿＿＿ ）しなければならない。

確認しよう！

★厚生労働大臣等は、指定居宅サービス事業者の業務管理体制の整備に関して、必要があれば、立ち入り検査ができる？ ⇒ Ⓐ

レッスン21 都道府県知事の行う指定（1）

重要度 **A**
学習日 ／／／

1. 指定居宅サービス事業者の指定と欠格事由

　指定居宅サービス事業者は、指定居宅サービスを提供する事業者です。指定居宅サービス事業者の指定は、**サービスの種類**ごとに、**事業所を単位**に行われます。

　指定は申請により受けることが原則ですが、健康保険法に基づき保険医療機関である病院・診療所と保険薬局、介護保険法に基づく**介護老人保健施設**、**介護医療院**は、別段の申し出がないかぎり、特定の居宅サービス、介護予防サービスについて**みなし指定**がされます。

　なお、申請者などが次の欠格事由に該当する場合は、指定を行ってはなりません。

【事業者・施設の主な共通事項】
●申請者が、都道府県の条例で定める者ではない。●事業所が都道府県・市町村の条例に定める**人員基準**を満たしていない。●申請者が、都道府県・市町村の条例に定める**設備・運営基準**（以下、「守るべき基準」）に従い適正な運営ができないと認められる。●申請者が、**禁錮以上の刑**を受けている。●申請者が、**介護保険法その他国民の保健医療・福祉に関する一定の法律**により、**罰金刑**を受けている。●申請者が、**労働に関する法律の規定であって政令で定めるもの**により罰金刑を受けている。●申請者が、**社会保険各法**または**労働保険の保険料の徴収等に関する法律**に規定する**保険料**などで**滞納処分**を受け、かつ３か月以上滞納を続けている。●申請者や申請者と密接な関係にある者が、**指定が取り消された日から、5年**が経過していない（ただし、業務管理体制の整備など一定の要件を満たす場合を除く）。
【地域密着型サービス事業者の固有の要件（主なもの)】
●市町村が定める独自の基準に従い適正な運営を行うことができない。●事業所が市町村の区域外にあり、その所在地の市町村長の 同意を得ていない（市町村間の協議により、同意を要しないことについての事前の同意がある場合は不要）。

---

2. 指定をしないことができる場合

（1）訪問介護、通所介護などを指定する際の市町村長との協議

　市町村長は、定期巡回・随時対応型訪問介護看護等の見込み量を確保するため、都道府県知事が訪問介護、通所介護、短期入所介護を指定する場合Ａには、必要な**協議を求める**ことができます。都道府県知事はこの求めに応じなければならず、その協議の結果に基づき、①訪問介護などの指定をしない、または②定期巡回・随時対応型訪問介護看護等の事業の適正な運営を確保するために必要と認める条件を付することができます。

（2）特定施設入居者生活介護の指定をしない場合

　都道府県知事は、**特定施設入居者生活介護**についての指定申請があった場合に、**都道府県介護保険事業支援計画**に定める区域の利用定員総数が必要数に達しているか、指定によって必要数を超えるなどの場合は、**指定をしないことができます**。また、**特定施設入居者生活介護**の指定をする際には、**市町村長の意見を求めなければなりません**。

書いて覚えよう！

◆指定居宅サービス事業者の指定

● 都道府県知事による指定居宅サービス事業者の指定は、

（①＿＿＿＿＿＿＿） ごとに、（②＿＿＿＿＿） を単位に

行われる。

■ みなし指定の対象

①健康保険法に基づき、保険医療機関である （③＿＿＿＿）・診

療所と （④＿＿＿＿＿＿＿）

②介護保険法に基づく （⑤＿＿＿＿＿＿＿＿＿）、介護医療院

● 指定の欠格事由には、次のようなものがある。

・事業所が都道府県の条例に定める （⑥＿＿＿＿＿＿） を満た
していない。

・申請者が、都道府県の条例に定める （⑦＿＿＿＿＿＿） に
従い適正な運営ができないと認められる。

・申請者が （⑧＿＿＿＿） 以上の刑を受け、その執行が終わっ
ていない。

・申請者が、（⑨＿＿＿＿＿＿） その他国民の保健医療・福祉
に関する一定の法律により、罰金刑を受け、その執行が終わっ
ていない。

● 都道府県知事は、（⑩＿＿＿＿＿＿＿＿＿） についての
指定申請があった場合に、都道府県介護保険事業支援計画に定め
る区域の利用定員総数が必要数に達しているか、指定によって必
要数を超えるなどの場合は、（⑪＿＿＿＿＿＿） ことができる。

● 都道府県知事が （⑫＿＿＿＿＿＿＿＿） の指定を
する際には、（⑬＿＿＿＿＿） の意見を求めなければならない。

確認しよう！

★市町村長が都道府県知事に必要な協議を求めることができるの
はどんなとき？　⇨ Ⓐ

NOTE

レッスン **21**

都道府県知事の行う 指定（2）

重要度　**A**

学習日　／　／　／

1. 指定介護予防サービス事業者の指定

　指定介護予防サービス事業者は、指定介護予防サービスを行う事業者です。指定は、**サービスの種類**ごとに、**事業所を単位**に行われます。指定に関する規定は、指定居宅サービス事業者と基本的に同じですが、次の点が異なります。

　①守るべき基準に「介護予防のための効果的な支援の方法に関する基準」を含む。

　②介護予防特定施設入居者生活介護の指定申請における指定拒否はなく、市町村長との協議についての規定もない。

2. 介護保険施設の指定（許可）

　介護保険施設では、指定施設サービスを提供します。指定（許可）は、介護老人福祉施設では老人福祉法上の設置認可を得た特別養護老人ホームのうち、入所定員**30人以上**で都道府県の条例で定める数であるものの開設者（原則として地方公共団体、地方独立行政法人、社会福祉法人）、介護老人保健施設、介護医療院では地方公共団体など非営利の団体の申請に基づき、**施設**ごとに行われます。指定に関する規定は、指定居宅サービス事業者と基本的に同じですが、次の点が異なります。

　①都道府県知事が介護保険施設の指定（許可）をする際には、市町村介護保険事業計画との調整を図る見地から、**市町村長の意見**を求めなければならない。

　②介護老人保健施設、介護医療院の許可をしないことができる場合として、「都道府県介護保険事業支援計画での必要数に達しているか、許可によって必要数を上回るなど、計画の達成に支障が生じるおそれがある場合」がある。

　③指定介護老人福祉施設では、**都道府県老人福祉計画**の達成に支障が生じるおそれがある場合に、特別養護老人ホームの設置認可がされない。

　④指定介護老人福祉施設、指定地域密着型介護老人福祉施設に「事業の廃止の届出」の規定はなく、1か月以上の予告期間を設けて**指定の辞退**ができる。

　⑤指定（許可）の取り消し・効力停止の事由に、「要介護認定等の更新認定等における**認定調査の委託**を受けた場合、その調査結果について**虚偽**の報告をしたとき」がある。

書いて覚えよう！

■居宅サービス事業者の規定と異なる点

指定介護予防サービス事業者	①守るべき基準に「介護予防のための効果的な支援の方法に関する基準」を含む。 ②（^①　　　　　　　　　　　　　　）の指定申請における指定拒否はなく、（^②　　　　　　　）との協議についての規定もない。
介護保険施設	①都道府県知事が介護保険施設の指定（許可）をする際には、市町村介護保険事業計画との調整を図る見地から、（^③　　　　　）の意見を求めなければならない。 ②介護老人保健施設、介護医療院の許可をしないことができる場合に、「（^④　　　　　　　　　　）での必要数に達しているなど、計画の達成に支障が生じるおそれがある場合」がある。 ③指定介護老人福祉施設では、都道府県老人福祉計画の達成に支障が生じるおそれがある場合に、特別養護老人ホームの設置認可がされない。 ④指定介護老人福祉施設、指定地域密着型介護老人福祉施設に「事業の（^⑤　　　　　　）の届出」の規定はなく、1か月以上の予告期間を設けて指定の（^⑥　　　　　）ができる。 ⑤指定（許可）の取り消し・効力停止の事由に、「要介護認定等の更新認定等における認定調査の委託を受けた場合、その調査結果について虚偽の報告をしたとき」がある。

● 介護老人福祉施設の指定は、入所定員（^⑦　　　）人以上で都道府県の条例で定める数である特別養護老人ホームの開設者の申請に基づき、施設ごとに行われる。

● （^⑧　　　　　　　　　　　）、介護医療院の許可は、地方公共団体など非営利の団体の申請に基づき、施設ごとに行われる。

用語

介護保険施設

介護老人福祉施設、介護老人保健施設、介護医療院の3施設のことをいう。

介護老人保健施設、介護医療院の開設許可

介護老人保健施設、介護医療院の場合、設置根拠が介護保険法にあるので、指定ではなく開設の許可を受ける。なお、入所定員などの変更を行う際にも、許可を受ける必要がある。

NOTE

レッスン 22 市町村長の行う指定 など（1）

重要度　A
学習日　／／／

1. 指定地域密着型サービス事業者の指定

（1）市町村長の指定

　指定地域密着型サービス事業者は、指定地域密着型サービスを行う事業者です。指定は、**サービスの種類ごと**に、**事業所ごと**に行われます。指定は、その市町村内に住む被保険者に対する保険給付にのみ効力があります。また市町村長は、指定にあたり、**事業の適正な運営を確保するために必要な条件を付する**ことができます。

　申請者については厚生労働省令で定める基準（法人格であること）に従い市町村の条例で定められますが、**地域密着型介護老人福祉施設入所者生活介護**の申請者は、老人福祉法上の設置認可を得た特別養護老人ホームのうち、**入所定員29人以下で市町村の条例で定める数であるものの開設者**にかぎられます。

（2）市町村長が指定の際に行うこと

　市町村長は、指定をする場合、または指定をしない場合、あらかじめ**被保険者その他関係者の意見を反映**させるために、必要な措置を講ずるよう努めなければなりません。

　また、あらかじめ**都道府県知事に届け出る**必要があります。都道府県知事は、**地域密着型特定施設入居者生活介護**の指定により都道府県介護保険事業支援計画の達成に支障が生じるおそれがあると認める場合は、**市町村長**に必要な**助言・勧告**を行うことができます。

（3）公募指定

　市町村長は、定期巡回・随時対応型訪問介護看護等の見込量の確保や質の向上のために特に必要があるときは、事業者の指定を、対象となる期間や区域を定めて**公募**による選考によって行うことができます。その場合は、厚生労働省令に定める基準に従い、公正な方法で選考をします。公募指定の有効期間は、指定の日から**6年**を超えない範囲で市町村長が定める期間とされています。

2. 指定をしない場合

（1）指定をしてはならない場合

　●申請者が**市町村の条例に定める者**でない。●事業所が**市町村の条例に定める人員基準**を満たしていない。●申請者が、**市町村の条例に定める設備・運営基準**に従い適正な運営ができないと認められる。●厚生労働省令で定める基準にかかわらず、**市町村が定める独自の基準**に従い適正な運営を行うことができない。●申請した事業者の事業所がその市町村の区域外にあり、事業所の所在地の市町村長の同意を得ていない場合など。

（2）認知症対応型共同生活介護などの指定をしない場合

　市町村長は、**認知症対応型共同生活介護、地域密着型特定施設入居者生活介護、地域密着型介護老人福祉施設入所者生活介護**については、必要利用定員総数が、市町村介護保険事業計画での必要数に達しているなどの場合は、指定をしないことができます。

書いて覚えよう！

◆指定地域密着型サービス事業者の指定

● 指定は、その（ ①＿＿＿＿＿ ）内に住む被保険者に対する保険給付にのみ効力がある。

● （ ②＿＿＿＿＿＿＿＿＿＿＿＿＿＿ ）の申請者は、老人福祉法上の設置認可を得た特別養護老人ホームのうち、入所定員（ ③＿＿＿ ）人以下で市町村の条例で定める数であるものの開設者にかぎられる。

● 市町村長は、指定をする場合、または指定をしない場合、あらかじめ（ ④＿＿＿＿＿ ）その他関係者の意見を反映させるために、必要な措置を講ずるよう努めなければならない。

● 都道府県知事は、
（ ⑤＿＿＿＿＿＿＿＿＿＿＿＿ ）の指定により都道府県介護保険事業支援計画の達成に支障が生じるおそれがあると認める場合は、（ ⑥＿＿＿＿＿ ）に必要な助言・勧告を行うことができる。

● 市町村長は、定期巡回・随時対応型訪問介護看護等の見込量の確保や質の向上のために特に必要があるときは、対象となる期間や区域を定めて（ ⑦＿＿＿ ）による選考で行うことができる。

■指定をしてはならない場合

○申請者が市町村の条例で定める者でない。○事業所が市町村の条例に定める人員基準を満たしていない。○申請者が、市町村の条例に定める設備・運営基準に従い適正な運営ができないと認められる。○厚生労働省令で定める基準にかかわらず、市町村が定める独自の基準に従い適正な運営を行うことができない。○申請した事業者の事業所がその市町村の区域外にあり、事業所の所在地の市町村長の同意を得ていない場合など。

● 市町村長は、（ ⑧＿＿＿＿＿＿＿＿＿＿＿ ）、地域密着型特定施設入居者生活介護、地域密着型介護老人福祉施設入所者生活介護については、（ ⑨＿＿＿＿＿＿＿＿＿ ）が、市町村介護保険事業計画での必要数に達しているなどの場合は、指定をしないことができる。

用語

市町村の条例で定める者
指定の欠格事由にある「市町村の条例で定める者」については、P98の「都道府県の条例で定める者」と同様、省令の基準に従い法人であることとされている。

NOTE

103

レッスン 22 市町村長の行う指定など(2)

重要度 A
学習日 ／／／

1. 指定地域密着型介護予防サービス事業者の指定

　指定地域密着型介護予防サービス事業者は、指定地域密着型介護予防サービスを行う事業者です。指定は、**サービスの種類**ごとに、**事業所を単位**に行われます。指定に関する規定は、指定地域密着型サービス事業者と基本的に同じですが、次の点が異なります。

①指定の際の都道府県知事への届出や市町村介護保険事業計画との整合に関する規定はない。公募指定に関する規定はない。

②守るべき基準に「介護予防のための効果的な支援の方法に関する基準」を含む。

2. 指定居宅介護支援事業者の指定

　指定居宅介護支援事業者は、指定居宅介護支援(在宅における介護支援サービス)を行う事業者です。指定は、**事業所を単位**に行われます。指定に関する規定は、指定居宅サービス事業者と基本的に同じですが、次の点が異なります。

①(指定基準に設備基準がないため)指定の欠格事由に設備基準は含まれない。

②指定の取り消し・効力停止の事由に、「要介護認定等の更新認定等における認定調査の委託を受けた場合、その調査結果について虚偽の報告をしたとき」が含まれている。

3. 指定介護予防支援事業者の指定

　指定介護予防支援事業者は、指定介護予防支援を行う事業者です。指定は、**事業所を単位**に行われます。指定に関する規定は、指定居宅介護支援事業者と基本的に同じですが、次の点が異なります。

①申請者は**地域包括支援センター**の設置者にかぎられる。

②指定は、その**市町村内に住む被保険者**に対する保険給付にのみ効力がある。

③市町村長は指定にあたり、あらかじめ**被保険者その他関係者の意見を反映**させるために、**必要な措置を講じ**なくてはならない。

④守るべき基準に「**介護予防のための効果的な支援の方法に関する基準**」を含む。

4. 基準該当サービスの事業者

　指定事業者の基準をすべて満たさない事業者でも、指定事業者と同じ水準のサービスを提供できる場合には、各市町村の判断で保険給付の対象となります。

　ただしその効力は、市町村内にかぎられます。

　基準該当サービスは、訪問介護、(介護予防)訪問入浴介護、通所介護、(介護予防)短期入所生活介護、(介護予防)福祉用具貸与、居宅介護支援、介護予防支援に認められています。

書いて覚えよう！

指定地域密着型介護予防サービス事業者	**指定地域密着型サービス事業者の規定と異なる点** ①指定の際の（ ⬜1 ）への届出や市町村介護保険事業計画との整合に関する規定はない。 （ ⬜2 ）指定に関する規定はない。 ②守るべき基準に「介護予防のための効果的な支援の方法に関する基準」を含む。
指定居宅介護支援事業者	**居宅サービス事業者の規定と異なる点** ①指定の欠格事由に（ ⬜3 ）基準は含まれない。 ②指定の取り消し・効力停止の事由に、「要介護認定等の更新認定等における（ ⬜4 ）の委託を受けた場合、その調査結果について虚偽の報告をしたとき」が含まれている。
指定介護予防支援事業者	**指定居宅介護支援事業者の規定と異なる点** ①申請者は（ ⬜5 ）の設置者にかぎられる。 ②指定は、その（ ⬜6 ）内に住む被保険者に対する保険給付にのみ効力がある。 ③市町村長は指定にあたり、あらかじめ（ ⬜7 ）その他関係者の意見を反映させるために、必要な措置を講じなくてはならない。 ④守るべき基準に「介護予防のための効果的な支援の方法に関する基準」を含む。

◆基準該当サービスの事業者

● 基準該当サービスの事業者の効力は（ ⬜8 ） 内にかぎられる。

● （ ⬜9 ） 、（介護予防）訪問入浴介護、通所介護、（介護予防）短期入所生活介護、（介護予防）福祉用具貸与、（ ⬜10 ） 、介護予防支援に認められている。

確認しよう！

★指定地域密着型介護予防サービス事業者の指定の単位とは？ ⇒

レッスン23 介護サービス情報の公表 (1)

重要度 B
学習日 ／／／

1. 介護サービス情報

　利用者が適切に介護サービスを比較検討し選択できるよう、介護サービス事業者（介護サービスを行う事業者と施設）は、介護サービス情報を都道府県知事に**報告**することが義務づけられています。報告すべき介護サービス情報には、**基本情報**（事業所の名称や所在地、介護サービスの内容など基本的な事実情報）と、**運営情報**（利用者等の権利擁護、適切な事業運営確保、安全管理および衛生管理、個人情報保護などのために講じている措置など運営に関する情報）があります。

2. 公表の手続き

　介護サービス事業者は、①介護サービスの提供を開始するとき、②都道府県知事が毎年定める報告計画に基づき定期的に年1回程度、介護サービス情報を**都道府県知事**に**報告**しなければなりません。介護サービス情報の報告を受けた都道府県知事は、その報告の内容を**公表**します。また、必要がある場合は、都道府県の定める指針に従い**調査**をすることができます。

3. 調査命令・指定の取り消しなど

　都道府県知事は、介護サービス事業者が**報告を行わないとき**、**虚偽の報告をしたとき**、**調査を受けなかったとき**などは、**期間を定めて**報告や報告内容の是正、調査を受けることを命じることができます。これらの命令に従わない場合は、都道府県知事が指定権限のある事業者に対しては**指定・許可の取り消し**、または期間を定めて指定・許可の全部もしくは一部の**効力の停止**をすることができます。

4. 指定調査機関と指定情報公表センター

　都道府県知事は、介護サービス情報の報告内容の調査事務を、**都道府県ごとに指定する指定調査機関**に行わせることができます。また、介護サービス情報の公表事務の全部または一部を、都道府県ごとに指定する**指定情報公表センター**に行わせることができます。指定調査機関および指定情報公表センターには**秘密保持義務**が課されます。

5. 都道府県知事による情報の公表の推進

　都道府県知事は、基本情報・運営情報以外で、介護サービスの質および介護サービスに従事する従業者に関する情報として都道府県知事が定めるもの（**任意報告情報**）を介護サービス事業者から任意で提供を受けた場合、任意報告情報について**公表**を行うよう**配慮**します。

書いて覚えよう！

◆介護サービス情報

● 　介護サービス事業者が、都道府県知事に報告すべき介護サービス情報には、（ □1　　　　　　）と（ □2　　　　　　）がある。

◆公表の手続き

介護サービス事業者は、①介護サービス提供開始のとき、②報告計画に基づき定期的に年1回程度、介護サービス情報を（ □3　　　　　　）に報告する

●**基本情報**：事業所の名称や所在地、介護サービスの内容など基本的な事実情報
●**運営情報**：利用者等の権利擁護、適切な事業運営確保、安全管理及び衛生管理、個人情報保護などのために講じている措置など運営に関する情報

都道府県知事は、その報告の内容を（ □4　　　　　　）する

必要がある場合は都道府県の定める指針に従い（ □5　　　　　）をすることができる

◆調査命令・指定の取り消しなど

● 　都道府県知事は、介護サービス事業者が（ □6　　　　）を行わないとき、虚偽の報告をしたとき、（ □7　　　　）を受けなかったときなどは、期間を定めて報告や報告内容の是正、調査を受けることを（ □8　　　　　）ことができる。

◆指定調査機関と指定情報公表センター

● 　都道府県知事は、介護サービス情報の報告内容の調査事務を、都道府県ごとに指定する（ □9　　　　　　　　）に、公表事務の全部または一部を、都道府県ごとに指定する（ □10　　　　　　　　　）に行わせることができる。

◆都道府県知事による情報の公表の推進

● 　都道府県知事は、任意報告情報を介護サービス事業者から任意で提供を受けた場合、その情報について、（ □11　　　　）を行うよう配慮する。

レッスン 23 介護サービス情報の公表（2）

重要度　**B**

学習日 ／／／

1. 介護サービス事業者経営情報の調査・分析等

（1）介護サービス事業者経営情報の調査、分析・公表

　都道府県知事は、地域において必要とされる介護サービスの確保のため、介護サービス事業者の収益や費用などの経営情報（**介護サービス事業者経営情報**）について**調査・分析**を行い、その内容を**公表する**よう努めます。Ⓐ

　介護サービス事業者は、定期的に、**介護サービス事業者経営情報**を**都道府県知事**に**報告**しなければなりません。Ⓑ

　厚生労働大臣は、介護サービス事業者経営情報を収集・整理し、整理した情報の分析の結果を国民にインターネットなどの利用を通じて迅速に提供することができるよう必要な施策を実施します。また、必要なときは、都道府県知事に対し、介護サービス事業者の活動の状況などに関する**情報の提供**を求めることができます。

（2）報告命令・指定の取り消しなど

　都道府県知事は、介護サービス事業者が報告を行わない、または虚偽の報告をしたときは、期間を定めて**報告**や報告内容の**是正**を命じることができます（**報告命令等**）。これらの命令に従わないときは、**指定・許可の取り消し**、または期間を定めて指定・許可の全部もしくは一部の**効力を停止**することができます。

　都道府県知事は、市町村長が指定を行った介護サービス事業者に対して報告命令等をしたときは、**市町村長に通知**しなければなりません。また、市町村長が指定を行った介護サービス事業者が報告命令等に従わない場合で、指定・許可の取り消しや効力の停止が適当であるときは、理由をつけて、その旨を**市町村長に通知**しなければなりません。

書いて覚えよう！

NOTE

◆介護サービス事業者経営情報の調査、分析・公表

（①　　　　）	介護サービス事業者経営情報について（②　　　）・分析を行い、その内容を（③　　　）するよう努める。
介護サービス事業者	定期的に、介護サービス事業者経営情報を（④　　　　　　）に報告しなければならない。
（⑤　　　　）	必要なときは、都道府県知事に対し、介護サービス事業者の活動の状況などに関する（⑥　　　　　　）を求めることができる。

◆報告命令・指定の取り消しなど

● 都道府県知事は、介護サービス事業者が報告を行わない、または虚偽の報告をしたときは、期間を定めて報告や報告内容の是正を（⑦　　　）ことができる。これらの命令に従わないときは、指定・許可の（⑧　　　　　）、または期間を定めて指定・許可の全部もしくは一部の効力を停止することができる。

● 都道府県知事は、市町村長が指定を行った介護サービス事業者に対して報告命令等をしたときは、（⑨　　　　　）に（⑩　　　）しなければならない。

● 都道府県知事は、市町村長が指定を行った介護サービス事業者が報告命令等に（⑪　　　　　　）場合で、指定・許可の取り消しや効力の停止が適当であるときは、理由をつけて、その旨を市町村長に通知しなければならない。

確認しよう！

★都道府県知事は、介護サービス事業者経営情報について、なにをするよう努める？　⇒ Ⓐ
★介護サービス事業者は、介護サービス事業者経営情報をだれに報告する？　⇒ Ⓑ

レッスン **24** # 地域支援事業（1）

重要度 **A**
学習日 / / /

1. 地域支援事業の概要

　市町村は、被保険者が要介護状態等になることを予防し、要介護状態等の軽減・悪化を防止するため、そして地域における自立した日常生活の支援のための施策を総合的・一体的に行うため、厚生労働省令で定める基準に従って、地域支援事業として、**介護予防・日常生活支援総合事業（総合事業）**を行います。

　また、被保険者が要介護状態等になることを予防し、要介護状態等となっても可能なかぎり、地域において自立した日常生活を送ることができるよう支援するため、**包括的支援事業**を行います。

　これらの必須事業のほか、市町村は、地域の実情に応じて被保険者や要介護者を現に介護する人などに対する必要な支援などを、**任意事業**として行うことができます。

　また、市町村は、地域支援事業に加え、第1号被保険者の保険料を財源として、要介護被保険者を介護する人を支援する事業などの**保健福祉事業**を行うことができます。

2. 地域支援事業の実施

（1）地域支援事業の実施

　地域支援事業は、市町村での介護予防に関する事業の実施状況や介護保険の運営状況、**75歳以上の被保険者の数**などを勘案して、**政令で定める額の範囲内**で行わなければなりません。

　市町村は**介護保険等関連情報**その他必要な情報を**活用**し、適切・有効に地域支援事業を実施するよう努めます。また、**後期高齢者医療広域連合**との**連携を図り**、高齢者保健事業および国民健康保険保健事業と**一体的に実施**するよう努めます。

（2）地域支援事業の委託

　市町村は、介護予防・日常生活支援総合事業、包括的支援事業、任意事業の実施について、利用者・サービス内容・利用料の決定を除いて、法令等の基準に適合する者に委託することができます。

（3）地域支援事業の財源と利用料

　財源は、**公費**と**保険料**で負担します。包括的支援事業・任意事業では第2号保険料の負担はありません。

　利用料に関する事項は、事業の内容や地域の実情に応じて市町村が決定し、市町村および委託を受けた者・指定事業者は地域支援事業の利用者に対し、**利用料を請求**することができます（介護予防把握事業にかかる費用を除く）。

書いて覚えよう！

◆地域支援事業の概要

（①　　　　　　　　　　　　　　　　　）事業	必須
（②　　　　　　　　　）事業	
任意事業	任意

◆地域支援事業の実施

● 　地域支援事業は、市町村での介護予防に関する事業の実施状況や介護保険の運営状況、（③　　　　　　）以上の被保険者の数などを勘案して、（④　　　）で定める額の範囲内で行わなければならない。

● 　市町村は（⑤　　　　　　　　　）情報その他必要な情報を活用し、適切・有効に地域支援事業を実施するよう努める。また、後期高齢者医療広域連合との（⑥　　　）を図り、高齢者保健事業および国民健康保険保健事業と一体的に実施するよう努める。

● 　地域支援事業の財源は、（⑦　　　）と（⑧　　　　）で負担する。

● 　市町村および委託を受けた者・指定事業者は地域支援事業の利用者に対し、（⑨　　　　　）を請求することができる（介護予防把握事業にかかる費用を除く）。

レッスン **24** 地域支援事業(2)

1. 介護予防・日常生活支援総合事業

介護予防・日常生活支援総合事業は、**要支援者**または基本チェックリストに該当した第1号被保険者、一部の要介護者(以下、**要支援者等**)に実施する**介護予防・生活支援サービス事業**と、すべての**第1号被保険者**に実施する**一般介護予防事業**から構成されます。

(1) 介護予防・生活支援サービス事業(第1号事業)

①**訪問型サービス**(第1号訪問事業):要支援者等の居宅において行う、**掃除、洗濯**などの日常生活上の支援

②**通所型サービス**(第1号通所事業):施設において行う、日常生活上の支援や機能訓練

③**生活支援サービス**(第1号生活支援事業):介護予防サービスや訪問型・通所型サービスと一体的に行われる場合に効果があると認められる生活支援サービス

④**介護予防ケアマネジメント**(第1号介護予防支援事業):総合事業のサービスを適切に提供できるよう、**地域包括支援センター**が実施する介護予防ケアマネジメント。予防給付を併用する要支援者には、本事業ではなく予防給付の介護予防支援が行われる。

(2) 一般介護予防事業

①**介護予防把握事業**:地域の実情に応じて収集した情報等の活用により、閉じこもり等の支援を要する者を把握し、介護予防活動へつなげる。

②**介護予防普及啓発事業**:介護予防活動の普及・啓発

③**地域介護予防活動支援事業**:地域における住民主体の介護予防活動の育成・支援

④**一般介護予防事業評価事業**:介護保険事業計画に定める目標値の達成状況等の検証を行い、一般介護予防事業を評価する。

⑤**地域リハビリテーション活動支援事業**:介護予防の取り組みを機能強化するため、通所、訪問、地域ケア会議、住民主体の通いの場などでリハビリテーション専門職などが助言などを行う。

2. 介護予防・日常生活支援総合事業の利用

市町村や地域包括支援センターの窓口では、相談に来た被保険者に、総合事業の目的や内容、手続きなどについて十分説明して、**基本チェックリスト**を実施します。

書いて覚えよう！

用語

基本チェックリスト
生活機能や運動・口腔（こうくう）機能、栄養状態、認知機能、うつの可能性などを確認するための25の項目から構成される。

NOTE

◆介護予防・日常生活支援総合事業の内容

介護予防・生活支援サービス事業（第一号事業）	（ ① ）型サービス	要支援者等の居宅において、掃除、洗濯などの日常生活上の支援を行う。
	（ ② ）型サービス	施設において、日常生活上の支援や機能訓練を行う。
	（ ③ ）サービス	介護予防サービスや訪問型・通所型サービスと一体的に行われる場合に効果があると認められる生活支援サービスを行う。 ※栄養改善などを目的とした配食、定期的な安否確認と緊急時の対応など
	介護予防ケアマネジメント	総合事業のサービスを適切に提供できるよう、地域包括支援センターが介護予防ケアマネジメントを実施。予防給付を併用する要支援者には、（ ④ ）の介護予防支援が行われる。
一般介護予防事業	介護予防把握事業	（ ⑤ ）の実情に応じて収集した情報等の活用により、支援を要する者を把握し、介護予防活動へつなげる。
	介護予防普及啓発事業	介護予防活動の普及・啓発
	地域介護予防活動支援事業	地域における（ ⑥ ）主体の介護予防活動の育成・支援
	一般介護予防事業評価事業	（ ⑦ ）に定める目標値の達成状況等の検証を行い、一般介護予防事業を評価する。
	（ ⑧ ）事業	介護予防の取り組みを機能強化するため、通所、訪問、地域ケア会議、住民主体の通いの場などでリハビリテーション専門職などが助言などを行う。

レッスン24 地域支援事業（3）

1. 包括的支援事業

　包括的支援事業は、**第1号被保険者・第2号被保険者**を対象とした市町村の**必須事業**です。

　市町村は、包括的支援事業を適切、公正、中立かつ効率的に実施することができる者であって、老人介護支援センターの設置者、医療法人、社会福祉法人、特定非営利活動法人（NPO法人）などに事業の実施を委託できます。その場合、次の①～④については、市町村が実施方針を示したうえで、**法人に一括して委託**する必要があります。市町村または市町村から包括的支援事業の一括委託を受けた法人は、**地域包括支援センター**を設置することができます。⑤～⑦については、**分割して委託することも可能**です。

　包括的支援事業には、次のものがあります。

①**第1号介護予防支援事業**：要支援者以外

②**総合相談支援業務**：相談支援や関係機関の連絡調整

③**権利擁護業務**：虐待の防止や早期発見のための業務など

④**包括的・継続的ケアマネジメント支援業務**：保健医療・福祉の専門家が**居宅サービス計画や施設サービス計画、介護予防サービス計画**を検証し、被保険者の心身の状況、介護給付等対象サービスの利用状況などを定期的に協議するなどの取り組みを通じて、被保険者が地域で自立した日常生活を送ることができるよう包括的、継続的に支援

⑤**在宅医療・介護連携推進事業**：在宅医療と介護が切れ目なく提供される体制を構築するための取り組み

⑥**生活支援体制整備事業**：高齢者の社会参加および生活支援の充実を推進するため、**生活支援コーディネーター**や**就労的活動支援コーディネーター**の配置、**協議体**の設置などを通じて、生活支援サービスの開発・創出に取り組む事業

⑦**認知症総合支援事業**：**認知症初期集中支援推進事業**（認知症初期集中支援チームを配置し、医療・介護の専門職が、認知症が疑われる人などの初期の支援を包括的・集中的に実施）、**認知症地域支援・ケア向上事業**（認知症地域支援推進員を中心として、医療機関、介護サービス事業者等の連携づくりなどを行う）、**認知症サポーター活動促進・地域づくり推進事業**（**チームオレンジコーディネーター**を配置し、**チームオレンジ**を整備するなどして、「共生」の地域づくりを推進）

2. 任意事業

　任意事業には、①**介護給付等費用適正化事業**（認定調査状況やケアプラン、住宅改修等の点検、医療情報との突合など）、②**家族介護支援事業**（認知症高齢者の見守りや介護教室の開催など）、③その他の事業、があります。

書いて覚えよう！

◆包括的支援事業の内容

第1号介護予防支援事業	要支援者以外
（ ① ） 業務	相談支援や関係機関の連絡調整を行う。 ○地域におけるネットワーク構築 ○高齢者の心身の状況や家族の状況についての実態把握 ○高齢者から初期段階での相談対応、サービスや制度の情報提供や関連機関の紹介など総合相談支援 ○介護を行う家族などのニーズを踏まえた対応や配慮、家族介護支援事業との連携、地域共生社会の観点に立った包括的な支援
（ ② ） 業務	虐待の防止や早期発見のための業務など。 ○成年後見制度の説明や申し立ての支援 ○老人福祉施設などへの措置入所の支援 ○高齢者虐待への対応 ○専門職の連携による困難事例への対応の検討、必要な支援、消費者被害を未然に防止
包括的・継続的ケアマネジメント支援業務	保健医療・福祉の専門家が（ ③ ）や（ ④ ）、介護予防サービス計画を検証し、被保険者の心身の状況、介護給付等対象サービスの利用状況などを定期的に協議するなどの取り組みを通じて、被保険者が地域で自立した日常生活を送ることができるよう包括的、継続的に支援。 ○地域ケア会議を通じての自立支援に資するケアマネジメントの支援、地域の介護支援専門員のネットワークの構築や活用 ○地域の介護支援専門員への相談対応、支援困難事例についての指導や助言など
在宅医療・介護連携推進事業	在宅医療と介護が切れ目なく提供される体制を構築するための取り組み。
生活支援体制整備事業	高齢者の（ ⑤ ）および生活支援の充実を推進するため、生活支援コーディネーターなどの配置や協議体の設置などを通じて、生活支援サービスの開発・創出に取り組む事業。
（ ⑥ ）総合支援事業	（ ⑦ ）支援チームの配置、認知症地域支援推進員、チームオレンジコーディネーターの配置。

 用語

在宅医療・介護連携推進事業における取り組み
①地域の医療・介護の資源の把握、②在宅医療・介護連携の課題の抽出と対応策の検討、③切れ目のない在宅医療と在宅介護の提供体制の構築推進、④在宅医療・介護連携に関する相談支援、⑤地域住民への普及啓発、⑥医療・介護関係者の情報共有の支援、⑦医療・介護関係者の研修、⑧評価の実施、改善の実施。

認知症初期集中支援チーム
保健師、看護師、精神保健福祉士、社会福祉士、介護福祉士などの専門職が2人以上、認知症などの専門医療の経験がある認知症サポート医1人から構成。

認知症地域支援・ケア向上事業
①認知症地域支援推進員を中心とした、医療機関、介護サービス事業者、地域の支援関係者の連携づくり、②相談支援や支援体制を構築するための取り組み、③認知症対応力向上、多職種共働のための研修、認知症の人とその家族への一体的支援などに関する事業実施の企画・調整などを行う。

レッスン25 地域包括ケアシステムと地域包括支援センター

重要度 **B**
学習日 ／／／

1. 地域包括ケアシステム

　地域包括ケアシステムとは、地域の実情に応じて、高齢者が住み慣れた地域で、尊厳あるその人らしい生活を維持できるように、**医療、介護、介護予防、住まい、自立した日常生活の支援**が包括的に確保される体制です。

2. 地域包括支援センターの設置と業務

　地域包括支援センターは、地域の高齢者の保健・医療の向上、福祉の増進を**包括的に支援する中核的機関**です。**市町村**または市町村により包括的支援事業の**委託**を受けた**法人**が設置します。地域支援事業においては**包括的支援事業**を行うほか、**総合事業の介護予防ケアマネジメント**（第1号介護予防支援事業）、一般介護予防事業、任意事業を行います。予防給付においては、**指定介護予防支援事業者**として**介護予防支援**を行います。

①**職員配置基準**：原則として**保健師・社会福祉士・主任介護支援専門員**（3職種の確保が困難な場合はこれらに準ずる者）が各1人配置され、相互に協働しながら業務を行う。

②**評価義務**：地域包括支援センターの設置者は、自ら事業の**質の評価**を行うことなどにより、事業の質の向上を図らなければならない。そして包括的支援事業の効果的な実施のために、医療機関や民生委員、生活支援等のための事業を行う者などとの**連携**に努める。

③**事業の実施状況の点検と情報の公開**：市町村は、定期的に地域包括支援センターの事業の実施状況について**評価**を行う。また、地域包括支援センターが設置されたときなどは、事業の内容と運営状況に関する**情報を公表**するよう努める。

　地域包括支援センターの設置・運営に関しては、**市町村**が設置する**地域包括支援センター運営協議会**が関与します。

3. 地域ケア会議

　包括的・継続的ケアマネジメント支援事業の効果的な実施のために、**市町村**は、介護支援専門員、保健医療・福祉の専門家、民生委員、その他の関係者などにより構成される**地域ケア会議**を設置するよう努めます。地域ケア会議は市町村または地域包括支援センターが開催し、支援困難事例など**個別ケースの支援内容の検討**を通じて①地域の介護支援専門員の、自立支援に資する**ケアマネジメント支援**、②**地域包括支援ネットワーク**の構築、③**地域課題**の把握を行います。会議で必要な場合は、関係者などに必要な**協力**を求めることができます。また、会議の事務に従事する人には、知り得た情報についての**守秘義務**が課せられます。

書いて覚えよう！

◆地域包括支援センターの設置と業務

設置主体	市町村または市町村により包括的支援事業の委託を受けた（ ① ）。
業務内容	○（ ② ）：包括的支援事業を行うほか、総合事業の介護予防ケアマネジメント、一般介護予防事業、任意事業 ○（ ③ ）：指定介護予防支援事業者として介護予防支援
職員配置基準	原則として保健師・社会福祉士・主任介護支援専門員（3職種の確保が困難な場合はこれらに準ずる者）を各（ ④ ）人配置。
評価義務	○設置者は、自ら事業の（ ⑤ ）の評価を行い、事業の質の向上を図らなければならない。 ○医療機関や民生委員、生活支援等のための事業を行う者などとの（ ⑥ ）に努める。
事業の実施状況の点検と情報の公開	○市町村は、定期的に事業の実施状況について（ ⑦ ）を行う。 ○市町村は、地域包括支援センターが設置されたときなどは、事業の内容と運営状況に関する情報を（ ⑧ ）するよう努める。

● 地域包括支援センターの設置・運営に関しては、市町村が設置する（ ⑨ ）が関与する。

◆地域ケア会議

● 市町村は、介護支援専門員、保健医療・福祉の専門家、民生委員、その他の関係者などにより構成される（ ⑩ ）を設置するよう努める。

用語

地域包括支援センター
地域包括支援センターには、地域包括ケアシステムの中心的な機関としての役割も期待されている。

地域ケア会議
2015（平成27）年度から、介護保険法に市町村による地域ケア会議の設置が規定され、関係者の必要な協力や守秘義務についても明確にされている。

地域包括支援センターの基準
包括的支援事業を実施するために必要な基準は、市町村の条例で定められるが、職員の人員数と配置基準については、国の基準に「従うべき基準」とされ、異なる基準とすることはできない。

NOTE

レッスン 26 財政構造（1）

重要度 **A**
学習日 ／／／

1. 介護保険の財政構造

　市町村は、介護保険財政の支出と収入を明確にするため、一般会計とは別に**特別会計**を設置します（介護保険事業に係る事務費は、各市町村の一般会計 Ⓐ で賄われる）。

　介護費用から利用者負担分を除いた**介護給付費**（予防給付費含む）と**地域支援事業**の費用は、**公費**（国、都道府県、市町村）50％と**保険料**（1号・2号）50％で賄います。

2. 財源の負担割合 (2021 〜 2023 年度)

		介護給付費		地域支援事業	
		居宅給付費	施設等給付費	総合事業	総合事業以外
公費	国	25%	20%	25%	38.5%
	都道府県	12.5%	17.5%	12.5%	19.25%
	市町村	12.5%	12.5%	12.5%	19.25%
保険料	1号保険料	23%		23%	23%
	2号保険料	27%		27%	なし

　国の負担分は、すべての市町村に一律に交付される定率負担金（20％）と、市町村の財政力の格差に応じて傾斜的に交付される**調整交付金**から成ります。また、地域支援事業のうち、総合事業以外については、2号保険料による負担はありません。この分は、国、都道府県、市町村が負担します。

　保険料の負担割合は、第1号被保険者と第2号被保険者の人口比に応じ、**1人当たりの平均的な保険料**が、ほぼ同じ水準になるように定められています。

　なお、第2号被保険者の負担割合（**第2号被保険者負担率**）は、**3年**ごとに政令により改定され、一律のものとなりますが、第1号被保険者の負担割合は調整交付金の率により異なるものになります。

書いて覚えよう！

● 市町村は、介護保険財政の支出と収入を明確にするため、一般会計とは別に（ ① ）を設置する。

● 介護費用から利用者負担分を除いた（ ② ）と地域支援事業の費用は、（ ③ ）（国、都道府県、市町村）50％と保険料（1号・2号）50％で賄う。

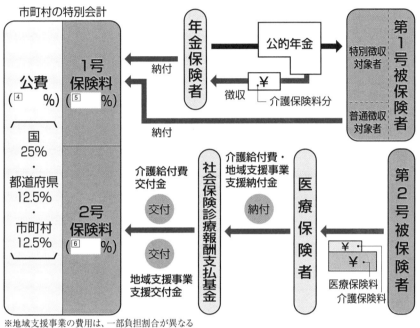

市町村の特別会計

公費（ ④ ％）／1号保険料（ ⑤ ％）

国 25％・都道府県 12.5％・市町村 12.5％

2号保険料（ ⑥ ％）

年金保険者　公的年金　第1号被保険者

特別徴収対象者　納付
徴収　¥　介護保険料分
普通徴収対象者　納付

介護給付費交付金　交付
地域支援事業支援交付金　交付

社会保険診療報酬支払基金

介護給付費・地域支援事業支援納付金　納付

医療保険者　第2号被保険者

¥
¥
医療保険料
介護保険料

※地域支援事業の費用は、一部負担割合が異なる
※施設等給付費は、国が20％（調整交付金含む）、都道府県が17.5％、市町村が12.5％を負担する

● 介護給付費の国の負担分は、定率負担金（20％）と（ ⑦ ）から成る。

● 保険料の負担割合は、第1号被保険者と第2号被保険者の（ ⑧ ）比に応じ、1人当たりの平均的な保険料が、ほぼ同じ水準になるように定められている。

● 第2号被保険者の負担割合は、（ ⑨ ）年ごとに（ ⑩ ）により改定され、一律である。

確認しよう！

★介護保険事業に係る事務費は、市町村の特別会計で賄われる？ ⇒ Ａ

用語

施設等給付費
都道府県知事が指定権限のある介護保険施設、（介護予防）特定施設にかかる給付費。居宅給付費は、施設等給付費以外の給付費。

低所得者（第1〜第3段階）
介護保険では、被保険者の収入に応じてグループにわけ、その段階に応じて保険料率を設定している。基本は9段階（P122参照）で、ここでは、そのうち第1〜第3段階に該当する者を指している。

NOTE

レッスン **26** # 財政構造（2）

1. 調整交付金

　介護給付費、総合事業の国の負担のうち、5％相当額は、市町村の財政力の格差を是正するための**調整交付金**として支給されます。

　調整交付金には、**普通調整交付金**（**後期高齢者**の加入割合、第1号被保険者の**所得水準**の分布状況の要件に関して市町村の保険料基準額に格差がある場合に支給）と、**特別調整交付金**（災害時などの**保険料減免**や**定率負担の減免**による保険料減収、介護保険の財政または介護保険事業の安定的な運営に影響を与える場合その他のやむを得ない特別の事情がある場合に支給）があります。

> 　調整交付金は、全国平均に比べて後期高齢者比率が低く、所得水準の高い市町村では、実質5％未満になるよ。逆に、後期高齢者比率が高く、所得水準が低い市町村では、実質5％以上となるんだ。

2. 財政安定化基金

　保険財政の安定化を図るため、財政安定化基金が**都道府県**に設置され、市町村が努力してもなお生じる保険料未納や給付費の見込み誤りによって**財政不足**が生じた場合、資金の交付・貸付を行います。

①**交付（3年度目）**：介護保険事業計画の計画期間を通し、通常の努力をしてもなお保険料収納率が悪化し、財政不足が生じた場合、3年度目に不足額の2分の1が市町村に交付される。

②**貸付（年度ごと）**：見込みを上回る介護給付費などの増大により財政不足が生じた場合、年度ごとに、市町村に必要な資金を貸付する。

　財源は、**国、都道府県、市町村（1号保険料を財源）**が**3分の1ずつ**負担します。

　貸付の場合、市町村は借り入れを受けた金額を、次の計画期間（3年間）に1号保険料に算入し、基金に対して3年間で分割返還します（無利子）。

3. 市町村相互財政安定化事業

　複数の市町村が、相互に財政安定化を図ることを目的に**市町村相互財政安定化事業**を行うことができます。具体的には、複数の参加市町村が共通の**調整保険料率**を設定します。そして、保険料収入額が黒字になった市町村は、赤字が生じた市町村にその分を交付することにより、相互の財政調整を行います。

書いて覚えよう！

◆調整交付金

普通調整交付金	以下の要件に関して市町村の保険料基準額に格差がある場合に支給される。 ①（ ① ）の加入割合 ②第（ ② ）号被保険者の所得水準の分布状況
特別調整交付金	災害時などの（ ③ ）や、定率負担の（ ④ ）による保険料減収、介護保険の財政または介護保険事業の安定的な運営に影響を与える場合などに支給される。

◆財政安定化基金

● 保険財政の安定化を図るため、財政安定化基金が

（ ⑤ ）に設置され、（ ⑥ ）や財政

不足が生じた場合、資金の交付・貸付を行う。

交付	（ ⑦ ）の計画期間を通し、通常の努力をしてもなお保険料収納率の悪化と財政不足が生じた場合、3年度目に不足額の2分の1が市町村に交付される。
貸付	見込みを上回る介護給付費などの増大により財政不足が生じた場合、（ ⑧ ）ごとに、市町村に必要な資金を貸付する。

◆市町村相互財政安定化事業

● 複数の市町村が、相互に財政安定化を図ることを目的に

（ ⑨ ）を行うことができる。

● 具体的には、複数の参加市町村が共通の（ ⑩ ）

を設定し、相互の財政調整を行う。

確認しよう！

★災害時に保険料減免があった場合に支給される調整交付金は？ ⇒ Ⓐ

★財政安定化基金の財源の負担割合は？ ⇒ Ⓑ

レッスン 27 保険料の算定と徴収（1）

重要度 **A**

学習日 ／／／

1. 第1号被保険者の保険料の算定

　第1号被保険者の保険料（1号保険料）は、その市町村の**介護給付費**などの見込みなどに応じて、原則として各市町村が**3年**ごとに算定します。具体的には、まず3年間を通し必要となる1号保険料で賄（まかな）うべき総額を出し、その総額に基づいて基準額など保険料率（**所得段階別定額保険料**）を設定し、個別の保険料を算出します。

　所得段階別定額保険料とは、被保険者を収入に応じてグループにわけ、その段階に応じて保険料率を設定し、保険料を算定していく方法で、**9段階が基本**です。各市町村が所得段階をさらに細分化したり、各段階の保険料率を変更したりすることも可能 A です。

　市町村は、被保険者それぞれの所得に応じ所得段階別の保険料率をあてはめて、保険料を賦課していきます。

> 　市町村が市町村特別給付を実施した場合、支給限度基準額を上乗せした場合、保健福祉事業を実施した場合、財政安定化基金からの借り入れ、基金への拠出が行われた場合は、1号保険料に上乗せされ、その分保険料が高くなります。

2. 第1号被保険者の保険料の徴収のしくみ

　1号保険料の徴収は、**年金保険者**を通して徴収する**特別徴収**（年金からの**天引き**）が**原則**です。特別徴収に該当しない場合に、市町村が直接徴収する**普通徴収**が行われます。

①**特別徴収** B ：老齢・退職年金、遺族年金、障害年金の受給者（年額18万円以上の受給者）に対して行われる。年金保険者が特別徴収対象者を把握し、市町村に**通知**（年6回）→市町村が年金保険者に通知して徴収を依頼→**年金保険者**が**年金から天引き**→市町村に納付という手順で徴収される。納期は、年金の支払い回数に応じている。

②**普通徴収**：無年金者や低年金者（年額18万円未満の受給者）に対して行われる。**市町村**が、納入通知書を送付し、保険料の納付を求める。市町村は、収納事務を私人（**コンビニエンスストア**など）に**委託**することもできる。法律上、第1号被保険者の**配偶者**および**世帯主**には、保険料の**連帯納付義務**が課される C 。納期は、**条例**により定められる。

　なお、生活保護受給者である第1号被保険者の場合、保護の目的を達成するために必要があるときは、福祉事務所などの保護の実施機関が被保護者に代わって直接市町村に介護保険料を支払うことができます。

書いて覚えよう！

◆第1号被保険者の保険料の算定

● 第1号被保険者の保険料（1号保険料）は、その市町村の

（ ① _____ ） などの見込みなどに応じて、原則として各

市町村が （ ② _____ ） 年ごとに算定する。所得段階別定額保険

料は、（ ③ _____ ） 段階が基本となる。

◆第1号被保険者の保険料の徴収のしくみ

● 1号保険料の徴収は、（ ④ _____ ）（年金からの天引

き）が原則。特別徴収に該当しない場合に市町村が直接徴収する

（ ⑤ _____ ） が行われる。

■特別徴収と普通徴収

	特別徴収	普通徴収
対象者	老齢・退職年金、遺族年金、（ ⑥ _____ ） の受給者（年額18万円以上の受給者）。	（ ⑦ _____ ）、低年金者（年額18万円未満の受給者）。
徴収の手順	年金保険者が、特別徴収対象者を把握し、市町村に通知（年6回）→市町村が年金保険者に通知して徴収を依頼→年金保険者が年金から（ ⑧ _____ ）→市町村に納付。	（ ⑨ _____ ） が、納入通知書を送付し、保険料の納付を求める。※収納事務は私人（コンビニエンスストアなど）への（ ⑩ _____ ） 可。
納期	年金の支払い回数に応じる。	（ ⑪ _____ ） により定める。

確認しよう！

★所得段階別の保険料は、市町村が所得段階を9段階よりも細分
　化してもよい？　　　　　　　　　　　　　　　　　⇒ Ⓐ

★年額18万円以上の年金受給者の場合の保険料の徴収方法は？　⇒ Ⓑ

★第1号被保険者の配偶者や世帯主には、保険料の連帯納付義務
　が課される？　　　　　　　　　　　　　　　　　　⇒ Ⓒ

27 保険料の算定と徴収 (2)

重要度 **A**
学習日

1. 第2号被保険者の保険料

　支払基金（社会保険診療報酬支払基金）は、全国平均の第2号被保険者1人あたり負担額に、各医療保険の第2号被保険者数を基礎として算定し、**介護給付費・地域支援事業支援納付金**として各医療保険者に通知します。各医療保険者は、支払基金より課された介護給付費・地域支援事業支援納付金をもとに、それぞれの算定ルールに沿って**介護保険料率**を定め、個々の保険料を算定します。

　健康保険の場合、介護保険料は、医療保険料と同様、**事業主負担**が行われます（国民健康保険の場合も国庫負担あり）。健康保険の加入者が40歳未満であっても、40歳以上の被扶養者がいるなどの場合は、介護保険料を算定することができます。

　2号保険料は、各医療保険者が被保険者から**医療保険料**と一体的に**徴収**し、支払基金に**介護給付費・地域支援事業支援納付金**として納付します。そして支払基金は、すべての医療保険者から集めた納付金を、各市町村の特別会計に**介護給付費交付金**と**地域支援事業支援交付金**として定率交付（27%）するというしくみになっています。

2. 滞納者に対する措置

（1）第1号被保険者の場合

　介護保険制度では、**市町村に強制的な保険料徴収権**が与えられています。1号保険料を滞納している要介護者に対しては、次のような措置が段階的にとられます。

例：要介護認定等を受け保険給付を受けている場合……**支払い方法の変更**（償還払い化）
⇒　**保険給付の一時差し止め**　⇒　差し止め保険給付から滞納保険料を控除（相殺）

　徴収金を徴収する権利の消滅時効は**2年**です。要介護認定等を受けた被保険者に、認定前に保険料の滞納があり、時効により徴収権が消滅した期間がある場合は、消滅した期間に応じ、**給付率は7割に引き下げ**（3割負担の対象者は6割）られます。また、その期間は高額介護（予防）サービス費、高額医療合算介護（予防）サービス費、特定入所者介護（予防）サービス費は支給されません。

（2）第2号被保険者の場合

　要介護認定等を受けた第2号被保険者（主に国保加入者）に医療保険料の未納がある場合には、市町村は介護保険上での**給付の一時差し止め**を行うことができます。

3. 保険料の減免

　市町村は、特別な理由（災害により一時的に負担能力の低下が認められるような場合など、定率負担の減免と同様の事情）がある者に対し、条例により、**保険料の減免**や徴収の一時猶予を行うことができます。

書いて覚えよう！

◆第2号被保険者の保険料

● 支払基金（社会保険診療報酬支払基金）は、（ ① _____ ） を各医療保険者に通知する。

各医療保険者は、それぞれの算定ルールに沿って

（ ② _____ ） を定め、個々の保険料を算定する。

各医療保険者	（ ④ _____ ）	各市町村の特別会計
医療保険料と一体的に（ ③ ____ ）する。	介護給付費・地域支援事業支援納付金として納付される。	介護給付費交付金・地域支援事業交付金として交付される。

納付　　交付

◆滞納者に対する措置

● 介護保険制度では、市町村に強制的な（ ⑤ _____ ） が与えられており、段階的に措置がとられる。

● 徴収権の消滅時効は（ ⑥ ____ ） 年である。要介護認定を受けた被保険者に、認定前に保険料の滞納があり、時効により徴収権が消滅した期間がある場合は、給付率は（ ⑦ ____ ） 割に引き下げられる。

● 要介護認定等を受けた第2号被保険者（主に国保加入者）に医療保険料の未納がある場合には、市町村は介護保険上での給付の（ ⑧ _____ ）を行うことができる。

◆保険料の減免

● 市町村は、特別な理由がある者に対し、条例により、保険料の（ ⑨ ____ ） や徴収の（ ⑩ _____ ） などができる。

確認しよう！

★健康保険の場合、介護保険料は、事業主負担が行われる？　⇒ Ⓐ

★認定前に保険料の滞納があり、徴収権が消滅した期間があると、支給されない保険給付はなに？　⇒ Ⓑ

レッスン **28** # 国保連の業務

1. 国保連による介護保険事業にかかる業務

　国保連（国民健康保険団体連合会）は、都道府県単位で設置され、介護保険事業にかかる次の業務を行います。

①市町村の**委託**を受けて行う**介護給付費の審査・支払い業務**

②市町村の**委託**を受けて行う**介護予防・日常生活支援総合事業の第1号事業支給費、総合事業実施に必要な費用の審査・支払い業務**

③**苦情処理**にかかる業務（独立業務）

④市町村から**委託**を受けて行う**第三者行為への損害賠償金の徴収・収納の事務**

⑤指定居宅サービス、指定地域密着型サービス、指定居宅介護支援、指定介護予防サービス、指定地域密着型介護予防サービスの**事業**や**介護保険施設の運営**

⑥その他、介護保険事業の円滑な運営に資する事業（市町村の共同電算処理など）

2. 国保連による苦情処理の業務

　国保連では、介護サービスを利用した利用者のサービスに関する苦情の受け付けや相談を行います。中立性・公平性を確保するため、市町村からの委託ではなく国保連の**独立した業務**となります。

　苦情の受け付けは、市町村の窓口や居宅介護支援事業者などでも行います。国保連では、事務局を設置し、**学識経験者を苦情処理担当の委員**とし、委嘱して次のような手順で行っていきます。

①**苦情の受け付け**：申し立ては**書面が原則**だが、必要に応じて**口頭**による申し立ても認められる。

②**調査と改善事項の提示**：必要に応じて事務局が指定居宅サービス事業者や介護保険施設などの**調査**を行い、苦情処理担当の委員に報告する。苦情処理担当の委員が報告内容を検討し、**改善すべき事項を提示**、その事項を事務局が事業者・施設に提示し、指導や助言を行う。

③**通知**：事務局が申立人に調査結果や指導内容などを**通知**する。

　ただし、国保連には、指定基準に違反している事業者・施設に対し、強制権限を伴う立ち入り検査、命令や勧告、**指定の取り消しなどを行う権限はありません**。

> 　指定の取り消しを行うことができるのは、指定権者である都道府県知事、または市町村長です。

書いて覚えよう！

◆国保連による介護保険事業にかかる業務

市町村の委託を受けて行う介護給付費の審査・支払い業務
市町村の委託を受けて行う総合事業の第1号事業支給費、総合事業実施に必要な費用の審査・（ 1　　　　 ）業務
（ 2　　　　　　 ）にかかる業務（独立業務）
市町村から委託を受けて行う（ 3　　　　　　 ）への損害賠償金の徴収・収納の事務
指定居宅サービス、指定地域密着型サービス、指定居宅介護支援、指定介護予防サービス、指定地域密着型介護予防サービスの事業や（ 4　　　　　 ）の運営
その他、介護保険事業の円滑な運営に資する事業

◆国保連による苦情処理の業務

● 国保連では、介護サービスの苦情の受け付けや相談を、市町村からの委託ではなく、（ 5　　　 ）した業務として行う。

苦情の受け付け	申し立ては（ 6　　 ）が原則。
調査と改善事項の提示	事務局が指定居宅サービス事業者や介護保険施設などの（ 7　　 ）を行い、苦情処理担当の委員に報告。 苦情処理担当の委員が検討後、改善すべき事項を提示、その事項を事務局が事業者・施設に提示し、指導・助言を行う。
通知	事務局が申立人に調査結果や指導内容などを（ 8　　 ）する。

確認しよう！

★国保連は、事業者に対し、指定の取り消しなどを行う権限をもっている？　　⇒ Ⓐ

レッスン **29** 介護保険審査会

重要度 ▶ **A**
学習日 ／／／

1. 介護保険審査会による不服審査

被保険者は、市町村の行う要介護認定等や保険料の徴収などについて不服がある場合、**介護保険審査会**に審査請求を行うことができます。介護保険審査会は、行政から独立する専門の第三者機関として各**都道府県**に１つずつ設置されます。

（1）審理対象となる処分

①保険給付に関する処分（要介護認定等に関する処分、被保険者証の交付の請求に関する処分を含む）

②保険料その他介護保険法の規定による徴収金に関する処分（ただし財政安定化基金拠出金、介護給付費・地域支援事業支援納付金およびその納付金を滞納した場合の延滞金に関する処分を除く）

（2）介護保険審査会の委員

委員の定数は、①**市町村代表委員３人**、②**被保険者代表委員３人**、③**公益代表委員３人以上**となっています。会長は、委員による選挙で公益代表委員から１人選任します。委員は、都道府県知事により任命され、任期は３年（再任されることができる）です。

> 委員の身分は、特別職に属する地方公務員（非常勤）となっており、守秘義務が課されます（違反した場合は、罰則適用）。公益代表委員の定数と要介護認定等に関する処分の審査請求を扱う合議体の定数については、都道府県が条例で定めます。

（3）審査請求を審理・裁決する合議体

要介護認定等に関する処分の審査請求は、都道府県が条例で定める定数の**公益代表委員の合議体**で取り扱います。

また、**要介護認定等以外の処分の審査請求**は、**公益代表委員３人**（会長１人を含む）、**市町村代表委員３人**、**被保険者代表委員３人**で構成される合議体で取り扱います。

（4）専門調査員

要介護・要支援認定の審査請求の処理を迅速に、また正確に行うため、<u>保健・医療・福祉の学識経験者</u>🅐を**専門調査員**として設置することができます。

専門調査員は、都道府県知事が任命し、その身分は非常勤特別職の地方公務員です。介護認定審査会の委員と同様、守秘義務が課されます。

2. 被保険者の訴訟

被保険者が審査請求の対象となる処分の取り消しを裁判所に訴える場合は、<u>**介護保険審査会の裁決を経たあと**</u>🅑でなければなりませんが、審査請求の日から３か月を過ぎても裁決がないときなどは、裁決なしで提起することが行政事件訴訟法で認められています。

書いて覚えよう！

◆介護保険審査会による不服審査

● 被保険者は、市町村の行う要介護認定等や（ ① _____ ）の徴収などについて不服がある場合、（ ② _____ ）に審査請求を行うことができる。介護保険審査会は、行政から独立する専門の第三者機関として各（ ③ _____ ）に１つずつ設置される。

■介護保険審査会の委員

委員の定数	①市町村代表委員　３人 ② （ ④ _____ ）　３人 ③公益代表委員　３人以上
会長選任	委員による選挙で公益代表委員から１人選任
委員の任命	（ ⑤ _____ ）　が任命する
委員の任期	（ ⑥ ___ ）　年（再任されることができる）
委員の身分	特別職に属する地方公務員（非常勤）
その他	（ ⑦ _____ ）　が課される

■審査請求を扱う合議体の構成

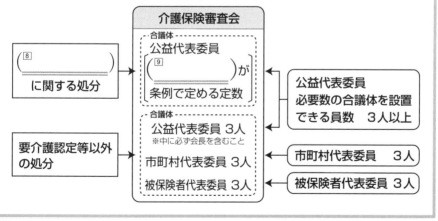

確認しよう！

★専門調査員にはどのような人が任命される？　⇒ Ⓐ

★被保険者が不服とする処分の取り消しを裁判所に訴える場合は、介護保険審査会の裁決の前でもよい？　⇒ Ⓑ

レッスン 30 介護支援専門員の基本姿勢（1）

重要度　**B**
学習日　／／／

1. 自立支援

　ケアマネジメントを行ううえで最も重要な理念は、**自立支援**です。利用者が自らの意思に基づき、自分らしく、自立した質の高い生活を送ることを目的に、疾病予防や生活機能の維持、疾病の悪化予防など、利用者の生活維持能力を高めるよう支援します。

　自立には、**ADL**（日常生活動作）などの身辺自立、経済面での経済的自立、自分のことを自分で決めていく人格的自立があり、最終的な目標は**人格的自立** (A) にあるといえます。自立支援をするうえでは、高齢者の**ストレングス**を理解し、導き出して**エンパワメント**を支援していくことが重要です。

2. 自己決定の支援

　介護支援専門員は、利用者の**主体性を尊重**し、支援の全過程における利用者とその家族の参加、意思の表明、利用者自身の**自己決定**を支援します。そのためには、利用者と介護支援専門員が対等な**関係を維持**する必要があります。情報提供の際には、内容をくわしく、またわかりやすく説明します。高齢者の自己決定に同意できない場合や意見に食い違いが生じる場合も、信頼関係を深めて調整を図り、合意ができるよう努力します。

> 　介護支援専門員は、利用者が常に自分の感情や意思を表現しやすい環境をつくり、誤りのない自己決定ができるよう、側面的に支援します。認知症などで意思表示が十分でない場合は、家族や友人、成年後見人などの参加を求めるなどして本人の意思を確認していきます。

3. 家族介護者への支援

　家族によるケアは、最も柔軟で情緒的な支援もできることが特徴ですが、家族構成や家族の健康状態、家族間の関係などによってケアの量や質には大きな差が出ます。介護支援専門員は、個別的に家族の**ケア能力**、**潜在的可能性**を見きわめることが大切です。

　また、家族の**健康面**にも配慮し、介護負担を軽減し、家族一人ひとりの**自己実現**（就労の継続や趣味など社会活動の実現を含む）が図られるよう支援します。家族の潜在的ケア能力を高めることは、要介護者等の**在宅生活維持** (B) につながります。

4. 生活の継続性の支援

　介護支援専門員が多様なサービスを調整するうえでは、利用者の**生活の継続性** (C) を支える視点（①**時間経過**を連続したものとしてとらえ、過去の価値観や文化を尊重し、将来の目指している生活に向けて現在の生活を支援する、②さまざまなニーズが充足され、連続的にサービスが利用できるよう、**面的**な継続性を支援する）が重要になります。

書いて覚えよう！

◆自立支援

● 利用者が自らの意思に基づき、自分らしく、自立した（ ① ＿＿＿＿ ）の高い生活を送ることを目的に、疾病予防や生活機能の維持、疾病の悪化予防など、利用者の（ ② ＿＿＿＿＿＿＿ ）を高めるよう支援する。

● 自立支援をするうえでは、高齢者の（ ③ ＿＿＿＿＿＿＿ ）を理解し、導き出して（ ④ ＿＿＿＿＿＿＿ ）を支援していくことが重要である。

◆自己決定の支援

● 介護支援専門員は、利用者の（ ⑤ ＿＿＿＿＿ ）を尊重し、支援の全過程における利用者とその家族の参加、意思の表明、利用者自身の自己決定を支援する。

◆家族介護者への支援

● 介護支援専門員は、個別的に家族の（ ⑥ ＿＿＿＿ ）能力、潜在的可能性を見きわめることが大切である。

● 家族の（ ⑦ ＿＿＿＿ ）面にも配慮し、家族の自己実現が図られるよう支援する。

◆生活の継続性の支援

● 介護支援専門員が多様なサービスを調整するうえでは、利用者の生活の継続性を支える視点（①（ ⑧ ＿＿＿＿＿＿ ）を連続したものとしてとらえる、②（ ⑨ ＿＿＿ ）的な継続性を支援する）が重要となる。

用語

ADL（日常生活動作）
生活を営むうえで不可欠な基本的な動作。一般的には、起居移動、食事、着替え、入浴、排泄、整容、の6つをさす。

IADL（手段的日常生活動作）
ADLよりも複雑で高次な行動や行為で、炊事、洗濯、掃除、買い物、金銭管理、趣味活動、車の運転などがある。

ストレングス
その人のもつ意欲、積極性、治癒力、回復力、嗜好、願望、社会資源など。

エンパワメント
力のない者が自信や信頼を回復し、問題解決に向けて自ら向かっていく力をつけていく過程。

NOTE

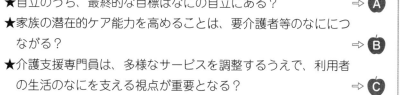

確認しよう！

★自立のうち、最終的な目標はなにの自立にある？　⇒ Ⓐ

★家族の潜在的ケア能力を高めることは、要介護者等のなににつながる？　⇒ Ⓑ

★介護支援専門員は、多様なサービスを調整するうえで、利用者の生活のなにを支える視点が重要となる？　⇒ Ⓒ

レッスン 30 介護支援専門員の基本姿勢(2)

1. 介護支援専門員がもつべき基本倫理と考え方

(1) 人権の尊重

常に鋭い観察力や洞察力、感受性をもって、援助関係において、また地域社会や家庭において利用者の人権が侵害されていないかどうかを見守る必要があります。そして、利用者の**代弁者**として、その人権を積極的に**擁護**します。

(2) 公平性

個人的な関係になることを避け、**感情や行動をコントロール**して、特定の人に対して好感や不快感を表さないようにします。感情をコントロールするためには、**自己覚知**が大切です。また、地域のサービスは、均等に利用者に分配するのではなく、利用者の<u>ニーズに応じて、サービスを**適切に分配**</u>し、提供します。

(3) 中立性

介護支援専門員は、利用者と家族との間で中立性を保ち、関係者それぞれの生活が常に安定するように活動する必要があります。また、介護支援専門員は、特定の者や機関の利益のために働くようなことがあってはなりません。

(4) 個人情報の保護

サービス担当者会議などで、利用者または家族の個人情報を用いる場合は、原則としてあらかじめ文書により**本人の同意**を得ておかなければなりません。問題解決に関係のないことに必要以上に関心をもってはなりません。

(5) 社会的責任の自覚

介護支援専門員は、基本的な倫理観を備え、利用者の個別性に最大限に配慮した専門的で的確な援助を行い、さらに公平性のある効果的な介護サービスの提供を地域社会に促して、地域社会全体に利益をもたらすよう努めます。

(6) チームアプローチ

介護支援専門員は、多職種による**チームアプローチ**により、ケアマネジメントを行っていくことが重要です。多職種によるチームアプローチの実践では、①信頼関係が構築されていること、②情報や目標が共有されていること、③専門職がそれぞれの専門性を発揮すること、④互いの専門性や役割を尊重し対等な関係であることが大切です。

(7) 地域包括ケアシステムの推進

介護支援専門員は、介護や支援が必要となった高齢者の状況を最も知る立場にあります。不足していると感じられる社会資源を発見した場合は、保険者や地域包括支援センターに報告して**地域ケア会議の開催**を要請するなど、社会資源の開発のきっかけづくりをすることも重要です。

書いて覚えよう！

◆介護支援専門員がもつべき基本倫理と考え方

● 利用者の （①_____） として、その人権を積極的に擁護する。

● 感情や行動をコントロールするためには、（②_____） が大切である。

● 介護支援専門員は、利用者と家族との間で （③_____） を保ち、関係者それぞれの生活が常に安定するように活動する必要がある。

● サービス担当者会議などで、利用者または家族の （④_____） を用いる場合は、原則としてあらかじめ（⑤_____） により本人の （⑥_____） を得ておかなければならない。

● 介護支援専門員は、基本的な倫理観を備え、利用者の （⑦_____） に最大限に配慮した専門的で的確な援助を行い、さらに （⑧_____） のある効果的な介護サービスの提供を地域社会に促して、地域社会全体に利益をもたらすよう努める。

● 多職種によるチームアプローチの実践では、（⑨_____） が構築されていること、（⑩_____） や目標が共有されていること、専門職がそれぞれの専門性を発揮すること、互いの専門性や役割を尊重し （⑪_____） な関係であることが大切である。

● 介護支援専門員は、不足していると感じられる社会資源を発見した場合は、保険者や地域包括支援センターに報告して （⑫_____） の開催を要請するなど、社会資源の開発のきっかけづくりをすることも重要である。

確認しよう！

★介護支援専門員は、地域のサービスをどのように分配する？　⇒ Ⓐ

レッスン 31 居宅介護支援事業の基準（1）

重要度　A
学習日　／／／

1. 指定居宅介護支援事業者の基本方針

居宅介護支援事業においては、①基本方針、②人員基準、③運営基準、④基準該当居宅介護支援の基準が市町村の条例に定められます。設備基準はなく、必要な設備に関する基準は、運営基準に含まれています。

指定居宅介護支援は、次の基本方針に配慮して行われなければなりません。

①可能なかぎり居宅で、利用者の能力に応じ**自立した日常生活**を送れるよう配慮する。

②利用者の心身の状況や環境に応じ、利用者自身の選択に基づき、多様な事業者から適切な保健医療サービスと福祉サービスが多様な事業者から**総合的・効率的**に提供されるように配慮する。

③利用者の意思や人格を尊重し、常に**利用者の立場**に立つ。また、サービスが特定の種類や事業者に不当に偏らないよう**公正中立**に行う。

④市町村、**地域包括支援センター**、ほかの指定居宅介護支援事業者や介護保険施設、障害者総合支援法に規定する指定特定相談支援事業者等との**連携**に努める。

⑤利用者の**人権の擁護**、**虐待の防止**等のため必要な体制の整備を行うとともに、従業者に対し研修を実施するなどの措置を講じる。

⑥サービスを提供するにあたっては、**介護保険等関連情報**その他必要な情報を活用し、適切かつ有効に行うよう努める。

2. 指定居宅介護支援事業者の人員基準（従うべき基準）

事業所ごとに、**介護支援専門員**は、**常勤**で**1人**以上です。利用者**35人**またはその端数を増すごとに1人を基準とします。増員については、非常勤でも可となっています。これは、従うべき基準となっています。管理者は、常勤で、**主任介護支援専門員**です（経過措置により、2027〔令和9〕年3月31日までの間は、介護支援専門員でも可）。支障がなければ介護支援専門員との兼務や同一敷地内でのほかの事業所の職務との兼務も可能です。

書いて覚えよう！

◆指定居宅介護支援事業者の基本方針

①可能なかぎり（ ［１］ ）で、利用者の能力に応じ自立した日常生活を送れるように配慮してサービスを提供する。

②利用者の心身の状況や環境に応じ、利用者自身の（ ［２］ ）に基づき、保健医療サービスと福祉サービスが多様な事業者から総合的・効率的に提供されるように配慮する。

③利用者の意思や（ ［３］ ）を尊重し、常に利用者の立場に立つ。また、公正中立に行う。

④市町村、地域包括支援センター、ほかの指定居宅介護支援事業者や介護保険施設などとの（ ［４］ ）に努める。

⑤利用者の（ ［５］ ）の擁護、虐待の防止等のため必要な体制の整備を行い、従業者に対し研修を実施するなどの措置を講じる。

⑥サービスを提供するにあたっては、（ ［６］ ）等関連情報その他必要な情報を活用し、適切かつ有効に行うよう努める。

◆指定居宅介護支援事業者の人員基準（従うべき基準）

介護支援専門員	事業所ごとに、常勤で（ ［７］ ）人以上。利用者（ ［８］ ）人またはその端数を増すごとに1人を基準とする。増員については、非常勤でも可。
管理者	常勤で、（ ［９］ ）でなければならない。支障がなければ介護支援専門員との兼務や同一敷地内でのほかの事業所の職務との兼務も可。

確認しよう！

★居宅介護支援事業の指定基準には、設備基準は含まれる？ ⇒ Ⓐ

★指定居宅介護支援事業者において、増員した介護支援専門員は常勤でなくてはならない？ ⇒ Ⓑ

用語

法人格要件の条例委任
指定居宅介護支援事業者は、指定の要件でもある法人格要件についても条例委任がされている。指定介護予防支援事業者も同様。

基準該当居宅介護支援事業者の指定基準
基準該当居宅介護支援事業者の基準は、指定居宅介護支援事業者の基本方針、人員・運営基準が準用される（同じ内容）。ただし指定居宅介護支援事業者と異なり、法人格は不要。

NOTE

居宅介護支援事業の基準(2)

重要度　**A**

学習日　／／／

1. 指定居宅介護支援事業者の主な運営基準（参酌すべき基準）

○サービス提供困難時の対応　○受給資格などの確認　○要介護認定の申請にかかる援助　○身分を証する書類の携行　○利用料などの受領　○保険給付の請求のための証明書の交付　○基本取扱方針、具体的取扱方針　○法定代理受領サービスにかかる報告　○利用者に対する居宅サービス計画などの書類の交付　○利用者に関する市町村への通知　○管理者の責務　○運営規程　○勤務体制の確保　○設備および備品など　○従業者の健康管理　○掲示　○広告　○居宅サービス事業者などからの利益収受の禁止　○苦情処理　○会計の区分

> 苦情処理に関する業務は国保連が行います。住民に最も身近な市町村も苦情に対応することが多いことから、国保連と同様、市町村も苦情に関する調査や指導・助言を行います。居宅介護支援事業者は、市町村が行う調査に協力しなければなりません。

2. 指定居宅介護支援事業者の主な運営基準（従うべき基準）①

①**内容・手続きの説明と同意**：居宅サービス計画は基本方針と利用者の希望に基づき作成されるものであり、指定居宅介護支援について利用者の**主体的な参加**が重要であること、利用者は**複数**の指定居宅サービス事業者等の紹介を求めることができること、前6か月間に作成された居宅サービス計画における訪問介護、通所介護、福祉用具貸与、地域密着型通所介護の各サービスの割合や、それらサービスごとの同一の事業者によって提供されたものが占める割合などについて十分**説明**を行い、理解を得る。

　また、指定居宅介護支援の提供の開始に際し、あらかじめ、利用者またはその家族に対し、利用者が病院・診療所に入院する必要が生じた場合には、**介護支援専門員の氏名・連絡先**をその**病院・診療所**に伝えるよう求めなければならない。

②**提供拒否の禁止**：正当な理由（①その事業所の**現員**では利用申込に応じきれない、②利用申込者の居住地がその事業所の通常の事業の**実施地域外**である🅐、③利用申込者がほかの**居宅介護支援事業者**にもあわせて依頼をしていることが明らかなど）のない場合、サービス提供を拒んではならない。

③**具体的取扱方針**（一部）：アセスメント、サービス担当者会議の開催、居宅サービス計画の説明・同意・交付、1か月に1回の居宅訪問によるモニタリングと結果の記録については、従うべき基準。

書いて覚えよう！

NOTE

◆指定居宅介護支援事業者の主な運営基準（参酌すべき基準）

○サービス提供困難時の対応　○受給資格などの確認
○要介護認定の（ □1 ）　にかかる援助
○身分を証する書類の携行　○利用料などの受領
○保険給付の（ □2 ）　のための証明書の交付など

◆指定居宅介護支援事業者の主な運営基準（従うべき基準）①

内容・手続きの説明と同意	・指定居宅介護支援について利用者の（ □3 ）な参加が重要であること、利用者は（ □4 ）の指定居宅サービス事業者等の紹介を求めることができること、前6か月間に作成された居宅サービス計画における訪問介護、通所介護、福祉用具貸与、地域密着型通所介護の各サービスの割合や、それらサービスごとの同一の事業者によって提供されたものが占める割合などについて十分（ □5 ）を行い、理解を得る。 ・指定居宅介護支援の提供の開始に際し、あらかじめ、利用者またはその家族に対し、利用者が病院・診療所に入院する必要が生じた場合には、（ □6 ）の氏名・連絡先をその病院・診療所に伝えるよう求めなければならない。
提供拒否の禁止	正当な（ □7 ）のない場合、サービス提供を拒んではならない。
具体的取扱方針（一部）	アセスメント、サービス担当者会議の開催、居宅サービス計画の説明・同意・交付、1か月に1回の居宅訪問によるモニタリングと結果の（ □8 ）。

確認しよう！

★利用申込者の居住地がその事業所の通常の事業の実施地域外であることは、サービス提供拒否の正当な理由となる？　⇒

137

レッスン 31 居宅介護支援事業の基準（3）

重要度　**A**

学習日　／／／

1. 指定居宅介護支援事業者の運営基準（従うべき基準）②

①**業務継続計画の策定など**：**感染症や非常災害の発生時**において、利用者にサービスを継続的に提供するためなどの**業務継続計画**を策定して従業者に周知するとともに、必要な**研修**および**訓練を定期的に実施**し、定期的に業務継続計画の見直し等を行う。

②**感染症の予防およびまん延の防止のための措置**：感染症の発生・まん延防止のため、**感染対策委員会**をおおむね**6か月に1回以上開催**し、その結果を従業者に**周知徹底**するとともに、感染症の予防およびまん延の防止のための**指針**を整備し、**研修**および**訓練**を定期的に実施する。

③**秘密保持**：正当な理由なく、業務上知り得た利用者などの秘密を漏らしてはならない。事業者は、介護支援専門員その他の従業者がその事業所を退職したあとも秘密を漏らすことのないよう、雇用時に取り決めをするなど必要な措置を講じなければならない。サービス担当者会議などにおいて、利用者や家族の個人の情報を開示する必要がある場合は、その本人にあらかじめ**文書**により**同意**を得ておく。

④**事故発生時の対応**：サービスの提供により事故が発生した場合、市町村、利用者の家族などに連絡する。とった処置などについては記録し、**2年間保存**する。

　賠償すべき事故が発生した場合には、すみやかに賠償する。

⑤**虐待の防止**：虐待の発生またはその再発を防止するため、**虐待の防止のための対策を検討する委員会**を定期的に**開催**し、その結果を従業者へ**周知徹底**するとともに、虐待の防止のための**指針**の整備、**研修**の定期的な実施などの措置を講じ、これら措置を適切に実施するための担当者を置く。

2. 居宅介護支援の介護報酬

　居宅介護支援の介護報酬（居宅介護サービス計画費）は、事業所の介護支援専門員1人当たりの取り扱い件数と要介護度（2段階）に応じて設定され、取り扱い件数が40件以上となる場合には、40件以上の部分について報酬が引き下げられます。

　初回加算、**特定事業所加算**、特定事業所医療介護連携加算、**退院・退所加算**、通院時情報連携加算、入院時情報連携加算、**緊急時等居宅カンファレンス加算**、**ターミナルケアマネジメント加算**などの加算があります。

　また、一定の運営基準を守っていないときの**減算**や、特定事業所集中**減算**が設定されています。

書いて覚えよう！

◆指定居宅介護支援事業者の運営基準 (従うべき基準) ②

業務継続計画の策定など	(① 　　　　　) や非常災害の発生時において、利用者にサービスを継続的に提供するためなどの (② 　　　　　) を策定して従業者に周知するとともに、必要な研修および訓練を (③ 　　) に実施する。
感染症の予防およびまん延の防止のための措置	感染症の発生・まん延防止のため、(④ 　　　　) 委員会をおおむね6か月に1回以上開催し、その結果を従業者に周知徹底し、感染症の予防およびまん延の防止のための指針を整備し、研修および (⑤ 　　　) を定期的に実施する。
秘密保持	正当な理由なく、業務上知り得た利用者などの秘密を漏らしてはならない。サービス担当者会議などにおいて、利用者や家族の個人の情報を開示する必要がある場合は、その本人にあらかじめ (⑥ 　　) により (⑦ 　　　) を得る。
事故発生時の対応	サービスの提供により事故が発生した場合、(⑧ 　　　　)、利用者の家族などに連絡する。とった処置などについて記録し、2年間保存する。
虐待の防止	虐待の発生またはその再発を防止するため、虐待の防止のための対策を検討する (⑨ 　　　　) を定期的に開催し、その結果を従業者へ周知徹底するとともに、虐待の防止のための (⑩ 　　) の整備、研修の定期的な実施などの措置を講じる。

◆居宅介護支援の介護報酬

● 事業所の介護支援専門員1人当たりの取り扱い件数と

(⑪ 　　　　　) (2段階) に応じて設定され、取り扱い件数が

(⑫ 　　　) 件以上となる場合には、その件以上の部分について報酬が引き下げられる。

居宅介護支援の過程とアセスメント

重要度　**A**

学習日 ／　／　／

1. 居宅介護支援とは

　居宅介護支援は、居宅の要介護者に対するケアマネジメントです。利用者やその家族がもつ生活全般の解決すべき課題（**ニーズ**）と社会資源を結びつけることで、利用者の在宅での生活を支援し、利用者の自立を支援して、QOLを高めることが目標です。

　指定居宅介護支援事業所の介護支援専門員が一連の業務を担当し、サービスを行います。具体的には、要介護者から依頼を受け、その心身の状況やおかれている環境、本人や家族の意向などを踏まえ、居宅サービスや地域密着型サービスなどの利用計画を作成します。また、その**居宅サービス計画**（ケアプラン）に基づいた適切なサービス提供が確保されるよう、サービス事業者などとの連絡・調整を行い、必要に応じて介護保険施設等への紹介も行います。

2. アセスメントの実施

　アセスメント（課題分析）とは、居宅サービス計画の作成にあたり、利用者の残存能力を含めた、身体・心理的な状態、生活環境、すでに実施されているサービスなど、利用者の状況を評価し、整理・分析して、利用者の**ニーズ**を明らかにすることです。

　アセスメントにあたっては、あらかじめ面接の主旨を十分に説明し、原則として利用者の**居宅**を**訪問**し、利用者および家族と**面接**をして行わなければなりません。

> 　介護支援専門員は、更新認定における認定調査を市町村の委託を受けて行うことができるけど、認定調査と称してアセスメントをあわせて行ったり、サービス利用の予約を行ったりするような行為は認められていないよ。

　このアセスメントをするための道具として、**課題分析票**が用いられますが、様式については全国共通ではなく、さまざまなものが開発されています。ただし、客観的に利用者の課題を抽出するために、厚生労働省が示す**課題分析標準項目**を含むものである必要があります。課題分析標準項目の内容は、**基本情報に関する項目**と、**課題分析（アセスメント）に関する項目**の2つにわかれます。

3. ニーズのとらえ方

　課題分析票で得られた利用者の情報を整理・理解し、そこから、①生活を送るうえで困っている状態と、②その状態を解決（ときには緩和）する目標・結果を導き出します。この2つの側面を合わせたものがニーズとなります。ニーズの把握にあたっては、利用者の意欲や潜在的な能力も含めた評価が大切です。

書いて覚えよう！

◆居宅介護支援とは

● 「居宅介護支援」は、利用者やその家族がもつ生活全般の解決すべき課題（（ ① ））と（ ② ）を結びつけることで、利用者の在宅での生活を支援し、利用者の自立を支援して、QOLを高めることが目標である。

◆アセスメントの実施

● アセスメントにあたっては、あらかじめ面接の主旨を十分に説明し、原則として利用者の（ ③ ）を訪問し、利用者および家族と（ ④ ）をして行わなければならない。

● 課題分析票は、厚生労働省が示す（ ⑤ ）を含むものである必要がある。

基本情報に関する項目	①基本情報、②これまでの生活と現在の状況、③利用者の社会保障制度の利用情報、④現在利用している支援や社会資源の状況、⑤日常生活自立度（障害）、⑥日常生活自立度（認知症）、⑦主訴・意向、⑧認定情報、⑨今回のアセスメントの理由
（ ⑥ ）（アセスメント）に関する項目	⑩健康状態、⑪ ADL、⑫ IADL、⑬認知機能や判断能力、⑭コミュニケーションにおける理解と表出の状況、⑮生活リズム、⑯排泄の状況、⑰清潔の保持に関する状況、⑱口腔内の状況、⑲食事摂取の状況、⑳社会とのかかわり、㉑家族等の状況、㉒居住環境、㉓その他留意すべき事項・状況

◆ニーズのとらえ方

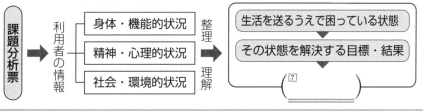

課題分析票 → 利用者の情報 → 身体・機能的状況／精神・心理的状況／社会・環境的状況 → 整理 理解 → 生活を送るうえで困っている状態 → その状態を解決する目標・結果（ ⑦ ）

確認しよう！

★課題分析票には、全国共通の様式がある？　⇒ Ⓐ

居宅サービス計画の作成(1)

重要度　**A**
学習日／／／

1. 居宅サービス計画の書類

　アセスメントの結果に基づき、利用者のニーズを解決するための目標や具体的な援助内容などを設定していくのが**居宅サービス計画**です。利用者のニーズが基礎になる「**ニーズ優先アプローチ**」、または「**サービス利用者主導アプローチ**」を目指し、利用者本人の主体的参加が不可欠です。以下の標準様式が示されており、このうち、利用者への**説明・同意**や**交付**を必要とするのは、第1表～第3表、第6表、第7表です。

第1表　**居宅サービス計画書（1）**：支援目標、計画の大きな方向性
第2表　**居宅サービス計画書（2）**：具体的な居宅サービス計画
第3表　**週間サービス計画表**：1週間を単位に時間帯ごとのサービス内容など
第4表　**サービス担当者会議の要点**：サービス担当者会議で検討した項目や検討内容、結論など
第5表　**居宅介護支援経過**Ⓐ：モニタリングを通じて把握した利用者やその家族の意向、満足度、目標の達成度、事業者との調整内容など
第6表　**サービス利用票**：月単位のスケジュールなど
第7表　**サービス利用票別表**：支給限度基準額、保険給付額、利用者負担分など

2. 総合的な方針の設定

　利用者・家族から、要介護状態となったものの、今後どのように暮らしていきたいか、現在の生活がどのようになっているかを一緒に考えてその意向を引き出し、課題分析の結果を反映します。そして、利用者・家族を含むケアチームで「**総合的な援助の方針**」をまとめます。この方針は、アセスメントの結果を踏まえ、利用者の自立や**価値観**、**生活の質の向上**を考慮したものでなくてはなりません。

3. 具体的な居宅サービス計画の作成

①**ニーズ**：アセスメントで得られた結果をもとに、**ニーズ**について記入する。
②**目標**：ニーズに対応した**長期目標**（最終的に要介護者がめざす目標や、ニーズが実現〔解決〕したときの結果）を設定し、ニーズや長期目標に段階的に対応する**短期目標**（長期目標を実現するための、一定期間に実現できる当面の具体的な目標）を設定し、それぞれに**期間**を設定する。期間は、認定の**有効期間**も考慮する。
③**援助内容**（**サービス内容、サービスの種類、頻度**〔**回数**〕、**期間**）：短期目標を達成するために必要な**援助内容**を設定する。同時に**サービス利用票、サービス利用票別表**Ⓑも仮作成し、支給限度基準額や利用者負担額を考慮する（必要に応じ回数や時間の調整、インフォーマルサポートへの変更などを検討）。

書いて覚えよう！

◆居宅サービス計画の書類

様　式	記載する内容
居宅サービス計画書（1）	支援目標、計画の大きな方向性
居宅サービス計画書（2）	具体的な居宅サービス計画
（①　　　　　　　　　）	1週間を単位としたサービス内容など
サービス担当者会議の要点	サービス担当者会議で検討した項目や検討内容、結論
居宅介護支援経過	モニタリングを通じて把握した内容
サービス利用票	（②　　　　）　単位のスケジュール
（③　　　　　　　　　）	支給限度基準額、保険給付額、利用者負担分など

◆総合的な方針の設定

● 「総合的な援助の方針」は、アセスメントの結果を踏まえ、利用者の自立や（④　　　　　　）、（⑤　　　　　　　　　）の向上を考慮したものでなくてはならない。

◆具体的な居宅サービス計画の作成

● ニーズに対応した長期目標を設定し、ニーズや長期目標に段階的に対応する短期目標を設定し、それぞれに（⑥　　　　　　）を設定する。期間は、認定の（⑦　　　　　　　　）も考慮する。

確認しよう！

★居宅サービス計画の標準様式のうち、モニタリングを通じて把握した利用者やその家族の意向などを記入するのはなに？　⇒ Ⓐ

★居宅サービス計画の援助内容を作成する際、あわせて仮作成するのはなにとなに？　⇒ Ⓑ

レッスン33 居宅サービス計画の作成（2）

重要度 **A**
学習日

1. 居宅サービス計画作成時の主な留意点

（1）利用者自身によるサービスの選択

　介護支援専門員は、利用者によるサービスの選択に資するよう、保険給付対象の介護サービスだけでなく、インフォーマルサポートも含めたサービスの種類、内容、利用料などの詳細な情報をあらかじめ利用者に提供しておく必要があります。

（2）総合的な居宅サービス計画の作成

　利用者の**日常生活全般を支援**する観点から、**介護保険の給付対象外**の保健医療サービス、福祉サービス、地域の住民の自発的な活動によるサービス（ボランティア）なども含めて居宅サービス計画に位置づけ、**総合的で多様な計画**となるよう配慮します。

（3）医療サービスを選択する場合の主治医の指示など

　医療サービスは、**主治の医師等**（主治の医師や歯科医師、以下、主治医）**の指示**がある場合にかぎり計画に盛り込みます。このため、利用者が医療サービスの利用を希望している場合は、利用者の同意を得て主治医の意見を求めなければなりません。主治医の意見を求めた場合、作成した居宅サービス計画を**主治医に交付**しなければなりません。また、医療サービス以外のサービスにおいて、主治医の医学的観点からの留意事項が示されている場合は、その事項に沿って居宅サービス計画を作成します。

（4）介護認定審査会意見などの反映

　利用者の被保険者証に、介護認定審査会の意見や**サービスの種類の指定**について記載されている場合は、利用者にその趣旨を説明し、理解を得たうえでその記載に沿って居宅サービス計画を作成しなければなりません。特にサービスの種類の指定については、その**変更**の**申請**ができることも含め、十分利用者に説明をしておく必要があります。

2. 短期入所サービスなどを計画に位置づける場合

　居宅サービス計画に短期入所生活介護や短期入所療養介護を位置づける場合、原則として利用する日数が要介護認定の**有効期間のおおむね半数を超えない**ようにします。

　また、短期入所サービスは介護報酬上、連続して利用できるのは**30日間**となっています。連続30日を超えて利用する場合は、超えた分については保険給付されません⒜。

　福祉用具貸与を居宅サービス計画に位置づける場合は、福祉用具貸与が**必要な理由を記載**します。また、計画の作成後も必要に応じて随時サービス担当者会議を開き、その継続の必要性について検証します。継続して福祉用具貸与が必要な場合は、再度その理由を居宅サービス計画に記載しなければなりません。

　特定福祉用具販売を居宅サービス計画に位置づける場合は、**その必要な理由を記載し**なければなりません。

書いて覚えよう！

利用者自身によるサービスの選択	介護支援専門員は、保険給付対象の（①　　　　　　　）やインフォーマルサポートのサービスの種類、内容、（②　　　　　　）などの詳細な情報をあらかじめ利用者に提供する。
総合的な居宅サービス計画の作成	介護保険の給付対象外のサービスも含めて居宅サービス計画に位置づけ、（③　　　　　）で（④　　　　　）な計画となるようにする。
医療サービスを選択する場合の主治医の指示	（⑤　　　　　　　　　　）の指示がある場合にかぎり計画に盛り込む。
介護認定審査会意見などの反映	被保険者証に（⑥　　　　　　　　　）の意見や（⑦　　　　　　　　　）の指定が記載されている場合は、利用者にその趣旨を説明し、理解を得たうえでその記載に沿って居宅サービス計画を作成しなければならない。
短期入所サービスを計画に位置づける場合	原則として利用する日数が要介護認定の有効期間のおおむね（⑧　　　　）を超えないようにする。介護報酬上、連続して利用できるのは（⑨　　　　）日間である。
福祉用具貸与を計画に位置づける場合	福祉用具貸与が必要な（⑩　　　　　）を記載し、継続の必要性について随時検証する。
特定福祉用具販売を計画に位置づける場合	特定福祉用具販売が必要な（⑪　　　　　）を記載する。

NOTE

確認しよう！

★短期入所サービスを連続30日を超えて利用する場合、超えた分も保険給付はされる？　⇒

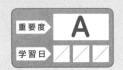

レッスン 33 居宅サービス計画の作成（3）

重要度　**A**

学習日

1. サービス担当者会議の開催

　居宅サービス計画は、保健、医療、福祉などさまざまな分野の専門職が1つの共通した方針について合意して作成されなければなりません。そのため、介護支援専門員は**サービス担当者会議（ケアカンファレンス）**を開催します。会議には利用者や家族（家庭内暴力があるなど、参加が望ましくない場合を除く）にも参加してもらい、主治医やサービス担当者などに専門的見地からの意見を求め、居宅サービス計画の原案を調整していきます。

　なお、サービス担当者会議は、原則として居宅サービス計画の**新規作成時**Aや**変更時**、利用者が**更新認定**や**区分変更認定**を受けたときには、必ず開催します。ただし、利用者（末期の悪性腫瘍患者にかぎる）の心身の状況などにより、主治医の意見を勘案して必要と認める場合その他の**やむを得ない理由**（①開催の日程調整を行ったが担当者の事由で参加が得られなかった場合、②利用者の希望による居宅サービス計画の軽微な変更〔サービス提供日時の変更等〕など）**がある場合**には、サービス担当者に対する照会などにより意見を求めることができます。

2. 居宅サービス計画の説明・同意・交付

　サービス担当者会議での協議結果を踏まえ、居宅サービス計画の原案を修正・調整します。そして、最終的に介護支援専門員が作成した**居宅サービス計画の原案**（サービス利用票、サービス利用票別表を含む）の内容を、利用者またはその家族に十分説明し、**文書により利用者の同意**を得ておくことが必要となります。

　確定した居宅サービス計画を、**利用者本人**と**各サービス担当者**に**交付**します。このとき、各サービス担当者に対し訪問介護計画などの**個別サービス計画**の**提出**を求め、居宅サービス計画との連動性や整合性について確認します。

書いて覚えよう！

◆サービス担当者会議の開催

● 居宅サービス計画は、さまざまな分野の専門職が1つの共通した方針について合意して作成されなければならないため、介護支援専門員は （①＿＿＿＿＿＿＿）（ケアカンファレンス）を開催する。

● サービス担当者会議は、居宅サービス計画の（②＿＿＿＿＿）時や変更時、利用者が（③＿＿＿＿＿）や（④＿＿＿＿＿＿）を受けたときには、やむを得ない理由がある場合を除き必ず開催する。

◆居宅サービス計画の説明・同意・交付

● 介護支援専門員が作成した居宅サービス計画の（⑤＿＿＿＿）の内容は、利用者やその家族に十分説明し、（⑥＿＿＿＿）により利用者の（⑦＿＿＿＿）を得ておくことが必要となる。

● 確定した居宅サービス計画は、（⑧＿＿＿＿＿＿）と各サービス担当者に交付する。

確認しよう！

★サービス担当者会議は、居宅サービス計画の新規作成時には開催されない？ ⇒ Ⓐ

用語

個別サービス計画

居宅サービス計画に沿って各サービスが提供されるが、この居宅サービス計画に連動して、各サービス提供事業者が個別サービス計画（個別支援計画）を作成する。訪問介護であれば「訪問介護計画」といい、具体的にそのサービスを提供する手順が示される。

NOTE

レッスン34 モニタリング・再アセスメント

重要度 A
学習日 ／／／

1. モニタリング

　介護支援専門員は、居宅サービス計画作成後も、居宅サービス計画の実施状況を把握し、利用者の生活状況を継続的に見守っていく、モニタリングを行います。

　モニタリングでは、①居宅サービス計画が**適切に実施**されているか、②居宅サービス計画に盛り込まれた**目標が達成**されているか、③個々のサービスやサポートの内容が適切であったか、④利用者の心身状態や環境の変化など、**新しいニーズが生じていないか**Ⓐ、といった点を確認します。モニタリングは継続的に行いますが、利用者側での特段の事情がないかぎり、少なくとも**1か月に1回**は利用者宅を訪問して**面接**を行い、**1か月に1回**は、モニタリングの結果を**記録**しなければなりません。

　サービス担当者などが利用者のニーズの変化を把握することも多いⒷので、ふだんから緊密な連携を図り、情報を得ることも大切です。

2. 再アセスメントと居宅サービス計画の変更

　モニタリングによって、利用者のニーズに変化がみられる場合、またはサービス担当者などから同様の情報を得た場合は、**再アセスメント**（再課題分析）を行います。そして、再アセスメントに基づいて、最初の手順と同様に、居宅サービス計画の作成など一連の居宅介護支援の業務を行っていきます。

3. 関係機関との連携

①居宅サービス計画を作成し、実行していく過程においては、主治医、居宅サービス事業者、インフォーマルな機関・団体、市町村の各種保健福祉施策の担当者などといったサービス提供機関と連携していくことが必要になる。

②利用者の意向を踏まえ、**介護保険施設**Ⓒや**地域密着型介護老人福祉施設**への紹介をしたり、介護保険施設などから退所・退院する予定の利用者からの依頼により居宅サービス計画を作成する場合は、施設から情報を得るなどの連携が必要。

③要介護認定を受けている利用者が要支援認定を受けた場合には、介護予防サービス計画を作成する**指定介護予防支援事業者**（地域包括支援センター）に、利用者の情報を提供するなど必要な連携を図る。

④市町村や地域包括支援センターが開催する**地域ケア会議**において、個別のケアマネジメント事例など資料や情報の提供、意見の開陳などの協力を求められた場合には、これに協力するよう努める。

書いて覚えよう！

◆モニタリング

● 介護支援専門員は、居宅サービス計画作成後も、居宅サービス計画の実施状況を把握し、利用者の生活状況を継続的に見守っていく、（ ①_____ ）を行う。

☑ （ ②_____ ）が適切に実施されているか。

☑ 居宅サービス計画に盛り込まれた（ ③_____ ）が達成されているか。

☑ 個々のサービスやサポートの内容が適切であったか。

☑ 心身状態の変化など新しいニーズが生じていないか。

● モニタリングは、少なくとも（ ④_____ ）に1回は利用者宅を訪問して面接を行い、1か月に1回は、モニタリングの結果を（ ⑤_____ ）しなければならない。

◆再アセスメントと居宅サービス計画の変更

● 利用者のニーズに変化がみられる場合、またはサービス担当者などから同様の情報を得た場合は、（ ⑥_____ ）を行う。

◆関係機関との連携

①サービス提供機関	②介護保険施設など
③（ ⑦_____ ）	④地域ケア会議

 確認しよう！

★モニタリングでは、ニーズについて確認する？　⇒ Ⓐ

★面接以外で利用者のニーズの変化を把握する方法はない？　⇒ Ⓑ

★介護支援専門員は、介護保険施設とも連携する？　⇒ Ⓒ

レッスン35　介護予防支援事業の基準

重要度　A
学習日　／／／

1. 指定介護予防支援事業者の基準

　指定介護予防支援事業者の基準は、**市町村**Ⓐの条例により定められます。

①**基本方針**……指定居宅介護支援事業者と同じ趣旨のものが規定されているが、「利用者の自立に向けて設定された目標を達成するため、その目標を踏まえて」多様な事業者から適切な保健医療サービスと福祉サービスが総合的・効率的に提供されるように配慮することが強調されている。

②**人員基準（従うべき基準）**……**担当職員（保健師その他の指定介護予防支援に関する知識を有する職員）**は、保健師、介護支援専門員、社会福祉士、経験ある看護師、高齢者保健福祉に関する相談業務などに３年以上従事した社会福祉主事のいずれかを１人以上設置する。**管理者**は常勤。支障がなければ事業所のほかの職務や地域包括支援センターの職務との**兼務も可**Ⓑ。

③**運営基準**……運営基準の共通事項は、おおむね指定居宅介護支援事業者と同様の趣旨のものが定められている。固有の基準として、「指定介護予防支援の業務の委託」や「介護予防のための効果的な支援の方法に関する基準」が規定されている。

2. 介護予防支援の業務委託等

（1）指定介護予防支援の業務委託

　地域包括支援センターの設置者である指定介護予防支援事業者は、あらかじめ**市町村**に届け出たうえで、指定介護予防支援の業務の一部を**指定居宅介護支援事業者**に**委託**することができます。委託をする際には、①中立性・公平性を確保するため、あらかじめ**地域包括支援センター運営協議会の議を経る**Ⓒ、②受託する居宅介護支援事業者が、本来行うべき居宅介護支援業務の適正な実施に影響を及ぼすことのないよう、委託する**業務量**などに配慮する、などの遵守事項があります。

（2）地域包括支援センターへの情報提供の求め

　指定居宅介護支援事業者は、市町村長の指定を受けて指定介護予防支援事業者となり、指定介護予防支援を実施できます。また、指定居宅介護支援事業者である指定介護予防支援事業者は、指定介護予防支援の事業の適切・有効な実施のために必要があるときは、**地域包括支援センター**に対し、**必要な助言**を求めることができます。

3. 介護予防支援の介護報酬

　介護予防支援の介護報酬は１か月につき算定され、加算として「初回加算」「委託連携加算」が設定されています（内容は居宅介護支援と同様）。減算は設定されていません。

書いて覚えよう！

◆指定介護予防支援事業者の基準

基本方針	（ ① 　　　　　　　　　　　　　　　　） と同じ趣旨。多様な事業者から適切な保健医療サービスと福祉サービスが（ ② 　　　　　　　）・効率的に提供されるように配慮することが強調されている。	
人員基準	担当職員	保健師、介護支援専門員、社会福祉士、経験ある看護師、高齢者保健福祉に関する相談業務などに（ ③ 　　　　）年以上従事した社会福祉主事のいずれかを（ ④ 　　　　）人以上設置する。
	管理者	常勤。支障がなければ事業所のほかの職務や（ ⑤ 　　　　　　　　　　　　　） の職務との兼務も可。
運営基準	運営基準の共通事項は、おおむね（ ⑥ 　　　　　　　　） と同様の趣旨。固有の基準として、「指定介護予防支援の業務の委託」や「介護予防のための効果的な支援の方法に関する基準」が規定されている。	

◆介護予防支援の業務委託等

● 指定介護予防支援事業者は、あらかじめ市町村に届け出たうえで、指定介護予防支援の業務の一部を

（ ⑦ 　　　　　　　　　　　　　　　　） に委託することができる。

◆介護予防支援の介護報酬

● 「（ ⑧ 　　　　　　）加算」「委託連携加算」が設定されている。

確認しよう！

★指定介護予防支援事業者の基準は、どこの条例に定められる？ ⇒ Ⓐ

★管理者は、事業所のほかの職務との兼務ができる？　　　　　⇒ Ⓑ

★業務を委託する指定居宅介護支援事業者の選定や業務の範囲について、あらかじめどこの議を経る必要がある？　　　⇒ Ⓒ

介護予防
ケアマネジメント（1）

重要度 **A**
学習日 ／／／

1. 介護予防ケアマネジメントの意義

　介護予防ケアマネジメントは、要介護状態等となることの予防や、要介護状態等になっても重症化を予防し、維持・改善することが目的です。その対象は、①予防給付を利用する要支援者と、②地域支援事業の介護予防・日常生活支援総合事業の対象者🅐です。

　地域包括支援センターまたは指定居宅介護支援事業所が、予防給付における**介護予防支援**と、地域支援事業における**介護予防ケアマネジメント**を担当し、一貫性・連続性のあるケアマネジメントを行います。いずれも基本となる考え方や原則的なプロセスは同じですので、ここでは「介護予防ケアマネジメント」としてまとめてみていきます。

　介護予防ケアマネジメントを行ううえでは、①利用者の自立に向けた**目標志向型**の介護予防ケアプランを作成する、②利用者の心身機能だけではなく、**生活機能**に着目する、③**将来の改善の見込み**やこれから起こりうる状態を予測し、今後の目標が明確になるよう、利用者と一緒に考える、④利用者が意欲を高め、**主体的**に取り組めるよう支援する、⑤生活機能の維持・改善効果を定期的に**評価**する、という点が大切です。

2. 介護予防ケアマネジメントのプロセス

（1）原則的な介護予防ケアマネジメントのプロセス

　原則的な介護予防ケアマネジメントでは、まず利用者の居宅を**訪問**して、**面接**により**アセスメント**を行い、**介護予防ケアプラン**（予防給付では介護予防サービス計画という）の原案を作成します。そして、**サービス担当者会議**でその内容を検討・確定し、これに基づいてサービスや事業が実施されます。サービス提供の一定期間後には、地域包括支援センターでサービスや事業の効果を**評価**します。

（2）総合事業の介護予防ケアマネジメントの場合

　総合事業の介護予防ケアマネジメントでは、利用者の状態や基本チェックリストの結果、本人の希望するサービスなどを踏まえて、原則のプロセスを含めて**3つ**🅑の類型の介護予防ケアマネジメントが可能となっています。

　①**原則的な介護予防ケアマネジメント**：総合事業の指定事業者のサービス、短期集中予防サービスなどを利用する。

　②**簡略化した介護予防ケアマネジメント**：サービス担当者会議は開催しなくてもよい。モニタリングは適宜行う。指定事業者以外の多様なサービスを利用する。

　③**初回のみの介護予防ケアマネジメント**：アセスメントを行い、その結果を利用者と共有。モニタリングは必要に応じて行う。住民主体のサービスなどを利用する。

書いて覚えよう！

NOTE

◆介護予防ケアマネジメントの意義

● (①) または指定居宅介護支援事業所が、予防給付における介護予防支援と、地域支援事業における介護予防ケアマネジメントを担当する。

● 介護予防ケアマネジメントを行ううえでは、①利用者の自立に向けた (②) の介護予防ケアプランを作成する、②利用者の心身機能だけではなく、(③) に着目する、③将来の改善の見込みやこれから起こりうる状態を予測し、今後の (④) が明確になるよう、利用者と一緒に考える、④利用者が意欲を高め、(⑤) に取り組めるよう支援する、⑤生活機能の維持・改善効果を定期的に (⑥) する、という点が大切である。

◆介護予防ケアマネジメントのプロセス

```
┌────────────────────────────────┐
│       ( ⑦ )  （課題分析）         │◄──┐
└────────────────────────────────┘   │
              ↓                        │
┌────────────────────────────────┐   │
│ 介護予防ケアプラン(介護予防サービス計画)原案を作成 │   │
└────────────────────────────────┘   │
              ↓                        │
┌────────────────────────────────┐   │
│       ( ⑧ )  で内容を検討          │   │
└────────────────────────────────┘   │
              ↓                        │
┌────────────────────────────────┐   │
│ 利用者の同意を得て、介護予防ケアプランを確定    │   │
└────────────────────────────────┘   │
              ↓  一定期間後              │
┌────────────────────────────────┐   │
│       ( ⑨ )  で                    │───┘
│    サービスや事業の効果を評価          │
└────────────────────────────────┘
```

確認しよう！

★介護予防ケアマネジメントは、予防給付を利用する要支援者のほかにどんな人を対象とする？　⇒ Ⓐ

★総合事業の介護予防ケアマネジメントはいくつの類型がある？ ⇒ Ⓑ

レッスン **36** 介護予防
ケアマネジメント(2)

重要度 **A**
学習日 ／／／

1. 介護予防ケアマネジメントの関連様式

　介護予防ケアマネジメントの関連様式として、①**利用者基本情報**、②**介護予防サービス・支援計画書**（4つのアセスメント**領域ごとの課題**と**総合的課題**をひきだすまでのアセスメント過程、本人・家族の**意向**や課題に対する**目標、支援計画**など）、③**介護予防支援経過記録**（介護予防支援の経過や**サービス担当者会議**の記録など）、④**介護予防支援・サービス評価表**（設定した目標期間が終了した際にサービスの目標が達成されたかなどの**評価**や今後の**支援方針**）の書類が示されています。

2. アセスメント（課題分析）

　基本チェックリスト、主治医意見書などの書類、居宅への訪問**面接**などにより、利用者の生活機能や健康状態、環境などの情報を収集し、①**運動・移動**、②**日常生活**（家庭生活）、③**社会参加・対人関係・コミュニケーション**、④**健康管理**についての**4つの領域**ごとに、生活機能低下の原因や背景について分析し、課題を明らかにします。このとき、直接的だけでなく**間接的**な原因・背景をさぐることで、各課題共通の背景などを見つけることができ、支援すべき**生活全体の総合的な課題**を導き出していきます。

　課題分析者は、アセスメントの過程において、利用者と「**目標とする生活**」（今後どのような生活を希望しているのか）について話し合い、**活動性の向上後の生活のイメージ**を共有する必要があります。

3. 介護予防ケアプランの作成

　総合的課題に基づき、専門的観点から、最も適切と考えられる**目標**とその達成のための**具体策**について提案し、利用者や家族の意向を確認します。そして、合意した目標を設定します。目標は、利用者が一定の期間に**達成可能**であり、利用者の**価値観や好みを十分考慮**したものであることが重要です。次にこの目標を達成するための支援計画を設定します。支援計画には①目標についての支援のポイント、②**本人のセルフケア**（健康管理や生活習慣の改善など利用者本人が自ら取り組むことや、できること）や**家族の支援**、地域のボランティア、近隣住民の協力などのインフォーマルサービス、③予防給付のサービス、または地域支援事業の内容、といったことを盛り込みます。

　介護予防支援の基準（基準省令）には、●利用者自身によるサービスの選択、●総合的な計画の作成、●医療サービス利用の場合の主治医の指示など、●介護認定審査会意見などの反映、●介護予防福祉用具貸与等の計画への反映など、居宅介護支援の基準と同趣旨のことが規定されています。

書いて覚えよう！

◆介護予防ケアマネジメントの関連様式

（① ）	氏名、住所、家族構成、認定情報、日常生活自立度、障害等認定、住居環境、生活保護の受給の有無を含む経済状況など利用者の基本的な情報。
介護予防サービス・支援計画書	4つのアセスメント領域ごとの課題と総合的課題をひきだすまでのアセスメント過程、本人・家族の（② ）や課題に対する（③ ）、支援計画。
介護予防支援経過記録	介護予防支援の経過や（④ ）の記録。
介護予防支援・サービス評価表	設定した目標期間が終了した際にサービスの目標が達成されたかなどの（⑤ ）や今後の支援方針。

◆アセスメント（課題分析）

● （⑥ ）、主治医意見書などの書類、居宅への訪問面接などにより、利用者の生活機能などの情報を収集する。

● ①運動・移動、②日常生活（家庭生活）、③（⑦ ）・対人関係・コミュニケーション、④（⑧ ）についての4つの領域ごとに、（⑨ ）低下の原因や背景について分析し、課題を明らかにする。

◆介護予防ケアプランの作成

● （⑩ ）に基づき、専門的観点から、最も適切と考えられる目標とその達成のための具体策について提案し、利用者や家族の意向を確認する。そして、合意した目標を設定する。

● 目標を達成するための支援計画を設定する。①目標についての支援のポイント、②本人の（⑪ ）や家族の支援、地域のボランティア、近隣住民の協力などの（⑫ ）、③予防給付のサービス、または地域支援事業の内容、といったことを盛り込む。

レッスン 36 介護予防ケアマネジメント(3)

重要度 A
学習日 ／／／

1. サービス担当者会議

　サービス担当者会議は、介護予防ケアプラン作成者が主催して、利用者や家族、サービスや事業の担当者、主治医、インフォーマルサービスの提供者などの出席を求めて行います。開催場所は、主治医の診療所や地域包括支援センターなど、利用者や参加者の集まりやすい場所にします。会議では、作成した介護予防ケアプランの原案の内容について、**専門的見地からの意見**を求めます。必要に応じて修正を行い、最終的に介護予防ケアプランの内容を決定します。予防給付の基準（基準省令）では、次のことが規定されています。

●原則として介護予防サービス計画の**新規作成**時や**変更**時、利用者の**更新認定**時や**区分変更認定**時に、やむを得ない場合を除き必ず開催する。Ⓐ
●担当職員または介護支援専門員は、計画原案を利用者・家族に**説明**し、文書により利用者の**同意**を得る。確定した計画は利用者および各サービス・事業担当者に**交付**する。
●計画に位置づけたサービス事業者の担当者に**個別サービス計画**の提出を求める。

注目!

2. モニタリング

　モニタリングは、サービス事業者からの報告・連絡、または事業所への訪問、利用者からの意見聴取や居宅訪問などにより定期的に実施し、実施状況を「介護予防支援・介護予防ケアマネジメント経過記録」に記載します。予防給付の基準（基準省令）では、次のことが規定されています。

●少なくともサービス提供開始月の翌月から**3か月**に**1回**、およびサービスの**評価期間が終了**する月、利用者の状況に著しい変化があったときには利用者の**居宅**を**訪問**して**面接**しなければならない。
●利用者宅を訪問しない月でも、サービス提供事業所などを訪問するなどの方法により利用者と面接するように努め、面接ができない場合には、電話連絡などにより、**利用者自身にサービスの実施状況**などについて**確認**を行う必要がある。
●モニタリングの結果は、少なくとも**1か月**に**1回**は**記録**する。Ⓑ

3. 評価

　各サービス事業者では、サービス提供前に**事前アセスメント**して個別サービス計画・支援計画を立て、計画に基づいてサービスを実施します。実施したサービスや支援の結果について事業所で**モニタリング・評価**し、**地域包括支援センター**に**報告**します。

　地域包括支援センターでは、サービス事業書からの報告をもとに、一定期間後（予防給付では介護予防サービス計画に位置づけた期間の終了時）に利用者の状態や目標の達成状況について**評価**し、必要に応じて今後の介護予防ケアプランを見直します。

書いて覚えよう！

◆サービス担当者会議

● サービス担当者会議では、作成した介護予防ケアプランの原案の内容について（ ① ＿＿＿＿＿ ）からの意見を求め、必要に応じて修正を行い、最終的に介護予防ケアプランの内容を決定する。

● 確定した介護予防ケアプランは （ ② ＿＿＿＿ ） および各サービス・事業担当者に交付する。

● 計画に位置づけたサービス事業者の担当者に、（ ③ ＿＿＿＿＿＿ ） の提出を求める。

◆モニタリング

● モニタリングは、サービス事業者からの （ ④ ＿＿＿ ） ・連絡、または事業所への訪問、利用者からの意見聴取や居宅訪問などにより （ ⑤ ＿＿＿ ） に実施する。

● 少なくともサービス提供開始月の翌月から （ ⑥ ＿＿ ） か月に１回は、利用者の居宅を訪問して面接する。

● 実施状況は「（ ⑦ ＿＿＿＿＿＿＿＿＿＿＿＿＿＿＿ ） 」に記載する。

◆評価

■評価の流れ

事業者	事前アセスメント		地域包括支援センターへ（ ⑧ ＿＿＿ ）		地域包括支援センターによる（ ⑨ ＿＿＿ ）
	サービス	⇒		⇒	
	モニタリング・評価				

確認しよう！

★サービス担当者会議は、原則として介護予防サービス計画の新規作成時と変更するとき以外は開催しなくてよい？ ⇒ Ⓐ

★モニタリングの結果は、少なくともどのくらいの頻度で記録しなければならない？ ⇒ Ⓑ

レッスン 37 施設サービスの基準・施設介護支援（1）

重要度 **B**

学習日 ／／／

　都道府県知事は、介護保険施設の人員・設備・運営基準について、「厚生労働省令で定める基準」をもとに、従うべき基準、標準、参酌すべき基準に沿って条例に定めます。

1. 介護保険施設の基本方針

①施設サービス計画に基づき、可能なかぎり在宅生活への復帰を念頭において、その人のもつ能力に応じ自立した生活ができるようにすることをめざす。

②入所者（入院患者）の意思、人格を尊重し、利用者の立場に立ってサービスを提供するよう努める。

③地域や家庭との結びつきを重視し、市町村、指定居宅介護支援事業者、指定居宅サービス事業者、ほかの介護保険施設、その他の保健医療サービスまたは福祉サービスを提供する事業者などとの密接な連携に努める。

④入所者の**人権の擁護、虐待の防止**等のため必要な体制の整備を行うとともに、従業者に対し研修を実施するなどの措置を講じる。

⑤サービスを提供するにあたっては、**介護保険等関連情報**その他必要な情報を活用し、適切かつ有効に行うよう努める。

2. 介護保険施設の人員基準

　人員基準は、施設ごとに異なりますが、**介護支援専門員**は、入所者（入院患者）**100人またはその端数を増すごとに1人**を標準、うち1人以上は常勤と規定されています。

> 　介護支援専門員の配置は、入所者・入院患者100人未満の介護保険施設でも、常勤で1人以上必要、となっているよ。増員にかかる介護支援専門員は、非常勤でも可。入所者・入院患者の処遇に差しつかえなければ、兼務もできるよ。

書いて覚えよう！

NOTE

◆介護保険施設の基本方針

①施設サービス計画に基づき、可能なかぎり在宅生活への復帰を念頭において、その人のもつ能力に応じ（ ① ）した生活ができるようにすることをめざす。

②入所者（入院患者）の意思、人格を（ ② ）し、利用者の立場に立ってサービスを提供するよう努める。

③地域や家庭との結びつきを重視し、（ ③ ）、指定居宅介護支援事業者、指定居宅サービス事業者、ほかの介護保険施設、その他の（ ④ ）サービスまたは福祉サービスを提供する事業者などとの密接な連携に努める。

④入所者の（ ⑤ ）の擁護、（ ⑥ ）の防止等のため必要な体制の整備を行うとともに、従業者に対し研修を実施するなどの措置を講じる。

⑤サービスを提供するにあたっては、（ ⑦ ）等関連情報その他必要な情報を活用し、適切かつ有効に行うよう努める。

◆介護保険施設の人員基準

介護支援専門員	入所者（入院患者）（ ⑧ ）人またはその端数を増すごとに1人を標準、うち1人以上は常勤と規定されている。

確認しよう！

★入所者・入院患者100人未満の介護保険施設では、常勤の介護支援専門員は必要ない？　⇒ Ⓐ

レッスン 37 施設サービスの基準・施設介護支援（2）

重要度 **B**
学習日 ／／／

1. 居宅介護支援事業者などと同趣旨の基準

以下の基準は、おおむね居宅介護支援事業者と同じ趣旨が定められています（★＝従うべき基準　○＝参酌すべき基準）。

★内容・手続きの説明と同意　○サービス提供困難時の対応　○受給資格などの確認　○要介護認定の申請にかかる援助　○利用料などの受領　○保険給付の請求のための証明書の交付　○入所者（入院患者）に関する市町村への通知　○管理者の責務　○運営規程　○勤務体制の確保など　**★業務継続計画の策定など**　○掲示　**★秘密保持など**　○定員の遵守　○非常災害対策　○居宅介護支援事業者に対する利益供与などの禁止　○苦情処理　○地域との連携など　**★虐待の防止**　○会計の区分　○記録の整備（詳細は異なる）

2. 施設サービスに定められている基準

以下のような基準が定められています（★＝従うべき基準　○＝参酌すべき基準）。

★提供拒否の禁止 Ⓐ：正当な理由（入院治療の必要がある場合その他入所者に対し自ら適切なサービスを提供することが困難な場合）なく、入所を拒否することはできない。特に、**要介護度や所得の多寡を理由にサービスの提供を拒否することを禁止する。**

★身体的拘束などの禁止：入所者（入院患者）の**身体的拘束その他入所者の行動を制限する行為** Ⓑ の禁止。緊急やむを得ず行う場合は、その状況、理由などを記録する。

○**入退所（入退院）**：介護の必要の程度や家族の状況などを勘案し、サービスを受ける必要性の高い人を優先的に入所（入院）させるよう努める。入所時に、居宅介護支援事業者への照会などにより、生活歴、病歴、サービスの利用状況などを把握する。

○**衛生管理など（感染症または食中毒の発生・まん延防止のための措置は★）**：感染症または食中毒の発生やまん延を防ぐために、感染対策委員会をおおむね**3か月に1回以上開催し、その結果を従業者へ周知徹底し、感染症および食中毒の予防およびまん延の防止のための指針を整備し、従業者の**研修および訓練を定期的に実施**するなど。

★事故発生の防止および発生時の対応：事故発生時の対応などの指針を整備する。また、事故発生の報告、分析、改善策の職員への周知徹底を図る体制を整備する。事故防止検討委員会の開催、職員への研修を定期的に行うなど。

○**栄養管理**：入所者の栄養状態の維持および改善を図り、自立した日常生活を営むことができるよう、各入所者の状態に応じた栄養管理を計画的に行う。

○**口腔衛生の管理**：入所者の口腔の健康の保持を図り、自立した日常生活を営むことができるよう、口腔衛生の管理体制を整備し、各入所者の状態に応じた口腔衛生の管理を計画的に行う。

書いて覚えよう！

NOTE

◆介護保険施設の運営基準

（★従うべき基準　○＝参酌すべき基準）

■居宅介護支援事業者と同趣旨の基準

★内容・手続きの説明と（①　　　）　○サービス提供困難時の対応　○受給資格などの確認　○要介護認定の（②　　　）にかかる援助　○利用料などの受領　○保険給付の（③　　　）のための証明書の交付　○入所者（入院患者）に関する市町村への通知　○管理者の責務　○運営規程　○勤務体制の確保など
★業務継続計画の策定など　○掲示　★秘密保持など　○定員の遵守　○非常災害対策　○居宅介護支援事業者に対する利益供与などの禁止　○苦情処理　○地域との連携など　★虐待の防止
○会計の区分　○記録の整備

■施設サービスに定められている基準

★提供拒否の禁止（拒否できる正当な理由は、（④　　　　）の必要がある場合その他入所者に自ら適切なサービスを提供することが困難な場合）　★（⑤　　　　）などの禁止　○入退所（入退院）……サービスを受ける必要性の（⑥　　）い人を優先的に入所（入院）させるよう努める　○衛生管理など（（⑦　　　）または食中毒の発生・まん延防止のための措置は★）　★事故発生の（⑧　　　）および発生時の対応
○栄養管理　○口腔衛生の管理

確認しよう！

★介護保険施設の運営基準で、提供拒否の禁止は従うべき基準？ ⇒ Ⓐ
★基準で入所者（入院患者）に対して禁止されている行為とは、
　どのような行為をいう？ ⇒ Ⓑ

レッスン **37** 施設サービスの基準・施設介護支援（3）

重要度 **B**
学習日 ／／／

1. 計画担当介護支援専門員の責務（参酌すべき基準）

○入所者（入院患者）の入所・入院時に、**居宅介護支援事業者**に**照会**などをし、心身の状況、生活歴、病歴、指定居宅サービスの利用状況などを把握する。

○入所者（入院患者）の心身の状況などに照らし、居宅で日常生活を営むことができるかどうか、従業者との定期的な協議や、退所・退院のための必要な援助をする。

○入所者（入院患者）の退所・退院時に、**居宅介護支援事業者へ情報を提供**し、居宅サービス計画の作成を援助する。保健医療・福祉サービス提供者と密接に連携する。

○**身体的拘束等**に関する記録（介護老人福祉施設の場合）、**苦情**の内容、**事故**の状況と処置について記録する。

注目!

2. 施設介護支援

施設介護支援のプロセスは、居宅介護支援とほぼ同じです。入所においては、介護の必要の程度や家族の状況などを勘案し、サービスを受ける必要性の高い人が優先されることになっています（入所判定委員会が開催され、その基準に基づき決定）。

①**アセスメント**：施設の計画担当介護支援専門員が入所者や家族と**面接**して解決すべき課題を把握する。課題分析票は施設の独自の様式を用いることができるが、国の課題分析標準項目を含むものである必要がある。

②**施設サービス計画の作成**：計画担当介護支援専門員は、入所者の希望とアセスメントの結果などに基づき、施設サービス計画の原案を作成する。施設サービス計画の様式は、「施設サービス計画書（1）」「施設サービス計画書（2）」「週間サービス計画表」「日課計画表」「サービス担当者会議の要点」「施設介護支援経過」で構成される。

③**サービス担当者会議**：計画担当介護支援専門員が作成した施設サービス計画の原案は、**サービス担当者会議**の開催、または**担当者に対する照会**などにより、専門的な見地から意見を求め、必要な場合は修正する（入所者の更新認定や区分変更認定の際も同様）。施設サービス計画の原案の内容を入所者または家族に**説明**し、入所者から**文書**による**同意**を得る。完成した施設サービス計画は入所者に**交付**する。

④**モニタリングと再アセスメント**：施設サービス計画作成後も、実施状況の把握（モニタリング）を行い、必要に応じ、施設サービス計画の変更を行う。モニタリングにあたっては、定期的に入所者に面接を行い、定期的にモニタリング結果を記録する。そしてモニタリングの結果、必要がある場合は再アセスメントを行い、施設サービス計画の見直しを行う。

書いて覚えよう！

◆計画担当介護支援専門員の責務（参酌すべき基準）

● 入所者（入院患者）の入所・入院時に、

（ ① ＿＿＿＿＿＿＿＿＿＿ ） に照会などをし、心身の状況、生

活歴、病歴、指定居宅サービスの利用状況などを把握する。

● 入所者（入院患者）の心身の状況などに照らし、居宅で日常生

活を営むことができるかどうか、（ ② ＿＿＿＿＿ ） との定期的な

協議や、退所・退院のための必要な援助をする。

◆施設介護支援

| （ ③ ） | 施設の計画担当介護支援専門員が入所者や家族と面接して解決すべき課題を把握する。 |

↓

| 施設サービス計画の作成 | （ ④ ）が原案を作成する。 |

●施設サービス計画の様式
・施設サービス計画書（1）：支援の方向性を示す。
・施設サービス計画書（2）：中心となる計画。
・週間サービス計画表：週単位のサービスと1日の主な日常生活の活動を記載。
・日課計画表：1日のなかで提供されるサービスを時間経過に沿って記載。
・サービス担当者会議の要点：会議の内容の要点などを記載。
・施設介護支援経過：ケアマネジメントの日々の記録など。

↓

| （ ⑤ ） | 施設サービス計画の原案について専門的な見地から意見を求め、必要な場合は修正する。 |

施設サービス計画の原案の内容を入所者または家族に説明し、入所者から文書による同意を得る。完成した施設サービス計画は入所者に交付する。

↓

| （ ⑥ ） | 施設サービス計画作成後も実施状況の把握（モニタリング）を行い、必要に応じ、施設サービス計画の変更を行う。定期的に結果を記録する。 |

モニタリングの結果、必要がある場合は（ ⑦ ＿＿＿＿＿ ）を

行い、施設サービス計画の見直しを行う。

レッスン 38 居宅サービスの事業の基準

重要度　A
学習日　／／／

1. 指定居宅サービス事業者の基本方針など

（1）一般原則と基本方針

　すべてのサービスに、一般原則（①利用者の意思や人格を尊重して、常に利用者の立場に立ったサービス提供に努める、②事業の運営にあたっては、地域との結びつきを重視し、市町村、ほかの居宅サービス事業者その他の保健医療サービス・福祉サービスを提供する者との連携に努める）が共通して定められています。この一般原則に準じてサービスごとに、「可能なかぎり在宅で、利用者の能力に応じ自立した日常生活を送れるように配慮してサービスを提供する」といった**基本方針**が共通して定められています。

（2）指定居宅サービス事業者の人員・設備基準

　人員・設備基準はサービスの種類ごとに異なります。なお、人員基準、居室・療養室・病室の床面積は、厚生労働省令Ⓐで定める基準に従うべきことが求められています。

2. 指定居宅サービス事業者の運営基準 （★＝従うべき基準 ○＝参酌すべき基準）

①指定居宅介護支援事業者と共通の項目：★**内容・手続きの説明と同意**（特定施設入居者生活介護では、文書による契約書の締結が義務づけられている）　★**提供拒否の禁止**（正当な理由〔①その事業所の**現員**では利用申込に応じきれない、②利用申込者の居住地がその事業所の通常の**事業の実施地域外**である、③その他利用申込者に対して適切なサービスを提供することが困難〕のない場合、サービス提供を拒んではならない）　★**秘密保持など**　★**事故発生時の対応**（市町村、利用者の家族のほか、居宅介護支援事業者へも連絡）　○サービス提供困難時の対応　○受給資格などの確認　○要介護認定の申請にかかる援助　○身分を証する書類の携行　○利用料などの受領　○保険給付の請求のための証明書の交付　○利用者に関する市町村への通知　○管理者の責務　○運営規程　○勤務体制の確保　★**業務継続計画の策定など**　★**虐待の防止**　○掲示　○広告　○苦情処理　○会計の区分など

②居宅サービス事業者に固有の項目：★**身体的拘束などの禁止**　○**介護**（一部★）（1週間に2回以上の入浴または清拭、排泄の自立に必要な援助、必要な場合のおむつの取り替え、離床、着替え、整容その他日常生活上の世話を行う、★常時1人以上の介護職員を介護に従事させる、★利用者の負担により、事業所の従業者以外の者による介護を受けさせてはならない）　○心身の状況などの把握　○サービスの提供の記録　○居宅介護支援事業者に対する利益供与の禁止　○地域との連携　○居宅介護支援事業者などとの連携　○居宅サービス計画に沿ったサービス提供　○居宅サービス計画などの変更の援助　○計画の作成　○法定代理受領サービスを受けるための援助　○衛生管理など（**感染症の発生・まん延防止のための措置は★**）○定員の遵守　○非常災害対策

書いて覚えよう！

NOTE

◆指定居宅サービス事業者の一般原則

①利用者の意思や人格を （ ① ） して、常に利用者の立場に立ったサービス提供に努める。

②事業の運営にあたっては、（ ② ） との結びつきを重視し、市町村、ほかの居宅サービス事業者などとの（ ③ ）に努める。

◆指定居宅サービス事業者の運営基準

従うべき基準	★内容・手続きの説明と同意　★提供拒否の禁止　★秘密保持など　★（ ④ ）の対応　★業務継続計画の策定など　★虐待の防止　★（ ⑤ ）などの禁止
参酌すべき基準	○サービス提供困難時の対応　○（ ⑥ ）などの確認　○要介護認定の（ ⑦ ）にかかる援助　○身分を証する書類の携行　○利用料などの受領　○保険給付の請求のための証明書の交付　○利用者に関する市町村への通知　○管理者の責務　○運営規程　○勤務体制の確保　○掲示　○広告　○苦情処理　○会計の区分　○介護（一部★）　○心身の状況などの把握　○サービスの提供の記録　○居宅介護支援事業者に対する利益供与の禁止　○（ ⑧ ）との連携　○居宅介護支援事業者などとの連携　○居宅サービス計画に沿ったサービス提供　○居宅サービス計画などの（ ⑨ ）の援助　○計画の作成　○法定代理受領サービスを受けるための援助　○衛生管理など(感染症の発生・まん延防止のための措置は★)　○（ ⑩ ）の遵守　○非常災害対策

確認しよう！

★指定居宅サービス事業者の居室・療養室・病室の床面積は、なにで定める基準に従う？　⇒

レッスン 39 介護予防サービス・地域密着型サービスの事業の基準

重要度　**B**
学習日　／／／

1. 指定介護予防サービス事業者の基準

　基本的に居宅サービス事業の基準と同趣旨のものが定められていますが、基本方針には、「利用者の**生活機能**の**維持**または**向上**をめざすようサービスを提供すること」が規定されています。

　また、基本取扱方針では、「利用者がその有する能力を最大限活用することができるような方法Aによるサービス提供に努め、利用者が有する能力を阻害するなどの不適切なサービスの提供を行わないよう配慮する」など、介護予防のためのサービスであることが強調されています。

2. 指定地域密着型サービス事業者の基準

(1) 市町村独自の基準

　市町村は、人員・設備・運営基準を条例に定めるにあたり、厚生労働省令の①従うべき基準、②標準、③参酌すべき基準にかかわらず、厚生労働省令の定める範囲内で、その**市町村独自**の人員・設備・運営に関する基準を定めることができます。独自の指定基準を設定する際には、あらかじめ**被保険者**その他関係者の意見を反映させ、**学識経験者**の知見を活用するために必要な措置を講じる必要があります。

(2) 一般原則と基本方針

　厚生労働省令で定める基準は、地域密着型サービス事業者は居宅サービス事業者、地域密着型介護予防サービス事業者は介護予防サービス事業者とほぼ同じ内容のものが規定されています。

(3) 人員・設備・運営に関する基準

　厚生労働省令で定める基準は居宅サービス事業者とおおむね同じ内容のものが定められています。なお、(介護予防) 認知症対応型通所介護での利用定員は、厚生労働省令で定める基準に従うべきことが定められています。地域密着型介護予防サービス事業者では、「介護予防のための効果的な支援の方法に関する基準」が定められています。

　また、夜間対応型訪問介護以外のサービス (介護予防含む) では、「地域との連携など」の規定において**運営推進会議** (定期巡回・随時対応型訪問介護看護は介護・医療連携推進会議) の設置義務が定められています (参酌すべき基準)。

書いて覚えよう！

用語

◆指定介護予防サービス事業者の基準

● 　基本的に居宅サービス事業の基準と同趣旨のものが定められており、基本方針には、「利用者の（ ① ）の維持または向上をめざすようサービスを提供すること」が規定されている。

◆指定地域密着型サービス事業者の基準

市町村独自の基準	市町村は、人員・設備・運営基準を条例に定めるにあたり、厚生労働省令の①従うべき基準、②標準、③参酌すべき基準にかかわらず、（ ② ）の定める範囲内で、その市町村独自の人員・設備・運営に関する基準を定めることができる。	
一般原則と基本方針	厚生労働省令で定める基準は、地域密着型サービス事業者は（ ③ ）、地域密着型介護予防サービス事業者は介護予防サービス事業者とほぼ同じ内容。	
人員・設備・運営に関する基準	厚生労働省令で定める基準は（ ④ ）とおおむね同じ内容。	
	（介護予防）認知症対応型通所介護	利用定員について（ ⑤ ）で定める基準に従うべきことが求められる。
	夜間対応型訪問介護を除くサービス※介護予防含む	「地域との連携など」の規定において（ ⑥ ）（定期巡回・随時対応型訪問介護看護は介護・医療連携推進会議）の設置義務が定められている（参酌すべき基準）。

運営推進会議
利用者、利用者の家族、地域住民の代表者、市町村職員または地域包括支援センター職員、そのサービスについて知見を有する者などにより構成される。おおむね2か月に1回以上など、定期的に活動状況を報告して評価を受け、必要な要望や助言などを聴く機会を設けなければならない。会議の内容は記録し、公表することとされている。

NOTE

確認しよう！

★介護予防サービス事業の基本取扱方針では、どのような方法でサービス提供に努めるべきとされている？　⇒

保険給付の対象となるサービスと地域支援事業

事業対象者など	要支援1、2	要介護1〜5
介護予防、状態の維持・改善	介護予防、重度化の防止	重度化の防止

地域支援事業
→P110〜115

■介護予防・日常生活支援総合事業
●介護予防・生活支援サービス事業
○訪問型サービス
○通所型サービス
○生活支援サービス
○介護予防ケアマネジメント
●一般介護予防事業
○介護予防把握事業
○介護予防普及啓発事業
○地域介護予防活動支援事業
○一般介護予防事業評価事業
○地域リハビリテーション活動支援事業

■包括的支援事業
●第1号介護予防支援事業（要支援者以外）
●総合相談支援業務
●権利擁護業務
●包括的・継続的ケアマネジメント支援業務
●在宅医療・介護連携推進事業
●生活支援体制整備事業
●認知症総合支援事業

■任意事業
●介護給付等費用適正化事業
●家族介護支援事業
●その他の事業

予防給付
→P74〜75

■介護予防サービス
①介護予防訪問入浴介護
②介護予防訪問看護
③介護予防訪問リハビリテーション
④介護予防居宅療養管理指導
⑤介護予防通所リハビリテーション
⑥介護予防短期入所生活介護
⑦介護予防短期入所療養介護
⑧介護予防特定施設入居者生活介護
⑨介護予防福祉用具貸与
⑩特定介護予防福祉用具販売

■地域密着型介護予防サービス
①介護予防認知症対応型通所介護
②介護予防小規模多機能型居宅介護
③介護予防認知症対応型共同生活介護

■介護予防住宅改修

■介護予防支援

介護給付
→P68〜P73

■居宅サービス
①訪問介護
②訪問入浴介護
③訪問看護
④訪問リハビリテーション
⑤居宅療養管理指導
⑥通所介護
⑦通所リハビリテーション
⑧短期入所生活介護
⑨短期入所療養介護
⑩特定施設入居者生活介護
⑪福祉用具貸与
⑫特定福祉用具販売

■地域密着型サービス
①定期巡回・随時対応型訪問介護看護
②夜間対応型訪問介護
③地域密着型通所介護
④認知症対応型通所介護
⑤小規模多機能型居宅介護
⑥認知症対応型共同生活介護
⑦地域密着型特定施設入居者生活介護
⑧地域密着型介護老人福祉施設入所者生活介護
⑨複合型サービス（看護小規模多機能型居宅介護）

■住宅改修

■居宅介護支援

■施設サービス
①介護福祉施設サービス
②介護保健施設サービス
③介護医療院サービス

保健医療
サービス分野

高齢者の特徴と老年症候群（1）

重要度 **A**

学習日 ／／／

1. 高齢者の加齢変化と身体的・心理的特徴、老年症候群

　老化とは、加齢に伴い生理機能が低下することで、すべての人に不可逆的に起こる**生理的老化**と、疾病により生理的老化が著しく加速される**病的老化**にわけられます。

　高齢者の場合、疾患などをきっかけに**生活機能**の低下がよくみられます。また、加齢により認知機能も変化し、ときには精神・心理機能の低下もみられます。このような高齢期の変化は**個人差**が大きく、生活習慣の改善などで疾病の予防や健康の維持は可能です。**健康寿命の延伸、QOL（生活の質）の維持・向上**の視点が重要です。

　高齢期の生活機能や生活の質を低下させる症状・病態を、**老年症候群**といいます。

　意識障害・せん妄、抑うつ、認知機能障害、低栄養・食欲不振、脱水、めまい・ふらつき、フレイル・サルコペニア、視聴覚障害、廃用症候群、尿失禁、手足のしびれ、誤嚥・嚥下障害、転倒・転落、低体温、便秘、貧血、骨折、骨粗鬆症などが主な症状です。

2. 意識障害・せん妄

　意識が清明でない状態を意識障害といい、そのレベル（**意識レベル**）はさまざまです。①脳血管障害や頭部外傷など**脳の器質的疾患**、②向精神薬など薬の副作用、③低血圧、低血糖、慢性呼吸不全、高血糖、尿毒症などの**重篤な全身疾患**が原因となります。

　意識障害の一種に**せん妄**があり、上記のほか生活リズムの変化、手術前などの不安、アルコール摂取、脱水、感覚遮断などでも引き起こされます。軽い意識障害に加えて一過性の認知機能低下、見当識障害、不眠、**興奮、妄想、幻覚**などさまざまな精神症状が現れます。夜間に症状が現れる**夜間せん妄**が多いのも特徴です。原因や誘因を取り除くことで、通常は数週間でおさまります。薬が原因の場合は、服用を中止します。

3. 抑うつ

　抑うつは、身体的な衰え、機能障害、慢性疾患の罹患、家族との死別、社会的な役割の喪失、**薬の副作用**などにより気分や感情が落ち込み、やる気が起きない状態です。閉じこもりがちになり、身体活動量が低下して<u>老年症候群Ⓐ</u>を引き起こす原因となります。

4. 認知機能障害

　一般に、知識は加齢による影響が少なく、学習により取得される意味記憶は高齢でも保持するとされますが、計算能力は大きく低下します。エピソード記憶では、最近のできごとに関する記憶が低下する傾向があります。また、<u>もの忘れは通常の老化の過程でもみられますⒷ</u>。永続的な記憶の障害があっても認知機能全般の障害がないものは**健忘症候群**といい、睡眠導入剤や抗不安薬などの薬物、アルコールの多飲も原因となります。

書いて覚えよう！

◆老年症候群

● 高齢期の生活機能や生活の質を低下させる症状・病態を、

（ ①＿＿＿＿＿＿＿ ） という。

◆意識障害・せん妄

意識障害		意識が清明でない状態をいい、そのレベル（意識レベル）はさまざまである。	
	原因	①（ ②＿＿＿＿＿＿＿＿＿ ）や頭部外傷など脳の器質的疾患 ②向精神薬など（ ③＿＿＿＿＿＿＿ ） ③低血圧、低血糖、慢性呼吸不全、高血糖、尿毒症などの重篤な全身疾患	
せん妄		意識障害の一種。夜間に症状が現れる（ ④＿＿＿＿＿＿ ）が多い。	
	原因	上記の意識障害の原因のほか、生活リズムの変化、手術前などの不安、アルコール摂取、（ ⑤＿＿＿＿ ）、感覚遮断などでも引き起こされる。	
	症状	軽い（ ⑥＿＿＿＿＿ ）に加えて一過性の認知機能低下、見当識障害、不眠、興奮、妄想、幻覚などさまざまな精神症状が現れる。	
	対応	原因や誘因を取り除くことで、通常は（ ⑦＿＿＿＿＿ ）でおさまる。	

◆認知機能障害

● 永続的な記憶の障害があっても認知機能全般の障害がないものは（ ⑧＿＿＿＿＿＿ ） といい、睡眠導入剤や抗不安薬などの薬物、アルコールの多飲も原因となる。

確認しよう！

★抑うつは、閉じこもりがちになり、身体活動量が低下してなにを引き起こす原因となる？ ⇒ Ⓐ

★もの忘れは、すべて疾患が原因で起こる？ ⇒ Ⓑ

用語

健康寿命
日常的に介護を必要とせずに生活できる期間。平均寿命の延び以上に健康寿命を延ばすことが重要。

せん妄の種類
特に興奮や錯乱を主体とした「興奮過覚醒型」と、反応性が低下して認知機能や見当識障害、注意力が低下した「傾眠低覚醒型」がある。

NOTE

高齢者の特徴と老年症候群（2）

1. 低栄養と食欲不振

　加齢とともにエネルギー消費量が減り、食欲が低下することが多く、栄養不足が問題となります。**低栄養**になると、**浮腫**や**貧血**を生じやすく免疫機能も低下し、感染症にかかりやすくなります。高齢者の低栄養では、たんぱく質とエネルギーが不足している状態が多いです。なお、薬物の服用や亜鉛欠乏なども食欲不振の原因となります。亜鉛欠乏症も高齢者に多いです。

2. 脱水

　脱水とは、体内の水分が不足している状態をいいます。高齢者の場合、もともと**体内の水分量が少なく**、口の渇き（口渇）を自覚しにくいため、若年者と比べ**脱水**（体内の水分量が不足した状態）になりやすいです。水分や**食事摂取量**の低下、下痢、発熱、利尿剤服用、**高血糖**などが原因となるほか、認知機能やADLの低下などにより自分で飲水することが難しいために脱水になることもあります。症状は、めまい、だるさ、顔が赤くなる、舌の乾燥、排尿回数の減少、体重減少、血圧低下、微熱、頻脈などです。手の甲をつまみ上げるとすぐには戻らないという皮膚の張りや緊張の低下が特徴的です。脱水が進むと**起立性低血圧**や全身倦怠感、頭痛、吐き気、食欲不振などをきたし、進行すると**意識障害**を引き起こします。水分を摂取しても症状が続く場合には受診して、血液検査と点滴による水分と電解質の補充をします。

3. めまい、ふらつき

　めまいのなかには、脳血管障害や心疾患などの重大な疾患が隠れていることもあり、注意が必要です。①**回転感**（目の前がぐるぐるする）の多くは内耳の障害により起こります。**メニエール病**、**良性発作性頭位めまい症**、前庭神経炎などが原因です。②**眼前暗黒感**（目の前が暗くなり、場合によっては失神）は**起立性低血圧**、**低血糖**、**徐脈性不整脈**などが原因です。③**浮動感**（目の前がふわふわする）は抗不安薬、睡眠薬、筋弛緩薬などの**薬の副作用**、小脳疾患、パーキンソン病が原因で起こります。

4. フレイル、サルコペニア

　フレイルとは、高齢になり、筋力や活動が低下している状態をいいます。健康と要介護状態の中間的な段階で、体重減少、歩行速度低下、筋力低下、疲労感、身体活動の減少のうち3項目以上あればフレイルとみなされます。進行すると寝たきりや廃用症候群になりやすいです。**サルコペニア**は、加齢に伴う骨格筋の減少に加え、筋力の低下、身体能力の低下のいずれかを伴う場合に、診断されます。

書いて覚えよう！

低栄養		栄養が低下すると、（①＿＿＿）や貧血を生じやすく、免疫機能も低下する。
脱水	原因	水分や食事摂取量の低下、下痢、発熱、利尿剤服用、高血糖などの疾患。認知機能や（②＿＿＿）の低下などにより自分で飲水することが難しいなど。
	症状	めまい、だるさ、顔が赤くなる、舌の乾燥、排尿回数の減少、体重減少、血圧低下、微熱、頻脈など。脱水が進むと起立性低血圧や全身倦怠感、頭痛、吐き気、食欲不振などをきたし、進行すると（③＿＿＿）を引き起こす。
	特徴的な所見	手の（④＿＿＿）をつまみ上げるとすぐには戻らない。
	対応	水分を摂取しても症状が続く場合には受診し、血液検査と点滴による水分と（⑤＿＿＿）の補充をする。
めまい	（⑥＿＿＿）	目の前がぐるぐるする。多くは内耳の障害により起こる。メニエール病、良性発作性頭位めまい症、前庭神経炎などが原因。
	眼前暗黒感	目の前が暗くなり、場合によっては失神する。（⑦＿＿＿）、低血糖、徐脈性不整脈などが原因。
	（⑧＿＿＿）	目の前がふわふわする。抗不安薬、睡眠薬、筋弛緩薬などの薬の副作用、小脳疾患、パーキンソン病が原因で起こる。
（⑨＿＿＿）		高齢になり、筋力や活動が低下している状態。健康と要介護状態の中間的な段階で、体重減少、歩行速度低下、筋力低下、疲労感、身体活動の減少のうち３項目以上あればフレイルとみなす。
（⑩＿＿＿）		加齢に伴う骨格筋の減少、筋力の低下、身体能力の低下のいずれかを伴う場合に、診断される。

用語

起立性低血圧
座ったり寝たりした状態から起き上がったときに、血圧が低下して、めまいや立ちくらみ、動悸などを起こすこと。

NOTE

レッスン **1**

高齢者の特徴と
老年症候群（3）

1. 視聴覚障害

　難聴や聴覚・視力障害があると、認知機能障害の要因になるといわれています。難聴には伝音性難聴と**感音性難聴**、両者が混じった混合性難聴があり、高齢者では感音性難聴が多くみられます。治療による改善は期待しにくいため、補聴器の使用がすすめられます。耳垢塞栓が難聴の原因になっている場合は、除去することで回復します。**耳鳴り**は、感覚細胞の障害により起こり、高血圧や糖尿病などの全身疾患が原因となることもあります。視覚障害で高齢者に多いのは**白内障**、**加齢黄斑変性症**、**緑内障**、**糖尿病性網膜症**です。

2. 廃用症候群

　廃用症候群（生活不活発病ともいう）は、日常生活での活動性の低下により、身体的・精神的機能が全般的に低下した状態で、筋萎縮・筋力低下、関節の拘縮、骨萎縮、骨粗鬆症、褥瘡、心肺機能低下、起立性低血圧、肺炎、嚥下障害、便秘、尿失禁、認知機能障害、抑うつ、意欲の減退が主症状です。

　予防のためには、安静よりもできるかぎり身体を動かすことが大切です。

3. 尿失禁

　排尿障害の中でも、よくみられるのが**尿失禁**です。尿が意思に反して漏れてしまうもので、**切迫性尿失禁**、**腹圧性尿失禁**、**溢流性尿失禁**、**機能性尿失禁**があります。

4. 手足のしびれ、嚥下障害・誤嚥

　しびれは、知覚鈍麻だけでなく異常知覚、運動障害も含みます。原因には脳血管障害、脊椎の障害、糖尿病が多く、関節リウマチなどによる末梢神経障害によるものもみられます。脳血管障害や脊髄の障害では運動障害を伴うことも少なくありません。**嚥下障害**とは、食物や水分をうまく飲み込めない状態をいい、高齢者は嚥下反射・咳反射が低下し、**誤嚥**を起こしやすくなります。誤嚥により誤嚥性肺炎を引き起こすこともあります。

5. 転倒

　高齢者は、運動機能や視力、認知機能の低下、薬の影響などにより**転倒**しやすく、転倒から骨折、さらには寝たきりになる場合もあります。転倒による**慢性硬膜下血腫**などの合併にも注意が必要です。転倒予防には、段差の解消、手すりや照明の設置、すべりにくい床材の使用、移動時の見守りなど環境の整備が大切です。また、**ヒップ・プロテクター**を装着することにより、万が一転倒した場合の骨折リスクを下げることができます。

書いて覚えよう！

視聴覚障害	難聴	高齢者では (①＿＿＿＿＿) が多い。治療による改善は期待しにくいため、(②＿＿＿＿＿) の使用がすすめられる。耳垢塞栓が難聴の原因になっている場合は、除去することで回復する。
	耳鳴り	感覚細胞の障害により起こるが、(③＿＿＿＿＿) や糖尿病などの全身疾患が原因となることもある。
	視覚障害	高齢者に多いのは (④＿＿＿＿＿)、加齢黄斑変性症、緑内障、糖尿病性網膜症。
⑤症候群	主症状	筋萎縮・筋力低下、関節の拘縮、骨萎縮、骨粗鬆症、褥瘡、心肺機能低下、起立性低血圧、肺炎、嚥下障害、便秘、尿失禁、認知機能障害、抑うつ、意欲の減退
	予防	安静よりもできるかぎり身体を動かす。

尿失禁

①**切迫性尿失禁**
主症状は尿意ががまんできない尿意切迫感。原因は脳血管障害や尿路感染症など。頻尿や夜間頻尿を伴う場合は過活動膀胱ともいう。

②(⑥＿＿＿＿) **性尿失禁**
咳、くしゃみなど腹圧の上昇で失禁する。女性に多い。

③**溢流性尿失禁**
尿が膀胱内に多量にたまり、漏れ出す。原因は前立腺肥大による下部尿路閉塞、糖尿病による膀胱収縮障害など。

④**機能性尿失禁**
排尿器官には異常がないが、身体機能の低下、麻痺などの身体障害や認知症などのために、適切な排尿動作ができない。

転倒予防

○環境の整備：段差の解消、手すりや照明の設置、すべりにくい床材の使用、移動時の見守りなど。
○(⑦＿＿＿＿＿) を装着し、万が一転倒した場合の骨折リスクを下げる。

用語

感音性難聴
内耳→聴神経→大脳までの経路（感音系）に原因がある難聴。

耳垢
耳あか。分泌物とほこりやはがれ落ちた表皮などが混じり合ったもの。

誤嚥
食物や唾液が食道ではなく、気道に入ってしまうこと。

誤嚥性肺炎
飲食物の一部が誤嚥により肺に入り、それに細菌が繁殖したり、口腔内や咽頭の病原菌を含む分泌物を繰り返し吸引したりして起こる肺炎。

ヒップ・プロテクター
股関節を保護するもの。パッド式のプロテクターが入った下着。

NOTE

レッスン **2**

高齢者の疾患の特徴・代謝異常による疾患とがん

重要度　**A**
学習日

1. 高齢者の疾患の特徴

　高齢者では、全体的に①複数の疾患と老年症候群をあわせもつが、症状の現れ方は**個人差**が大きい、②症状が**非定型的**で、症状や徴候がはっきりしない、③**慢性**の疾患が多く、治療も長引きやすい、④特に後期高齢者では老年症候群が多くなり、**合併症**を起こしやすい、⑤薬の**副作用**が出やすい、⑥医療だけではなく**社会的要因**が患者の予後やQOLに大きく影響する、という特徴があります。

2. 糖尿病

　インスリンの作用が不足することにより、血糖値が慢性的に高くなる疾患で、**1型糖尿病**と**2型糖尿病**、その他の疾患に伴う糖尿病があり、ほとんどは2型糖尿病です。症状は**口渇**、**多飲**、**多尿**などですが、高齢者ではこれらの**典型的な症状がはっきりと出ない**ことがあり、数年の経過で徐々に進行します。また、罹患年数が長く、高血糖状態が続くと合併症がしばしば起こります。血管障害による合併症は、原因などにより**細小血管症**と**大血管症**にわけられ、三大合併症（**神経障害**、**網膜症**、**腎症**）は細小血管症に分類されます。神経障害は進行すると足の潰瘍、**壊疽**を起こします。治療は**食事療法**、**運動療法**、**薬物療法**（**低血糖症状に注意**）を行います。認知症を合併しやすく、自己管理ができなくなることもあり、服薬の継続支援も重要です。シックデイのときの対応を周知徹底し、全身状態の観察、特にフットケアを欠かさないようにします。

3. 脂質異常症

　脂質異常症は**高LDLコレステロール血症**、**低HDLコレステロール血症**、**高中性脂肪血症**にわけられます。一般に自覚症状はなく、血液検査で診断されます。治療は食事療法、運動療法、薬物療法を行います。自覚症状がないまま動脈硬化、脳血管障害、心疾患につながることがあるため、定期的な診療と内服治療が必要です。動脈硬化に起因する疾患を予防するためには、高血圧、糖尿病、慢性腎臓病のコントロール、禁煙が必要です。

4. がん

　加齢とともにがん（**悪性腫瘍**）の発症頻度は増加し、高齢者では**多発がん**の頻度も上昇します。症状は臓器によって異なりますが、終末期には臓器を問わず全身倦怠感、食欲不振、痛みなどが多くみられます。治療は大きくわけて**手術療法**、**化学療法**Ⓐ、**放射線療法**があり、がんの進行度、身体機能、本人の希望などを勘案しながら、治療方法や治療場所を選択します。がんの予後は臓器によりさまざまで個人差があります。がんの末期では、十分な**疼痛緩和**をし、日常生活を苦痛なく送れるよう、共感的態度で接します。

書いて覚えよう！

糖尿病	分類	①１型糖尿病、②２型糖尿病、③合併症による糖尿病があり、ほとんどは（ □1 ）。
	症状	口渇、多飲、多尿などだが、高齢者ではこれらの典型的な症状がはっきりと出ないことがある。
	合併症	①（ □2 ）症（小さく細い血管の病変） ・三大合併症：（ □3 ）障害、 （ □4 ）症、（ □5 ）症 ②**大血管症**（糖尿病やほかの疾病が危険因子となり発症） ・狭心症　・心筋梗塞　・脳梗塞
	治療	食事療法、（ □6 ）療法、薬物療法
	留意点	○低血糖症状への対応：すみやかにブドウ糖などの糖質を補給 ○薬物治療の継続支援 ○シックデイのときの対応を周知徹底 ○全身状態の観察：末端に十分に酸素や血液が供給されなくなるため、特に足の観察、フットケア
脂質異常症	定義	血液中の ○LDLコレステロールが過剰→高LDLコレステロール血症 ○HDLコレステロールが減少→低HDLコレステロール血症 ○中性脂肪が過剰→（ □7 ）血症
	症状	一般に自覚症状はなく、血液検査で診断される。
	治療	①（ □8 ）療法、②運動療法、③薬物療法
	留意点	○定期的な診療と内服治療 ○高血圧、糖尿病、慢性腎臓病のコントロール、（ □9 ）で動脈硬化に起因する疾患を予防する。

用語 📖

シックデイ（SickDay）
糖尿病以外の病気にかかったときのことをいう。発熱、風邪、下痢などの病気でも、血糖コントロールが乱れ、高血糖や低血糖になりやすく、急性合併症を招くこともあるため特別な注意が必要となる。

がんの割合
臓器別では、胃がん、肺がん、大腸がんの割合が大きいが、胃がんは減少傾向、肺がん、大腸がんは増加傾向にある。

多発がん
同時に複数の原発性のがんが生じること。

NOTE

 確認しよう！

★がんの治療は手術療法と放射線療法、あとひとつは？　⇒ Ⓐ

レッスン **3**

脳・神経の疾患（1）

重要度 **A**
学習日 ／／／

1. 脳血管障害

　脳の血管が切れたり、詰まったり、破裂したりすることにより脳の細胞が壊れ、障害が起こる疾患を総称して脳血管障害（脳卒中）Ⓐといい、脳の血管が詰まる**脳梗塞**、脳の血管が破れる**脳出血**、**くも膜下出血**に大きくわけられます。

2. 脳血管障害の分類と症状

（1）脳梗塞

　①**脳血栓**：アテローム血栓性脳梗塞：脳の比較的**太い血管**が**動脈硬化**により狭くなり、血栓（血の固まり）が形成され詰まる。**ラクナ梗塞**：脳の**細い血管**が詰まる。

　②**心原性脳塞栓症**：**心房細動**などにより心臓内に形成された血栓が、脳の血管に至り詰まる。

（2）脳出血

　脳の細い動脈が破れて出血する。

（3）くも膜下出血

　脳動脈にできたこぶ（動脈瘤）が破れて、脳の表面とくも膜の間に出血する。

（4）症状

　脳細胞に栄養が行かないことにより、**運動麻痺**、**感覚障害**、運動障害、呼吸中枢の障害、**高次脳機能障害**などの脳の局所症状、**頭痛**、**嘔吐**、**意識障害**などの頭蓋内圧亢進症状が現れ、後遺症を残すことが多いです。高次脳機能の障害では、**失語**、**失行**、**失認**、注意障害などの症状が現れます。

3. 治療と生活上の留意点

　脳血栓、脳塞栓では、発症から4.5時間以内であれば、tPA療法（血栓溶解療法）が有効です。くも膜下出血には動脈瘤手術、脳出血では状態に応じ血腫除去手術などを行います。急性期治療が終了したら、血圧管理や抗血小板薬など**血栓防止の薬物治療**と同時に、早期から**リハビリテーション**を行います。

　脳血管障害は再発しやすく、再発すると後遺症がさらに重くなるため、**生活習慣病の予防やコントロール**が重要です。日常生活では**食事**の見直し、**運動習慣**、**禁煙**、飲酒量の調節をすすめます。

書いて覚えよう！

◆脳血管障害

● 脳血管障害は、（①＿＿＿＿）、脳出血、（②＿＿＿＿）に大きくわけられる。

◆脳血管障害の分類

分類			特徴
血管が詰まる（脳梗塞）	脳血栓	アテローム血栓性脳梗塞	脳の比較的（③＿＿＿）血管が動脈硬化により狭くなり、血栓（血の固まり）が形成され詰まる。
		ラクナ梗塞	脳の（④＿＿＿）血管が詰まる。
	心原性脳塞栓症		（⑤＿＿＿）などにより心臓内に形成された血栓が、脳の血管に至り詰まる。
血管が破れる	脳出血		脳の（⑥＿＿＿）動脈が破れて出血する。
	くも膜下出血		動脈瘤が破れて、脳の表面と（⑦＿＿＿）の間に出血する。

◆治療と生活上の留意点

● 急性期治療が終了したら、（⑧＿＿＿）管理や薬物治療と同時に、早期から（⑨＿＿＿＿）を行う。

● 脳血管障害は（⑩＿＿＿）しやすく、再発すると後遺症がさらに重くなるため、（⑪＿＿＿）の予防やコントロールが重要である。

確認しよう！

★脳の細胞が壊れ、障害が起こる疾患を総称してなんという？ ⇒ Ⓐ

用語

脳の局所症状
運動麻痺、感覚障害、運動障害、呼吸中枢の障害、高次脳機能障害など。

NOTE

レッスン **3**

脳・神経の疾患（2）

1. 筋萎縮性側索硬化症（ALS）

運動神経細胞が変性消失し、徐々に全身の骨格筋が萎縮（いしゅく）していく疾患です。原因不明で、5～10％の症例は家族性です。遺伝子異常が明らかな場合もあります。

①**症状**：四肢の筋力低下による生活機能低下、嚥下（えんげ）障害、言語障害などがみられ、数年で四肢麻痺、摂食（まひ）障害、呼吸麻痺により自立困難となるが、**眼球運動や肛門括約筋、知能や意識は末期までよく保たれる**。

②**治療・予後・生活上の留意点**：進行性で、根本的な治療はできないため、病状に応じてリハビリテーションや装具療法を行う。発語が困難になった場合には、文字盤や意思伝達装置などのコンピュータでコミュニケーションを図る。末期には胃ろうの造設や人工呼吸器の使用が必要となるため、多職種で連携し、急変時の対応などをあらかじめ定めておく必要がある。

2. パーキンソン病

主として50～60歳代の中高年に発症し、**脳の黒質の神経細胞が変性・消失してドパミンという神経伝達物質が減少する**ことによって起こります。

（1）症状

特徴的な症状（四大運動症状）として①**安静時振戦（しんせん）（身体のふるえ）**、②**筋固縮（筋の硬さ、歯車現象）**、③**無動（動作の遅さ・拙劣、仮面様顔貌（かめんようがんぼう））**、④**姿勢・歩行障害（小刻み歩行、突進現象）**、が現れます。

また、進行すると**認知症やうつ状態**などの精神症状、**起立性低血圧や排尿障害**などの**自律神経症状**も出現し、15～20年の経過でしだいに自立が困難となります。

（2）治療

薬物投与が中心です。体外からドパミンを補う**Ｌ－ドパ**は最も有効ですが、数年間服用すると有効時間が短くなり、<u>**不随意運動（ジスキネジア）**</u>や**幻覚・妄想**など精神症状の副作用 A が生じやすくなります。また、長期間の薬の服用中に、急に服用を中止・減量すると、**悪性症候群**が現れることがあり、注意が必要です。

（3）予後・生活上の留意点

動きにくくなる疾患ですが、運動しないでいると廃用症候群が進みます。全経過を通じてリハビリテーションや生活療法、音楽療法などの非薬物療法を行うことも重要です。

なお、病状が進むと1日のうちで薬の効き方に波がみられ、症状が変動しやすくなるので、どの時間帯に悪くなるのかに注意します。また、歩行障害による転倒に注意すること、嚥下障害から誤嚥性肺炎が起こりやすいため、食材の形態などに留意します。

書いて覚えよう！

 **用語**

筋萎縮性側索硬化症（ALS）	概要	運動神経細胞が変性消失し、徐々に全身の（①　　　　　）が萎縮していく疾患。
	症状	四肢の筋力低下による生活機能低下、嚥下障害、言語障害などがみられ、数年で自立困難となるが、（②　　　　　）や肛門括約筋、（③　　　　　）や意識は末期までよく保たれる。
	留意点	進行性で、根本的な治療はできないため、病状に応じて（④　　　　　）や装具療法を行う。 発語が困難になった場合には、文字盤や意思伝達装置などのコンピュータでコミュニケーションを図る。 末期には胃ろうの造設や（⑤　　　　　）の使用が必要となるため、多職種で連携し、急変時の対応などをあらかじめ定めておく必要がある。
パーキンソン病	原因	脳の黒質の神経細胞が変性・消失して（⑥　　　　　）という神経伝達物質が減少する。
	症状	特徴的な症状（四大運動症状） ①（⑦　　　　　）：身体のふるえ ②筋固縮：筋の硬さ、歯車現象 ③（⑧　　　　　）：動作の遅さ・拙劣、仮面様顔貌 ④姿勢・歩行障害：小刻み歩行、突進現象 進行すると認知症やうつ状態などの精神症状、起立性低血圧や排尿障害などの（⑨　　　　　）症状も出現し、15〜20年の経過でしだいに自立が困難となる。
	治療	薬物投与が中心。長期間の薬の服用中に、急に服用を中止・減量すると、（⑩　　　　　）が現れることがある。
	留意点	全経過を通じて（⑪　　　　　）や生活療法、音楽療法などの非薬物療法も行う。

用語

歯車現象
筋肉が硬くなるため、関節を他動的に動かすとガクガクとした抵抗がある。

仮面様顔貌
仮面のように表情のない顔つきになる。

悪性症候群
向精神薬の増量による副作用や、抗パーキンソン病薬の急な服用中止・減量などにより起こる、高熱、意識障害、ふるえ、筋硬直など。

NOTE

 確認しよう！

★レードパには副作用はない？ ⇒ Ａ

181

レッスン **3**

脳・神経の疾患（3）

1. 進行性核上性麻痺・大脳皮質基底核変性症

　進行性核上性麻痺、大脳皮質基底核変性症はパーキンソン病と似た症状があり、これらを総称して**パーキンソン病関連疾患**といいます。いずれも進行性です。

①**原因**：進行性核上性麻痺は、黒質を含む脳の基底核を中心に脳幹、小脳、前頭葉など広範囲に進行性の変性をきたして起こる。大脳皮質基底核変性症は、黒質を含む脳の基底核や大脳皮質に異常をきたして起こる。

②**症状**：パーキンソン病に似た症状。早期から前頭葉症状を中心とした**認知機能**低下が現れやすいが、見当識や記憶力は比較的保たれる。進行すると嚥下障害も現れ、誤嚥性肺炎を合併しやすい。進行性核上性麻痺は症状に左右差は目立たない。筋固縮は体幹に強く、**眼球運動障害**、姿勢反射異常、運動障害、嚥下障害が現れ、初期から**転倒**しやすい。大脳皮質基底核変性症は症状に**左右差**があり、半側空間無視など進行性の非対称性**失行**が特徴。進行すると転倒しやすい。

③**治療と留意点**：治療は薬物療法（パーキンソン病の薬の効力は弱い）、運動療法。転倒予防のための生活環境、誤嚥予防のための食事形態、食べ方、姿勢に配慮する。

2. 脊髄小脳変性症

　脊髄小脳変性症は、主に脊髄と小脳に変性をきたす進行性の疾患の総称で、約3割が遺伝性、約7割が遺伝的な関連のない孤発性です。孤発性の脊髄小脳変性症のうち、約65%が**多系統萎縮症**、約35%が**皮質性小脳萎縮症**とされます。主症状は**小脳性運動失調**で、**ろれつが回らない**、**上肢運動の拙劣**、**動作時のふるえ**、**歩行がふらつく**などが起こります。治療はリハビリテーションと生活指導を主体とし、対症的に薬物治療を行います。病状の経過は病型により異なり、個人差がありますが、運動能力を維持することが重要です。

3. 早老症

　実年齢に比べ、老化現象が全身または特定の臓器に特異的に進む疾患です。原因には染色体や遺伝子の異常があるといわれます。さまざまなものがありますが、このうち**ウェルナー症候群**は常染色体劣性の遺伝性早老症状で、症例の約60%以上が日本人です。

　ウェルナー症候群では、低身長で、20歳ごろから早老性の毛髪変化、白内障、皮膚の萎縮・硬化、軟部組織の石灰化、カラス様の顔貌、音声の異常などが現れます。糖尿病や脂質異常症の合併も多く、冠動脈疾患や悪性腫瘍への罹患率も高いです。

　早老症は根治的な治療はできず、対症療法が中心です。平均寿命は、幼児から発病するものは10歳代ですが、ウェルナー症候群は40歳代以上とされます。

書いて覚えよう！

◆進行性核上性麻痺・大脳皮質基底核変性症

	進行性核上性麻痺	大脳皮質基底核変性症
原因	黒質を含む脳の基底核を中心に脳幹、小脳、前頭葉など広範囲に進行性の変性をきたす。	黒質を含む脳の基底核や（①＿＿＿＿＿＿＿＿）に異常をきたす。
症状	（②＿＿＿＿＿＿＿＿＿＿）に似た症状。早期から前頭葉症状を中心とした認知機能低下が現れやすいが、（③＿＿＿＿＿）や（④＿＿＿＿＿＿）は比較的保たれる。	
症状	症状に左右差は目立たない。筋固縮は体幹に強く、眼球運動障害、姿勢反射異常、運動障害、嚥下障害。初期から（⑤＿＿＿＿）しやすい。	症状に左右差があり、進行性の（⑥＿＿＿＿＿＿＿）が特徴。進行すると転倒しやすい。
治療と留意点	治療は薬物療法、運動療法。転倒予防のための生活環境、誤嚥予防のための食事形態・食べ方・姿勢に配慮する。	

◆脊髄小脳変性症、早老症

脊髄小脳変性症	概要	脊髄小脳変性症は、主に脊髄と小脳に変性をきたす進行性の疾患の総称で、約3割が遺伝性、約7割が遺伝的な関連のない孤発性で、孤発性の脊髄小脳変性症のうち、約65％が（⑦＿＿＿＿＿＿＿＿）、約35％が（⑧＿＿＿＿＿＿＿＿）とされる。
	症状	主症状は（⑨＿＿＿＿＿＿＿＿）。ろれつが回らない、上肢運動の拙劣、動作時のふるえなど。
	治療と留意点	治療は（⑩＿＿＿＿＿＿＿＿）と生活指導を主体とし、対症的に薬物治療を行う。運動能力の維持が重要。
早老症		実年齢に比べ、（⑪＿＿＿＿＿＿＿＿）が全身または特定の臓器に特異的に進む疾患。原因には染色体や遺伝子の異常があるといわれる。根治的な治療はできず、（⑫＿＿＿＿＿＿＿）が中心。

レッスン4 循環器の疾患（1）

1. 心筋梗塞

　心臓の冠動脈が動脈硬化などにより閉塞し、心筋の一部が壊死して心臓のポンプ機能が低下する疾患です。症状は激しく、また**長引く前胸部の痛み**と**しめつけ感**が典型的で、**呼吸困難、左肩への放散痛、頸部の鈍痛、意識障害**、感冒様症状や食欲不振などを生じることもありますが、高齢者では自覚症状が**非特異的**で、発見や診断が遅れることもあります。心不全やショック、急性期の不整脈がみられる場合は、一刻も早い医療機関への受診が必要です。治療は、発症後短時間であれば、閉塞した冠動脈の再疎通療法が適用されます。再発予防のため、喫煙習慣、脂質異常症、動脈硬化、糖尿病、高血圧をコントロールします。医師が許可する範囲で日常的に運動します。また、薬の相互作用に留意し、処方された薬の正しい服用を支援します。

2. 狭心症

　動脈硬化などにより冠動脈が狭くなり、**血流が低下**して、心筋が必要とする酸素量を一時的に供給できなくなります。症状は、**前胸部の圧迫感**が特徴的です。労作時（身体を動かしているとき）の心拍数が増加したときに発症する**労作性狭心症**と、労作の有無によらず、冠動脈の**れん縮**（けいれんと収縮）から生じ、夜間、未明、睡眠時に発症する**異型狭心症**があります。発作時は**ニトログリセリン製剤**の舌下投与が有効なので、手の届くところに舌下錠や舌下スプレーを備えておきます。治療は、薬の内服のほか、カテーテルを用いて冠動脈を拡張する手術、冠動脈の先に別の血管をつなげるバイパス手術が行われます。また、**増悪型、安静型**は不安定狭心症とされ、心筋梗塞への移行の危険性が高いのですみやかな治療が必要です。加齢のほか、広範囲の冠動脈疾患、糖尿病など生活習慣病の危険因子があると予後を悪くするため、生活習慣病の予防やコントロールをします。労作性狭心症では精神的興奮を抑えます。

3. 高血圧症

　高血圧症とは血圧の高い状態をいい、腎血管性高血圧症や内分泌異常などから二次的に生じる**二次性高血圧症**と、遺伝的な素因や加齢、塩分摂取過多などから生じる**本態性高血圧症**の２つに分類され、大半は本態性高血圧症です。動悸、頭痛、頭重感、ほてりなどの自覚症状がないことが多く、健診や他病の受診時などに発見されます。脳卒中、冠動脈疾患などの原因となり、長期間放置すると腎硬化症や心肥大などの続発症も引き起こしやすくなります。治療は、二次性高血圧症の場合は原因疾患に対する治療、本態性高血圧症では**塩分摂取の抑制、肥満の改善**など生活習慣を見直し、不十分な場合は薬物治療を行います。血圧には日内変動があり、食事、運動、ストレス、気温で変動するほか、白衣高血圧もよくみられるため、一度の測定で診断することはできません。

書いて覚えよう！

心筋梗塞	原因	心臓の冠動脈が動脈硬化などにより閉塞し、心筋の一部が壊死して心臓のポンプ機能が低下する。
	症状	長引く（[1]＿＿＿＿＿＿）の痛みと（[2]＿＿＿＿＿＿＿＿）が典型的。呼吸困難、左肩への（[3]＿＿＿＿＿＿）、頸部の鈍痛、意識障害、感冒様症状や食欲不振などを生じることもある。高齢者では自覚症状が非特異的。
	治療と留意点	心不全やショック、急性期の不整脈がみられる場合は、一刻も早い医療機関への受診が必要。発症後短時間であれば、閉塞した冠動脈の再疎通療法が適用される。 再発予防のため、喫煙習慣、脂質異常症、動脈硬化、糖尿病、高血圧をコントロールする。医師が許可する範囲で日常的に運動する。薬の相互作用に留意し、処方された薬の正しい服用を支援する。
狭心症	原因	動脈硬化などにより冠動脈が狭くなり、血流が低下して、心筋が必要とする酸素量を一時的に供給できなくなる。
	症状	（[4]＿＿＿＿＿＿）の圧迫感が特徴的。
	分類	○（[5]＿＿＿＿＿）狭心症：労作時（身体を動かしているとき）の心拍数が増加したときに発症する。 ○異型狭心症：労作の有無によらず、冠動脈のれん縮（けいれんと収縮）から生じ、夜間、未明、睡眠時に発症する。 ※増悪型（発作頻度が増加してきたもの）、安静型（軽労作時や安静時にも起こるもの）は不安定狭心症とされる。
	治療と留意点	発作時はニトログリセリン製剤の舌下投与が有効。治療は、薬の内服のほか、カテーテルを用いて冠動脈を拡張する手術、冠動脈の先に別の血管をつなげるバイパス手術が行われる。（[6]＿＿＿＿＿＿）は心筋梗塞への移行の危険性が高いので、すみやかな治療が必要。生活習慣病の予防やコントロール。労作性狭心症では精神的興奮を抑える。

用語

放散痛
実際に痛んでいる場所と痛いと感じる場所が違う現象。心臓から脳への神経は左肩からの神経と同じ通り道であるため、左肩に痛みが出ることもある。

ショック
さまざまな原因で心臓の機能が急速に低下した状態。血圧低下、脈拍微弱、頻脈、呼吸異常などを起こす。

ニトログリセリン製剤
狭心症発作時に使用される薬。舌の下に入れて口腔粘膜から吸収させる舌下錠のほか、舌下スプレーなどもある。

日内変動
1日の間での変化のこと。血圧は、通常、起床直後から上昇し、日中に高くなり、睡眠中は下降する。

白衣高血圧
受診時の緊張で一時的に血圧があがること。

NOTE

レッスン **4**

循環器の疾患（2）

重要度　**A**

学習日　／／／

1. 心不全

　心不全とは、心臓機能が低下した状態をいい、心筋梗塞、弁膜症、不整脈、高血圧性の心肥大などが原因疾患となります。

　主な症状は、**呼吸困難**、**浮腫**、**食欲低下**、**尿量低下**などです。高齢者では、活動性の低下や**見当識障害**、**認知症の症状**として出現するため、注意が必要です。心不全は、夜間に急に増悪して呼吸困難を起こす場合があります。呼吸困難時には、仰臥位（あお向け）ではなく、身体を起こした**起座位**または半座位にすることで症状が改善します。

　治療は、運動制限、塩分制限、薬物治療を行います。重症時、急性増悪時には安静と酸素吸入などが必要となります。また、重度の心不全の場合、予後は悪くなります。生活管理（禁煙、飲酒は適量、休養・睡眠を十分にとり、感染症予防など）のほか、急性増悪の徴候を見逃さないよう、毎日、血圧・脈拍・体重を測定します。慢性心不全では、抑うつ状態への対処、家族の負担の軽減に留意します。

2. 不整脈

　脈拍が乱れて不規則になることで、脈が遅くなる**徐脈性不整脈**と、脈が速くなる**頻脈性不整脈**のほか、脈がとぶ期外収縮があります。加齢により不整脈の頻度は増加します。

　ほとんどの場合症状がありません。健康な人でもときどきみられ、すべてが治療の対象とはなりませんが、血圧低下、意識障害、心不全を伴う不整脈はすみやかな治療が必要です。徐脈性不整脈の場合は、**ペースメーカー**の植え込み術が年齢を問わず検討されます。また、**心房細動**がある場合は、**心原性脳塞栓**をきたすことがあるため、ワーファリンなどの**抗凝固薬**の服用が推奨されています。ただし服薬中は、高齢者では転倒の危険性も高く、腎機能も低下していることが多いため、注意深いモニタリングが必要です。

　不整脈は心臓自体の異常のほか不規則な生活習慣により起こるため、これらを改善します。特にストレスには注意が必要です。

3. 閉塞性動脈硬化症（ASO）

　動脈硬化によって血管が狭窄または閉塞し、身体の末梢に十分な血液が送られなくなる病態です。下肢への血流悪化が多くみられ、**間欠（歇）性跛行**が現れます。進行すると**安静**時でも**疼痛**があり、さらに悪化すると**壊死**に至ります。

　治療には、抗血小板剤や血管拡張剤の内服、カテーテルを用いた血管拡張術、人工血管によるバイパス手術などが行われますが、進行した状態では根治が困難となります。ほかの動脈疾患を合併する可能性があるため、注意が必要です。規則正しい生活、禁煙、適度な運動、バランスのよい食事、ストレスの軽減、足のケアが大切です。

書いて覚えよう！

心不全	原因	心筋梗塞、弁膜症、（ $\boxed{1}$　　　　　）、高血圧性の心肥大など。
	症状	呼吸困難、（ $\boxed{2}$　　　　）、食欲低下、尿量低下など。高齢者では、活動性の低下や見当識障害、認知症の症状として出現し、見過ごされやすい。
	対応・治療	○呼吸困難時には、（ $\boxed{3}$　　　　　）または半座位。 ○運動制限、塩分制限、薬物治療。 ○重症時、急性増悪時には安静と酸素吸入などが必要。 ○（ $\boxed{4}$　　　　　）のほか、急性増悪の徴候を見逃さないよう、毎日、血圧・脈拍・体重を測定する。 ○慢性心不全では、抑うつ状態への対処、家族の負担の軽減に留意する。
不整脈	分類	①（ $\boxed{5}$　　　　）性不整脈、②（ $\boxed{6}$　　　　）性不整脈、③期外収縮。
	治療	○血圧低下、（ $\boxed{7}$　　　　　）、心不全を伴う不整脈はすみやかな治療が必要。 ○徐脈性不整脈の場合は、（ $\boxed{8}$　　　　　　　）の植え込み術が年齢を問わず検討される。 ○（ $\boxed{9}$　　　　　）がある場合は、心原性脳塞栓を生じることがあるため、抗凝固薬の服用が推奨される。 ○心臓の異常、不規則な生活習慣の改善。
閉塞性動脈硬化症（ASO）	原因	（ $\boxed{10}$　　　　　）によって血管が狭窄または閉塞し、身体の末梢に十分な血液が送られなくなる。
	症状	下肢への血流悪化が多くみられ、（ $\boxed{11}$　　　　　）が現れる。進行すると安静時でも疼痛があり、さらに悪化すると（ $\boxed{12}$　　　　）に至る。
	治療	抗血小板剤や血管拡張剤の内服、カテーテルを用いた血管拡張術、人工血管によるバイパス手術などが行われるが、進行した状態では根治が困難。

用語

心房細動
心房全体が不規則に小刻みにふるえ、心房の正しい収縮と拡張ができなくなる不整脈。心房内の血液の流れが乱れ、遅くなるため血栓ができやすく、心原性脳塞栓や心不全を引き起こす原因となる。

間欠（歇）性跛行
一定の距離を歩くと、筋肉に痛みや硬直を起こし、歩行不能になる状態。立ち止まって休めば痛みが軽減する。

NOTE

レッスン **5**

呼吸器の疾患

1. 慢性閉塞性肺疾患（COPD）

　慢性閉塞性肺疾患（COPD）は**肺気腫**と**慢性気管支炎**の総称です。中高年に多く、有害物質の長期吸入、特に**喫煙**により、気管支の炎症や肺胞の破壊が起こり、肺の換気機能が低下します。慢性の咳、痰、息切れ、**呼吸困難**（特に労作時）という症状が共通し、**喘鳴**や喘息のような症状を合併することもあります。**全身の炎症、骨格筋の機能障害、栄養障害**、骨粗鬆症などの併存症を伴う全身性の疾患です。高齢者では気道感染、肺炎、右心不全などを契機に急激に**呼吸不全**を起こすことがあります。自覚症状が乏しい場合もあります。長期の喫煙歴、慢性の咳や痰などがあれば、COPDを疑います。

　治療は禁煙を基本に、**薬物療法、呼吸リハビリテーション**を行います。感染で重症化するため感染予防（**肺炎球菌ワクチンやインフルエンザワクチンの接種**など）、生活指導も重要です。低酸素血症が進行しADLが低下した場合は、**在宅酸素療法**を導入します。

2. 肺炎

　高齢者に多い肺炎に、**誤嚥性肺炎**があります。高齢者では、①**典型的な肺炎の症状（高熱）がはっきり出ないことが多い**、②**食欲不振、倦怠感**など非特異的な初発症状が多い、③**せん妄**、傾眠傾向など**精神・神経症状**が目立つ、④意識障害やショック状態など、症状の急変がみられる、⑤**呼吸数の増加**、頻脈、といった特徴がしばしばみられます。経過は速く、死亡原因としても多いため、早期治療が重要です。細菌感染では抗菌薬による治療が中心となります。

3. 肺結核、その他の呼吸器感染症、喘息

　高齢者では、以前感染した結核菌が残っている場合、加齢や免疫力の低下をきっかけに再発症しやすくなります。主症状は咳、痰、血痰、喀血、胸痛で、倦怠感、発熱、食欲不振、体重減少などもみられます。肺結核は胸部X線画像、結核菌感染はツベルクリン反応検査で診断します。確定診断は3日間連続喀痰採取などで行います。治療は指定医療機関に入院し、抗結核薬の内服を行います。なお、社会福祉施設や医療機関の従事者、社会福祉施設に入所する高齢者には、年に**1回**の**定期結核検診**が義務づけられています。

　また、呼吸器感染症には、肺炎、肺結核のほか、いわゆる風邪症候群である**急性上気道炎**と、急性上気道炎が気管から気管支まで波及した**急性気管支炎**があります。

　喘息は中年期、高齢期の発症も多い病気です。禁煙が重要です。

書いて覚えよう！

◆慢性閉塞性肺疾患（COPD）

● 慢性閉塞性肺疾患（COPD）は中高年に多く、有害物質の長期吸入、特に（ ① ）により、気管支の炎症や肺胞の破壊が起こり、肺の換気機能が低下する。慢性の（ ② ）、痰、息切れ、呼吸困難という症状が共通し、喘鳴や喘息のような症状を合併することもある。

● 高齢者では気道感染、肺炎、右心不全などを契機に急激に（ ③ ）を起こすことがある。

● 治療は（ ④ ）を基本に、薬物療法、呼吸リハビリテーションを行う。感染で重症化するため感染予防、生活指導も重要。

● 低酸素血症が進行しADLが低下した場合は、（ ⑤ ）を導入する。

◆肺炎

● 高齢者に多い肺炎に、（ ⑥ ）がある。

● 経過は速く、（ ⑦ ）原因としても多いため、早期治療が重要。

◆肺結核

● 高齢者では、以前感染した結核菌が残っている場合、加齢や（ ⑧ ）の低下をきっかけに再発症しやすくなる。

● 社会福祉施設や医療機関の従事者、社会福祉施設に入所する高齢者には、年に１回の（ ⑨ ）が義務づけられている。

喘鳴
のどがぜいぜい、ひゅうひゅうという症状。

喘息
気管支が炎症し、気道が狭くなるもの。炎症の原因には、ダニやハウスダスト、花粉などのアレルギーがかかわっていることが多い。

敗血症
体内にできた病巣から、病原菌が血流に乗って全身にまわり、ショック状態、呼吸困難、乏尿、高熱など全身症状が急激に現れ、死に至ることもある。

肺炎球菌
肺炎、気管支炎、敗血症などを引き起こす。

NOTE

確認しよう！

★高齢者はCOPDの自覚症状がでやすい？　⇒ A

★高齢者の肺炎では、典型的な肺炎の症状が出ないことが多い？ ⇒ B

レッスン6 消化器・腎臓・尿路の疾患（1）

重要度 B
学習日 ／／／

1. 胃・十二指腸潰瘍

　胃・十二指腸潰瘍は、胃酸や消化液の働きにより、胃や十二指腸の一部が欠損した状態（潰瘍）です。**ピロリ菌**の感染が原因となることもあります。症状は上腹部の痛みで、一般的に**胃潰瘍**では食後、**十二指腸潰瘍**では空腹時に痛みが悪化するほか、胸焼け、食欲不振、ゲップなどがあります。悪化すると潰瘍から出血し、吐血・下血（**タール便**）を起こしたり、胃・十二指腸に**消化管穿孔**（消化器の破裂）を起こしたり、重度の腹膜炎を合併することがあります。症状が軽い場合は、薬物療法を行い、ピロリ菌は除菌します。吐血や下血を起こした場合は、通常は入院治療します。消化管穿孔を起こした場合は、緊急手術が必要です。ワーファリンなどの抗凝固薬や鎮痛薬を服用している場合は、潰瘍ができやすくなるため注意が必要です。

2. 胆石症・胆嚢炎

　胆汁が何らかの原因によって固まり、胆嚢や胆管に胆石ができることを**胆石症**といい、胆嚢内にある胆石を**胆嚢結石**、胆管内にある胆石を**胆管結石**といいます。胆石などにより胆汁の流れが悪くなり、胆嚢や胆管に細菌が感染して炎症が起きたものを**胆嚢炎**、**胆管炎**といいます。

　結石ができても、無症状の場合は経過観察、あるいは内服治療します。症状がある場合は手術で胆嚢を摘出することもあります。胆嚢炎では発熱・右上腹部の痛み、吐き気が、胆管炎では悪寒、黄疸、意識障害が起きやすいです。重症化すると敗血症により血圧低下、ショック状態などが現れることがあります。

　高齢者では、胆嚢炎や胆管炎が重症化した場合は命に関わることがあるため、すぐに受診します。食事では、脂っこいものやコレステロールの多いものは控え、たんぱく質をある程度とり、食物繊維を多くとります。そのほか規則正しい生活、疝痛発作への対応、支援体制の確立が大切です。

3. 腎不全

　腎機能が低下し、体液の恒常性を維持できなくなる状態です。脱水や薬の副作用などで急激に腎機能が低下する**急性腎不全**と、糖尿病などさまざまな原因により、慢性的に経過する**慢性腎不全**があり、乏尿、悪心、嘔吐、浮腫、動悸、全身倦怠感などの症状がみられます。急性腎不全ではけいれん、慢性腎不全では頭痛、多尿も起こります。

　治療は、慢性腎不全では進行を抑え、自覚症状を改善することが中心となります。重度では人工透析が必要になります。慢性腎不全は難治性で長期化するため、患者の抑うつ状態への対応が重要です。摂取カロリーは維持しつつ、たんぱく質、水分、カリウム、食塩を制限します。

書いて覚えよう！

胃・十二指腸潰瘍	原因	(①＿＿＿＿＿＿＿) の感染が原因となることもある。
	症状	症状は上腹部の痛みで、一般的に胃潰瘍では食後、十二指腸潰瘍では (②＿＿＿＿＿＿) に痛みが悪化するほか、胸焼け、食欲不振、ゲップなど。悪化すると吐血・下血を起こしたり、(③＿＿＿＿＿＿＿) を起こしたり、重度の腹膜炎を合併することがある。
	治療	症状が軽い場合は、(④＿＿＿＿＿＿) を行う。(⑤＿＿＿＿＿＿) は除菌する。吐血や下血を起こした場合は、通常は入院治療する。(⑥＿＿＿＿) を起こした場合は、緊急手術が必要。
胆石症・胆嚢炎	胆石症	結石ができても、無症状の場合は経過観察、あるいは (⑦＿＿＿＿＿＿) する。
	胆嚢炎・胆管炎	胆嚢炎では発熱・右上腹部の痛み、吐き気。胆管炎では悪寒、黄疸、意識障害が起きやすい。重症化すると (⑧＿＿＿＿＿) により血圧低下、ショック状態などが現れることがある。
腎不全	分類と原因	○急性腎不全：(⑨＿＿＿＿＿) や薬の副作用などで急激に腎機能が低下。 ○慢性腎不全：(⑩＿＿＿＿＿＿) などさまざまな原因により、慢性的に経過。
	症状	乏尿、悪心、嘔吐、浮腫、動悸、(⑪＿＿＿＿＿＿＿) など。急性腎不全では (⑫＿＿＿＿＿＿)、慢性腎不全では (⑬＿＿＿＿)、多尿も起こる。
	治療と留意点	重度では (⑭＿＿＿＿＿) が必要。慢性腎不全は患者の (⑮＿＿＿＿＿) 状態への対応が重要。(⑯＿＿＿) カロリーは維持しつつ、たんぱく質、水分、カリウム、食塩を制限。

タール便
黒っぽいコールタールのような便。上部消化管からの出血があると、胃酸と血液が混じって、タール便となる。

NOTE

レッスン 6

消化器・腎臓・尿路の疾患（2）

重要度 **B**

学習日

1. 肝炎・肝硬変

　肝炎には急性肝炎と慢性肝炎があります。**急性肝炎**は主に肝炎ウイルス（特にA型、E型）、自己免疫疾患、薬のアレルギーなどを原因とし、全身倦怠感、食欲不振、腹痛などの症状があります。**慢性肝炎**は、肝炎ウイルス（B型、C型）による**B型肝炎**、**C型肝炎**が最も多く、アルコール性肝炎、自己免疫疾患によるものもあります。持続すると肝細胞が壊れ、肝臓全体に繊維化が起こる**肝硬変**に移行します。肝硬変は進行すると**肝不全**に移行し、食欲不振、全身倦怠感、黄疸、浮腫、腹水などが出現し、出血が止まりにくくなります。さらに代謝能力が低下すると**肝性脳症**となり、**意識障害**が起こります。B型・C型肝炎では薬物療法を行います。肝硬変の根本的な治療は移植のみです。慢性肝炎では、治療や生活習慣の改善により、肝硬変への進行を抑え、**肝臓がんの合併の予防**が重要です。服薬状況、食事摂取状況をよく確認し、アンモニアがたまらないよう下剤でコントロールします。また、**肝性脳症**のある場合はたんぱく質を制限し、むくみや腹水がある場合は塩分を制限、肝硬変では**低血糖**に注意します。黄疸、意識障害などの悪化時に早期受診できるよう、支援体制を確立しておきます。

2. 潰瘍性大腸炎

　直腸から連続的に大腸に炎症が起こり、大腸全体にびらんや潰瘍ができる疾患で、原因は不明です。初期には、粘血便、血便、下痢、腹痛などがみられ、持続性・反復性の血性下痢、粘血便が特徴です。重症では貧血、発熱、食欲不振、体重減少などがみられます。軽症から中等症では薬物治療、重症では入院治療します。治療効果がない場合は、手術により大腸を切除することもあります。症状は、長期にわたり寛解と増悪を繰り返します。発症時に重症のものは予後が悪いことが多いです。症状が悪化しているときは、脂っこいもの、辛いもの、**繊維質が多いもの**、乳製品、アルコールは控えます。服薬状況、食事摂取状況の確認が必要です。

3. 前立腺肥大症

　前立腺肥大症は、前立腺が肥大し、尿道が圧迫されて排尿障害や腎臓機能の障害を起こすもので、多くは50歳代から症状が出始めます。**夜間の頻尿**、尿意の切迫感、尿の勢いの低下などが現れ、加齢とともに症状が強くなります。積極的な治療をしないで経過観察となることもあります。症状の悪化を防ぐ生活習慣の見直しをします。排尿をがまんせず、便秘の予防、適度な運動、適度な水分摂取をし、過度の飲酒は控えます。また、薬の副作用（風邪薬に入っている抗ヒスタミン薬、抗精神病薬、抗うつ薬など）で、**尿閉**を起こすこともあり、服薬状況の確認、医師への相談が必要です。

書いて覚えよう！

肝炎・肝硬変	急性肝炎	主に肝炎ウイルス、自己免疫疾患、薬のアレルギーなどを原因とし、全身倦怠感、（①＿＿＿＿＿＿＿）、腹痛などの症状がある。
	慢性肝炎	B型・C型肝炎では（②＿＿＿＿＿＿＿）を行う。治療や生活習慣の改善により、（③＿＿＿＿＿＿＿）への進行を抑え、（④＿＿＿＿＿＿＿）の合併を予防する。
	肝硬変	進行すると（⑤＿＿＿＿＿＿＿）に移行する。肝硬変の根本的な治療は移植のみ。
潰瘍性大腸炎	症状	初期には、（⑥＿＿＿＿＿＿＿）、血便、下痢、腹痛などがみられ、持続性・反復性の血性下痢、粘血便が特徴。重症では（⑦＿＿＿＿＿＿＿）、発熱、食欲不振、体重減少などがみられる。
	治療と留意点	軽症から中等症では（⑧＿＿＿＿＿＿＿）、重症では入院治療する。治療効果がない場合は、手術により大腸を切除することもある。 症状は、長期にわたり寛解と増悪を繰り返す。発症時に重症のものは（⑨＿＿＿＿＿＿＿）が悪いことが多い。 症状が悪化しているときは、脂っこいもの、辛いもの、（⑩＿＿＿＿＿＿＿）が多いもの、乳製品、アルコールは控える。服薬状況、食事摂取状況の確認が必要。
前立腺肥大症	症状	多くは（⑪＿＿＿＿）歳代から症状が出始める。（⑫＿＿＿＿）の頻尿、（⑬＿＿＿＿）の切迫感、尿の勢いの低下などが現れる。
	治療と留意点	症状の悪化を防ぐ生活習慣を見直す。（⑭＿＿＿＿＿＿＿）をがまんせず、（⑮＿＿＿＿＿＿＿）の予防、適度な運動、適度な水分摂取をし、過度の飲酒は控える。 薬の副作用で（⑯＿＿＿＿＿＿＿）を起こすこともある。

用語

B型肝炎
血液を介して感染する。劇症化したり、慢性肝炎、肝硬変、肝がんに進行するケースもある。

C型肝炎
血液を介して感染する。A型、B型と比較して自覚症状が少ない。慢性化することが多く、肝硬変、肝がんに進行する危険性が高い。

寛解
完治ではないが、病気の症状が軽くなったり、なくなっている状態。

NOTE

骨・関節の疾患(1)

1. 変形性関節症

　関節軟骨がすり減り、周囲組織が変性することにより、関節の変形をきたす疾患です。変形性関節症で特に多いのは、**膝関節症**です。65歳以上の大多数に発症し、女性に多く、**肥満**、膝の外傷、手術歴などが発症リスクをあげます。関節の痛み、こわばりが一般的で、こわばりは朝に強く、少し動くと改善します。炎症が強くなると関節液がたまって腫れ、関節がきしむ摩擦音などがします。痛みにより運動量が減ると筋肉が弱くなり、靭帯がのびて不安定になります。治療は、初期段階では鎮痛薬、進行した状態では注射により痛みを軽減します。肥満の人には減量指導、食事療法、運動療法を行います。痛みや腫れへの対応と筋力の維持が重要です。シャワーやお風呂、温湿布などの加温は痛みに効果があります。水中運動、ストレッチなどの適度な運動を続け、筋力を強化します。

2. 関節リウマチ

　原因不明の全身の免疫異常により、関節の表面の滑膜が炎症し、さまざまな症状を起こす疾患です。初期には、**朝のこわばり、関節の痛みや腫れ、熱感**などの症状がみられます。進行すると手、肘、肩、膝関節の変形・拘縮が起こり、発熱、体重減少、易疲労感、貧血などの**全身症状**も現れ、**悪性関節リウマチ**に発展するものもあります。症状には**日内変動**があり、特に朝はこわばって動きにくくなります。天候にも左右されやすく、雨の日や寒い日には痛みが強くなります。

　治療は、薬物療法、リハビリテーション、手術療法などを行います。ステロイドなど薬の長期服用では、感染症、腎障害、骨粗鬆症、間質性肺炎などを合併することがあり、内服薬の効果や副作用に対する理解が重要となります。また、転倒予防のための環境整備、関節保護のための生活指導を行います。日常生活の動作が不自由になるので、装具などの使用による歩行の補助、自助具や福祉機器も積極的に活用します。

3. 脊柱管狭窄症

　主に腰部の脊柱管が狭くなり、中の馬尾、神経根、脊髄などの神経が圧迫されることで症状が出ます。原因疾患で最も多いのは変形性脊椎症です。腰痛、下肢痛、しびれのほか、**間欠(歇)性跛行**が特徴的ですが、血管性の間欠性跛行と異なり、座位や前屈位では症状が軽くなります。安静時には症状がないか軽度ですが、狭窄が進むと、会陰部の異常感覚、膀胱直腸障害などを生じます。治療は、理学療法、薬物療法を行い、重症例では手術が考慮されます。痛みは姿勢に左右され、腰を前屈すると楽になります。また、腰に負担がかかるので、同一姿勢を長くとらないようにします。鎮痛薬には副作用(胃潰瘍、腎機能障害など)が出ることがあるので、飲み過ぎないよう服薬管理を行います。

書いて覚えよう！

用語

悪性関節リウマチ
関節リウマチに内臓障害が合併したもの。

NOTE

変形性関節症	概要	特に多いのは（①＿＿＿＿）。（②＿＿＿）歳以上の大多数に発症し、（③＿＿＿＿）に多く、肥満、膝の外傷、手術歴などが発症リスクをあげる。
	症状	（④＿＿＿＿）の痛み、こわばりが一般的。炎症が強くなると関節液がたまって腫れ、関節がきしむ摩擦音などがする。痛みにより運動量が減ると筋肉が弱くなり、靭帯がのびて不安定になる。
	治療と留意点	初期段階では鎮痛薬、進行した状態では注射により痛みを軽減する。（⑤＿＿＿＿）の人には減量指導、食事療法、運動療法を行う。 痛みや腫れへの対応と（⑥＿＿＿＿＿）が重要。
関節リウマチ	症状	初期には朝の（⑦＿＿＿＿＿）、関節の痛み、腫れ、熱感など。 進行すると関節の変形・拘縮が起こり、発熱、体重減少、易疲労感、貧血なども現れ、 （⑧＿＿＿＿＿＿＿）に発展するものもある。 症状には（⑨＿＿＿＿）があり、天候にも左右されやすい。
	治療	薬物療法、（⑩＿＿＿＿＿＿）、手術療法など。 薬の長期服用では、（⑪＿＿＿＿＿）、腎障害、骨粗鬆症、間質性肺炎などを合併することがある。
脊柱管狭窄症	原因	原因疾患は（⑫＿＿＿＿＿＿）が最も多い。
	症状	腰痛、下肢痛、しびれのほか、（⑬＿＿＿＿＿＿）が特徴的（座位や前屈位では症状が軽くなる）。 安静時には症状がないか軽度だが、狭窄が進むと、会陰部の異常感覚、膀胱直腸障害などを生じる。
	治療と留意点	治療は、（⑭＿＿＿＿＿）、薬物療法を行い、重症例では手術が考慮される。 （⑮＿＿＿）に負担がかかるので、同一姿勢を長くとらないようにする。鎮痛薬には副作用が出ることがあるので、飲み過ぎないよう（⑯＿＿＿＿＿）を行う。

レッスン **7**

骨・関節の疾患（2）

1. 後縦靭帯骨化症

　後縦靭帯が何らかの原因で骨化して脊柱管が狭くなり、神経が圧迫される疾患です。40歳以上の男性に多く発症します。圧迫されている神経の位置により、首、肩、上下肢の痛みやしびれ、感覚鈍麻、手指巧緻性障害、膀胱直腸障害などが起こります。

　保存的治療として、頸部装具の装着やビタミン剤内服、消炎鎮痛剤の内服などが行われます。効果が得られなかったり、進行する場合には、手術療法が検討されます。

　一般には、骨化が急速に大きくなることはなく、必ずしも進行性ではありません。ただし、外傷を契機に急激に悪化することがあり、転倒には注意が必要です。また、首を後ろに大きく反らす姿勢は、脊柱管が狭くなり症状が悪化するので、避けます。

2. 骨粗鬆症

　骨粗鬆症は、骨吸収と骨形成のバランスが崩れ、**骨密度**が減少して骨がもろくなり、骨折しやすくなる疾患で、**原発性骨粗鬆症**（加齢、女性ホルモン低下〔特に閉経〕、カルシウム摂取不足、偏食、運動不足、日光浴不足が危険因子。特に高齢女性に多い）と、**続発性骨粗鬆症**（ホルモン異常、低栄養、薬の副作用〔特に**ステロイド**薬の長期服用〕などにより二次的に起こる）があります。立ち上がり時や重いものをもったときの腰背部痛、脊椎の変形のほか、身長が縮む、転倒で骨折するなどが主な症状です。初期には無症状で、骨折してから気づくことが多いため、早期診断が重要です。

　薬物治療として、骨吸収を抑制する薬、骨形成を促進する薬、骨の基質をつくる薬が病態に応じて使われるほか、運動療法、食事療法などを行います。

　骨折すると痛みや転倒不安から生活不活発になり、寝たきりにつながりやすいため、**転倒防止**の環境整備（段差の解消、ものを置かない、歩行介助用具の使用など）、**適度な運動**（骨に適切な負荷をかけ筋力をつける）、**骨密度の強化**（カルシウムや、カルシウムの吸収を助けるビタミンD、ビタミンKなどをバランスよく摂取）に留意します。

3. 大腿骨頸部骨折

　高齢者は、骨がもろくなっているところに、視力低下、運動機能の低下、薬の副作用などにより転倒、骨折する危険性が高くなります。骨折で多いのは、**大腿骨頸部骨折**、**胸腰椎**圧迫骨折、**橈骨遠位端**骨折、肋骨骨折、上腕骨近位端（肩）骨折です。特に、大腿骨頸部骨折は寝たきりにつながりやすく、注意が必要です。股関節に疼痛が生じ、痛みにより立てなくなります。可能であれば手術を行い、術後のリハビリテーションにより早期離床を目指します。手術を行っても、高齢者では歩行能力が低下する場合が多いので、骨粗鬆症の予防・治療と、転倒の防止が大切です。また、ヒップ・プロテクターの装着や床材の変更などで、転倒時の骨折のリスクを軽減します。

書いて覚えよう！

後縦靭帯骨化症	症状	（①_____）歳以上の男性によく発症する。 圧迫されている神経の位置により、痛みやしびれ、（②_____）、手指巧緻性障害、膀胱直腸障害などが起こる。
	治療	保存的治療として、（③_____）の装着やビタミン剤内服、消炎鎮痛剤の内服などが行われる。効果が得られなかったりする場合には、（④_____）療法が検討される。
	留意点	必ずしも進行性ではないが、（⑤_____）を契機に急激に悪化することがあり、転倒には注意が必要。首を後ろに大きく反らす姿勢は、（⑥_____）が狭くなり症状が悪化するので、避ける。
骨粗鬆症	分類	○（⑦_____）骨粗鬆症：加齢、女性ホルモン低下、カルシウム摂取不足、偏食、運動不足、日光浴不足が危険因子。特に高齢女性に多い。 ○（⑧_____）骨粗鬆症：ホルモン異常、低栄養、薬の副作用などにより二次的に起こる。
	症状	腰背部痛、（⑨_____）の変形、身長が縮む、転倒で骨折するなど。初期には無症状で、骨折してから気づくことが多いため、（⑩_____）が重要。
	治療	薬物治療、運動療法、食事療法など。
	予防	○転倒防止の（⑪_____）：段差の解消、ものを置かない、歩行介助用具の使用など。 ○適度な運動：骨に適切な負荷をかけ筋力をつける。 ○骨密度の強化：カルシウムや、カルシウムの吸収を助けるビタミンD、ビタミンKなどをバランスよく摂取。
大腿骨頸部骨折	予防	骨粗鬆症の予防・治療と（⑫_____）。
	対応	（⑬_____）による早期離床。 （⑭_____）の装着や床材の変更などで転倒時の骨折のリスクの軽減。

用語

後縦靭帯
せきついついたいこつ
脊椎椎体骨の後ろを頸椎から腰椎まで長く縦走し、椎体骨を連結して脊椎の安定化を図っている。

骨吸収
骨が壊れること。

骨形成
新しい骨をつくること。

骨密度
単位体積あたりの骨量。骨量は18歳ごろに最大となり、その後徐々に減っていく。

大腿骨頸部
太腿のつけ根部分。

橈骨遠位端
手首のあたり。

上腕骨近位端
肩関節のあたり。

NOTE

レッスン **8**

目・皮膚の疾患

重要度　**A**
学習日

1. 目の疾患

　白内障は、加齢のほか、紫外線、喫煙、ステロイド薬の長期内服などが危険因子となります。初期症状は羞明（しゅうめい）、夜間の視力低下、近見障害で進行すると単眼複視、高度の視力低下となり、失明に至ることがありますが、自覚したときにはかなり進行していることも多いです。初期段階では点眼薬で進行を予防し、経過観察します。進行防止のため、紫外線や喫煙などの危険因子を避けるようにします。進行し日常生活に支障が出た段階では、手術が検討されます。手術で視力の回復が望めます。

　緑内障は、失明の原因ともなる疾患で、日本人には**正常眼圧緑内障**も多いです。主症状は**視野欠損（きょうさく）、視野狭窄**です。初期では、片目に視野欠損などがあっても気づきにくいです。眼圧降下薬の点眼をしても十分な効果が得られない場合は、レーザー治療、続いて手術をします。視力・視野障害は回復しないため、早期受診・早期治療が大切です。進行を遅らせるよう、栄養バランスのよい食事と十分な睡眠をとり、適度に運動します。

　加齢黄斑変性症（おうはん）には**萎縮型（いしゅく）**と**滲出型（しんしゅつ）**があります。初期症状は視野中心部のゆがみ（**変視症**）で、進行すると**中心暗点**、視力低下が起こります。萎縮型には有効な治療法はなく対症療法が中心です。滲出型の初期では、光線力学療法や抗VEGF抗体療法により視力が改善することも多くなっています。予防と初期段階での受診が重要です。禁煙し、ビタミンC・ビタミンE・βカロチン・亜鉛などを含んだ食事をバランスよくとります。

2. 皮膚の疾患

　疥癬（かいせん）は、**ヒゼンダニ**が皮膚の角層に寄生して起こる感染症で、病院や施設で**集団感染**しやすいです。わきの下、指の間、手や手首、腹部、外陰部などにできやすく、激しいかゆみ、**赤いぶつぶつとした発疹**が特徴です。**ノルウェー疥癬**（角化型疥癬）は感染力が非常に強く、**一定期間の個室管理**が必要です。

　薬疹（やくしん）は薬へのアレルギーによる発疹で、薬の服用後、1～2週間で**発疹**が現れることが多いです（使用期間にかかわらず発症する可能性があります）。薬疹が現れたら原因薬を特定し、すみやかに使用を中止します。

　帯状疱疹（たいじょうほうしん）の原因は水痘・帯状疱疹ウイルスで、**身体の右または左半身に痛みを伴う水疱（すいとう）**ができ、顔や四肢にできることもあります。高齢者の場合、重症化して帯状疱疹後神経痛など痛みが残ったり、潰瘍（かいよう）も心配されるため、早期発見・早期治療が重要です。

　白癬（はくせん）は、カビの一種である白癬菌が皮膚の角層に感染して起こります。おむつのなかなど湿った環境を好みます。

　皮脂欠乏症は、皮脂の減少により皮膚が乾燥し、かさかさします。**皮膚掻痒症（そうよう）**は皮膚がかゆくなるものです。赤みのある発疹とかゆい**湿疹**ができることもあります。**脂漏性湿疹（しろう）**は、鼻や口のまわりなど皮脂の多い場所に、フケのような付着物を伴う湿疹が出るものです。

書いて覚えよう！

白内障	水晶体が白く濁って視力が低下する病気。 初期症状は（ ① ）、（ ② ）の視力低下、近見障害で進行すると単眼複視、高度の視力低下となり、失明に至ることがある。 進行防止のため、（ ③ ）や（ ④ ）などを避ける。
緑内障	目の房水と呼ばれる液体の流れが阻害されて眼圧が上昇し、視神経と視野が障害される疾患。 主症状は（ ⑤ ）、（ ⑥ ）。 栄養バランスのよい食事と十分な睡眠をとり、適度に（ ⑦ ）する。
加齢黄斑変性症	加齢により網膜の中心部にある黄斑に障害が生じ、見えにくくなるもの。 （ ⑧ ）型と（ ⑨ ）型がある。 初期症状は（ ⑩ ）のゆがみ（変視症）。 （ ⑪ ）し、ビタミンC、ビタミンE、βカロチン、亜鉛などを含んだ食事をバランスよくとる。
疥癬	（ ⑫ ）が皮膚の角層に寄生して起こる。 （ ⑬ ）疥癬は感染力が非常に強く、一定期間の個室管理が必要。
薬疹	薬へのアレルギーによるもの。薬の服用後、1〜2週間で（ ⑭ ）が現れることが多い。 原因薬を特定し、すみやかに使用を中止する。
帯状疱疹	原因は水痘・帯状疱疹ウイルス。身体の右または左半身に痛みを伴う（ ⑮ ）ができ、顔や四肢にできることもある。早期発見・早期治療が重要。
皮脂欠乏症	皮脂の減少により皮膚が（ ⑯ ）し、かさかさする。
皮膚掻痒症	皮膚が（ ⑰ ）なる。
脂漏性湿疹	鼻や口のまわりなど（ ⑱ ）の多い場所に、フケのような付着物を伴う湿疹が出るもの。

用語

正常眼圧緑内障
眼圧は正常でも、視神経が障害される緑内障。

暗点・視野欠損
部分的に見えない場所を暗点という。暗点が生じることを視野欠損という。

視野狭窄
視野が狭くなること。

萎縮型
徐々に黄斑の網膜の細胞が減っていき、ゆっくりと視力が低下する。

滲出型
異常な血管（脈絡膜新生血管）が侵入して網膜が障害される。正常な血管と異なりもろく、出血することもある。萎縮型に比べ、日本人に多い。

中心暗点
中心部分が黒くなること。

ノルウェー疥癬（角化型疥癬）
疥癬に比べダニの数がきわめて多く、手足がごわごわとする。

NOTE

199

バイタルサイン

1. 体温

　体温は、腋窩部などで測定します。体温が34℃以下を**低体温**、37℃以上の発熱を**高体温**といい、日内変動があります。高齢者は基礎代謝が低下するため、一般成人よりも体温は低くなる傾向にあります。また、感染症があっても発熱がみられない場合があります。発熱は、感染症、脱水、膠原病など多くの疾患の指標となるものです。発熱には、稽留熱、間欠熱、弛張熱、回帰熱という熱型（1日の経過などのタイプ）があります。

2. 脈拍

　通常、橈骨動脈の1分間の拍動数を測定します。

　1分間に100以上を**頻脈**、1分間に60未満を**徐脈**といいます。高齢になると一般に脈拍数が少なくなりますが、重度の徐脈では、意識障害や失神を伴うことがあります。

　不整脈は、結滞やリズムの乱れのある脈で、通常は問題ありませんが、不整脈の頻度が高い場合は、心疾患なども考えられます。

3. 血圧

　血圧とは、血液が血管の動脈壁に与える圧力です。加齢により動脈の血管は硬くなり、特に高齢者は**収縮期血圧**（最高血圧）が**高く**、**拡張期血圧**（最低血圧）が**低く**なる傾向があります。高齢者は**高血圧症**となることが多く、また**起立性低血圧**も起こしやすくなります。

4. 意識レベル

　意識障害には、「**清明**」「**傾眠**」「**昏迷**」「**半昏睡**」「**昏睡**」のレベルがあります。さらに詳細な評価方法として、**ジャパン・コーマ・スケール**が多く用いられます。このほか、グラスゴー・コーマ・スケールも使われています。

5. 呼吸

　高齢者の場合、正常な呼吸数は1分間に15〜20回です。1回換気量は一般成人と変わりませんが、**肺活量**は低下傾向で、**残気量**は増加します。呼吸には、**頻呼吸、徐呼吸、過呼吸、減呼吸、チアノーゼ、起座呼吸、口すぼめ呼吸**（口をすぼめて息を吐くことにより、気管支の閉塞を防ぎ呼吸が楽になる）、**下顎呼吸**（顎であえぐような呼吸）、**チェーンストークス呼吸**（小さい呼吸から徐々に大きな呼吸となったあとしだいに小さくなり、一次的に呼吸停止、という周期を繰り返す）、**クスマウル呼吸**（異常に深大な呼吸が規則正しく続く）、**ビオー呼吸**（無呼吸の状態から急に4、5回の呼吸を行い、再び無呼吸になる）があります。

書いて覚えよう！

体温	低体温・高体温	○低体温：体温が（①）℃以下。低栄養、甲状腺機能低下症、薬などによる体温調節機能不全などを疑うほか、低温の環境を見直す。 ○高体温：体温が（②）℃以上。感染症、がん、膠原病、甲状腺機能亢進症、熱中症、脱水、悪性症候群などを疑う。
	熱型と原因など	○（③）熱：肺炎、感染性心膜炎、腫瘍熱など。 ○間欠熱：敗血症、特に中心静脈栄養法を行っている場合にはカテーテルからの菌血症を疑う。 ○弛張熱：高齢者ではインフルエンザや肺炎、腫瘍熱。 ○回帰熱：胆道感染症に特徴的。
脈拍	状態と原因など	○頻脈：1分間に（④）以上。感染症、甲状腺機能亢進症、うっ血性心不全、脱水など。 ○徐脈：1分間に60未満。脳出血による頭蓋内圧亢進に伴う迷走神経刺激、ジギタリス製剤などの薬の副作用、甲状腺機能低下症など心臓の刺激伝達系の異常。 ○不整脈：頻度が高い場合は心疾患なども疑う。
血圧		高齢者は高血圧症となることが多く、また（⑤）も起こしやすくなる。
（⑥）レベル		○清明：正常な意識状態 ○傾眠：刺激がないと眠ってしまう ○昏迷：強い刺激でかろうじて開眼 ○半昏睡：ときどき体動がみられるのみ ○昏睡：自発的運動がなく、痛覚刺激にも反応しない
呼吸	状態と原因など	○頻呼吸：発熱、心不全、呼吸器疾患 ○徐呼吸：糖尿病性ケトアシドーシス、脳卒中による昏睡 ○過呼吸：過度の不安、ストレスなど ○減呼吸：睡眠中にみられる ○チアノーゼ：血液中の酸素が欠乏 ○起座呼吸：左心不全、気管支喘息、肺炎、気管支炎 ○口すぼめ呼吸：COPD患者によくみられる ○（⑦）呼吸：1〜2時間で死亡が多い ○チェーンストークス呼吸：脳血管障害、心不全 ○クスマウル呼吸：糖尿病性ケトアシドーシス、尿毒症 ○ビオー呼吸：髄膜炎、脳腫瘍

用語

熱型
○稽留熱：解熱せず持続する。
○間欠熱：急激な発熱と解熱をくり返す。
○弛張熱：完全に解熱せず、微熱になってまた高熱になる。
○回帰熱：有熱期と解熱期をくり返す。

結滞
拍動が欠けること。

ジャパン・コーマ・スケール（JCS＝Japan Coma Scale）
3−3−9度方式とも呼ばれる。

グラスゴー・コーマ・スケール（Glasgow Coma Scale）
開眼、言語反応、運動反応の3つの要素について評価を行い、意識レベルを測定する。点数が小さいほど重症である。

1回換気量
1回に吸い込む量。

肺活量
息を最大限吸い込んだあとに肺から吐き出せる空気量。

NOTE

レッスン 10 　検査（1）

1. 体格

　体格判定の基準となるのが**BMI**です。高齢者では、肥満より低体重が生命予後においては重要になります。急激な体重減少では低栄養を疑います。体重増加は心不全、ネフローゼなど浮腫性疾患が原因のことがあります。腹囲はメタボリックシンドロームの診断に使われ、**上腕周囲長**や**下腿周囲長**は寝たきりなどの場合の低栄養判定に有効です。

　身長は、脊椎圧迫骨折などによる脊椎の変形（円背）や膝などの関節が十分に伸びなくなることから見かけ上は低くなるため、BMIも本来より大きい値になります。

2. 総たんぱく、アルブミン

　血清中のたんぱく質の総量を血清総たんぱくといいます。たんぱく質の主成分は**アルブミン**です。血清アルブミンは、高齢者の長期にわたる**栄養状態**や**生命予後**をみるために最も有効な指標となります。健康な高齢者では加齢による低下はみられません。低下している場合は**低栄養**が疑われ、アルブミンが3.6g/dL以下では骨格筋の消耗が始まっている可能性があります。

3. 肝機能・腎機能

　AST（GOT）、**ALT**（GPT）、γ-GTPは肝臓などに含まれる酵素で、**肝・胆道疾患**（数値が上昇）をみる有効な指標です。AST、ALTは、**肝・胆道疾患**によって増加します。また、ASTは、**心臓疾患**、筋疾患、溶血性疾患などによっても増加します。**γ-GTP**の上昇時には**脂肪肝**や**アルコール性肝炎**が疑われます。**血清クレアチニン**（Cr）はたんぱく質が筋肉で分解されてできる老廃物で、腎臓からのみ排泄されます。**尿素窒素**（BUN）は腎臓から排泄されるたんぱく質の老廃物で、いずれも**腎機能低下**で上昇します。尿素窒素は脱水、高たんぱく食、消化管出血、がん、高熱でも上昇します。また、血清クレアチニン値と推算糸球体ろ過量から、慢性腎臓病の進行の程度を推定することができます。尿素窒素と血清クレアチニン値の比率は、脱水の診断の指標として重要です。

4. 血算

　赤血球、白血球、血小板の検査を血算といい、貧血や炎症の判定などに用いられます。

①**ヘモグロビン、ヘマトクリット**：減少は鉄欠乏性貧血。赤血球数減少・ヘマトクリット上昇では大球性貧血、ビタミンB12や葉酸の欠乏。

②**白血球**：増加は**細菌**感染や炎症、喫煙、副腎皮質ステロイド投与、ストレス、がん、白血病。減少は体質によるが、**ウイルス**感染、再生不良性貧血。

③**血小板**：増加は炎症。減少は薬の副作用、肝硬変など。

書いて覚えよう！

体格	急激な体重減少は（①＿＿＿＿＿）を疑う。体重増加は浮腫性疾患が原因のことがある。腹囲は（②＿＿＿＿＿＿＿＿＿）の診断に、上腕周囲長や下腿周囲長は寝たきりなどの場合の（③＿＿＿＿＿）判定に有効。身長は、脊椎の変形（（④＿＿＿＿））や膝などの関節が十分に伸びなくなることから見かけ上は低くなる。	
総たんぱく、アルブミン	低下している場合は、（⑤＿＿＿＿＿）が疑われ、アルブミンが（⑥＿＿＿）g/dL以下では骨格筋の消耗が始まっている可能性がある。	
肝機能	AST（GOT）、ALT（GPT）	（⑦＿＿＿＿＿）疾患によって増加。ASTは、心臓疾患、筋疾患、溶血性疾患などによっても増加。
	γ-GTP	（⑧＿＿＿＿）時には脂肪肝やアルコール性肝炎が疑われる。
腎機能	血清クレアチニン（Cr）、尿素窒素（BUN）	いずれも腎機能低下で（⑨＿＿＿＿）する。尿素窒素は脱水、高たんぱく食、消化管出血、がん、高熱でも上昇。
血算	ヘモグロビン、ヘマトクリット	減少は（⑩＿＿＿＿＿）。赤血球数減少・ヘマトクリット上昇は大球性貧血、ビタミンB12や葉酸の欠乏。
	白血球	増加は細菌感染や炎症、喫煙、副腎皮質ステロイド投与、ストレス、がん、白血病。減少は体質によるが、ウイルス感染、（⑪＿＿＿＿＿＿＿）。
	血小板	増加は（⑫＿＿＿）。減少は薬の副作用、肝硬変など。

確認しよう！

★体格判定の基準となるものは？　　　　　　　　　　⇨

用語

BMI
体格の判定の指標。体重（kg）÷身長（m）÷身長（m）で算出する。18.5未満はやせ、25以上は肥満である。

NOTE

レッスン **10** # 検査（2）

重要度 **A**
学習日 ／／／

1. 血糖、ヘモグロビンA1c

　空腹時血糖、75g経口糖負荷試験、ヘモグロビンA1c（HbA1c）といった検査により、糖尿病の診断を行います。血糖値とHbA1cにより、検査時点の血糖レベルと長期間の血糖レベルの両方を評価することができます。

2. CRP

　CRP（C反応性たんぱく質）は**炎症**がある場合に血液中に増加し、感染症などによる炎症の程度を示します。がん、膠原病、心筋梗塞、組織崩壊などでも高値になります。なお、白血球の場合は炎症の発症直後から数値が上昇しますが、CRPは発症して12時間後以降に高値になるという特徴があります。

3. 電解質

　電解質は水に溶けて電流を通す物質で、特に**ナトリウム**（Na）、**カリウム**（K）、**クロール**（Cl：塩素）が重要です。脱水や水分過多、腎機能の障害、降圧薬・利尿薬・強心薬・副腎ステロイド薬などの薬の投与で異常値となることがあります。

　カリウムが高値となる高カリウム血症では、**心室細動**などの致死性不整脈を引き起こすことがあり、注意が必要です。

注目！

4. 心電図・X線検査

　心電図は、不整脈、心筋梗塞、狭心症などの循環器系疾患の診断に有用で、特に脈の結滞や胸痛などの症状がある場合には、まず行われる検査です。心臓の収縮や拡張の状態、冠状動脈の血流、心筋の異常のほか、カルシウムやカリウムなどの電解質の異常もみることができます。不整脈や狭心症が疑われる場合は、日常生活における24時間の心電図を測定する**24時間心電図（ホルター心電図）**の検査も行われます。身につける装置は小型軽量で、入院や安静の必要はありません。

　X線検査は、X線を用いて身体のなかの形状をみることのできる画像検査です。異常が見つかった場合には、精密検査として超音波検査やCT検査が行われます。胸部X線検査は呼吸器疾患（COPD、肺がんなど）、心疾患（心不全など）、腹部X線検査はイレウス、消化管穿孔、尿管結石、頭部CT検査は脳血管障害、頭部外傷の診断に有用です。

5. 尿検査

　尿検査では、尿糖や尿たんぱくなどの成分を検査します。腎臓病や糖尿病のスクリーニングや、尿路感染症を診断する際に重要です。特に尿道カテーテルを留置している人が高熱を出した場合は、尿路感染症が疑われるため、早急に検査を受けます。

書いて覚えよう！

血糖・ヘモグロビンA1c		空腹時血糖、75g 経口糖負荷試験、ヘモグロビンA1c（HbA1c）といった検査により、（①＿＿＿＿＿＿）の診断を行う。 ○空腹時血糖が 110mg/dL 以上で耐糖能低下、126mg/dL 以上で糖尿病と診断される。 ○経口糖負荷試験は、140mg/dL 以上で耐糖能低下、200mg/dL 以上で糖尿病と診断される。
CRP（C反応性たんぱく質）		（②＿＿＿＿＿＿）がある場合に血液中に増加し、感染症などによる炎症の程度を示す。がん、膠原病、心筋梗塞、組織崩壊などでも高値になる。発症して12時間後以降に高値になるという特徴がある。
電解質	・ナトリウム（Na） ・カリウム（K） ・クロール（Cl）	（③＿＿＿＿＿＿）や水分過多、腎機能の障害、降圧薬・利尿薬・強心薬・副腎ステロイド薬などの薬の投与で異常値となることがある。カリウムが高値となる高カリウム血症では、心室細動などの（④＿＿＿＿＿＿）を引き起こすことがある。
心電図・X線検査	心電図	心臓の収縮や拡張の状態、冠状動脈の血流、心筋の異常のほか、カルシウムやカリウムなどの（⑤＿＿＿＿＿＿）の異常もみることができる。不整脈や狭心症が疑われる場合は、24時間心電図（（⑥＿＿＿＿＿＿））の検査も行われる。
	X線検査とその適用	○胸部 X 線検査：呼吸器疾患、心疾患 ○腹部 X 線検査：イレウス、消化管穿孔、尿管結石 ○頭部 CT 検査：脳血管障害、頭部外傷
尿検査		尿糖や尿たんぱくなどの成分を検査する。腎臓病や（⑦＿＿＿＿＿＿）のスクリーニングや、（⑧＿＿＿＿＿＿）を診断する際に重要。特に（⑨＿＿＿＿＿＿）を留置している人が高熱を出した場合は、尿路感染症が疑われるため、早急に検査する。

用語

経口糖負荷試験
決められた量のブドウ糖液を飲み、血糖値の推移をみる。

ヘモグロビンA1c検査
赤血球のヘモグロビンが何％ブドウ糖と結合しているかをみる検査。測定日以前の1～2か月間の平均的な血糖状態を知るのに適している。

ホルター心電図
小型軽量の装置を身につけ、日常生活中の24時間の心電図を測定する。入院したり、測定中に安静にしている必要はない。

NOTE

レッスン 11　褥瘡の介護

重要度　**A**
学習日

1. 褥瘡の発生要因

褥瘡（床ずれ）は、体重による**圧迫**が腰や背中、足などの**骨の突起部**の皮膚に持続的に加わることにより、血流が途絶え、皮膚や皮膚組織に障害を起こした状態です。こうした直接的な要因に加え、**低栄養**などの全身的要因、加齢などによる皮膚の脆弱化、皮膚の不潔、湿潤、摩擦などの**局所**的要因、介護力不足などの**社会的**要因が相互に影響し、褥瘡の発生にかかわっています。

2. 褥瘡のできやすいところ

褥瘡は、持続的に圧がかかりやすい部位にできやすく、特に**仙骨部**に多くみられます。続いて足部、大転子部、下腿部、胸腰椎部、肩甲骨部、踵部、後頭部などです。

3. 褥瘡の予防と対応

褥瘡は比較的短時間でも発生します。ふだんからの皮膚の状態の観察が大切です。褥瘡の局所的・全身的・社会的要因と利用者のおかれている状況を踏まえて、発生リスクが高い場合はアセスメントを行い、主治医、看護職員、薬剤師、栄養士、理学療法士、介護職員など多職種と連携し、褥瘡予防と体調管理のための支援を行います。

①局所対応：**圧迫の除去**（長時間同じ体位をとらないよう**体位変換**を行う。体位を楽に保てるように、背中や足に枕やクッションをあてる。エアーマットなど**体圧分散用具**を併用する）と、**清潔保持・皮膚の保護**（圧迫されやすい部分のスキンケアやマッサージ。ただし発赤部への**マッサージは厳禁**。入浴により、皮膚を清潔にして血液の循環をよくする。入浴ができない場合は**清拭**。**失禁対策**。寝衣・寝具は清潔を保ち、摩擦の少ないやわらかいものを選ぶ）が重要。

②全身対応：栄養バランスをとりながら、**たんぱく質**や**カロリー**、**ビタミン**が不足しないようにする。栄養補助食品も活用する。

③社会対応：**家族や介護者への支援**（介護の知識や技術を指導、必要なサービスや資源の導入）、**多職種連携**（褥瘡の経過や状態に応じて、主治医、看護職員、薬剤師、栄養士、理学療法士、介護職員、社会福祉士など多職種と連携して支援）。

4. 褥瘡の治療・経過・予防

褥瘡の治療は、消毒、軟膏の塗布、創傷被覆剤（ドレッシング剤）の使用など保存的治療のほか、外科的治療（手術療法）が状態に応じて行われます。

また、褥瘡の創面からは、分泌液や滲出液などにより、たんぱく質などの栄養分が失われますので、十分な栄養補給が必要です。褥瘡部は細菌が繁殖しやすいため、進行した段階では**敗血症**など感染症の合併症に気をつけます。

書いて覚えよう！

◆褥瘡のできやすいところ

● 褥瘡は、持続的に圧がかかりやすい部位にできやすく、特に

（① _____ ）　に多くみられる。

◆褥瘡の予防と対応

局所対応	圧迫の除去	長時間同じ体位をとらないよう（② _____ ）　を行う。体位を楽に保てるように、背中や足に枕やクッションをあてる。エアーマットなどの（③ _____ ）　を併用する。
	清潔保持・皮膚の保護	（④ _____ ）　されやすい部分のスキンケアやマッサージ（ただし発赤部へのマッサージは厳禁）。入浴により、皮膚を清潔にして血液の循環をよくする。入浴ができない場合は清拭。（⑤ _____ ）　対策。寝衣・寝具は清潔を保ち、摩擦の少ないやわらかいものを選ぶ。
全身対応	栄養状態の改善	栄養バランスをとりながら、たんぱく質やカロリー、ビタミンが不足しないようにする。（⑥ _____ ）　も活用する。
⑦ _____ 対応	（⑧ _____ ）や介護者への支援	介護の知識や技術を指導、必要なサービスや資源の導入。
	多職種連携	褥瘡の経過や状態に応じ、主治医、看護職員、薬剤師、栄養士、理学療法士、介護職員、社会福祉士など多職種と連携して支援。

確認しよう！

★褥瘡は、腰や背中、足などのどんなところに体重の圧迫が継続
　的に加わることにより起こる？　　　　　　　　　　　⇨ Ⓐ

★褥瘡が進行してしまった場合、どんな合併症に気をつける必要
　があるか？　　　　　　　　　　　　　　　　　　　⇨ Ⓑ

用語

褥瘡の進度
Ⅰ度：表皮にとどまる。
Ⅱ度：真皮に達する。
Ⅲ度：脂肪組織に達する。
Ⅳ度：筋肉ないし骨組織に達する。

NOTE

食事の介護

重要度 ▶ **A**
学習日 ▶ ／／／

1. 食事の目的と機能

①身体に必要な栄養素やエネルギーを補給し、生命や生命活動を維持すること。

②食べることの喜びや楽しみを通して、より高い次元の身体的・心理的・社会的欲求を満たし、その人がその人らしく生活を送ることができるようにすること。

2. 摂食・嚥下の流れと摂食・嚥下障害

摂食・嚥下の過程のいずれかに障害が生じるのが、摂食・嚥下障害です。

①**第1期（先行期〔認知期〕）**：味覚、嗅覚、視覚の低下で食欲が出ない、認知機能の低下で認知できない。

②**第2期（準備期）**：歯の喪失などでそしゃくが不十分。

③**第3期（口腔期）**：口腔や顎関節の機能低下で口腔内に残った食塊を誤嚥。

④**第4期（咽頭期）**：咽頭に食塊が残り誤嚥。

⑤**第5期（食道期）**：食塊の送り込みが遅れたり、逆流したりしたものを誤嚥。

3. 食事のアセスメントと支援

（1）食事のアセスメント

食事のアセスメントでは、利用者の基本事項を踏まえたうえで、①**身体機能**、②**精神機能**、③**嗜好・嗜癖・習慣・食生活状況**、④食に関する**意欲**、⑤食に関する**知識・技術**などの利用者の状態、**家族介護者**の状態や**食に関連する手段**などについて、医師、看護師、理学療法士等、管理栄養士、介護福祉士、福祉用具専門相談員などさまざまな職種と連携して情報を収集します。特に、介護職は利用者の小さな状況の変化に気づきやすいことから、密に連携をとることが求められます。そして、食事という一連の生活行為のなかで、本人ができることと支援が必要な部分を明確にします。

（2）ケアプラン作成のポイント

利用者の介護や支援にかかわる専門職のすべてが目標を共有し、それぞれの役割をもって連携して課題を解決できるように調整していくことが、ケアプラン作成のポイントです。

（3）食事に関する主な課題・ニーズ、支援方法の例

食事に関する主な課題・ニーズとその支援方法の例には次のようなものがあります。①**摂食・嚥下できない**→歯科治療、食形態のくふう、誤嚥防止の介護、摂食・嚥下リハビリテーション、②**食事動作や姿勢保持ができない**→リハビリテーション計画作成、テーブルといすの形状や高さ、自助具の活用についてアドバイス、前傾姿勢を保てるようにクッションを用いるなど介護のくふう、見守り、③**食事の内容や質が不十分**→栄養士などによる訪問指導、食事内容・食事方法・食習慣の点検・指導。

書いて覚えよう！

用語

◆摂食・嚥下の流れと摂食・嚥下障害

過程	障害の状態
第1期（先行期〔認知期〕）	味覚、嗅覚、視覚の低下で（ ① ）が出ない、認知機能の低下で認知できない。
第2期（準備期）	歯の喪失などでそしゃくが不十分。
第3期（口腔期）	口腔や顎関節の機能低下で口腔内に残った食塊を誤嚥。
第4期（咽頭期）	咽頭に食塊が残り誤嚥。
第5期（食道期）	食塊の送り込みが遅れたり、（ ② ）したりしたものを誤嚥。

摂食・嚥下
食物や水分が口腔から咽頭、食道を通り、胃へと送り込まれる一連の流れ。

嚥下困難
食物や水分を飲み込むことが困難な状態。嚥下障害ともいう。嚥下困難があると、誤嚥（食道に入るはずの食物が、誤って気管に入ってしまうこと）が起こりやすくなる。脳血管障害の後遺症、パーキンソン病、加齢による機能低下、認知症などが原因となる。

◆食事のアセスメントと支援

● 食事のアセスメントでは、利用者の基本事項を踏まえたうえで、①身体機能、②精神機能、③嗜好・嗜癖・習慣・（ ③ ）、④食に関する（ ④ ）、⑤食に関する知識・技術などの利用者の状態、（ ⑤ ）の状態や食に関連する手段などについて、さまざまな職種と連携して情報を収集する。

NOTE

◆食事に関する主な課題・ニーズ、支援方法の例

主な課題・ニーズ	支援方法の例
摂食・嚥下できない	○歯科治療　○（ ⑥ ）のくふう、誤嚥防止の介護　○摂食・嚥下リハビリテーション
食事動作や姿勢保持ができない	○リハビリテーション計画作成　○テーブルといすの形状や高さ、（ ⑦ ）の活用についてアドバイス　○前傾姿勢を保てるようにクッションを用いるなど介護のくふう、見守り
食事の内容や質が不十分	○栄養士などによる訪問指導、食事内容・食事方法・食習慣の点検・指導

レッスン **13** # 排泄の介護

重要度 **B**
学習日 ／／／

1. 排泄障害への理解

（1）排泄の機能と排泄障害

排泄（はいせつ）は、体内での物質の代謝の結果生じた不要物を、排尿、排便、発汗などによって体外に排出することで、生命の維持や健康の保持のために不可欠な活動です。

排泄障害とは、尿意や便意を知覚してから、排尿や排便をするまでのいくつかの連続した行為の一部または全部に障害をきたした状態をいいます。排泄障害には、**排尿障害**と下痢や便秘などの**排便障害**があります。

（2）排泄介護の考え方

排泄は、日常生活のなかでも、複雑でプライベートな営みであり、排泄障害の介護は、介護者のみならず、高齢者にとっても心理的に負担の大きいものです。

高齢者の自尊心に配慮し、高齢者ができるかぎり自立した排泄行動がとれるようにします。

2. 排泄介護のアセスメントと支援

アセスメントにおいては、利用者の排泄の状態や排尿障害・排便障害の特徴を把握し、利用者の自立度に応じた排泄場所や排泄用具を検討します。排尿・排便コントロールは、**生活内容**との関係で考え、多職種と連携して**食事内容**（水分量）や排泄間隔、**日中の活動状況**などを確認して排泄リズムを整えられるように支援します。また、家族介護者の排泄介助に伴う身体的・心理的・経済的・社会的影響を理解し、介護者が少しでも楽になれるように支援することが大切です。

ケアプランでは、自立支援の観点が重要です。利用者の**プライバシー**に配慮し、**見守り**の方法についても留意します。なお、排泄障害は、すべてが医学的治療を要するものではありません。課題に応じた適切な支援、環境設備が必要です。排泄障害の課題と主な支援には次のようなものがあります。

① **機能性尿失禁**：排泄に関する一連の日常生活動作、トイレへの距離など排泄環境の課題を分析。夜間はポータブルトイレを使用するなど排泄用具を検討。

② **切迫性尿失禁**：膀胱訓練で膀胱の容量を増やすトレーニング。

③ **腹圧性尿失禁**：骨盤底筋訓練などで骨盤底筋力を高める。

④ **神経因性膀胱**：神経障害により尿が出にくいため、導尿やバルーンカテーテル法を検討。

⑤ **下痢**：便秘に使用する**緩下剤**で下痢になることもあり、服薬状況を確認。下痢の際は水分補給で脱水を予防する。

⑥ **便秘**：水分補給、適度な運動、自然排便への働きかけ。

書いて覚えよう！

◆排泄障害への理解

● 排泄は、体内での物質の（① _____ ）の結果生じた不要物を、排尿、排便、発汗などによって体外に排出することで、生命の維持や健康の保持のために不可欠な活動である。

● 排泄障害とは、（② _____ ）や（③ _____ ）を知覚してから、排尿や排便をするまでのいくつかの連続した行為の一部または全部に障害をきたした状態をいう。

● 排泄障害には、（④ _____ ）と下痢や便秘などの（⑤ _____ ）がある。

● 高齢者の自尊心に配慮し、高齢者ができるかぎり（⑥ _____ ）した排泄行動がとれるようにする。

◆排泄介護のアセスメントと支援

機能性尿失禁	排泄に関する一連の日常生活動作、トイレへの距離など（⑦ _____ ）環境の課題を分析。夜間はポータブルトイレを使用するなど排泄用具を検討。
切迫性尿失禁	（⑧ _____ ）訓練で膀胱の容量を増やすトレーニング。
腹圧性尿失禁	骨盤底筋訓練などで骨盤底筋力を高める。
神経因性膀胱	神経障害により尿が出にくいため、導尿やバルーンカテーテル法を検討。
下痢	便秘に使用する（⑨ _____ ）で下痢になることもあり、服薬状況を確認。下痢の際は水分補給で（⑩ _____ ）を予防する。
便秘	（⑪ _____ ）補給、適度な（⑫ _____ ）、自然排便への働きかけ。

レッスン **14** 睡眠の介護

重要度　B
学習日　／／／

1. 睡眠の機能と睡眠障害

　睡眠には、心身の疲労を回復させ、休息を与え、生活のための活力を蓄えるという機能があり、ノンレム睡眠（脳を休ませる）とレム睡眠（眠りが浅い）という2つの状態を繰り返しています。睡眠が量的・質的に悪化すると、健康上の問題や生活への支障が生じます。睡眠に関連する多様な病気を睡眠障害といい、なかでも多いのが**不眠症**です。一般的に高齢者は、不眠を自覚することが多くなります。不眠症の種類には、**入眠困難**（寝床に入っても、なかなか寝つけない）、**中途覚醒**（夜間に目が覚めて、その後眠りにつきにくい）、**早朝覚醒**（早朝に目が覚めて、その後眠れなくなる）、**熟眠障害**（睡眠時間はある程度とれているが、睡眠が浅く、すっきりと目覚めることができない）があります。**睡眠時無呼吸症候群**や**レストレスレッグス症候群**などは不眠の原因ともなるため、医師による専門的な診断と治療が必要です。

2. 睡眠のアセスメントと支援

　不眠症により日中の集中力や注意力が低下し、昼間の**転倒・骨折**などにつながることもあります。アセスメントにより睡眠を阻害する要因を明確にし、その要因をできるかぎり取り除き、またはコントロールできるよう配慮することが大切です。不眠症の主な要因には次のようなものがあります。

①**日中の生活**：日中の居眠り、活動量の不足、生活リズムの崩れ

②**身体状況・疾患**：**痛み、かゆみ、咳、呼吸困難、頻尿**などの身体症状。**認知症**や**うつ病**など脳の器質的・機能的疾患による睡眠パターンの変化

③**精神的不安**：抑うつ、ストレス、不安、イライラ

④**環境（特に夜間）**：就眠時の騒音、温度、湿度、光、寝具が不適切、施設への入所など生活環境の変化

⑤**薬や嗜好品の影響**：**睡眠薬の多用、薬物の副作用、カフェイン**を含む飲料（コーヒー、紅茶、緑茶）

3. 睡眠のケアの方法

　安眠のためのケアでは、次のような点に配慮します。

①就寝時は、安眠できるよう就眠環境に配慮し、多量の**飲酒**や**カフェイン**など刺激物の摂取を避ける。

②眠れない場合は、足浴など足を温めてリラックスを図ることも効果的。

③起床時には失われた**水分**を補給し、1日の規則的な排便リズム Ⓐ につなげられるよう支援する。

④日中には、適度な**運動**をするなど昼夜の生活リズムを整えられるように配慮する。

書いて覚えよう！

◆睡眠の機能と睡眠障害

● 一般的に高齢者は（___①___）を自覚することが多くなる。

● 不眠症には、（___②___）（寝床に入っても、なかなか寝つけない）、（___③___）（夜間に目が覚めて、その後眠りにつきにくい）、（___④___）（早朝に目が覚めて、その後眠れなくなる）、（___⑤___）（睡眠時間はある程度とれているが、睡眠が浅く、すっきりと目覚めることができない）がある。

◆睡眠のアセスメントと支援

日中の生活	日中の（⑥　　　）、活動量の不足、生活リズムの崩れ
身体状況・疾患	痛み、かゆみ、咳、呼吸困難、頻尿などの身体症状。（⑦　　　）や（⑧　　　）など脳の器質的・機能的疾患による睡眠パターンの変化
精神的不安	（⑨　　　）、ストレス、不安、イライラ
環境（特に夜間）	就眠時の騒音、温度、湿度、光、寝具が不適切、施設への入所など（⑩　　　）の変化
薬や嗜好品の影響	睡眠薬の多用、薬物の副作用、（⑪　　　）を含む飲料

◆睡眠のケアの方法

● 就寝時は（___⑫___）などの刺激物の摂取や多量の（___⑬___）を避ける。起床時には（___⑭___）を補給するようにする。日中には、適度な（___⑮___）をする。

用語

睡眠時無呼吸症候群
睡眠中に10秒以上の呼吸停止を1時間あたりに5回以上、あるいは7時間の睡眠で30回以上繰り返し、いびきや昼間の眠気、熟睡感がないなどの症状を示す疾患。

レストレスレッグス症候群
夕方から深夜にかけて、下肢を中心として、むずむずするような不快感が起こり、じっとしていられない疾患。

NOTE

確認しよう！

★起床時のケアは、なにのリズムをつくる？　⇒ Ⓐ

レッスン **15** 　入浴・清潔の介護

重要度 **B**
学習日

1. 入浴・清潔の意義と対応

　清潔とは、汚れがなく衛生的であることです。清潔には、**生理的**な意義、**心理的**な意義、**社会的**な意義があります。

2. 入浴・清潔のアセスメントと支援

(1) 入浴・清潔のアセスメント

　アセスメントは、多職種が連携して行います。情報収集にあたっては、プライバシーへの配慮もしながら、利用者の**皮膚の状態**の確認や**感染症**の有無、脱衣所や浴室、浴槽内の動作、**姿勢保持**の状態、本人の残存能力を活用する見守りや言葉かけなどについて確認します。

(2) 介護の際の留意点

　介護職は、介助を通じて利用者の身体状況を確認する機会が多くあります。サービス提供当日には、介護職による**バイタルチェック**が欠かさず行われるようにし、皮膚に発赤がないか、不自然なあざがないか、前回のサービス提供時と比べて変化がないか、入浴前後の水分補給でふらつきがなくなったかなどの小さな変化も含め、介護職によるアセスメントの結果をすみやかに共有できるようにします。また、当日の状況に応じて、手浴、足浴などの部分浴に変更する可能性があることなど、事前の情報収集も必要です。

　入浴・清潔介護の留意点には次のようなものがあります。

　①入浴は全身の血液循環の状態（**循環動態**）への影響が大きいため、入浴前後の身体状態を観察し、ヒートショック、転倒、溺水、やけどなどの事故に留意する。身体状況に応じ、浴室の改修や入浴補助用具の導入など環境整備をする。②手浴・足浴では、拘縮が強い場合は良肢位を保つ。③清拭では、居室の室温を適正に調整し、寝具などを湯水や洗剤で濡らさないようにし、羞恥心への配慮、感染予防のため、露出を最小限にする。④洗髪では、頭皮および毛髪に異常がないか事前に観察する。⑤整髪は給付対象外で自費となるが、理美容サービスの利用も考慮する。⑥洗顔では目、鼻、耳の汚れもきれいに取り除く。

(3) ケアプラン作成と支援のポイント

　入浴・清潔の介護では、利用者の希望を取り入れるほか、必要に応じて、**住宅改修**や**福祉用具**の導入を考えます。また、**整容**は利用者の意欲向上に関連する部分です。利用者の残存能力を活用し、外出や近隣との交流の機会が増える効果があることも考慮します。

書いて覚えよう！

◆入浴・清潔の意義

生理的な意義	汚れを取り除き、身体を保護し、各機能を健康的に保持する。
（①　　　　　）的な意義	爽快感、やすらぎ、快適な気分が得られ、苦痛や倦怠感を軽減する。
社会的な意義	生活や活動への意欲を高め、社会性を高める。

◆入浴・清潔のアセスメント

● アセスメントは、多職種が連携して行う。プライバシーへの配慮もしながら、利用者の皮膚の状態の確認や（②　　　　　　　）の有無、脱衣所や浴室、浴槽内の動作、（③　　　　　　　）の状態、本人の残存能力を活用する見守りや言葉かけなどについて確認する。

◆入浴・清潔に関する介護の留意点

入浴	入浴前後の身体状態を観察し、ヒートショック、転倒、溺水、やけどなどの事故に留意する。
手浴・足浴	拘縮が強い場合は（④　　　　　　）を保つ。
清拭	居室の室温を適正に調整し、寝具などを湯水や洗剤で濡らさないようにし、（⑤　　　　　　）への配慮、感染予防のため、露出を最小限にする。
洗髪	頭皮および毛髪に異常がないか事前に観察する。
整髪	給付対象外で自費となるが、（⑥　　　　　　　）の利用も考慮する。
洗顔	目、鼻、耳の汚れもきれいに取り除く。

用語

ヒートショック
急激な温度差により血圧が上昇し、脳血管障害や心疾患を引き起こすこと。

良肢位
できるだけ拘縮をつくらないような予防的な姿勢であり、関節がその位置で動かなくなった場合ADLに最も影響の少ない肢体の位置。本人に苦痛がなく、全身の筋がリラックスできる姿勢でもある。

NOTE

重要度	A
学習日	／／／

レッスン 16 口腔ケア

1. 口腔の機能

　口腔（こうくう）には、そしゃく、嚥下（えんげ）、味覚、発音・発声、呼吸などの機能があり、生命維持のほか、食を楽しみ、コミュニケーションをとるうえでも重要な役割を担っています。

注目！
2. 口腔ケアの効果、口腔ケアのアセスメントと支援

　口腔ケアにより、①う歯・歯周病、粘膜疾患や誤嚥性肺炎、口臭の予防、②味覚を正常に保つ、③オーラルフレイルの予防、口腔機能の維持・向上、といった効果が望めます。

　口腔ケアのアセスメントでは、口腔内の状態悪化が食事や嚥下機能のほか、全身状態にも影響する点を踏まえてアセスメントを行うことが大切です。可能であれば食事や口腔ケアの様子を観察するほか、必要に応じて歯科医師、歯科衛生士、言語聴覚士、管理栄養士、介護職など専門職にアセスメントを依頼して情報を収集し、解決すべき課題を明らかにします。

　ケアプラン立案では、清潔保持のほか、口腔機能の維持・向上を含めた支援を念頭におき、多職種が連携して行います。口腔内に痛み、義歯の不具合などがある場合は、歯科医院への通院か訪問診療をケアプランに位置づけます。摂食・嚥下リハビリテーションは、口腔の動き、嚥下、言語、食事などの多面的な機能評価とそれに対応する支援が必要となります。計画作成後も定期的に口腔ケアに関する課題について評価し、必要があれば計画の見直しを行います。

3. 口腔ケアの方法

　口腔ケアは、食前に口腔周囲を動かし、汚れの除去を毎食後に行うのが基本です。セルフケアができる場合は見守りを行い、できるのに行わない場合は声かけで促します。セルフケアが困難な場合は介助者がケアをします。歯ブラシでブラッシングし、粘膜部分は洗口（せんこう）します。それができない場合や、特にターミナル期は、スポンジブラシや口腔ケア用ウエットティッシュなどでこまめに口腔内を拭きます。取りはずせる義歯は取りはずし、研磨剤の入っていない義歯専用の歯磨き剤と歯ブラシを使って流水でていねいに磨きます。また、夜間はきれいな水（または殺菌・消臭効果のある義歯洗浄剤）に浸しておきます。きちんと清掃できているか、麻痺のある人は麻痺側に食べかすが残留していないか、うがいができているかなどを観察します。

書いて覚えよう！

◆口腔の機能

そしゃく	食物を口のなかに摂取し、歯によって噛み砕いて唾液と混ぜ合わせ、その味や噛み心地を舌や口腔内の粘膜によって脳に感知させる。
（ ① ）	噛み砕かれた食物は、舌と口腔周囲筋の活動によって咽頭へ送られ、食道を経て胃に達する。
発音・発声	口腔の周囲筋、舌、唇、口蓋の働きによって行われる。
呼吸	鼻とともに、呼吸器としての役割も担う。

◆口腔ケアの効果、口腔ケアのアセスメントと支援

①う歯・歯周病、粘膜疾患や（ ② ）、口臭の予防
②味覚を正常に保つ
③オーラルフレイルの予防、口腔機能の維持・向上

● 　口腔ケアのアセスメントでは、口腔内の状態悪化が食事や嚥下機能のほか、（ ③ ）　にも影響する点を踏まえてアセスメントを行うことが大切。

● 　口腔内に痛み、義歯の不具合などがある場合は、歯科医院への通院か（ ④ ）　をケアプランに位置づける。

用語

唾液の機能

口腔の清掃、創傷の治癒、義歯の装着時の安定、口腔諸組織の保護作用、味覚誘起、そしゃく・嚥下・発音の補助などさまざまな働きがある。唾液の分泌が低下すると、歯垢がたまり不潔になりやすいので注意が必要。

オーラルフレイル

口腔機能の軽微な低下や食の偏りなどを含む、身体の衰えの一つ。

取りはずせる義歯

○部分入れ歯（局部床義歯）：残っている歯に義歯を支えるバネをかけて、装着する方法。

○総入れ歯（総義歯）：歯の残存数が少なかったり、歯がすべて失われたりした場合に、喪失した歯の歯槽堤（土手）にフィットした義歯を入れる方法。

NOTE

レッスン **17** # リハビリテーション（1）

重要度 **B**

学習日 ／／／

1. リハビリテーションの考え方

　リハビリテーションとは、障害のある人々が、地域においてもてる能力を最大限に発揮し、人権が尊重され、生きがいをもった生活を送れるように、障害者やその家族を中心に、共通の目標に向かってチームで援助する活動、という考え方です。

　果たす機能により**予防的リハビリテーション**、**治療的リハビリテーション**、**維持的リハビリテーション**にわけられ、介護保険では**維持的リハビリテーション**が行われます。

2. リスク管理と配慮すべき障害・症状

　リハビリテーションを行う前には、予測される危険性（リスク）を理解し、事故が起こったときの対処方法を熟知しておくことが大切です。特に運動が制限される疾病や障害の有無、許容される運動の内容と強度、運動の中止基準について把握しておきます。

①**廃用症候群**：何よりも予防的アプローチ（拘縮予防、筋力低下・筋萎縮の予防、褥瘡の予防、心肺系の廃用の予防、骨粗鬆症の予防）が大切。

②**痙縮**：筋肉の緊張が異常に高まった状態。過度になるとリハビリテーションを妨げ、正しい動き方の学習を阻害し、日常生活や介護に支障をきたす。

③**感覚障害**：脳卒中、**脊髄損傷**、末梢神経障害などでは、痛みや温度、手足の動きなどの感覚が鈍くなるため動作が困難になるほか、手足の位置を確認せずに運動して手足を傷つけたり、転倒したりする危険もある。重度になると温度や痛みを感じないため、やけど（特にこたつなどでの低温やけど）や褥瘡が起こりやすくなる。

④**運動麻痺**：障害部位や程度により現れ方は異なるが、一般に、中枢性麻痺は手足が突っ張り思うように動かせなくなり、末梢性麻痺は力が入らなくなる。あらかじめ運動麻痺の程度や分布、回復の見通しを把握することが大切。

⑤**痛み、しびれ**：高齢者では、肩関節、膝関節の痛み、腰痛、脳卒中に伴う視床痛、糖尿病性末梢神経障害に伴う痛みなどがよくみられる。廃用症候群につながることもあるため、薬物療法、ブロック療法、運動療法、ストレッチ、温熱療法、姿勢や日常生活の指導などで積極的に痛みを治療して苦痛を和らげる。

⑥**歩行障害**：脳卒中、脊髄損傷などの神経疾患、変形性関節症や骨折などの骨関節疾患に加え、心臓や肺の疾患によっても起こる。原因を見きわめ、歩行訓練、装具・杖の使用、安全な歩行の確立、全身持久力の向上、実用性の向上などを行う。

⑦**精神的問題**：特に認知症とうつ状態への対応が重要。回想法などの療法や身体運動の励行、環境整備などで生活のリズムをつくり、活動性の維持・向上を図る。高齢者では身体症状が前面に立つ**仮面うつ病**もある。

⑧**高次脳機能障害**：**失語症**と**構音障害**は同じ言葉の障害であっても原因などが異なることに留意し、コミュニケーション環境をくふうする。

書いて覚えよう！

用語

◆リハビリテーションの考え方

予防的リハビリテーション	地域支援事業などで実施。膝痛、腰痛、転倒、骨折、加齢による衰弱などにより心身機能の低下が進み、要介護となるリスクが高い人に対し、早期発見、早期対応を重視した介護予防の取り組みを行う。
治療的リハビリテーション	**急性期リハビリテーション**：廃用症候群の予防と早期からのセルフケアの自立を目的として、急性期病床で発症直後からベッド上の体位保持、定期的な体位変換などが行われる。その後、意識がほぼ回復した状態では、座位訓練、移乗動作などの基本的リハビリテーションを実施する。 **回復期リハビリテーション**：回復期リハビリテーション病棟で最大限の機能回復、ADLの向上と早期社会復帰を目標としたリハビリテーションを実施する。
（ ① ）的リハビリテーション	介護保険で実施。急性期、回復期を終了した段階において、生活機能の維持向上、活動性の向上をめざして行われる。

◆配慮すべき障害・症状

廃用症候群	何よりも（ ② ）的アプローチが大切。
（ ③ ）	過度になるとリハビリテーションを妨げ、正しい動き方の学習を阻害し、日常生活や介護に支障をきたす。
（ ④ ）	感覚が鈍くなると動作が困難になるほか、手足を傷つけたり、転倒したりする危険もある。重度ではやけどや褥瘡が起こりやすい。
痛み、しびれ	（ ⑤ ）につながることもあるため、積極的に痛みを治療して苦痛を和らげる。
歩行障害	原因を見きわめ、歩行訓練、装具・（ ⑥ ）の使用、安全な歩行の確立、全身持久力の向上、実用性の向上などを行う。
精神的問題	特に認知症と（ ⑦ ）状態への対応が重要。
高次脳機能障害	（ ⑧ ）環境をくふうする。

中枢性麻痺
脳や脊髄の病気により生じる麻痺。

末梢性麻痺
末梢神経や筋肉の病気により生じる麻痺。

高次脳機能障害
脳の病変により、言語、記憶、認知、判断など高次の認知機能が障害され、失語症、失認などの障害が現れる。

失語症
大脳の言語中枢の損傷が原因で、話す、聞いて理解する、読み書きなどの能力に障害のある状態で、右片麻痺に合併することが多い。

構音障害
舌・唇・咽頭（いんとう）などの構音器官の麻痺、筋肉の障害などによって発音が正しくできない状態。

失認
意識障害や感覚障害はないのに、対象となるものの意味が理解できなくなること。左片麻痺患者によくみられるのが半側空間無視。

NOTE
- - - - - - - - - - - - - - - -
- - - - - - - - - - - - - - - -
- - - - - - - - - - - - - - - -
- - - - - - - - - - - - - - - -
- - - - - - - - - - - - - - - -
- - - - - - - - - - - - - - - -
- - - - - - - - - - - - - - - -
- - - - - - - - - - - - - - - -

レッスン **17** # リハビリテーション(2)

重要度 **B**
学習日 ／／／

1. 障害高齢者の日常生活自立度

ランク	生活の状態	定義
J	独力で外出	何らかの障害を有するが、日常生活はほぼ自立しており、独力で外出する。 1. 交通機関などを利用して外出する。　2. 隣近所へなら外出する。
A	屋内はおおむね自立	屋内での生活はおおむね自立しているが、介助なしには外出しない。 1. 介助により外出し、日中はほとんどベッドから離れて生活する。 2. 外出の頻度が少なく、日中は寝たり起きたりの生活をしている。
B	屋内は車いすで移動	屋内での生活は何らかの介助を要し、日中もベッド上での生活が主体であるが座位を保つ。 1. 車いすに移乗し、食事、排泄はベッドから離れて行う。 2. 介助により車いすに移乗する。
C	ベッドでの生活	1日中ベッド上で過ごし、排泄、食事、着替えにおいて介助を要する。 1. 自分で寝返りをうつ。　2. 自分では寝返りもうたない。

注目!
2. 日常生活自立度別のリハビリテーションのポイント

　リハビリテーションは、機能レベルに合わせ、日常生活のなか A で無理なく行うことができる効果的なものを行うことが大切です。

(1) ランクJ：独力で外出できる場合

　歩行能力や体力をできるだけ維持・向上させることが大切です。趣味のサービスや老人会、旅行などへの参加をすすめ、人との交流を深めながらできるだけ活動的な生活が送れるように援助します。

(2) ランクA：屋内での生活がおおむね自立している場合

　A1では生活環境を移動しやすく整備し、通所リハビリテーションなどで外出の機会を確保します。A2では風邪をひいた、腰を痛めたなどをきっかけに機能が低下するリスクが高いため、すばやい対応と筋力維持・向上のための運動が重要です。

(3) ランクB：屋内での車いす移動が可能な場合

　B1では基本動作がスムーズにできるよう生活環境を整え、下肢筋力の維持・向上と立位バランス安定のための訓練、屋内歩行レベルに向けた段階的歩行訓練を実施します。外出の機会を確保し、社会的活動性の向上にも配慮します。B2では、寝返り、起き上がり、座位保持などの能力の維持・向上のためのプログラムが重要です。

(4) ランクC：ほぼベッドでの生活の場合

　麻痺などの障害が重く合併症を起こしやすい状態にあることが多く、また医療的ケアを必要とする頻度も高くなります。このため、健康状態の維持、合併症の予防、精神的賦活、関節拘縮・変形の悪化予防、介護環境の整備と介護量の軽減や介護者への支援、社会資源の的確な活用などをベースに、本人の苦痛などに配慮しながらリハビリテーションプログラムを実施します。

書いて覚えよう！

◆障害高齢者の日常生活自立度

用語

障害高齢者の日常生活自立度
高齢者の日常生活自立度の程度を表すもので、「寝たきり度」ともいわれることがある。

ランク	生活の状態	リハビリテーションのポイント
J	独力で外出	（ ① ）や体力をできるだけ維持・向上させることが大切。人との（ ② ）を深めながらできるだけ活動的な生活が送れるように援助する。
A	屋内はおおむね自立	A1は生活環境を移動しやすく整備し、通所リハビリテーションなどで（ ③ ）の機会を確保する。A2は風邪をひいた、腰を痛めたなどをきっかけに機能が低下するリスクが高いため、すばやい対応と（ ④ ）維持・向上のための運動が重要。
B	屋内は車いすで移動	B1は基本動作がスムーズにできるよう生活環境を整え、（ ⑤ ）筋力の維持・向上と立位バランス安定のための訓練、屋内歩行レベルに向けた段階的歩行訓練を実施する。外出の機会を確保し、（ ⑥ ）の向上にも配慮する。B2は寝返り、起き上がり、座位保持などの能力の維持・向上のためのプログラムが重要。
C	ベッドでの生活	麻痺などの障害が重く（ ⑦ ）を起こしやすい状態にあることが多く、また医療的ケアを必要とする頻度も高くなる。このため、健康状態の維持、合併症の予防、精神的賦活、関節拘縮、変形の悪化予防、介護環境の整備と介護量の軽減や（ ⑧ ）への支援、（ ⑨ ）の的確な活用などをベースに、本人の苦痛などに配慮しながらリハビリテーションプログラムを実施する。

NOTE

確認しよう！

★リハビリテーションは、機能レベルに合わせ、どのような場面で無理なく行えることが大切？　⇒ Ⓐ

保健医療サービス分野

レッスン 18　認知症の特徴と病態（1）

重要度 A
学習日

1. 認知症と原因疾患

　認知症は、「アルツハイマー病その他の神経変性疾患、脳血管疾患その他の疾患（特定の疾患に分類されないものを含み、厚生労働省令で定める精神疾患を除く）により日常生活に支障が生じる程度にまで認知機能が低下した状態」で、原因疾患のなかでも多いのは**アルツハイマー型認知症と血管性認知症**です。その他、神経変性疾患（レビー小体型認知症、前頭側頭型認知症〔ピック病〕など）、外傷性疾患（脳挫傷、慢性硬膜下血腫※）、感染症（進行麻痺〔梅毒〕、脳膿瘍、単純ヘルペス脳炎後遺症、エイズ）、内分泌代謝性疾患（甲状腺機能低下症※、ビタミンB₁₂欠乏症※）、中毒（一酸化炭素中毒後遺症、メチル水銀中毒、慢性アルコール中毒）、脳腫瘍、正常圧水頭症※、てんかん※も原因となります（※は早期の治療で回復するため、認知症と定義されないことがある）。

2. 認知症の一般的な症状

　認知症の症状には、**中核症状**（脳の病変により必ず現れる認知症状。**記憶障害、見当識障害**、計算力・理解力・判断力・注意力の低下、**遂行機能障害**〔実行機能障害〕、**失行・失認**など。病識の低下や他者の気持ちを理解できないなどの**社会的認知（社会脳）**の障害も含まれる）と、**BPSD**（認知症の**行動・心理症状**。中核症状に加え、性格や生いたちなどの個人因子、住環境やケアの状況などの環境因子の影響を強く受け、徘徊、暴言などの行動症状、幻覚、妄想などの心理症状がある）があります。また、認知症状により生活障害を引き起こす点に注意が必要です。初期は健忘が中心で、IADL障害がみられます。中期（中等度）では聞いたことをすぐ忘れるようになり、ADLに支援が必要となります。進行期（重度）には認知機能障害が重度になり、言葉も減り、コミュニケーションが難しくなります。排尿コントロールも困難になります。終末期には寝たきりになり、発語はほとんどなく、尿便失禁、嚥下困難でいずれは死に至ります。

3. 認知症とは区別される状態

　①**MCI**（軽度認知障害。健常者と比べて、なんらかの認知機能が以前よりも低下しているが、認知症とはいえない状態。すべてが認知症に移行するわけではない）、②**せん妄**（しばしばBPSDに合併するが、原因・誘引の除去のほか、薬物治療で症状が消失する）、③**うつ・アパシー**（症状が続くと健忘を伴うが、見当識は保たれており、適切な薬や心理療法で軽快する。うつ・アパシーは認知症の初期症状にもあるため、鑑別診断が必要）、④**被害妄想**（老年期には喪失体験から被害的な妄想が現れやすくなるが、認知機能は保たれている。妄想がある場合は、老年期の統合失調症との鑑別診断も必要）があります。

書いて覚えよう！

原因疾患	神経変性疾患	アルツハイマー型認知症、（①＿＿＿＿＿＿＿＿＿＿）、前頭側頭型認知症（ピック病）など
	脳血管障害	血管性認知症
	外傷性疾患	（②＿＿＿＿＿＿）、慢性硬膜下血腫
	感染症	（③＿＿＿＿＿＿）（梅毒）、脳膿瘍など
	内分泌代謝性疾患	甲状腺機能低下症、ビタミン B_{12} 欠乏症
	中毒	一酸化炭素中毒後遺症、メチル水銀中毒、（④＿＿＿＿＿＿＿＿＿）
	腫瘍	脳腫瘍
	その他	（⑤＿＿＿＿＿＿）、てんかん
一般的な症状	中核症状	脳の病変により必ず現れる認知症状。（⑥＿＿＿＿）障害、見当識障害、計算力・理解力・判断力・注意力の低下、遂行機能障害（実行機能障害）、失行・失認など。 ※病識の低下や他者の気持ちを理解できないなどの社会的認知（社会脳）の障害も含む。
	BPSD（認知症の行動・心理症状）	（⑦＿＿＿＿＿＿）に加え、個人因子、環境因子の影響を強く受ける症状。 ○行動症状：徘徊、暴言・暴力、叫び声など ○心理症状：幻覚、妄想、不安、抑うつなど
認知症の進行過程	初期	健忘が中心で、（⑧＿＿＿＿）障害がみられる。
	中期／中等度	聞いたことをすぐ忘れるようになり、（⑨＿＿＿）に支援が必要となる。
	進行期／重度	認知機能障害が重度になり、言葉も減り、コミュニケーションが難しくなる。（⑩＿＿＿＿＿＿＿）も困難になる。
	終末期	（⑪＿＿＿＿＿＿）になり、発語はほとんどなく、尿便失禁、嚥下困難でいずれは死に至る。
認知症とは区別される状態		①（⑫＿＿＿＿）（軽度認知障害）②せん妄 ③うつ・（⑬＿＿＿＿＿＿）④被害妄想

認知症の特徴と病態 (2)

重要度　**A**

学習日　／　／　／

1. 各認知症の特徴

　アルツハイマー型認知症はアルツハイマー病を原因とし、ゆるやかに進行します。初期から主症状となる健忘（主にエピソード記憶の障害が中心で、近時記憶の障害が著しい）のほか、嗅覚低下が現れ、病識が低下し、取り繕い（つくろい）が目立ち、見当識障害、注意障害、実行機能障害なども現れます。適切に対応しないと、もの盗られ妄想などのBPSDを引き起こしやすく、進行すると身体機能が低下します。

　血管性認知症は、脳梗塞や脳出血などが原因で起こります。近年では、広範囲の大脳白質虚血により起こるビンスワンガー型が多いです。大脳基底核に血管性病変があると、パーキンソン症状などの**運動障害**も伴います。**構音障害**や**嚥下障害**も比較的早期からみられます。

　レビー小体型認知症は α（アルファ）シヌクレイン（レビー小体）というたんぱく質が、大脳のほか脳幹部や末梢自律神経系にも広く異常沈着することにより起こります。認知障害だけではなく、①**レム睡眠行動障害**、②**うつ**、③**嗅覚低下**、④現実的で詳細な内容の**幻視**、⑤**パーキンソン症状**、⑥**起立性低血圧**、血圧の変動、失神、便秘などの**自律神経症状**がみられ、①〜③は比較的早期から現れます。また、転倒はアルツハイマー型の10倍多いといわれています。

　前頭側頭型認知症は脳の前頭葉と側頭葉が集中的に萎縮し、その部分の障害に関連した症状が現れます。主に前頭葉が萎縮するタイプでは、記憶は比較的保たれるものの、病識を欠き、他人の気持ちの理解や共感ができなくなり、反社会的な衝動的行動、同じ行動を繰り返しすること（**常同行動**）も目立ちます。主に側頭葉が萎縮するタイプでは、物の名前が出てこないなどの意味記憶障害、**相貌失認**（そうぼう）がみられます。いずれも徐々に進行し、活動性が低下していきます。

2. 若年性認知症

　高齢での発症と比べて進行が比較的速く、前頭側頭型認知症の割合が高いです。初期には、うつ病や統合失調症と思われて、診断が遅れる傾向があります。就業の継続が困難になり、福祉や雇用の施策も活用されにくく、本人やその家族が経済的な困難に陥りやすくなります。就労支援、精神障害者保健福祉手帳の取得や障害年金の申請など利用できる制度についての情報提供が大切になります。

3. 治療可能な認知症の原因疾患

　正常圧水頭症は、手術で治療が可能です。**慢性硬膜下血腫**（こうまく）は、早期に手術で血腫を除去すれば、数か月以内にもとの認知機能レベルに戻ります。

書いて覚えよう！

アルツハイマー型認知症	初期から主症状となる（① ＿＿＿＿）のほか、嗅覚低下が現れ、病識が低下し、取り繕いが目立ち、見当識障害、注意障害、実行機能障害なども現れる。（② ＿＿＿＿）を引き起こしやすい。	
血管性認知症	近年はビンスワンガー型が多い。大脳基底核に血管性病変があると、パーキンソン症状などの（③ ＿＿＿＿）も伴う。構音障害や嚥下障害も比較的早期からみられる。	
レビー小体型認知症	認知障害だけではなく、①レム睡眠行動障害、②うつ、③嗅覚低下、④現実的で詳細な内容の（④ ＿＿＿＿）、⑤パーキンソン症状、⑥自律神経症状がみられ、①〜③は比較的早期から現れる。	
前頭側頭型認知症	主に前頭葉が萎縮するタイプ：記憶は比較的保たれるものの、病識を欠き、他人の気持ちの理解や共感ができなくなり、反社会的な衝動的行動、（⑤ ＿＿＿＿）も目立つ。 主に側頭葉が萎縮するタイプ：物の名前が出てこないなどの意味記憶障害、相貌失認がみられる。	
若年性認知症	高齢での発症と比べて進行が比較的速く、（⑥ ＿＿＿＿）の割合が高い。	
治療可能な認知症の原因疾患	正常圧水頭症	（⑦ ＿＿＿＿）で治療が可能。 ※脳脊髄液が脳の周囲や脳室内に溜まり、認知機能が低下するもの。三大症状は認知機能障害、すり足で小股に歩く歩行障害、尿失禁。MRIで特徴的な所見がみられる。
	慢性硬膜下血腫	早期に（⑧ ＿＿＿＿）で血腫を除去すれば、数か月以内にもとの認知機能レベルに戻る。 ※頭部打撲などで硬膜とくも膜との間に小さな出血を生じ、1〜3か月かけて徐々に大きな血腫となり、脳を圧迫するもの。わずかな打撲でも生じ、転倒や外傷などの既往歴がはっきりしないことも少なくない。症状は意識障害、認知機能低下、歩行障害など。

用語

アルツハイマー病
脳にアミロイドβとタウたんぱく質が異常に蓄積し、正常な神経細胞が減少していくもの。

ビンスワンガー型
広範囲の大脳白質虚血により起こるもので、認知反応が遅くなり、アパシー（著しい意欲や自発性の低下）やうつ状態が引き起こされる。アルツハイマー型と同様に、ゆるやかに進行するケースも多いといわれる。

若年性認知症
一般に65歳未満で発症したものをいい、認知症全体の1％程度を占める。

相貌失認
顔を見ても、誰だかわからなくなること。

NOTE

レッスン 19 認知症の治療とケア（1）

重要度 A
学習日 ／／／

1. 認知症の評価と診断

　診断は、まず生活状況や認知機能のテストの結果から、認知機能が正常、MCI、認知症のどのレベルかを判断し、せん妄などの意識障害でないこと、うつなどの精神疾患でないこと、症状が継続していることを確認します。次に、認知症の原因疾患をMRIなどで鑑別診断していきます。認知機能を簡便に評価する質問式のテストに、**長谷川式認知症スケール**と**MMSE**が多く使用されています。このほか、観察式の評価には、認知機能と生活・介護状況から重症度を段階的に評価する臨床認知症評価尺度（**CDR**）や、アルツハイマー型認知症に特化した**FAST**などがあります。**MRI**（核磁気共鳴画像法）、**CT**（コンピュータ断層撮影法）などの形態画像検査、**脳血流SPECT**（単一フォトン放射断層撮影）、MIBG心筋シンチグラフィのような機能画像の検査を行って、認知症の原因疾患を鑑別します。

2. 認知症の治療

　アルツハイマー型認知症では、アセチルコリンを増やすドネペジル、ガランタミン、リバスチグミン（経皮吸収型のみ）と、グルタミン酸受容体に作用するメマンチンが保険適応です。血管性認知症では、抗血小板薬、脳循環改善薬などが一般に用いられ、治療により、認知機能が改善することもあります。

　レビー小体型認知症では、ドネペジルが保険適応になっています。幻覚・妄想には**漢方薬**の**抑肝散**が有効なことがあります。症状によりパーキンソン治療薬も使用されますが、いずれも薬に過敏に反応するので、慎重投与が必要です。抑肝散は、前頭側頭型認知症の興奮性BPSDにも効果がある_Aといわれます。

　非薬物療法には、現実見当識練習、回想法、音楽療法、認知刺激療法、認知練習、運動療法といったさまざまなアプローチがあります。

3. 認知症施策推進大綱

　新オレンジプランの後継となる「**認知症施策推進大綱**_B」が、2019（令和元）年6月にとりまとめられました。大綱では、認知症の発症を遅らせ、発症後も希望を持って日常生活を過ごせる社会を目指して「**共生**」と「**予防**」を車の両輪として据え、①普及啓発・本人発信支援、②予防、③医療・ケア・介護サービス・介護者への支援、④認知症バリアフリーの推進・若年性認知症の人への支援・社会参加支援、⑤研究開発・産業促進・国際展開という5つの柱に沿った取り組みが実施されています。

書いて覚えよう！

◆認知症の評価と診断

● 認知機能を簡便に評価する質問式のテストに、長谷川式認知症スケールや（ ① ）、観察式の評価に、臨床認知症評価尺度（CDR）などがある。

◆認知症の非薬物療法

現実見当識練習	リアリティ・オリエンテーションともいう。時間や場所、人物についての正しい情報を繰り返し示すことで、見当識を改善する。
（ ② ）法	古い道具や写真などを題材にして、輝いていた時代を思い出し、話してもらうことで自信を取り戻す。
音楽療法	興奮性BPSDや不安に有効。歌ったり演奏したりすると、なおよい。
認知刺激療法	グループで活動の計画を立てるなど頭を使う作業をして、認知機能の向上をめざす。
認知練習	計算、音読、パズルなど。
運動療法	身体活動は、神経細胞を育て認知症の進行を遅らせる効果がある。

◆認知症施策推進大綱

● 認知症施策推進大綱は、認知症の発症を遅らせ、発症後も希望を持って日常生活を過ごせる社会を目指して「（ ③ ）」と「（ ④ ）」を車の両輪として据えている。

■認知症施策推進大綱の5つの柱

①普及啓発・本人発信支援
②予防
③医療・ケア・介護サービス・介護者への支援
④認知症バリアフリーの推進・若年性認知症の人への支援・社会参加支援
⑤研究開発・産業促進・国際展開

用語

長谷川式認知症スケール（HDS-R）
高齢者のおおよその認知症の有無とその程度を判定する。最高得点は30点で、20点以下で認知症を疑う。

MMSE（Mini-Mental State Examination）
認知症の簡易検査法として諸外国で広く利用されている。施行時間は約10分、最高得点は30点で、23点以下で認知症を疑う。

NOTE

確認しよう！

★興奮性BPSDに効果がある漢方薬は？ ⇒ Ⓐ
★新オレンジプランの後継となるものは？ ⇒ Ⓑ

認知症の治療とケア（2）

1. パーソン・センタード・ケアと主な介護技法

　パーソン・センタード・ケア（PCC）は、認知症の人を尊重し、その人の視点や立場に立って、「与えるケア」ではなく、「心の通うケア」を重視したケアを行います。また、認知症の人の行動や状態は複数の要因との相互作用であるとし、脳病変、健康状態や感覚機能、個人史、性格・社会心理学の5つの視点からアプローチします。この理念に基づき、**認知症ケアマッピング**（DCM）が介護の現場で活用されています。

　ユマニチュードは、「人間らしくある」という意味で、見る、話す、触れる、立つを4つの柱とし、知覚、感情、言語による包括的コミュニケーションに基づいたケアの技法です。**バリデーション**は、認知症を認知障害、日時・季節の混乱、繰り返し動作、植物状態という4つのステージにわけてアプローチします。BPSDにも意味があるととらえ、その人生史に照らして理由を考え、わからなければその行動をまねてみて本人の思いを理解し、共感的態度で接する方法です。

2. 認知症の人を支える地域資源

①**認知症ケアパス**：認知症の容態や段階に応じて、相談先や、いつ、どこで、どのような医療・介護サービスを受ければ良いのかの流れを示したものです。

②**かかりつけ医**：認知症サポート医の支援を受けながら、適切な日常診療を行います。

③**認知症疾患医療センター**：①認知症疾患に関する**鑑別診断**と**初期対応**、②BPSDと身体合併症の**急性期医療**に関する対応、③専門医療相談などの実施、④地域保健医療・介護関係者への研修などを行います。

④**認知症初期集中支援チーム**：認知症が疑われる人や認知症の人、その家族を複数の専門職が訪問し、アセスメント、家族支援などの初期の支援を包括的、集中的に行います。

⑤**認知症地域支援推進員**：地域の支援機関間の連携づくりや、認知症ケアパス、認知症カフェ、社会参加活動などの地域支援体制づくり、認知症の人やその家族を支援する相談業務などを行います。

⑥**チームオレンジ**：ステップアップ講座を受講した**認知症サポーター**が中心となって支援チームをつくり、認知症の人やその家族に対し、支援ニーズに応じた外出支援、見守り、声かけ、話し相手などの具体的な支援をつなげるものです。

⑦**認知症カフェ**：認知症の人やその家族が、地域の人や専門職と相互に情報を共有し、お互いを理解しあう場です。

⑧**SOSネットワーク**：認知症の人が行方不明になったときに、警察だけでなく地域の生活関連団体などが捜索に協力してすみやかに行方不明者を見つけるしくみです。

⑨**若年性認知症支援コーディネーター**：認知症地域支援推進員や地域包括支援センターとの広域的なネットワークづくりの役割を担います。

書いて覚えよう！

◆パーソン・センタード・ケアと主な介護技法

● （ ① ＿＿＿＿＿＿＿＿ ）：見る、話す、触れる、立つを４つの柱とし、知覚、感情、言語による包括的コミュニケーションに基づいたケアの技法。

● （ ② ＿＿＿＿＿＿＿＿ ）：認知症を認知障害、日時・季節の混乱、繰り返し動作、植物状態という４つのステージにわけてアプローチする技法。

◆認知症の人を支える主な地域資源

・認知症ケアパス：認知症の容態や段階に応じて、相談先や、いつ、どこで、どのような医療・介護サービスを受ければ良いのかの流れを示したもの。

・認知症疾患医療センター：①認知症疾患に関する（ ③ ）と初期対応、②BPSDと身体合併症の（ ④ ）に関する対応、③専門医療相談などの実施、④地域保健医療・介護関係者への研修などを行う。

・認知症 （ ⑤ ） 支援チーム：認知症が疑われる人や認知症の人、その家族を複数の専門職（保健師や介護福祉士、作業療法士、社会福祉士など）が訪問し、アセスメント、家族支援などの初期の支援を包括的、集中的に行う。

・認知症 （ ⑥ ） 支援推進員：地域の支援機関間の連携づくりや、認知症ケアパス、認知症カフェ、社会参加活動などの地域支援体制づくり、認知症の人やその家族を支援する相談業務などを行う。

・チームオレンジ：ステップアップ講座を受講した認知症サポーターが中心となって （ ⑦ ） をつくり、認知症の人やその家族に対し、支援ニーズに応じた外出支援、見守り、声かけ、話し相手などの具体的な支援をつなげるもの。

・（ ⑧ ）：認知症の人やその家族が、地域の人や専門職と相互に情報を共有し、お互いを理解しあう場。

確認しよう！

★「ユマニチュード」とは、どんな意味？　⇨ Ⓐ

レッスン**20** 高齢者の精神障害

重要度 **A**
学習日 / / /

1. 高齢者の精神疾患の特徴

　高齢者の精神疾患は、老年期にはじめて発症するものと、若年期に発症して高齢に達したもののいずれの場合も症状が非定形的で、訴えが多彩であいまいなのが特徴です。脳の加齢性変化、病前の性格、心理社会的な要因、身体疾患、環境の変化、薬物の影響などの発生要因がいくつも重なり合って症状を形成しています。

2. 高齢者に多い精神疾患

（1）老年期うつ病

　脳の血流障害、**身体疾患**、配偶者や友人との死別や**社会的役割**の喪失などの喪失体験、孤独、病前の性格（完璧主義、まじめ、執着傾向など）、女性ホルモンの低下などが原因です。一般的な症状は、**抑うつ気分、思考と行動の抑制、自信の欠如、睡眠障害、表情が乏しくなる**などですが、高齢者では、**不安、緊張、焦燥感**がめだち、心気的な訴え（身体不調の訴え）、意欲や集中力の低下、認知機能の低下を示しやすいです。めまい、しびれ、排尿障害、便秘などの自律神経症状も出ます。うつ病の症状が進むと罪業妄想、貧困妄想、心気妄想をもち、**自殺を図る**ことがあります。治療は**SSRI**などの抗うつ薬や抗不安薬を用いる薬物療法が中心です。支持的な精神療法、家族調整も行われます。

（2）統合失調症

　主として思春期から中年期以前に発症します。症状は、疾患に特有の**陽性症状**（幻覚、幻聴や妄想、滅裂思考、緊張病症状、奇異な行動など）と、**陰性症状**（感情鈍麻や無気力、自発性の低下、自閉など、精神機能の減退）に大きくわけられます。薬物療法と心理社会療法が組み合わせて行われます。

（3）妄想性障害

　老年期には、妄想を中心とする精神障害が発症しやすく、その代表的なものが**遅発パラフレニー**です。

（4）アルコール関連障害（アルコール依存症）

　高齢者での発症は、身体的老化や喪失体験、社会的孤立などの環境の変化がきっかけとなることが多く、①離脱症状が長引きやすい、②糖尿病、高血圧などの合併症が高率で出現する、③認知症やうつ病を合併する割合が高いという特徴があります。入院による**離脱治療**と、アルコール依存症リハビリテーションプログラムを用いた依存治療を行います。

（5）神経症（ノイローゼ）

　心理的・環境的要因から生じる心身の機能障害の総称です。**女性**に多く、さまざまな不安がきっかけとなって発症します。代表的な症状は**抑うつ神経症、不安神経症、心気症**です。

書いて覚えよう！

用語

老年期うつ病	原因など	脳の血流障害、身体疾患、配偶者や友人との死別や社会的役割の喪失などの（①＿＿＿＿）体験、孤独、病前の性格、女性ホルモンの低下など。
	症状	一般的な症状は（②＿＿＿＿）気分、思考と行動の抑制、自信の欠如、睡眠障害、表情が乏しくなるなど。高齢者では不安、緊張、焦燥感がめだち、心気的な訴え、意欲や集中力の低下、認知機能の低下を示しやすい。めまい、しびれ、排尿障害、便秘などの自律神経症状も出る。うつ病の症状が進むと（③＿＿＿＿）を図ることがある。
	治療	SSRI などの抗うつ薬や抗不安薬を用いる薬物療法が中心。支持的な精神療法、（④＿＿＿＿）も行われる。※老年期の発症では治療が長引くことが多く、一部は認知症に移行することがある。安易に励ましたりするのは逆効果で、根気強く、受容的に対応する。
統合失調症	症状	○（⑤＿＿＿）性症状：幻覚、幻聴や妄想、減裂思考、緊張病症状（興奮と無動）、奇異な行動など ○（⑥＿＿＿）性症状：感情鈍麻や無気力、自発性の低下、自閉など、精神機能の減退 この２つに大きくわけられ、加齢とともにさまざまな経過をたどる。
	治療	薬物療法と（⑦＿＿＿）療法が組み合わせて行われる。※寛解と再燃を繰り返す。その人の内的世界を理解し、再発防止のために服薬の継続を支援する。
妄想性障害		老年期には、妄想を中心とする精神障害が発症しやすく、その代表的なものが（⑧＿＿＿＿＿）。※薬物療法よりも、受容的で暖かく接する心理的な対応や、適切な社会支援が大切。
アルコール依存症		入院による（⑨＿＿＿）と、アルコール依存症リハビリテーションプログラムを用いた（⑩＿＿＿）を行う。
神経症		心理的・環境的要因から生じる心身の機能障害の総称。（⑪＿＿＿）に多い。症状は抑うつ神経症、不安神経症、心気症。※本人の不安を受けとめる援助を心がける。

SSRI
選択的セロトニン再取り込み阻害薬。抗うつ剤の一種で、脳内のセロトニン系に作用する。

遅発性統合失調症
40歳以上で発症した統合失調症を遅発性統合失調症と呼ぶ。

緊張病症状
興奮や無動、拒絶など。

遅発パラフレニー
人格や感情反応は保たれているが、体系化された妄想を主症状とする。女性に多く、発症には、老年期の喪失体験や社会的孤立、性格などが複雑にかかわっているといわれる。

アルコール関連障害
アルコール依存により引き起こされる精神障害で、事故や家族、職業の問題などを含む広い概念。代表的なものがアルコール依存症。

離脱症状
体内のアルコール減少による不快気分、自律神経症状。

NOTE

レッスン **21** # 医学的診断

重要度 **B**

学習日 ／ ／ ／

1. インフォームド・コンセントに基づく治療

医師が主訴と病歴を聴取し、診断を確定して治療を開始するまでには、患者本人が検査の必要性や検査の結果、今後の治療について医師の**説明**を聞き、納得したうえで**同意**する**インフォームド・コンセント**が重視されています。

近年の医療では、医師個人だけの経験に頼るのではなく、科学的な診断や治療を行うために**EBM**が注目されています。また、患者の個性や感じ方の違いなどがあるため、NBM A も重要視されています。

2. 治療内容と予後の理解

患者や家族は、いくつかの選択肢のなかから治療方法を自己決定することが求められるため、治療内容の理解と患者への十分な情報提供が大切になります。インフォームド・コンセントは、医師からの診断と予後（よご）の説明があって初めて成立します。病気の結果を推測し、治療の期間を提示して、患者自らが今後の医療の対応策をとり、心の準備をするうえで重要であり、説明はていねいにわかりやすく行われる必要があります。

3. 医学的問題のとらえかた

介護支援専門員が適切なケアプランを作成するうえでは、疾患の予防を踏まえ患者本人の生活機能を把握しておくことが求められます。

がん（悪性腫瘍）などでは、一般的には、身体機能は比較的末期まで維持されますが、腫瘍の進行に伴い**急速に身体能力が低下**して死に至ります。

慢性疾患による臓器不全では、多くは緩徐に進行し、数年におよぶ経過のなかで、急性増悪や合併症を併発する経過を繰り返し、臓器の機能不全が進行して死に至ります。

認知症や老衰の場合は、緩徐に進行し、最期の予測や判断は困難です。多くは終末期に嚥下障害による肺炎や転倒・骨折から寝たきり状態に陥ります。食事摂取が困難になり、衰弱が進んで最期を迎えます。

また、要介護状態では、**転倒・骨折**、**褥瘡**（じょくそう）、**誤嚥性肺炎**（ごえん）、**尿路感染症**などの合併症が起こりやすくなります。起こりうる合併症の危険因子と予防の手段を理解しておきます。

4. 医師や歯科医師への連絡と情報交換

介護支援専門員は、医師や歯科医師から適切な情報（医学的な問題や生活のなかでの注意事項）が得られるよう、自らも医師や歯科医師に提供すべき情報（生活状況や身体機能、介護サービスの利用状況、家族のかかわり B ）を整理して提供します。サービス担当者会議でも、医師の訪問診察にあわせて開催するなどのくふうをします。

書いて覚えよう！

用語

EBM（エビデンス・ベースド・メディスン〔Evidence Based Medicine〕）
論文やデータなど根拠や証拠に基づいた医療。

NBM（ナラティブ・ベースド・メディスン〔Narrative Based Medicine〕）
患者本人の語りを中心にして患者の自己決定を支援する医療。

予後
病気の経過の見通しや経験と知識に基づく予測。

◆治療内容と予後の理解

● 患者や家族は、治療方法を（①＿＿＿＿＿）することが求められるため、治療内容の理解と患者への十分な（②＿＿＿＿＿）が大切になる。

● インフォームド・コンセントは、医師からの診断と（③＿＿＿＿）の説明があって初めて成立する。

◆医学的問題のとらえかた

がん	腫瘍の進行に伴い（④＿＿＿＿）に身体能力が低下して死に至る。 ○起こりうる症状：疼痛や食欲不振、精神的な抑うつ、便秘、下痢など。 ○意識や認知機能が併存症の影響がなければ最期まで保たれるので、本人の希望や意思の確認をすることが可能。
慢性疾患による臓器不全	多くは緩徐に進行し、数年におよぶ経過のなかで、急性増悪や（⑤＿＿＿＿）を併発する経過を繰り返し、臓器の機能不全が進行して死に至る。 ○起こりうる症状：併存症の悪化やほかの急性疾患の合併、生活の不摂生による増悪。 ○生活管理を徹底し、QOLを維持しながら管理できるケアプランを立案する。
認知症や老衰	緩徐に進行し、最期の予測や判断は困難。多くは終末期に嚥下障害による肺炎や転倒・骨折から（⑥＿＿＿＿）状態に陥る。 ○起こりうる症状：認知機能の低下により、行動を適切にコントロールできず、生活の管理が困難になる。 ○食事摂取が困難になり、衰弱が進んで最期を迎える。本人の意思確認が困難になるため、家族とともに、本人の意思を確認する機会をつくる。

NOTE

確認しよう！

★近年の医療で注目されているのは、EBMとあとひとつは？ ⇒ Ⓐ
★介護支援専門員が提供すべき情報にはどんなものがある？ ⇒ Ⓑ

レッスン **22** # 栄養と食生活の支援（1）

重要度 **A**
学習日 ／／／

1. 栄養と食生活の支援

　高齢者にとって「食べること」は、単なる栄養補給にとどまらず、大きな**楽しみ**であり、生きがいとなります。また、食べることを通して、社会参加への契機ともなり、**QOLの向上**にもつながります。良好な栄養をとり、食べる楽しみを続けることは、**健康寿命**を延ばし、自己実現を可能とするためにも重要となります。

2. 栄養と食事のアセスメント

　高齢者の栄養と食に関する問題は、複合的な要因が絡んで生じることが多くあります。解決すべき課題（ニーズ）を明らかにするためには、1日の食事内容、食事の状況や環境、生活パターン、身体状況（疾病の存在、義歯の不適合など）、精神的問題の有無など生活全般の総合的なアセスメントが必要です。

　また、次のような主観的・客観的データにより、高齢者の栄養状態を把握します。

①**身体計測（体重・身長・BMI、上腕周囲長、下腿周囲長）**：いずれも栄養状態を示す。BMIが18.5未満は低体重。上腕周囲長は、骨格、内臓、筋肉などの総和を反映。下腿周囲長は体重を反映。浮腫の有無の判断目安となる。

②**食事摂取量**：何を残すのか、なぜ食事が進まないのかなどを把握する。

③**水分摂取量**：食事摂取量が減少すると水分摂取量の不足も考えられる。高齢者は**口渇感の低下**や頻尿などで意識的に水分摂取量を制限していることもあるので、脱水にも注意。

④**栄養補給法**：経管栄養法や中心静脈栄養法を実施している場合は、栄養補給が十分でない場合もあり、感染症などのリスクも考慮する。

⑤**褥瘡の有無**：栄養状態の悪化は、褥瘡の発症要因となる。

⑥**服薬状況**：薬の副作用が、口渇による唾液分泌低下、味覚低下、味覚異常、食欲低下、生活機能の低下、ADLの低下、便秘などに影響していることがある。

3. 高齢者の食事支援のくふう

　高齢者は、味覚、嗅覚、視覚などの低下、歯の喪失によるそしゃく機能低下、活動量の低下などにより、食欲や食事量が低下しやすくなります。また、同居や独居など生活環境などによって支援方法も異なるため、家族の状況もアセスメントする必要があります。

　食事支援の方法としては、**共食**をすすめる、加工食品やレトルト食品、冷凍食品の活用、惣菜のひとくふうで食べやすく栄養もとれるようにする、電子レンジの活用、高エネルギーのおやつ利用、摂食・嚥下機能に合わせた食形態と調理、などがあります。

書いて覚えよう！

◆栄養と食生活の支援

● 高齢者にとり「食べること」は、単なる栄養補給にとどまらず、大きな（ ① ）であり、生きがいとなる。また、食べることを通して、社会参加への契機ともなり、（ ② ）の向上にもつながる。良好な栄養をとり、食べる楽しみを続けることは、（ ③ ）を延ばし、自己実現を可能とするためにも重要である。

◆栄養と食事のアセスメント

④ 計測	体重・身長・BMI、上腕周囲長、下腿周囲長	いずれも（ ⑤ ）を示す。BMIが18.5未満は（ ⑥ ）。上腕周囲長は、骨格、内臓、筋肉などの総和を反映。下腿周囲長は体重を反映。
	（ ⑦ ）摂取量	何を残すのか、なぜ食事が進まないのかなどを把握する。
	（ ⑧ ）摂取量	食事摂取量が減少すると水分摂取量の不足も考えられる。高齢者は（ ⑨ ）の低下や頻尿などで意識的に水分摂取量を制限していることもあるので、（ ⑩ ）にも注意。
栄養補給法		経管栄養法や中心静脈栄養法を実施している場合は、栄養補給が十分でない場合もあり、（ ⑪ ）などのリスクも考慮する。
褥瘡の有無		栄養状態の悪化は、褥瘡の発症要因となる。
服薬状況		薬の副作用が、口渇による（ ⑫ ）低下、味覚低下、味覚異常、食欲低下、生活機能の低下、ADLの低下、便秘などに影響していることがある。

健康寿命
日常的に介護を必要とせずに生活できる期間。
共食
家族や友人、職場の人や地域の人など、誰かと共に食事をすること。

NOTE

レッスン **22** # 栄養と食生活の支援（2）

重要度 **A**
学習日 ／／／

1. 高齢者の状態別課題とその対応

（1）低栄養状態

　低栄養の指標は、**体重減少、BMIの低下、筋肉量の減少、血清アルブミン値の低下**などです。高齢者は、社会的要因（独居、介護力不足、ネグレクトなど）、精神・心理的要因（認知機能障害、うつ、誤嚥・窒息の恐怖など）、加齢（嗅覚・味覚障害、食欲低下）、疾病（臓器不全、炎症・悪性腫瘍、薬物の副作用）などの要因により、エネルギーやたんぱく質が欠乏して低栄養状態に陥りやすくなります。低栄養状態になると、生活機能が低下し、免疫力も低下して感染症にかかりやすくなり、さらに、筋肉量の減少、基礎代謝の低下、消費エネルギー量の低下、食欲低下などの負の循環を招きやすく、**フレイル**（虚弱）や**要介護状態**につながる大きな要因となります。

　食欲がないときには、食べたい食品を食べたいときに少量ずつでも食べられるように心がける、1日3食のほかにおやつ（間食、補食）をとるなどの対応をします。

（2）疾病がある場合（主に生活習慣病）

　高齢者は、**メタボリックシンドローム**などの過栄養も少なくありません。糖尿病、脂質異常症、高血圧などの生活習慣病への対応が重要です。医師の指示に基づく食事療法、運動療法、薬の適切な服薬、居宅療養管理指導の利用なども検討します。

（3）認知症高齢者

　認知症高齢者では、食事中の傾眠、失認、拒食、偏食のほか、徘徊、異食、盗食などBPSDへの対応が重要です。食事支援では、**食事摂取の促しと安全面への配慮**に留意します。

（4）口腔に問題がある場合

　高齢者は、歯の欠損によるそしゃく能力の低下や唾液分泌の低下などにより、**摂食・嚥下障害**を起こしやすくなります。食事支援では、誤嚥と窒息を防ぐための**安全確保**をして、**自力による食事摂取の促し**をすることがポイントになります。具体的には、**食事姿勢の調整**（可能なかぎり座位にし、**頭部を前屈**させ、**下顎（かがく）を引いた姿勢**）、**座席・テーブル**の高さや距離の調整、食器・食具の変更、**飲み込みやすい食品や食形態への変更**などの対応をします。

（5）独居の場合

　高齢者の単身や夫婦のみ世帯では、欠食、偏食、孤食、食材確保の問題により、食事の質が低下しやすい傾向にあります。また、閉じこもりや不活発による食欲不振なども問題となります。共食の確保など地域資源の紹介、中食や配食の活用などで対応します。

書いて覚えよう！

◆高齢者の状態別課題とその対応

● 低栄養の指標は、（ ① ）、（ ② ）の低下、（ ③ ）の減少、血清アルブミン値の低下などがある。低栄養状態になると、生活機能や免疫力も低下して感染症にかかりやすくなり、さらに、筋肉量の減少、基礎代謝の低下、消費エネルギー量の低下、食欲低下などの負の循環を招きやすく、（ ④ ）（虚弱）や要介護状態につながる大きな要因となる。

● 食欲がないときには、食べたい食品を食べたいときに少量ずつでも食べられるように心がける、1日3食のほかにおやつ（間食、補食）をとるなどの対応をする。

● （ ⑤ ）などの過栄養の場合は、糖尿病、脂質異常症、高血圧などの生活習慣病への対応が重要である。

● 認知症高齢者では、食事中の傾眠、失認、拒食、偏食のほか、徘徊、異食、盗食など（ ⑥ ）への対応が重要である。食事支援では、食事摂取の促しと（ ⑦ ）への配慮に留意する。

● 高齢者は、歯の欠損によるそしゃく能力の低下や唾液分泌の低下などにより、（ ⑧ ）を起こしやすくなる。食事支援では、誤嚥と窒息を防ぐための（ ⑨ ）をして、自力による食事摂取の促しをすることがポイントになる。具体的には、（ ⑩ ）の調整、座席・テーブルの高さや距離の調整、食器・食具の変更、飲み込みやすい食品や食形態への変更などの対応をする。

● 高齢者が独居の場合、（ ⑪ ）の確保など地域資源の紹介、中食や配食の活用などで対応する。

用語

メタボリックシンドローム
内臓脂肪型肥満（腹部型肥満）に高血糖・高血圧・脂質異常症のうち2つ以上の症状が一度に出ている状態。

NOTE

レッスン **23** 薬の作用と服薬管理（1）

重要度 **B**

学習日 ／／／

1. 高齢者の特性

　高齢者は、さまざまな疾患を抱えている場合が多く、複数の薬を併用しているため、薬の相互作用による副作用が起きやすい A です。また、単剤を常用量で服用する場合にも、生理・生体機能の低下から、薬効や副作用が強く出すぎるといった問題があります。一方、高齢者では**副作用の典型的な症状**が現れにくく、気づいたときには重篤化していることもあるので、注意が必要です。

2. 薬の体内での作用・相互作用

（1）加齢変化と薬の体内での作用

　薬は、栄養素と同じように、主に**小腸**から吸収されます。そして、肝臓で薬物代謝されたあと、血管を通じて身体をめぐり、薬の作用を発揮して再び肝臓で代謝され、腎臓でろ過されて、主に尿として排泄されます。

　しかし、加齢による生理・生体機能の変化は、薬の生体内での作用に影響を与えます。具体的には、栄養状態の悪化、肝機能の低下（薬物代謝能の低下）、腎機能の低下などにより、薬の血中濃度が**上昇**し、薬の作用が**増強**します。

（2）食品などと薬の相互作用

　一般医薬品のほか、健康食品、特定の食品や飲料にも薬の作用に影響を与えるものがありますので、必ず併用してもよいかどうかの確認を行います。

　たとえば、次のような**食品などと薬の相互作用** B があります。

①**納豆、クロレラ、緑色野菜**：納豆、クロレラ、緑色野菜に含まれるビタミンKが、抗凝固薬の作用を弱める。

②**グレープフルーツ**：グレープフルーツの酵素が降圧薬、免疫抑制剤、抗真菌薬、抗がん薬の代謝を妨げ、薬の主作用や副作用が増強。

③**牛乳**：牛乳により薬の体内への吸収量が増加し、角化症治療薬の作用が増強。

NOTE

書いて覚えよう！

◆高齢者の特性

● 高齢者は、さまざまな疾患を抱えている場合が多く、複数の薬を併用しているため、薬の（ ① ＿＿＿＿ ）による副作用が起きやすい。一方、高齢者では副作用の（ ② ＿＿＿＿ ）な症状が現れにくく、気づいたときには重篤化していることもあるので、注意が必要。

◆加齢変化と薬の体内での作用

（③ ＿＿＿＿ ）の悪化		
（④ ＿＿＿ ）の低下 （薬物代謝能の低下）	薬の血中濃度が（⑤ ＿＿＿ ）	薬の作用が（⑥ ＿＿＿ ）
腎機能の低下		

◆食品などと薬の相互作用

（⑦ ＿＿ ）、クロレラ、緑色野菜	（⑦ ＿＿ ）、クロレラ、緑色野菜に含まれるビタミンKが、抗凝固薬の作用を（⑧ ＿＿＿ ）。
（⑨ ＿＿＿＿＿ ）	（⑨ ＿＿＿＿＿ ）の酵素が降圧薬、免疫抑制剤、抗真菌薬、抗がん薬の代謝を妨げ、薬の主作用や副作用が（⑩ ＿＿＿ ）。
（⑪ ＿＿ ）	（⑪ ＿＿ ）により薬の体内への吸収量が増加し、角化症治療薬の作用が（⑫ ＿＿＿ ）。

確認しよう！

★高齢者は薬の相互作用による副作用が起きにくい？ ⇒ Ⓐ

★食品が薬に与える影響には、どんなものがある？ ⇒ Ⓑ

レッスン**23**　# 薬の作用と服薬管理（2）

1. 薬の服用上の留意点

　食道潰瘍や誤飲などを防ぐために、薬はできるだけ<u>上半身を起こした状態</u>で、通常は100mL程度の水かぬるま湯で服用します。

　嚥下障害がある場合は、服薬補助ゼリーやおかゆに混ぜるなどのくふうをします。なお、錠剤やカプセル剤をつぶしたり脱カプセルをすることについては、効果が得られなかったり、苦みや特異臭が生じることがあるため、**専門的な判断**が必要です。

　粉薬では、オブラートを利用すると飲みやすくなることがあります。ただし、苦味健胃薬（苦い味の胃薬）は、オブラートに包むと効果が十分に発揮されないため注意が必要です。また、薬をアルコールと一緒に飲むことは厳禁です。

　薬は、唾液や少量の水で溶ける**OD錠**（口腔内崩壊錠）や、舌の下に薬を入れ、口腔粘膜から有効成分を急速に吸収させる**舌下錠**もあります。服薬が困難な場合は、貼付薬などもあり、状態に応じた薬の形態を考慮します。

　薬は、決められた服用時間に飲まないと、効果が現れなかったり、副作用が現れたりします。

　認知機能の低下などがある場合は、適切な服薬管理が困難になるため、お薬カレンダーを活用したり、医師・薬剤師と相談して**薬の一包化**をしてもらうなど、管理が容易になるようなくふうをします。また、適切な量の薬を適切な時間に飲めるよう、見守りや声かけなどの服薬援助をしていきます。

　視覚や聴覚の低下がある場合は、写真つきの大きな文字で書かれた**お薬説明書**や薬別に形状の異なる保管容器の使用、服薬動作が困難な場合は、自助具の活用などを検討します。

　薬は湿気、直射日光、高温を避けて保管します。薬によっては、冷蔵庫に保管しなければ品質が低下するものもあるので、確認が必要です。

2. 薬に関する情報の管理と共有

　サービス担当者会議などで、利用者が服用する薬の目的や作用、主な副作用の症状、緊急時の連絡方法などをケアチーム全体で共有しておくことが大切です。

　お薬手帳は、基本的には薬の記録情報を利用者本人が管理するもので、**お薬説明書（添付文書）**とあわせて活用することが勧められます。

　在宅基幹薬局は、通院困難な利用者に対し、居宅を訪問して薬の管理を担う主たる薬局です。在宅基幹薬局が対応できないときは、連携する在宅協力薬局が利用者を訪問して対応する体制が取られます。

書いて覚えよう！

OD錠（口腔内崩壊錠）
口腔内に含むと、すみやかに崩壊し、唾液または少量の水で飲み込むことができる製剤。唾液分泌が減少している利用者などには適さない場合もある。なお、薬の吸収は消化管で行われる。

◆薬の服用上の留意点

● （ ① ）や誤飲などを防ぐために、薬はできるだけ上半身を起こした状態で、通常100mL程度の水かぬるま湯で服用する。

● （ ② ）がある場合は、ゼリーやおかゆに混ぜるなどくふうする。

● 錠剤やカプセル剤は、製剤的なくふうがなされているため、つぶしたりしてよいかは（ ③ ）が必要である。

● 薬は、唾液や少量の水で溶けるOD錠や、舌の下に薬を入れ、口腔粘膜から有効成分を急速に吸収させる（ ④ ）もある。

● 認知機能の低下などがある場合は、適切な服薬管理が困難になるため、医師・薬剤師と相談して（ ⑤ ）をしてもらうなど、管理が容易になるようなくふうをする。

● 視覚や聴覚の低下がある場合は、写真つきの大きな文字で書かれた（ ⑥ ）や薬別に形状の異なる保管容器の使用、服薬動作が困難な場合は、自助具の活用などを検討する。

● 薬によっては、（ ⑦ ）に保管しなければ品質が低下するものもあるので、確認が必要。

◆薬に関する情報の管理と共有

● （ ⑧ ）は、基本的には薬の記録情報を利用者本人が管理するもので、お薬説明書（添付文書）とあわせて活用することが勧められる。

● （ ⑨ ）薬局は、通院困難な利用者に対し、居宅を訪問して薬の管理を担う主たる薬局。

NOTE

確認しよう！

★薬を飲むときの姿勢は？　⇒ Ⓐ

レッスン **24** 在宅医療管理(1)

1. 在宅自己注射

　利用者またはその**家族**が病気の治療のために在宅で注射をする方法で、**糖尿病の治療**のための**インスリン自己注射**が、多く行われています。

2. 悪性腫瘍疼痛管理

　がんの治療には、しばしば**医療用麻薬**が使われます。麻薬の副作用には主に吐き気、**嘔吐**（おうと）、**便秘**、眠気、まれにせん妄があるので注意が必要です。薬の形式は、経口薬、貼り薬、座薬、舌下錠、バッカル錠、注射薬があるほか、自動注入ポンプを用いて注射薬を継続的に投与する方法などがあり、**病状に応じて投与方法を変更**します。

3. 人工透析

　腎臓の代わりに老廃物の除去、水分調節、電解質調節を行う方法です。人工透析には**血液透析**と**腹膜透析**があります。血液透析は、透析施設に**週2〜3回通院**して、透析器により4〜5時間かけて血液を浄化する方法です。利用にあたっては、シャント（血液の通過口）を手首などにつくる必要があります。ふだんの生活でも、シャントへの圧迫を避けるよう注意します。

　腹膜透析では、腹腔内にカテーテルを留置して透析液を注入し、しばらくしてから排泄（はいせつ）します。在宅で利用者や介護者が透析に関する処置を行うため、**通院は月1〜2回で**済みます。心臓への負担が少なく、食事や水分制限は血液透析に比べてゆるいというメリットがありますが、腹膜の働きが悪くなっていくため、長期間行うことは難しく、カテーテルから感染するリスクもあります。

4. 在宅中心静脈栄養法

　医療処置により栄養を補う方法に、**経管栄養法**と**中心静脈栄養法**があります。

　中心静脈栄養法は、点滴栄養剤を血管に直接入れる方法で、鎖骨下（さこつ）などから中心静脈（心臓に近い太い上大静脈）にカテーテルを留置し、栄養を供給する方法がよく行われます。誤った操作によるカテーテルの抜け落ちや出血、細菌感染に留意します。

　また、点滴時にのみ、埋め込んだポートとカテーテルをつなぐ**完全皮下埋め込み式**があります。

書いて覚えよう！

在宅自己注射	多く行われているのは、糖尿病の治療のために行う（①＿＿＿＿＿）自己注射。 ○実施する際には、利用者・家族の病気や薬についての理解度と手技の習熟度の確認、適切に注射するための支援、シックデイ（体調不良時）の対策とスタッフ間の情報共有、体調不良時や体調に変化があったときの対応や緊急時の連絡先の確認が重要。
悪性腫瘍疼痛管理	がんの治療には、しばしば（②＿＿＿＿＿）が使われる。薬の形式は、経口薬、貼り薬、座薬、舌下錠、バッカル錠、注射薬があるほか、自動注入ポンプを用いて注射薬を継続的に投与する方法などがあり、病状に応じて投与方法を変更する。 ○薬の飲み間違いに注意し、副作用が出た場合などの体制をつくっておく。
人工透析	（③＿＿＿＿＿）透析は、透析施設に週2〜3回通院して、透析器により4〜5時間かけて血液を浄化する方法。 （④＿＿＿＿＿）への圧迫を避ける。 （⑤＿＿＿＿＿）透析は、腹腔内に（⑥＿＿＿＿＿）を留置して透析液を注入し、しばらくしてから老廃物や水分を除去する方法。在宅で利用者や介護者が透析に関する処置を行うため、通院は月1〜2回で済む。 ○血液透析では、水分や塩分、カリウム、リンのとり過ぎに注意する。 ○腹膜透析では、水分バランスや体重、炎症の可能性を定期的にチェックし、合併症としての腹膜炎や内分泌代謝異常に注意する。
在宅中心静脈栄養法	（⑦＿＿＿＿＿）下などから中心静脈にカテーテルを留置し、栄養を供給する方法がよく行われる。 また、点滴時にのみ、埋め込んだ（⑧＿＿＿＿＿）とカテーテルをつなぐ（⑨＿＿＿＿＿）式がある。 ○医療との連携のもと、清潔に配慮したケアを心がける。

（図中）カテーテル／鎖骨下静脈／中心静脈

レッスン **24** **在宅医療管理(2)**

重要度　**A**
学習日　／／／

1. 在宅経管栄養法

　経管栄養には、経鼻による**経鼻胃管**、または**胃ろう**（経皮内視鏡的胃ろう造設術：PEG）、食道ろう、空腸ろうをつくり、栄養を注入するためのカテーテルを通して、経管栄養食を注入するものがあります。このなかで多いのは経鼻胃管と胃ろうです。

　経鼻胃管は、のどや鼻の違和感から本人が抜いてしまったり、しゃっくりでも抜けたりすることがあるので観察が必要です。鼻腔の潰瘍をつくらないよう、固定用のテープは交換時に別の場所に貼り替えるなどして、経鼻胃管は１か月ごとを目安に交換します。

　胃ろうは、腹部の皮膚から胃に通す穴を開け、胃にカテーテルを留置して栄養を注入する方法で、胃の内部に留置されるカテーテルの先端には、バルーン型とバンパー型があります。栄養剤の種類、１日の回数、タイミング、１回の量、注入速度、姿勢、交換頻度、交換の実施場所、体調変化時の対応、入浴時の対応、カテーテルが抜けた場合の対応について医師等に確認します。

2. 在宅酸素療法（HOT）

　呼吸器疾患や心疾患、神経・筋疾患、悪性腫瘍などにより動脈血内の酸素量が少ない患者に、在宅で酸素投与を行う方法です。酸素供給器には、酸素濃縮器などがありますが、外出時や災害時には、小型化・軽量化された酸素ボンベを使用します。携帯用酸素ボンベでは、医師の指示で**呼吸同調器**を使用することがあります。

　酸素の吸入量や時間は、医師から指示されます。実施中に、利用者が呼吸の息苦しさを訴えても、医師の指示を超えて酸素流量を上げてはなりません。酸素供給器には高濃度の酸素が入っているため、使用中は機器の周囲２ｍ以内に火気を置かず、**禁煙を必ず守る**ように指導します。定期的に酸素濃縮器のバッテリーの状態を確認します。吸入器具は細菌感染を防止するため、こまめに洗浄・消毒します。

3. 在宅人工呼吸療法

　在宅で、機器を使って呼吸の補助を行い、**酸素の取り込みと二酸化炭素の排出を促す**方法です。マスクなどを装着して実施する非侵襲的陽圧換気法（**NPPV**）と、気管切開などして実施する**侵襲的陽圧換気法**（IPPV）の２つの方法があります。いずれの場合も、器具はコンパクトなので車いすでの**外出**や旅行などが可能です。**QOLの向上**、精神面での支援も重要です。

　また、人工呼吸療法では、機器のトラブルは生命の危機に直結するため、緊急時、災害時の対応や連絡体制をスタッフ間で共有しておきます。患者への心理的援助、トラブルや緊急時への備えが重要になります。

書いて覚えよう！

在宅経管栄養法

（①＿＿＿＿＿＿）では、カテーテルの抜けに注意し、観察する。鼻腔の（②＿＿＿＿＿）をつくらないよう、固定用のテープは交換時に別の場所に貼り替えるなどして、経鼻胃管は1か月ごとを目安に交換する。

栄養剤の種類、1日の回数、タイミング、1回の量、体調変化時の対応、入浴時の対応、（③＿＿＿＿＿＿＿）が抜けた場合などの対応について医師等に確認する。

○皮膚の観察と清潔ケア、経管栄養食の適切な注入（上半身を30度以上起こし、速度に注意して注入）に留意する。

○バルーン型は入れ替えがしやすいが、カテーテル脱落のおそれがあり、1～2か月ごとの交換が必要。バンパー型は、カテーテルの自然脱落のおそれが少なく、交換も4～6か月ごとでよいが、交換の際にろう孔を損傷するおそれがある。

在宅酸素療法（HOT）

酸素供給器には、（④＿＿＿＿＿＿＿）などがある。酸素の吸入量や時間は、（⑤＿＿＿＿）から指示される。実施中に、利用者が呼吸の息苦しさを訴えても、医師の指示を超えて（⑥＿＿＿＿＿）を上げてはならない。酸素供給器には高濃度の酸素が入っているため、使用中は機器の周囲2m以内に火気を置かず、（⑦＿＿＿＿）を必ず守るように指導する。

在宅人工呼吸療法

マスクなどを使用して実施する非侵襲的陽圧換気法（NPPV）と、（⑧＿＿＿＿＿＿）などして実施する侵襲的陽圧換気法（IPPV）の2つの方法がある。

いずれの場合も、器具はコンパクトなので（⑨＿＿＿＿＿）での外出や旅行などが可能。

○アラームが正常に作動するか確認し、常時オンにする。

○停電時や災害時に備えてバッテリー内部の吸引器または手動式や足踏み式の吸引器を備え、予備バッテリーを確保する。

○介護者は喀痰吸引（IPPVの場合）、アンビューバッグの使用について正確な技術を身につける。

レッスン **24** 在宅医療管理（3）

重要度 **A**
学習日 ／／／

注目！

1. ストーマ（人工肛門・人工膀胱）

　ストーマは、消化管や尿路の障害によって、肛門や膀胱（ぼうこう）による通常の排泄（はいせつ）ができなくなった場合に、人工的につくる便や尿の排泄口です。**消化管ストーマ**（人工肛門）と**尿路ストーマ**（人工膀胱）があります。入浴は可能ですが、特に尿路ストーマでは感染リスクにも留意し、入浴時の対応を確認する必要があります。

2. バルーンカテーテル法（膀胱留置カテーテル法）

　尿道口からカテーテルを膀胱内に挿入・留置し、持続的に尿を排泄させる方法です。カテーテルが閉塞すると尿がバッグ内に流れず膀胱内に溜まり、腹痛や発熱、**尿もれ**などを引き起こすため、カテーテルの屈曲や圧迫などに注意します。蓄尿バッグは膀胱より**低い位置**を保ち、歩行時のバッグの位置のくふうや指導を行います。

3. 在宅自己導尿

　在宅自己導尿は、患者自らが膀胱内にカテーテルを挿入して尿を排泄する方法です。脊髄（せきずい）疾患や脳血管障害などで神経が障害され、膀胱の収縮力が低下し自然排尿が困難になってしまった場合に適用します。膀胱内にカテーテルを留置する方法よりも感染症の危険性が低く、蓄尿バッグが必要ないので、活動しやすいのが特徴です。

4. 喀痰吸引（かくたん）、ネブライザー

　吸引とは、気管切開などにより自力で痰などを排出できない人に対し、口腔内やのど、鼻腔、気管などにたまっている痰や唾液などを吸引器につないだカテーテルで除去するものです。呼吸をしやすくし、肺炎や窒息などを予防します。介護支援専門員は、利用者が入院しているような場合は実施している事業所などの情報を収集し、退院直後からスムーズに利用できるよう手配します。

　ネブライザーは、**慢性気管支炎**、**喘息**（ぜんそく）などで日常的に痰がたまる場合に、霧状にした薬を気管や肺に吸い込むことで、呼吸器疾患の患者の症状を抑え、痰の排出を促す機器です。在宅ではコンプレッサー式と超音波式が多く用いられています。

5. パルスオキシメーター

　パルスオキシメーターは、手足の指先に光センサーをつけて、血液中にどの程度の酸素が含まれているか（**酸素飽和度：SpO_2**）を測定する機器で、同時に脈拍数も測定することができます。利用者が気管切開をしている場合や人工呼吸器を装着している場合には、パルスオキシメーターの酸素飽和度の変化が、喀痰吸引や緊急連絡の判断の目安となります。

書いて覚えよう！

ストーマ	ストーマには、消化管ストーマ（　（ ① 　　　　　　　　 ） ）と尿路ストーマ（　（ ② 　　　　　　 ） ）がある。
バルーンカテーテル法	カテーテルが（ ③ 　　　　 ）すると尿がバッグ内に流れず（ ④ 　　　　 ）内に溜まり、腹痛や発熱、尿もれなどを引き起こすため、カテーテルの屈曲や圧迫などに注意する。蓄尿バッグは膀胱より（ ⑤ 　　　 ）位置を保つ。歩行時のバッグの位置のくふうや指導を行う。
在宅自己導尿	患者自らが膀胱内に（ ⑥ 　　　　　　 ）を挿入して尿を排泄する方法。膀胱内にカテーテルを留置する方法よりも（ ⑦ 　　　 ）の危険性が低く、活動しやすい。 ○外出時は、自己導尿が行える場所を確認しておく。 ○実施前の手洗いをしっかり行う。 ○感染予防のため、カテーテルの洗浄方法や保管方法を指導する。 ○水分を十分にとるよう指導する。
喀痰吸引	吸引を行うことで、自力で痰などを排出できない人を呼吸しやすくし、肺炎や（ ⑧ 　　　 ）などを予防できる。 ○ 2012（平成24）年4月から、研修を受けた介護職員等は一定の条件のもとで痰の吸引・経管栄養を実施できるようになった。 ○吸引器は、介護保険の対象とならないため、自費でレンタルまたは購入が必要だが、身体障害者手帳の交付を受けている場合、購入の補助が受けられることもある。
ネブライザー	（ ⑨ 　　　　　　 ）、（ ⑩ 　　　 ）などで日常的に痰がたまる場合に、霧状にした薬を気管や肺に吸い込むことで、呼吸器疾患の患者の症状を抑え、痰の排出を促す。 ○機器の取り扱いや吸入方法、吸入薬の量や回数など患者や家族への指導、副作用への対応が重要。
パルスオキシメーター	手足の指先に光センサーをつけて、（ ⑪ 　　　　　　 ）を測定する機器で、同時に（ ⑫ 　　　 ）も測定することができる。 ○気管切開をしている場合や人工呼吸器を装着している場合には、酸素飽和度の変化が、喀痰吸引や緊急連絡の判断の目安となる。

レッスン **25** # 感染症の予防

重要度 **A**
学習日 ／／／

1. 感染症の予防の基本

①**標準予防策（スタンダード・プリコーション）**：患者の接触前後には**手指衛生**（流水と石けんによる**手洗い**と消毒）を実施。手のひら、指先、指の間、親指、手首まで実施。血液、体液、分泌物、排泄物などを扱う場合には、**個人防護具**を着用。咳やくしゃみなどの症状がある人は**マスク**を着用（**咳エチケット**）。

②**感染経路別予防策**：**接触感染**では、手指衛生を励行し、嘔吐物など処理時に個人防護具を着用。**飛沫感染**は、飛沫粒子は約1〜2mで落下するため、患者の2〜3m以内でケアを行う場合は、使い捨てマスクを着用。**空気感染**の場合、麻疹や水痘では、免疫をもつ人が介護・看護にあたる。それ以外の職員は、高性能マスクを着用。**個室**管理。**血液感染**は、職員は予防のためB型肝炎ワクチンを接種する。

③**介護・看護者の対策**：施設職員は、自らが感染経路とならないよう**予防接種**を受け、定期的に健康診断を受診することが大切。食事介助のとき、排泄介助のあとは、手指衛生を徹底する。嘔吐物処理時は、使い捨ての個人防護具を着用し、ペーパータオルなどで拭き取った嘔吐物をビニール袋に入れて破棄する。汚染した場所やその周囲は0.5%**次亜塩素酸ナトリウム**で拭き取る。

2. 高齢者に推奨される予防接種

インフルエンザウイルスは、特にCOPDなど慢性疾患をもつ高齢者が感染すると**肺炎**を合併し、重症化することがあります。毎年の**インフルエンザワクチン**接種が推奨されています。肺炎球菌は、**肺炎、気管支炎、敗血症**などの重い合併症を引き起こすことがあります。**肺炎球菌ワクチン**の2回目以降の接種は**5年**以上間隔をあけます。

3. 高齢者に多い感染症

呼吸器感染症には、**肺炎**（誤嚥性肺炎含む）、**気管支炎**、膿胸、肺結核などがあり、インフルエンザや新型コロナウイルス感染症は感染力が強いため、発熱を伴う呼吸症状には注意が必要です。予防には、飛沫感染予防策などを徹底します。

尿路感染症（主に**膀胱炎、腎盂炎**）は、高齢者に最も多くみられます。バルーンカテーテル（膀胱留置カテーテル）では、感染症を発症しやすいため注意が必要です。

ノロウイルス感染症は主に経口感染ですが、下痢などの症状がなくなっても患者の**便や嘔吐物**から大量のウイルスが排出されるため、**二次感染**に注意が必要です。処理する際には、使い捨てのガウン、マスク、手袋を着用し、処理後に**次亜塩素酸ナトリウム**で調理器具や食器類、床を拭き取ります。

MRSAは**常在菌**ですが、高齢者や体力の弱まった状態で感染すると難治性となり、予後不良の場合が少なくありません。

書いて覚えよう！

◆感染経路別予防策

感染経路	主な感染症	対策
接触感染 利用者、物品などとの接触で、手指を介し感染。	ノロウイルス感染症、腸管出血性大腸菌感染症、疥癬など。	手指衛生の励行。嘔吐物など処理時に（　①　）を着用。
飛沫感染 咳、くしゃみ、会話などでの飛散粒子で感染。	新型コロナウイルス感染症、インフルエンザ、ノロウイルス感染症など。	飛沫粒子は約（　②　）～2mで落下するため、患者の（　③　）～3m以内でケアを行う場合は、使い捨てマスク着用。
空気感染 空中を浮遊する飛沫核で感染。	結核、麻疹、水痘（帯状疱疹）など。	麻疹や水痘では、（　④　）をもつ人が介護・看護にあたる。それ以外の職員は、高性能マスクを着用。（　⑤　）管理。
血液感染 主に血液を介して感染。	ウイルス性肝炎のうちB型肝炎・C型肝炎、HIV感染症	注射針や鋭利な器具などでの受傷による感染があるため、職員は（　⑥　）ワクチンを接種する。

◆高齢者に多い感染症

呼吸器感染症 <ruby>咳嗽<rt>がいそう</rt></ruby>、<ruby>喀痰<rt>かくたん</rt></ruby>、呼吸困難、チアノーゼ、発熱、頻脈などが主症状。	肺炎（誤嚥性肺炎含む）、（　⑦　）、膿胸、肺結核などがあり、発熱を伴う呼吸症状には注意が必要。予防には、（　⑧　）予防策などを徹底する。
ノロウイルス感染症 嘔吐、下痢、腹痛などの急性胃腸症状がある。	主に経口感染だが、下痢などの症状がなくなっても患者の便や嘔吐物から大量のウイルスが排出されるため、（　⑨　）に注意が必要。処理する際には、使い捨てのガウン、マスク、手袋を着用し、処理後に（　⑩　）で調理器具や食器類、床を拭き取る。

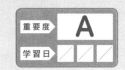

レッスン **26** # 急変時の対応（1）

重要度 **A**
学習日 　／　／　／

1. 高齢者の急性疾患の特徴

　高齢者は、日常の生活機能に影響を与える疾患や慢性疾患を複数有することが多く、多くの種類の薬を服用し、**薬の副作用**も出やすくなります。急性疾患でも症状が**非典型的**で**自覚症状に乏しく**、痛みや呼吸困難などの訴えがないこともあります。また、水・電解質の代謝異常（脱水）や神経・精神症状（**意識障害**、**せん妄**など）の合併症も伴いやすくなります。

2. 高齢者の急変時の対応

　高齢者の急変では、適切な初期対応が予後に影響します。

　介護支援専門員は、**在宅療養支援診療所**や**在宅療養支援病院**などとも連携し、急変時の適切な対応、高齢者の急変時の症状の現れかたなどをよく把握し、急変が予想されるときの対応や受診先について、チーム間であらかじめ共有しておくことが大切です。

> 　高齢者の急変では、意識障害、呼吸困難、ショック状態、脳血管障害、心疾患、消化管出血、窒息などは緊急性が高くなるよ。

3. 心肺蘇生

　意識のない人や倒れている人を見つけたときには、救急隊や医師に引き継ぐまでの間、**一次救命処置**が有効です。特に、心停止の原因となる**心室細動**では、**AED**（自動体外式除細動器）の使用が必要となります。

　意識のない人や倒れている人を見つけたときには、軽く肩をたたきながら呼びかけます。反応しない場合は、大声で叫んで応援を呼び、近くの人に救急車の要請とAEDの手配を依頼してから処置を始めます。

　①胸と腹部の動きを見て、正常な呼吸をしていない、または判断に迷う場合、**胸骨圧迫**（胸の真ん中を圧迫）を開始する。

　②水平で硬いところに仰向けに寝かせ、胸の真ん中を目安に強く、速く（**100～120回／分**のテンポで）、絶え間なく行う。

　③AEDが到着した場合は、電源を入れ、電極パッドを装着して音声ガイドに従う。

書いて覚えよう！

用語

◆高齢者の急性疾患の特徴

● 高齢者は、急性疾患でも症状が（ ① ）で自覚症状に乏しく、痛みや呼吸困難などの訴えがないこともある。また、水・電解質の代謝異常（脱水）や（ ② ）、せん妄などの神経・精神症状の合併も伴いやすくなる。

◆高齢者の急変時の対応

● 介護支援専門員は、（ ③ ）や（ ④ ）などとも連携し、急変時の適切な対応、高齢者の急変時の症状の現れかたなどをよく把握し、急変が予想されるときの対応や受診先について、チーム間であらかじめ共有しておく。

◆心肺蘇生

● 心停止の原因となる心室細動では、（ ⑤ ）（自動体外式除細動器）を使用する。

● 意識のない人や倒れている人を見つけたときには、軽く肩をたたきながら呼びかけ、反応しない場合は、大声で叫んで応援を呼び、近くの人に（ ⑥ ）の要請と（ ⑦ ）の手配を依頼してから処置を始める。

①胸と腹部の動きを見て、正常な呼吸をしていない、または判断に迷う場合、（ ⑧ ）（胸の真ん中を圧迫）を開始する。

②水平で硬いところに仰向けに寝かせ、胸の真ん中を目安に強く、速く（（ ⑨ ）回／分のテンポで）、絶え間なく行う。

③（ ⑩ ）が到着した場合は、電源を入れ、電極パッドを装着して音声ガイドに従う。

心室細動
心臓の動きが不規則になり、全身に血液を送り出すことができなくなった状態。不整脈のなかでも致死性が高い。AEDが有効。

AED（自動体外式除細動器）
電気ショックにより心臓のリズムを正す治療機器。心室細動を起こしているかの判断も自動で行う。音声ガイドに沿って操作する。

NOTE

レッスン **26** # 急変時の対応（2）

1. 医療機関を受診すべき病態と緊急対応

①**出血**：傷口を清潔なガーゼやタオルで圧迫し、止血。出血が激しい場合や清潔な布がない場合は、出血部位よりも心臓に近い部位を圧迫して止血。出血部位を心臓より高くすると、出血量を減らすことができる場合がある。

②**頭部打撲**：記憶障害、意識障害、痙攣（けいれん）、頭痛、嘔吐（おうと）、瞳孔（どうこう）の左右不同がある場合は、硬膜下出血、硬膜外出血、脳出血などを疑う。

③**誤嚥（ごえん）・窒息**：腹部突き上げ法（**ハイムリック法**）、**背部叩打法**により異物除去をする。

④**誤薬**：意識があるときは胃の内容物を吐かせる。意識がないときや、酸性・アルカリ性の強い洗剤や漂白剤、薬のPTP包装シートなどを誤飲したときは、無理に水を飲ませたり吐かせたりせず、すぐに医療機関を受診。

⑤**熱傷（やけど）**：衣服の下をやけどしている場合は、脱がさず流水をあてて冷やす。

⑥**溺水（できすい）**：ほとんどが浴槽で起こる。異常時にはただちに心肺蘇生をする。

⑦**痛み**：【腹痛】上腹部痛：急性胃炎、胃潰瘍、十二指腸潰瘍などを疑う。右上腹部痛：胆石症や胆嚢炎の可能性あり。右下腹部痛：虫垂炎の可能性あり。右側または左側の腰背部痛で、下腹部に向けて痛みがある場合：尿管結石の可能性あり。激しい腹痛と嘔吐がある場合：イレウス（腸閉塞）も疑う。食中毒では、腹痛、嘔吐に加えて発熱や下痢がみられる。【胸痛】心筋梗塞、狭心症は強い胸痛が特徴で、痛みは肩や背中、首などにも拡散する。高齢者では、特徴的な**症状がない**場合もあり、**冷や汗**や**吐き気**、**呼吸困難**が主症状のこともある。肺血栓塞栓症（そくせん）、肺梗塞（こうそく）、大動脈解離では、突然激しい痛みが出現し、呼吸困難や血圧低下による意識障害などが起こる。

⑧**呼吸不全**：呼吸困難とチアノーゼがある場合は、心不全の可能性がある。また、胸痛とともに呼吸困難が急激に生じた場合は、肺血栓塞栓症、肺梗塞、自然気胸、心筋梗塞の可能性があるので、すぐに医療機関を受診。喘息（ぜんそく）や心不全による呼吸困難では、あお向けよりも姿勢を**座位**にすると症状が楽になる。

⑨**吐血（とけつ）・下血（げけつ）・喀血（かっけつ）**：【吐血】大量出血では新鮮血、時間が経過している場合は黒っぽい血液となる。【下血】**タール便**の場合は**胃**や**十二指腸**など上部消化管からの出血を疑う。新鮮血の場合は大量出血や**大腸**からの出血を疑う。【喀血】結核や肺がんなどが疑われる。

⑩**浮腫（ふしゅ）・腹水**：浮腫は、寝たきりでは背部や仙骨部に生じる。浮腫や腹水がみられる場合は、心不全、低栄養、肝硬変、腎臓病、悪性腫瘍などが、急激な浮腫は心不全の急性増悪が考えられる。

⑪**発熱**：**感染症**を疑うが、普段の体温を考慮して対応。脱水に注意する。

書いて覚えよう！

◆医療機関を受診すべき病態と緊急対応

出血	出血が激しい場合は、出血部位よりも（①＿＿＿＿）に近い部位を圧迫して止血。
頭部打撲	記憶障害、痙攣、嘔吐、瞳孔の左右不同などがある場合は、硬膜下出血、硬膜外出血、（②＿＿＿＿）などを疑う。
誤嚥・窒息	腹部突き上げ法（ハイムリック法）、（③＿＿＿＿）により異物除去をする。
誤薬	（④＿＿＿＿）やアルカリ性の強い洗剤を飲み込んだ場合は、無理に吐かせたりせず、すぐに医療機関を受診。
熱傷	衣服の下をやけどしている場合は、脱がさず（⑤＿＿＿＿）をあてて冷やす。
溺水	異常時にはただちに（⑥＿＿＿＿）をする。
腹痛	上腹部痛：急性胃炎、（⑦＿＿＿＿）、十二指腸潰瘍などを疑う。右上腹部痛：胆石症や胆嚢炎の可能性あり。右下腹部痛：（⑧＿＿＿＿）の可能性あり。右側または左側の腰背部痛で、下腹部に向けて痛みがある場合：尿管結石の可能性あり。激しい腹痛と嘔吐がある場合：（⑨＿＿＿＿）（腸閉塞）も疑う。
胸痛	肺血栓塞栓症、肺梗塞、大動脈解離では、突然激しい痛みが出現し、呼吸困難や血圧低下による（⑩＿＿＿＿）などが起こる。
呼吸不全	喘息や心不全による呼吸困難では、あお向けよりも姿勢を（⑪＿＿＿＿）にすると症状が楽になる。
下血・吐血・喀血	吐血：大量出血では（⑫＿＿＿＿）となる。下血：（⑬＿＿＿＿）の場合は胃や十二指腸など上部消化管からの出血を疑う。
浮腫・腹水	心不全、低栄養、肝硬変、腎臓病、悪性腫瘍などが、急激な浮腫は、心不全の（⑭＿＿＿＿）が考えられる。
発熱	（⑮＿＿＿＿）を疑うが、普段の体温を考慮して対応。

用語

吐血
消化管出血がある場合に、口から血を吐くこと。食道動脈瘤、胃潰瘍、十二指腸潰瘍などで吐血することがある。

下血
消化管出血がある場合に、血液成分が肛門から出ること。

喀血
咳と一緒に出てくるなど気道系からの出血のこと。

NOTE

レッスン **27** # ターミナルケア

重要度 **A**
学習日

注目!

1. ターミナルケアとは

　利用者のターミナル期（終末期）の生活を支えるためには、医療と介護が連携し、合併症管理や急性合併症の予防、栄養介入や口腔ケア、リハビリテーション、転倒防止のための住宅改修などの支援を多職種協働で行っていくことが重要になります。介護支援専門員は、急病時、急変時、入院時、退院・退所時、家族に休息が必要になったとき、看取り期、と時期や場面に応じた医療機関との適切な連絡・調整が求められます。

2. 尊厳の重視と意思決定の支援

　本人の尊厳を重視するため、自らが望む人生の最終段階における医療・ケアについて、本人が家族など（親しい友人などを含む）や医療・介護従事者からなるケアチームと繰り返し話し合い、これからの医療・ケアの目標や考え方を明確にし、共有するプロセスである**アドバンス・ケア・プランニング**（ACP）が重要です（「人生の最終段階における医療・ケアの決定プロセスに関するガイドライン」〈2018〔平成30〕年〉）。

　認知症の人の意思決定を支援するすべての人は、①**意思形成支援**、②**意思表明支援**、③**意思実現支援**という3つの支援プロセスを踏むことが重要です（「認知症の人の日常生活・社会生活における意思決定支援ガイドライン」〈2018〔平成30〕年〉）。

3. ターミナルケアの方法

　ターミナル期の利用者の生活を支えるうえでは、介護が重要な位置を占めます。ケアを食事、排泄、睡眠、移動、清潔、喜びという視点からとらえて支援することが重要です。

4. 臨終が近づいたときの症状や徴候とケア

　看取りのケアを行うにあたって、人が死に至るまでの自然経過（意識の障害、呼吸器症状や呼吸の変化、口の渇き、発熱、チアノーゼ）を知っておくことが必要です。その過程で、必要となる介護の提供や医療との連携を想定します。

5. 死亡診断と死後のケア

　在宅の看取りでは、主治医が必ずしも立ち会う必要はありませんが、主治医に連絡し、死亡診断書の作成を依頼する必要があります。**死亡診断書**の作成は**医師**（歯科医師を含む）のみ🅐が行うことができます。

　家族に最期のお別れを促し、十分にお別れをしていただいたあとに、**エンゼルケア**を行います。また、遺族の悲嘆への配慮や対応は**グリーフケア**🅑と呼ばれます。

書いて覚えよう！

ターミナルケア
死が間近に迫った終末期（ターミナル期）に提供されるケア。
エンゼルケア
医療器具などを抜き取り、身体を清潔にし、その人らしい外見に整えること。

◆尊厳の重視と意思決定の支援

● 本人の尊厳を重視するため、自らが望む人生の最終段階における医療・ケアについて、本人が家族など（親しい友人などを含む）や医療・介護従事者からなるケアチームと繰り返し話し合い、これからの医療・ケアの目標や考え方を明確にし、共有するプロセスである（ ① ＿＿＿＿＿＿ ）・ケア・プランニングが重要。

● 認知症の人の意思決定を支援するすべての人は、①意思（ ② ＿＿＿＿ ）支援、②意思表明支援、③意思（ ③ ＿＿＿＿ ）支援という３つの支援プロセスを踏むことが重要。

◆臨終が近づいたときの症状や徴候とケア

意識の障害	興奮が激しい場合、向精神薬の処方も検討し、医師・看護師に相談する。反応がなくなり、意思の疎通が難しくなっても、いつも通りの声かけをして、安心感を与える。
呼吸器症状や呼吸の変化	息切れや苦しさがある場合は、姿勢のくふうやベッドの角度調整、環境整備などをし、安心感を与える。痰のからみや違和感は、姿勢のくふうや口腔内清掃、吸引などをする。 チェーンストークス呼吸になり、30秒以上呼吸が止まることもあるが、しばらくすると再開する。下顎呼吸が始まると臨終が近い。
（ ④ ＿＿＿＿ ）の渇き	口腔内を清潔に保ち、誤嚥に気をつけながら、氷、アイスクリームなどを口に入れる。
発熱	氷枕などで冷やし、汗はこまめに拭く。解熱剤が有効な場合もある。
チアノーゼ	手足の先端が紫色になって、冷感、脈が触れにくいことも臨終が近い徴候。

NOTE

確認しよう！

★死亡診断書を作成できるのはだれ？　⇨ Ⓐ

★遺族の悲嘆への配慮や対応をなんという？　⇨ Ⓑ

レッスン28 健康増進と疾病障害の予防

重要度 **B**
学習日

1. 国の健康増進対策

　わが国では、健康増進にかかる取り組みとして、第1次国民健康づくり対策、第2次国民健康づくり対策、2000（平成12）年から2012（平成24）年度までの「21世紀における国民健康づくり運動（健康日本21）」、2013（平成25）年度から2023（令和5）年度までの「21世紀における第2次国民健康づくり運動（**健康日本21〔第2次〕**）」を実施し、一定の成果を収めてきました。そして、2024（令和6）年度からは、2035（令和17）年度までの計画として、「21世紀における第3次国民健康づくり運動（**健康日本21〔第3次〕**）」が実施されます。そこでは、すべての国民が健やかで心豊かに生活できる**持続可能な社会の実現**のため、①**健康寿命**の延伸と健康格差の縮小、②**個人の行動と健康状態の改善**、③**社会環境の質の向上**、④**ライフコースアプローチ**を踏まえた健康づくり、の4つの方向性が示されています。

2. 疾病予防

　疾病予防のためには、①**栄養**（食・口腔機能）、②**身体活動**（運動、社会活動）、③**社会参加**（就労、余暇活動、ボランティア）を3つの柱としてバランスよく生活に取り入れることが重要となります。特に後期高齢者では、フレイルとサルコペニアの予防が、介護予防のためのポイントとなります。

3. 生活習慣病の予防

注目!

　わが国の死因別死亡率をみると、**生活習慣病**である悪性新生物（がん）、心疾患、脳血管疾患、肺炎が死因の上位を占めています。個人が取り組む疾病予防として重要なのは、次のような発生要因を踏まえた、生活習慣の改善による生活習慣病の予防です。

①禁煙：**胃がんと肺がん**、肝臓がん、心疾患、COPD、白内障、脂質異常症、高血圧、**糖尿病の合併症**を予防。

②食生活の改善：多量の飲酒習慣は**虚血性心疾患**、塩分の過剰摂取は**高血圧**のリスクを高める。ビタミンD、ビタミンKの摂取で、**骨粗鬆症**を予防。

③適度な運動：**結腸がん**、肥満や糖尿病、骨粗鬆症を予防。

④感染予防：肝臓がん（**B型・C型の肝炎ウイルス**）、子宮頸がん（**ヒト・パピローマ・ウイルス**）、胃がん（**ピロリ菌**）、成人T細胞性白血病（ヒトT細胞性白血病ウイルス）、特定の化学物質、紫外線などによる発がんリスクも予防。

⑤検診の早期受診：がん、骨粗鬆症などを予防。

⑥転倒予防：背筋群や腸腰筋、腹筋の強化、プロテクターによる骨折予防など。

書いて覚えよう！

◆疾病予防

● 疾病予防のためには、①栄養（食・口腔機能）、②（[1]＿＿＿＿＿）（運動、社会活動）、③（[2]＿＿＿＿＿）（就労、余暇活動、ボランティア）を３つの柱としてバランスよく生活に取り入れる。

◆生活習慣病の予防

予防策	要因、留意点
禁煙	（[3]＿＿）がんと（[4]＿＿）がん、肝臓がん、心疾患、COPD、白内障、脂質異常症、高血圧、糖尿病の合併症を予防。
食生活の改善	飲酒の量を見直し、食生活を改善して虚血性心疾患、（[5]＿＿＿）、骨粗鬆症を予防する。
適度な運動	結腸がん、肥満や糖尿病、（[6]＿＿＿＿）を予防。
感染予防	肝臓がん（B型・C型の肝炎ウイルス）、（[7]＿＿＿）がん（ヒト・パピローマ・ウイルス）、（[8]＿＿）がん（ピロリ菌）、成人T細胞性白血病（ヒトT細胞性白血病ウイルス）、特定の化学物質、紫外線などによる発がんリスクも予防。
検診の早期受診	がん、（[9]＿＿＿）などを予防。
（[10]＿＿）予防	背筋群や腸腰筋、腹筋の強化、プロテクターによる骨折予防など。

用語

健康日本21〔第３次〕の４つの方向性
①健康寿命の延伸と健康格差の縮小、②個人の行動と健康状態の改善（生活習慣の改善、生活習慣病〔NCDs〕の発症予防・重症化予防、生活機能の維持・向上）、③社会環境の質の向上（社会とのつながり・こころの健康の維持および向上、自然に健康になれる環境づくり、だれもがアクセスできる健康増進のための基盤の整備）、④ライフコースアプローチを踏まえた健康づくり（胎児期から高齢期に至るまでの人の生涯を経時的にとらえた健康づくり）。

生活習慣病
食習慣、運動、休養、喫煙、飲酒などの生活習慣が、発症・進行に関与する疾患群。いくつかの不健康な生活習慣が複合的に重なり合い、長期間にわたり継続することによって発症し進行する慢性疾患ともいえる。代表的な生活習慣病には、がん（悪性腫瘍）、循環器疾患、糖尿病、骨粗鬆症などがある。

NOTE

確認しよう！

★2013年度から実施されていた健康増進対策はなに？ ⇒ A

★健康日本21（第３次）で示されている方向性はいくつある？ ⇒ B

レッスン **29** # 訪問看護（1）

1. 訪問看護とは

①**サービスの定義**：病院・診療所や訪問看護ステーションの看護師などが、病状が安定期にある要介護者の居宅を訪問し、療養上の看護や診療の補助を行うサービス。

②**事業者**：**訪問看護ステーション**と**病院・診療所**が、都道府県知事の指定を得て**指定訪問看護事業者**としてサービスを行う。

③**人員基準**：訪問看護ステーションの場合、**看護職員**（看護師、准看護師、保健師）を常勤換算で2.5人以上（うち1人は常勤）、**理学療法士、作業療法士、言語聴覚士**を実情に応じて適当数、**管理者**（常勤専従。支障なければ兼務可。原則、保健師または看護師）を配置。病院・診療所の場合は、適当数の看護職員。

④**利用者**：病状が安定期にあり、訪問看護が必要と**主治医が認めた要介護者**。要介護者でも、急性増悪時に主治医から**特別訪問看護指示書**が交付された患者（原則月1回、交付日から14日間を限度）、末期悪性腫瘍（がん）や神経難病などの厚生労働大臣が定める疾病等の患者、精神科訪問看護（認知症を除く）には、例外的に医療保険から給付される。

2. 訪問看護の目的・方針と内容

(1) 訪問看護の目的

訪問看護では、利用者の安定した療養生活を保障するためのケアを行い、利用者の潜在能力と残存能力を活用します。そして心身の機能の維持回復と生活機能の維持・向上をめざし、できるだけ自立した生活が送れるように支援します。

(2) 訪問看護の方針

訪問看護開始時には、**主治医の指示を文書**（訪問看護指示書）で受けなければなりません。訪問看護指示書の有効期間は6か月以内です。看護師などがアセスメントに基づき、居宅サービス計画の内容に沿って**訪問看護計画書**を作成し、その内容について利用者や家族に説明、同意のうえ交付します。提供したサービス内容などについては、**訪問看護報告書**に記載します。訪問看護計画書と訪問看護報告書は、事業所の管理者が定期的に主治医に提出します。サービスの実施後は、継続的にモニタリングします。

なお、訪問看護を行う看護師などが、自身の**同居家族**に対し、訪問看護を行ってはならないとされています。

(3) 訪問看護のサービス

訪問看護では、①病状の観察と情報収集、②療養上の世話（食事の援助、排泄の援助、清潔のケア、移動の援助、衣服の交換など）、③診療の補助（医師の指示に基づいた診療の補助）、④リハビリテーション、⑤精神的支援、⑥家族支援、⑦療養指導、⑧在宅での看取りの支援をサービスとして提供します。

書いて覚えよう！

定義	病院・診療所や訪問看護ステーションの看護師などが、病状が安定期にある要介護者の居宅を訪問し、療養上の看護や診療の補助を行う。
事業者	(^①　　　　　　　　　　　) と病院・診療所で、都道府県知事の指定を得た指定訪問看護事業者。
人員基準	○訪問看護ステーション：看護職員（看護師、准看護師、保健師）を常勤換算で2.5人以上（うち1人は常勤）、理学療法士、作業療法士、言語聴覚士を実情に応じて適当数、管理者（常勤専従。支障なければ兼務可。原則、保健師または看護師）を配置。 ○病院・診療所：適当数の看護職員。
利用者	病状が安定期にあり、訪問看護が必要と主治医が認めた要介護者。要介護者でも、急性増悪時に主治医から (^②　　　　　　　　　) が交付された患者（原則月1回、交付日から14日間を限度）、(^③　　　　　　) や神経難病などの患者に対しては、例外的に (^④　　　　) から給付される。
方針	○訪問看護開始時には、主治医の指示を (^⑤　　　) で受けなければならない。 ○看護師などが (^⑥　　　　　　　) を作成し、その内容について利用者や家族に説明、同意のうえ交付。 ○提供したサービス内容などは (^⑦　　　　　) に記載。 ○ (^⑧　　　　　) と (^⑨　　　　　) は、事業所の管理者が定期的に主治医に提出。 ○サービスの実施後は、継続的にモニタリングする。 ○訪問看護を行う看護師などが、自身の (^⑩　　　) 家族に対し、訪問看護を行ってはならない。
サービス内容	①病状の観察と情報収集、②療養上の世話、③診療の補助、④ (^⑪　　　　　)、⑤精神的支援、⑥家族支援、⑦療養指導、⑧在宅での看取りの支援。

レッスン29 訪問看護(2)

重要度 **A**
学習日 ／／／

1. 訪問看護の主な介護報酬

区分	①訪問看護ステーション、②病院・診療所、③定期巡回・随時対応型訪問介護看護事業所と連携して訪問看護を行う場合別に、サービス提供時間などにより設定。
加算	●夜間、早朝、深夜にサービスを提供した場合（③以外） ●複数名訪問加算（③以外） ●緊急時訪問看護加算（24時間の連絡体制にある事業所が、利用者にその旨を説明し、緊急時の訪問看護の利用についての同意を得た場合） ●特別管理加算（真皮を越える褥瘡があるなど、特別な医療管理を必要とする利用者に計画的な管理を行った場合） ●ターミナルケア加算（24時間の連絡体制確保など一定の基準に適合する事業所が、死亡日および死亡日前14日以内に2日以上ターミナルケアを行った場合など） ●退院時共同指導加算（病院、診療所または介護老人保健施設、介護医療院の入院患者・入所者の退院・退所時に、訪問看護ステーションの看護師等が主治医などと共同して在宅療養上必要な指導を行い、その内容を文書により提供し初回の訪問看護をした場合） ●初回加算（新規に訪問看護計画を作成した利用者に訪問看護を行った場合） ●看護・介護職員連携強化加算（訪問介護事業所と連携し、痰の吸引などの特定行為業務を円滑に行うための支援を行った場合） ●看護体制強化加算（医療ニーズの高い利用者への提供体制を強化している場合。③以外） ●要介護5の人に訪問看護を行う場合（③のみ）

　このほか、事業所と同一建物など集合住宅に居住する利用者にサービスを提供した場合の減算などが設定されています。

2. 介護予防訪問看護

　病院・診療所や訪問看護ステーションの看護師などが安定期の**要支援者**の居宅を訪問し、介護予防を目的に、**介護予防サービス計画**に定める期間にわたり、療養上の世話や診療の補助を行うサービスです。

　開始時には**主治医の指示を文書**で受けなければなりません。

　看護師などが**介護予防訪問看護計画書**を作成し、主治医に提出します。計画書の内容は、利用者または家族に説明のうえ、利用者の同意を得て交付します。看護師などは、サービス提供開始時から、計画書のサービス提供期間が終了するまでに、少なくとも1回は**実施状況の把握**（モニタリング）を行い、**介護予防訪問看護報告書**を作成し、**指定介護予防支援事業者**に報告するとともに、主治医にも定期的に提出します。

書いて覚えよう！

◆訪問看護の主な介護報酬

● （［1］_____） 加算とは、24時間の連絡体制にある事業所が、利用者にその旨を説明し、緊急時の訪問看護の利用についての同意を得た場合の加算である。

● （［2］_____） 加算とは、特別な医療管理を必要とする利用者に計画的な管理を行った場合の加算である。

● （［3］_____） 加算とは、24時間の連絡体制確保など一定の基準に適合する事業所が、死亡日および死亡日前14日以内に２日以上ターミナルケアを行った場合などの加算である。

● （［4］_____） 加算とは、病院、診療所または介護老人保健施設、介護医療院の入院患者・入所者の退院・退所時に、訪問看護ステーションの看護師等が主治医などと共同して在宅療養上必要な指導を行い、その内容を文書により提供し初回の訪問看護をした場合の加算である。

● （［5］_____） 加算とは、訪問介護事業所と連携し、痰の吸引などを円滑に行うための支援を行った場合の加算である。

◆介護予防訪問看護

● 看護師などは、サービス提供開始時から、計画書のサービス提供期間が終了するまでに、少なくとも （［6］____） 回は実施状況の把握を行い、介護予防訪問看護報告書を作成し、（［7］_____） に報告するとともに、主治医にも定期的に提出する。

確認しよう！

★介護報酬はサービス提供時間では設定されていない？ ⇒ Ⓐ

★新規に訪問看護計画を作成した利用者に対して訪問看護を提供した場合の加算はなに加算？ ⇒ Ⓑ

事業所と同一建物など集合住宅に居住する利用者にサービスを提供した場合の減算

訪問系・通所系サービス（算定区分に同一建物かそれ以外の区分があるものを除く）共通の減算。

訪問系サービスでは、①事業所と同一敷地内または隣接する敷地内の建物に居住する利用者または、②上記①以外の建物のうち事業所の利用者が１か月あたり20人以上である建物に居住する利用者にサービスを行う場合に減算となる。

通所系サービスでは、事業所の所在する建物と同一の建物に居住する利用者または事業所と同一の建物から事業所に通う利用者に対しサービスを提供した場合に減算となる。

複数名訪問加算

利用者や家族の同意を得て、利用者の身体的理由や暴力行為などにより、同時に複数の看護師等が訪問看護を行った場合。

NOTE

レッスン 30 訪問リハビリテーション

重要度 B
学習日 ／／／

1. 訪問リハビリテーションとは

　訪問リハビリテーションは、理学療法士、作業療法士または言語聴覚士が、病状が安定期にある**要介護者の居宅を訪問**し、必要なリハビリテーションを行うサービスです。**病院・診療所、介護老人保健施設、介護医療院**が都道府県知事の指定を得て、**指定訪問リハビリテーション事業者**としてサービスを行います。人員基準はサービス提供に必要な**常勤の医師、理学療法士、作業療法士、または言語聴覚士**を適当数配置します。

2. 訪問リハビリテーションの方針・内容

　サービスを提供する際には、**リハビリテーション会議を開催**し、専門的見地から利用者の状況などの情報を共有します。サービスは、医師の**指示**と**訪問リハビリテーション計画**（医師および**理学療法士、作業療法士または言語聴覚士**が作成）に基づき提供されます。サービスの実施状況やその評価について**診療記録**を作成し、医師に報告します。

　介護保険で提供されるのは、主に**急性期、回復期**を終えた**生活期**（維持期）のリハビリテーションです。

3. 訪問リハビリテーションの主な介護報酬

区分	1回につき単位が設定されている。
加算	●**短期集中リハビリテーション実施加算**（退院・退所日または新規要介護認定日〔認定の効力が生じた日〕から3か月以内に集中的に訪問リハビリテーションを実施した場合）　●**リハビリテーションマネジメント加算**（リハビリテーション会議の開催などにより、利用者の状況を多職種で共有し、訪問リハビリテーション計画の定期的な見直し、理学療法士等による介護支援専門員への情報提供など、多職種が共同して継続的にリハビリテーションの質を管理している場合）　●**移行支援加算**（訪問リハビリテーションの提供を終了した利用者のうち、通所介護などのサービスに移行した利用者が一定割合を超えている事業所が、電話などにより、移行先のサービス等の実施状況を確認・記録しているほか、利用者のリハビリテーション計画書を移行先の事業所へ提供している場合）

4. 介護予防訪問リハビリテーション

　病状が安定期にある**要支援者の居宅を訪問**し、**介護予防を目的**に、**介護予防サービス計画に定める期間**にわたり、理学療法、作業療法など必要なリハビリテーションを行うサービスです。介護予防サービス計画の内容に沿って**介護予防訪問リハビリテーション計画**を作成します。実施状況について**診療記録**を作成し医師に報告、モニタリングの結果は記録し、**指定介護予防支援事業者**に報告します。

書いて覚えよう！

事業者	病院・診療所、（ ① ⬚ ）、介護医療院で、都道府県知事の指定を得た指定訪問リハビリテーション事業者。
人員基準	サービス提供に必要な常勤の医師、理学療法士、作業療法士、または言語聴覚士を適当数。
方針	○サービスは、医師の（ ② ⬚ ）と訪問リハビリテーション計画に基づき提供される。 ○訪問リハビリテーション計画は（ ③ ⬚ ）および理学療法士、作業療法士または言語聴覚士が作成する。 ○サービスの実施状況やその評価について（ ④ ⬚ ）を作成し、医師に報告する。
サービス内容	主に（ ⑤ ⬚ ）期（維持期）のリハビリテーション。 ①廃用症候群の予防と改善、②基本的動作能力・ADL・IADL の維持・回復、③対人交流・社会参加の維持・拡大、④家族の介護負担軽減、⑤福祉用具や住宅改修に関する助言、⑥訪問介護事業所への自立支援技術の指導　など。

◆訪問リハビリテーションの主な介護報酬

● （ ⑥ ⬚ ）加算とは、訪問リハビリテーションの提供を終了した利用者のうち、通所介護などのサービスに移行した利用者が一定割合を超えている事業所が、電話などにより、移行先のサービス等の実施状況を確認・記録しているほか、利用者のリハビリテーション計画書を移行先の事業所へ提供している場合の加算である。

確認しよう！

★サービスを提供する際には、なにを開催して情報共有する？　⇒ Ⓐ
★介護予防訪問リハビリテーションでは、記録したモニタリングの結果を、だれに報告する？　⇒ Ⓑ

用語

リハビリテーション会議
訪問リハビリテーション計画または通所リハビリテーション計画の作成のために、利用者とその家族の参加を基本としつつ、医師、理学療法士、作業療法士、言語聴覚士、介護支援専門員、その他サービスの担当者などの関係者により構成される。

急性期リハビリテーション
疾患、リスク管理が重点。廃用症候群の予防を中心とする。

回復期リハビリテーション
疾患、リスク管理に留意しつつADLの改善を中心に能動的、多彩な訓練を集中的に提供。

生活期（維持期）リハビリテーション
急性期リハ、回復期リハが終了し、獲得された家庭または施設の生活や社会生活の維持・改善を支援。

NOTE

レッスン **31** # 居宅療養管理指導（1）

重要度 **B**
学習日

1. 居宅療養管理指導とは

①**サービスの定義**：医師、歯科医師、薬剤師などが、通院が困難な要介護者の居宅を訪問し、療養上の管理および指導を行うサービス。

②**事業者**：病院・診療所、薬局が都道府県知事の指定を得て、**指定居宅療養管理指導事業者**としてサービスを行う。

③**人員基準**：病院・診療所では**医師**、**歯科医師**やサービス内容に応じた適当数の**薬剤師**、**歯科衛生士**、**管理栄養士**が、薬局では薬剤師の配置が定められている。

2. 居宅療養管理指導と介護支援サービス

（1）主治医との連携

　介護支援専門員は、サービス担当者会議に医師が出席できるよう、訪問診療先の自宅で開催するなどくふうします。また、電話やファクシミリなども活用します。居宅サービス計画の作成に主治医意見書の内容を活用します。急変時や看取りの対応について医師と打ち合わせをしておくなど、利用者の主治医と密な連携を図ることが大切です。

（2）居宅療養管理指導の利用者

　通院の難しい、次のような要介護者が利用します。

①治療が難しい疾患をもつ人（糖尿病、心不全、慢性呼吸不全、慢性腎臓病、悪性腫瘍〔がん〕、褥瘡など）

②病状が不安定で悪化、再発、合併症を起こしやすい人（脳卒中の後遺症、嚥下障害があるなど）

③生命維持に必要な器具をつけている人（胃ろうによる栄養管理 A 、在宅酸素療法患者など）

④リハビリテーションを必要とする人（脳血管障害、骨折、関節疾患など）

⑤入所・入院の判断を必要とする人

⑥歯や口腔内に問題をもつ人

⑦疾病にかかりやすい人（抵抗力、免疫力の落ちた人）

⑧心理的に不安定な人

3. 居宅療養管理指導の目的

　居宅療養管理指導により、医学的問題への対応も同時に進めることで、要介護者の生活面の改善を図ります。疾病や再発の予防、寝たきりによる合併症の早期発見、最終的には看取りまで含めて重要な役割を担っています。

書いて覚えよう！

NOTE

定義	医師、歯科医師、薬剤師などが、通院が困難な要介護者の居宅を訪問し、療養上の管理および指導を行う。
事業者	病院・診療所、（□[1]　　　　）で、都道府県知事の指定を得た指定居宅療養管理指導事業者。
人員基準	○病院・診療所：医師、歯科医師やサービス内容に応じた適当数の薬剤師、歯科衛生士、管理栄養士。 ○薬局：（□[2]　　　　）。
利用者	通院の難しい、次のような要介護者。 ①治療が難しい疾患をもつ人（糖尿病、心不全、慢性呼吸不全、慢性腎臓病、悪性腫瘍、褥瘡など） ②病状が不安定で悪化、再発、（□[3]　　　　）を起こしやすい人（脳卒中の後遺症、嚥下障害があるなど） ③生命維持に必要な器具をつけている人（胃瘻による栄養管理、在宅酸素療法患者など） ④（□[4]　　　　　　　　）を必要とする人（脳血管障害、骨折、関節疾患など） ⑤入所・入院の判断を必要とする人 ⑥歯や口腔内に問題をもつ人 ⑦疾病にかかりやすい人（抵抗力、免疫力の落ちた人） ⑧（□[5]　　　）的に不安定な人
目的	居宅療養管理指導により、医学的問題への対応も同時に進めることで、要介護者の（□[6]　　　）面の改善を図る。疾病や再発の予防、寝たきりによる合併症の早期発見、最終的には（□[7]　　　）まで含めて重要な役割を担っている。

確認しよう！

★胃ろうを造設している人は居宅療養管理指導の対象となる？　⇒

レッスン **31** # 居宅療養管理指導（2）

重要度 **B**
学習日 ／／／

1. 居宅療養管理指導の内容

　居宅療養管理指導では、サービス内容に応じて、サービス担当者が異なります。

①**医師**または**歯科医師**が行う**医学的管理指導**：居宅サービスの利用に関する留意事項や介護方法、療養上必要な事項について**利用者**や**家族**に**指導**や**助言**（記載した**文書を交付**するよう努めなければならない）を行う。原則として**サービス担当者会議**への参加（参加できない場合は原則として文書の交付）により、**居宅介護支援事業者**や居宅サービス事業者に居宅サービス計画作成などに必要な情報提供・助言を行う。提供したサービス内容は**診療録**に記載する。

②**薬剤師**が行う**薬学的管理指導**：**医師**または**歯科医師**の指示（薬局の薬剤師の場合は医師・歯科医師の指示に基づき策定された薬学的管理指導計画）に基づき薬学的管理や指導を行う。原則としてサービス担当者会議への参加（参加できない場合は原則として文書の交付）により、居宅介護支援事業者等への必要な情報提供・助言を行う。

③**管理栄養士**が行う**栄養指導**：医師の指示に基づき、栄養管理に関する情報提供や助言・指導などを行う。

④**歯科衛生士等**（保健師、看護師、准看護師を含む）が行う**歯科衛生指導**：訪問歯科診療を行った歯科医師の指示および歯科医師の策定した訪問指導計画に基づき、口腔内の清掃や有床義歯の清掃に関する指導などを行う。

> サービス内容について診療記録を作成し、医師または歯科医師に報告する。

2. 居宅療養管理指導の介護報酬

　居宅療養管理指導の介護報酬は、担当者ごとに、その月での単一建物居住者の人数（3段階）に応じ、算定回数（1か月に2回までなど）とともに設定されています。また、疼痛緩和など特別な薬が必要な利用者に対して薬剤師が薬学的管理指導を行った場合は加算されます。

3. 介護予防居宅療養管理指導

　医師、歯科医師、薬剤師などが**要支援者**の居宅を訪問し、**介護予防を目的**に、療養上の管理および指導を行うサービスです。医師または歯科医師による介護予防居宅療養管理指導では、原則として**サービス担当者会議に出席**し、介護予防サービス計画の作成に必要な情報提供などを行います。本人や家族に療養上の指導や説明、サービスの利用に関する指導・助言（**文書を交付**するよう努める）を行います。サービス内容は**診療録**に記載します。

書いて覚えよう！

単一建物居住者
同一月に、サービスを
提供した建物に住む居
住者を指す。

◆居宅療養管理指導の内容

医師または 歯科医師が行う 医学的管理指導	○居宅サービスの利用に関する留意事項や介護方法、療養上必要な事項について利用者や家族に指導や助言を行う。 ○原則として（ ① 　　　　　　　　　）への参加（参加できない場合は原則として文書の交付）により、居宅介護支援事業者や居宅サービス事業者に居宅サービス計画作成などに必要な情報提供・助言を行う。
薬剤師が行う 薬学的管理指導	○医師または歯科医師の指示（薬局の薬剤師の場合は医師・歯科医師の指示に基づき策定された（ ② 　　　　　　　　　））に基づき薬学的管理や指導を行う。 ○原則としてサービス担当者会議への参加（参加できない場合は原則として文書の交付）により、居宅介護支援事業者等への必要な情報提供・助言を行う。
（ ③ 　　　　　　　） が行う栄養指導	○医師の指示に基づき、栄養管理に関する情報提供や助言・指導などを行う。
（ ④ 　　　　　　　） 等が行う歯科衛生指導	○訪問歯科診療を行った歯科医師の指示および歯科医師の策定した訪問指導計画に基づき、口腔内の清掃や有床義歯の清掃に関する指導などを行う。

◆居宅療養管理指導の介護報酬

● 疼痛緩和など特別な薬が必要な利用者に対して（ ⑤ 　　　　　）が薬学的管理指導を行った場合は加算される。

NOTE

確認しよう！

★歯科衛生指導を行うのは歯科衛生士だけ？ ⇒ Ⓐ

★居宅療養管理指導の介護報酬には、加算が設定されている？ ⇒ Ⓑ

レッスン **32**

通所リハビリテーション（1）

重要度 **A**

学習日 ／／／

1. 通所リハビリテーションとは

①**サービスの定義**：病状が安定期にある要介護者に介護老人保健施設や介護医療院、病院・診療所に通ってもらい、理学療法、作業療法など必要なリハビリテーションを行うサービス。

②**事業者**：病院・診療所と**介護老人保健施設、介護医療院**が都道府県知事の指定を得て**指定通所リハビリテーション事業者**としてサービスを行う。

③**人員基準**（診療所を除く）：常勤で**医師**を1人以上。**理学療法士・作業療法士・言語聴覚士・看護師・准看護師・介護職員**を提供時間帯を通じ単位ごとに専従で、利用者が同時に10人までは1人以上、同時に10人を超える場合は利用者数を10で除した数以上、このうち、専従の理学療法士、作業療法士、言語聴覚士は利用者が100人またはその端数を増すごとに1人以上。

④**利用者**：急性期を終え、**生活期**のリハビリテーションを必要としている要介護者。脳血管障害など身体機能に障害のある人、認知症で行動・心理症状（BPSD）や理解力・判断力の低下がある人、口腔機能が低下している人、ADL、IADLの維持・回復を図りたい人、低栄養状態で体力が低下している人など。

2. 通所リハビリテーションの目的・方針と内容

（1）通所リハビリテーションの目的

　通所リハビリテーションは、①心身機能の維持・回復、②生活機能の維持・向上、③認知症高齢者の症状の軽減と落ち着いた日常生活の回復、④ADL、IADLや意思の疎通能力、社会関係能力の維持回復、などを目的としています。

（2）通所リハビリテーションの方針

　サービス提供の際は、**リハビリテーション会議**を開催し、専門的見地から利用者の状況などの情報を共有するよう努めます。**診療**（医師の診察内容）や運動機能検査、作業能力検査などに基づき、居宅サービス計画に沿って**医師**および**理学療法士、作業療法士**などの従業者が共同して**通所リハビリテーション計画**を作成し、利用者、家族に説明のうえ利用者の同意を得て交付します。サービスの実施状況やその評価を**診療記録**に記載します。

（3）通所リハビリテーションのサービス

　事業所により、サービス提供時間やサービス内容は異なりますが、基本的には、①送迎（あらかじめ決められた方法などで行う）、②健康チェック（体温・血圧などの測定や管理）、③入浴介助（必要な場合）、④排泄介助、⑤食事介助（食事の提供と介助など）、⑥リハビリテーション（助言や指導を含む）、⑦レクリエーション、⑧必要に応じて、家屋調査や住宅改修、福祉用具などの提案や調整などを行います。

書いて覚えよう！

定義	病状が安定期にある要介護者に（^①　　　　　　　）や介護医療院、病院・診療所に通ってもらい、理学療法、作業療法など必要なリハビリテーションを行う。
事業者	病院・診療所、介護老人保健施設、介護医療院で、都道府県知事の指定を得た指定通所リハビリテーション事業者。
人員基準（診療所を除く）	○（^②　　　　　）：常勤で1人以上。 ○理学療法士・作業療法士・言語聴覚士・看護師・准看護師・介護職員：提供時間帯を通じ単位ごとに専従で、利用者が同時に10人までは1人以上、同時に10人を超える場合は利用者数を10で除した数以上、このうち、専従の理学療法士、作業療法士、言語聴覚士は利用者が100人またはその端数を増すごとに1人以上。
利用者	急性期を終え、（^③　　　　　）期のリハビリテーションを必要としている要介護者。
目的	①心身機能の維持・回復、②生活機能の維持・向上、③認知症高齢者の症状の軽減と落ち着いた日常生活の回復、④ADL、IADLや意思の疎通能力、（^④　　　　　）能力の維持回復など。
方針	○診療や運動機能検査、作業能力検査などに基づき、（^⑤　　　　　　　）に沿って医師および理学療法士、作業療法士などの従業者が共同して通所リハビリテーション計画を作成し、利用者、家族に説明のうえ利用者の同意を得て交付する。 ○サービスの実施状況やその評価を（^⑥　　　　　）に記載する。
サービス内容	①送迎（あらかじめ決められた方法などで行う）、②健康チェック（体温・血圧などの測定や管理）、③入浴介助（必要な場合）、④（^⑦　　　　）介助、⑤食事介助（食事の提供と介助など）、⑥リハビリテーション（助言や指導を含む）、⑦（^⑧　　　　　　　）、⑧必要に応じて、家屋調査や住宅改修、福祉用具などの提案や調整など。

用語

通所リハビリテーション計画と訪問リハビリテーション計画との一体的作成など

訪問リハビリテーションと通所リハビリテーションのサービスを同一の事業所が提供する場合は、訪問リハビリテーション計画と通所リハビリテーション計画の作成や利用者への説明・同意・交付などを一体的に行うことができる。

NOTE

レッスン **32**
通所リハビリテーション (2)

重要度 **A**
学習日

1. 通所リハビリテーションの主な介護報酬

区分	事業所の規模に応じ、所要時間（7区分）別、要介護度別に単位が定められている。
加算	●延長加算　●入浴介助加算　●リハビリテーションマネジメント加算　●リハビリテーション提供体制加算　●短期集中個別リハビリテーション実施加算　●生活行為向上リハビリテーション実施加算（一定の基準を満たした作業療法士、理学療法士、言語聴覚士を配置し、リハビリテーション実施計画に基づき生活行為の向上をめざしたリハビリテーションを計画的に行うほか、事業所の医師または医師の指示を受けた理学療法士等が利用者の居宅を訪問して生活行為に関する評価を実施した場合）　●重度療養管理加算　●中重度者ケア体制加算　●移行支援加算　●認知症短期集中リハビリテーション実施加算　●若年性認知症利用者受入加算（若年性認知症の利用者に個別の担当者を定めてサービスを提供した場合）　●栄養改善加算（管理栄養士〔外部との連携でも可〕を1人以上配置し、多職種の共同による栄養ケア計画を作成し、必要に応じ居宅を訪問して栄養改善サービスを提供した場合）　●口腔・栄養スクリーニング加算　●口腔機能向上加算　●栄養アセスメント加算　●科学的介護推進体制加算など

2. 介護予防通所リハビリテーション

　病状が安定期にある**要支援者**に介護老人保健施設や**介護医療院、病院・診療所**に通ってもらい、**介護予防**を目的に、**介護予防サービス計画**に定める期間に理学療法、作業療法など必要なリハビリテーションを行うサービスです。サービスは、共通的サービス（日常生活上の支援など）と選択的サービス（**運動器機能向上サービス、栄養改善サービス、口腔機能向上サービス**）を組み合わせて選ぶことができます。

　医師および理学療法士などの従業者が、**診療**や運動機能検査、作業能力検査などに基づき共同で介護予防通所リハビリテーション計画を作成し、利用者、家族に説明のうえ利用者の同意を得て交付します。医師などの従業者は、少なくとも**1か月に1回**は利用者の状態やサービスの提供状況について**指定介護予防支援事業者**に報告します。また、サービスを行う期間の終了までに実施状況の把握（**モニタリング**）を行い、その結果を記録して指定介護予防支援事業者に報告します。

　介護報酬は月単位で、要支援状態区分別の**定額**の基本報酬に、選択的サービスなどを加算します。選択的サービスを複数組み合わせて実施した場合には、**選択的サービス複数実施加算**がされます。選択的サービスを実施している事業所で、評価対象となる期間において、利用者の要支援状態の維持・改善の割合が一定以上の場合には、**事業所評価加算**がされます。

書いて覚えよう！

◆通所リハビリテーションの主な介護報酬

● （①＿＿＿＿＿＿＿＿＿＿）加算とは、若年性認知症の利用者に個別の担当者を定めてサービスを提供した場合の加算である。

● （②＿＿＿＿＿）加算とは、管理栄養士（外部との連携でも可）を1人以上配置し、多職種の共同による栄養ケア計画を作成し、必要に応じ居宅を訪問して栄養改善サービスを提供した場合の加算である。

● （③＿＿＿＿＿＿）加算とは、言語聴覚士、歯科衛生士、看護職員を1人以上配置し、多職種が共同して口腔機能改善管理指導計画を作成し口腔機能向上サービス、定期的な評価などを実施した場合の加算である。

◆介護予防通所リハビリテーション

● 選択的サービスには（④＿＿＿＿＿＿）サービス、（⑤＿＿＿＿＿）サービス、（⑥＿＿＿＿＿）サービスがあり、組み合わせて選ぶことができる。

● （⑦＿＿＿＿＿＿＿）加算とは、選択的サービスを複数組み合わせて実施した場合の加算である。

● （⑧＿＿＿＿＿）加算とは、選択的サービスを実施している事業所で、評価対象となる期間において、利用者の要支援状態の維持・改善の割合が一定以上になった場合の加算である。

確認しよう！

★通所リハビリテーションの介護報酬の区分は、事業所の規模、所要時間とあとひとつは？ ⇒ Ⓐ

★介護予防通所リハビリテーションの介護報酬において、基本報酬はなに別に区分されている？ ⇒ Ⓑ

用語

延長加算
7時間以上8時間未満のサービスの前後に日常生活上の世話を行い、その合計が8時間以上の場合、6時間の延長を限度に算定。

リハビリテーション提供体制加算
リハビリテーションマネジメント加算を算定しており、常時、事業所に配置されている理学療法士、作業療法士または言語聴覚士の合計数が、利用者25人またはその端数を増すごとに1人以上であること。

口腔・栄養スクリーニング加算
事業所の従業者が、利用開始時および利用中6か月ごとに利用者の口腔の健康状態・栄養状態についてスクリーニングを行い、介護支援専門員に口腔の健康状態・栄養状態に関する情報を提供した場合。

口腔機能向上加算
言語聴覚士、歯科衛生士、看護職員を1人以上配置し、多職種が共同して口腔機能改善管理指導計画を作成し口腔機能向上サービス、定期的な評価などを実施した場合。

NOTE

レッスン33 短期入所療養介護（1）

重要度　A
学習日

1. 短期入所療養介護とは

①**サービスの定義**：病状が安定期にある在宅の要介護者に介護老人保健施設などに短期間入所してもらい、看護や医学的管理下における介護、機能訓練、その他必要な医療、日常生活上の世話を提供するサービス。

②**事業者**：**介護老人保健施設**、**介護医療院**、**療養病床**のある**病院・診療所**、一定の基準を満たした診療所が都道府県知事の指定を得て**指定短期入所療養介護事業者**としてサービスを行う。

③**人員基準**：基本的に、介護老人保健施設、介護医療院など提供施設が、それぞれの施設としての基準を満たしていればよいとされる。

④**利用者**：喀痰吸引や経管栄養など医療的な対応を必要とする人、リハビリテーションを必要とする人、介護負担軽減に対するニーズの高い人、緊急対応が必要な人など。難病などのある中重度の要介護者やがん末期の要介護者を対象に、日中のみの日帰りサービス（特定短期入所療養介護）がある。

2. 短期入所療養介護の目的・役割と方針

（1）短期入所療養介護の目的と役割

　看護、および医学的管理下における介護や機能訓練、必要な医療などを提供することにより、利用者の療養生活の質の向上や**介護者の身体的・精神的負担の軽減**を図ります。

　短期入所療養介護は、**レスパイト・ケア**（介護者の身体的・精神的な休息のための支援）の提供のほか、入所中に医療上の課題の解決や病状の把握を行い、在宅復帰後の介護に生かすなどの役割もあるため、入所前後および入所中にサービス担当者と情報交換をし、施設が作成する**短期入所療養介護計画と連携**をもたせていくことが必要です。

（2）短期入所療養介護の方針

　利用者が相当期間以上（おおむね**4日**以上）継続して入所するときは、医師の診療方針に基づき、**短期入所療養介護計画**を、事業所の管理者が居宅サービス計画に沿って作成し、利用者、家族に説明し、利用者の同意を得て交付します。

　緊急やむを得ない場合を除き、**身体的拘束など**（身体の拘束、行動の制限など）**は禁止**されています。行う場合は、その態様、時間、利用者の心身の状況と緊急やむを得ない理由を記録します。

　また、災害、虐待時などやむを得ない場合を除き、**定員を遵守する**こととされています。

書いて覚えよう！

用語

療養病床
慢性疾患など長期的療養を必要とする患者を対象とし、そのための人的・物的に適切な療養環境をもつ一連の病床。

定義	病状が安定期にある在宅の要介護者に介護老人保健施設などに短期間入所してもらい、看護や医学的管理下における介護、機能訓練、その他必要な （①　　　　　　）、日常生活上の世話を提供する。
事業者	（②　　　　　　　　　　　　　　）、介護医療院、療養病床のある病院・診療所、一定の基準を満たした診療所で、都道府県知事の指定を得た指定短期入所療養介護事業者。
人員基準	基本的に、介護老人保健施設、介護医療院など提供施設が、それぞれの施設としての基準を満たしていればよいとされる。
利用者	喀痰吸引や経管栄養など医療的な対応を必要とする人、リハビリテーションを必要とする人、介護負担軽減に対するニーズの高い人、緊急対応が必要な人など。難病などのある中重度者やがん末期の要介護者を対象に、日中のみの日帰りサービス（（③　　　　　　　　　　　））がある。
目的	看護、および医学的管理下における介護や機能訓練、必要な医療などを提供することにより、利用者の療養生活の質の向上や （④　　　　　　） の身体的・精神的負担の軽減を図る。
役割	○（⑤　　　　　　　　）・ケア（介護者の身体的・精神的な休息のための支援）の提供。 ○入所中に医療上の課題の解決や病状の把握を行い、在宅復帰後の介護に生かす。
方針	○利用者が相当期間以上（おおむね （⑥　　） 日以上）継続して入所するときは、医師の診療方針に基づき、短期入所療養介護計画を、事業所の （⑦　　　　　） が居宅サービス計画に沿って作成し、利用者、家族に説明し、利用者の同意を得て交付する。 ○緊急やむを得ない場合を除き、（⑧　　　　　　　） などの禁止。行う場合は、その態様、時間、利用者の心身の状況と緊急やむを得ない理由を記録する。 ○災害、虐待時などやむを得ない場合を除き、（⑨　　　　） を遵守する。

NOTE

レッスン **33** # 短期入所療養介護（2）

重要度　**A**
学習日　／／／

1. 短期入所療養介護の内容

　短期入所療養介護では、①疾病に対する医学的管理など（医療系スタッフの専門的アプローチにより、在宅では難しい検査や処置を集中的に行う。医学的管理下で、必要な介護やレクリエーション行事も行う）、②リハビリテーション（在宅復帰後のことを考え、ADLのある行為に焦点を絞ったリハビリテーションを行うなど）、③認知症の人への介護・看護（緊急避難的な利用も考えられる_A）、④ターミナルケア_Bなどを提供します。

2. 短期入所療養介護の主な介護報酬

　介護報酬の算定は連続**30日**までで、利用者が30日を超えてサービスを利用する場合、超えた分については保険給付がされません。短期入所生活介護でも同様です。

区分	●1日につき、介護老人保健施設、介護医療院、療養病床のある病院、診療所、老人性認知症疾患療養病棟をもつ病院別に、ユニット型か否か、要介護度や療養環境、人員配置などに応じて単位が設定されている。 ●日中のみ利用の特定短期入所療養介護の単位も、サービス提供時間別に設定。
加算	●**送迎**が必要な利用者に対して行う場合　●**療養食加算**　●**個別リハビリテーション実施加算**（多職種が共同して個別リハビリテーション計画を作成し、その計画に基づき、医師または医師の指示を受けた理学療法士、作業療法士または言語聴覚士が個別リハビリテーションを行った場合）　●**認知症行動・心理症状緊急対応加算**（医師の判断により認知症の行動・心理症状が認められるため在宅生活が困難な認知症の人に対し、緊急受け入れをした場合）　●**若年性認知症利用者受入加算**　●**認知症ケア加算**　●**認知症専門ケア加算**　●**重度療養管理加算**　●**緊急短期入所受入加算**（緊急利用が必要と介護支援専門員が認めた利用者に対し、居宅サービス計画にない短期入所療養介護を行った場合）　●**総合医学管理加算**　など

3. 介護予防短期入所療養介護

　病状が安定期にある**要支援者**に介護老人保健施設などに短期間入所してもらい、**介護予防**を目的に、**介護予防サービス計画**に定める期間にわたり、看護、医学的管理下における介護、機能訓練、その他必要な医療、日常生活上の支援を行うサービスです。

　利用者がおおむね４日以上継続して入所する場合は、介護予防サービス計画の内容に沿って**介護予防短期入所療養介護計画**を作成します。作成した計画は、利用者または家族に説明のうえ、利用者の同意を得て交付します。

書いて覚えよう！

NOTE

◆短期入所療養介護の内容

● 短期入所療養介護で行う医学的管理では、医療系スタッフの専門的アプローチにより、在宅では難しい検査や処置を集中的に行う。医学的管理下で、必要な介護や（<u>　　①　　</u>）行事も行う。

● 短期入所療養介護では、（<u>　②　</u>）復帰後のことを考え、ADLのある行為に焦点を絞ったリハビリテーションを行う。

◆短期入所療養介護の主な介護報酬

● 介護報酬の算定は、利用者が連続で（<u>　③　</u>）日を超えてサービスを利用する場合、超えた分は保険給付がされない。

● （<u>　　④　　</u>）加算とは、多職種が共同して個別リハビリテーション計画を作成し、その計画に基づき、医師または医師の指示を受けた理学療法士、作業療法士または言語聴覚士が個別リハビリテーションを行った場合の加算である。

● （<u>　　⑤　　</u>）加算とは、医師の判断により認知症の行動・心理症状が認められるため在宅生活が困難な認知症の人に対し、緊急受け入れをした場合の加算である。

● （<u>　　⑥　　</u>）加算とは、緊急利用が必要と介護支援専門員が認めた利用者に対し、居宅サービス計画にない短期入所療養介護を行った場合の加算である。

◆介護予防短期入所療養介護

● 利用者がおおむね（<u>　⑦　</u>）日以上継続して入所する場合は、介護予防サービス計画の内容に沿って（<u>　　　⑧　　　</u>）を作成する。

確認しよう！

★短期入所療養介護では、緊急避難的な利用も考えられる？　⇒ Ⓐ

★短期入所療養介護では、ターミナルケアを提供する？　⇒ Ⓑ

レッスン 34 定期巡回・随時対応型訪問介護看護（1）

重要度 **B**
学習日 ／／／

1. 定期巡回・随時対応型訪問介護看護とは

①**サービスの定義**：定期巡回・随時対応型訪問介護看護は、「介護福祉士などが**定期的な巡回訪問**により、または**随時通報**を受け、要介護者の居宅を訪問して、入浴、排泄（はいせつ）、食事などの**介護**、その他必要な日常生活上の世話を行うとともに、看護師などが**療養上の世話**または必要な**診療の補助を行う**」あるいは「介護福祉士などが**定期的な巡回訪問**により、または**随時通報**を受け、訪問看護を行う事業所と**連携**しつつ、要介護者の居宅を訪問して、入浴、排泄、食事などの介護、その他必要な日常生活上の世話を行う」のいずれかに該当するサービス。

②**事業者**：**市町村長の指定を得た指定定期巡回・随時対応型訪問介護看護事業者**。事業所には、利用者の**心身の状況などの情報を蓄積できる機器**と、随時適切に利用者からの通報を受けることができる**通信機器**を備え、必要に応じてオペレーターに**携帯**させる。また、利用者にはケアコール端末や携帯電話などを配布する。

③**人員基準**：**オペレーター**（看護師、介護福祉士、医師、保健師、准看護師、社会福祉士、介護支援専門員のいずれかで、1人以上確保できる必要数。提供時間帯を通じ、1人以上は常勤。支障なければ兼務可）、**計画作成責任者**（前記資格者のうち1人以上）、**訪問介護員等**（定期巡回サービスを行う訪問介護員等を必要数、随時訪問サービスを行う訪問介護員等を提供時間帯を通じ、1人以上確保できる必要数。支障なければ兼務可）、**看護師等**（一体型のみ。訪問看護サービスを行う看護職員〔保健師、看護師または准看護師〕を常勤換算方法で2.5人以上〔1人以上は常勤の保健師または看護師〕、理学療法士、作業療法士、言語聴覚士を適当数）、**管理者**（常勤専従。支障なければ兼務可）。

2. 定期巡回・随時対応型訪問介護看護の内容

　一体型事業所の場合、①**定期巡回サービス**（**訪問介護員等**が定期的に利用者の居宅を巡回して日常生活上の世話を行う）、②**随時対応サービス**（オペレーターが利用者から随時の通報を受け、通報内容などをもとに、相談援助、訪問介護員等の訪問、看護師等による対応の要否などを判断する）、③**随時訪問サービス**（随時対応サービスによる訪問の判断に基づき、**訪問介護員等**が利用者の居宅を訪問して日常生活上の世話を行う）、④**訪問看護サービス**（看護師等が医師の指示に基づき、定期的または随時に利用者の居宅を訪問して療養上の世話または必要な診療の補助を行う）のサービスを提供します。**連携型事業所**では、上記①〜③のサービスを提供します。連携する**訪問看護事業所**から、利用者に対する**アセスメント**、随時対応サービスの提供にあたっての**連絡体制の確保**、**介護・医療連携推進会議**への参加や指導・助言について、契約に基づいて**必要な協力**を得ます。

書いて覚えよう！

定義	以下の①、②のいずれかに該当するサービス。 ①介護福祉士などが定期的な巡回訪問により、または随時通報を受け、要介護者の居宅を訪問して、入浴、排泄、食事などの介護、その他必要な日常生活上の世話を行うとともに、看護師などが療養上の世話または必要な診療の補助を行う。 ②介護福祉士などが定期的な巡回訪問により、または随時通報を受け、（ ⬜1 ） を行う事業所と連携しつつ、要介護者の居宅を訪問して、入浴、排泄、食事などの介護、その他必要な日常生活上の世話を行う。
事業者	市町村長の指定を得た指定定期巡回・随時対応型訪問介護看護事業者。 事業所には、利用者の心身の状況などの情報を蓄積できる機器と、随時適切に利用者からの（ ⬜2 ）を受けることができる通信機器を備え、必要に応じて（ ⬜3 ） に携帯させる。また、利用者にはケアコール端末や携帯電話などを配布する。
人員基準	○オペレーター ○（ ⬜4 ） ○訪問介護員等 ○看護師等（一体型のみ） ○管理者
サービス内容	一体型事業所は以下の①～④、連携型事業所は①～③を提供する。 ①（ ⬜5 ） サービス：訪問介護員等が定期的に利用者の居宅を巡回して日常生活上の世話を行う。 ②（ ⬜6 ） サービス：オペレーターが利用者から随時の通報を受け、通報内容などをもとに、相談援助、訪問介護員等の訪問、看護師等による対応の要否などを判断する。 ③（ ⬜7 ） サービス：随時対応サービスによる訪問の判断に基づき、訪問介護員等が利用者の居宅を訪問して日常生活上の世話を行う。 ④（ ⬜8 ） サービス：看護師等が医師の指示に基づき、定期的または随時に利用者の居宅を訪問して療養上の世話または必要な診療の補助を行う。

レッスン34 定期巡回・随時対応型訪問介護看護(2)

重要度 **B**
学習日 ／／／

1. 定期巡回・随時対応型訪問介護看護の方針

(1) 主治医との関係（一体型の事業所のみ）

　サービス提供開始時には、**主治医の指示を文書で受ける必要があります**。**定期巡回・随時対応型訪問介護看護計画**（訪問看護サービスの利用者にかかるものにかぎる）と**訪問看護報告書**（准看護師を除く看護師等が作成）は、事業者が主治医に提出しなければなりません。

(2) 定期巡回・随時対応型訪問介護看護計画などの作成

　定期巡回・随時対応型訪問介護看護計画は、**保健師**、**看護師**または准看護師が定期的に訪問して行う**アセスメント**の結果を踏まえて作成されます。計画作成責任者は、看護師等と連携のうえ、計画内容を利用者やその家族に説明し、利用者の同意を得て交付します。居宅サービス計画が作成されている場合はその内容に沿いますが、サービス提供日時については、居宅サービス計画に位置づけられた日時にかかわらず、**計画作成責任者**が**決定**することができます。

(3) その他の主な固有の方針

①事業者は、従業者に、同居の家族である利用者にサービスの提供をさせてはならない。

②利用者、家族、地域住民の代表者、医療関係者、地域包括支援センターの職員などにより構成される**介護・医療連携推進会議**を設置し、おおむね**6か月に1回以上**サービス提供状況などを報告し、評価を受けるとともに、必要な要望、助言などを聴く機会を設け、報告、評価、要望、助言などについての記録を作成し公表しなければならない。

③事業所の建物と同一の建物に居住する利用者に対してサービスを提供する場合は、正当な理由がある場合を除き、その建物の利用者以外の者に対しても、サービスの提供を行わなければならない。

④利用者から**合鍵**を預かる場合には、その管理を厳重に行い、必要な事項を記載した文書を交付する。

2. 定期巡回・随時対応型訪問介護看護の主な介護報酬

区分	1か月につき、一体型と連携型の事業所別に、また、一体型では訪問看護サービスを行う場合と行わない場合にわけて、要介護度に応じて設定される。
加算	●緊急時訪問看護加算　●特別管理加算　●ターミナルケア加算 ●退院時共同指導加算（以上、訪問看護と同様。一体型事業所のみ） ●初期加算　●生活機能向上連携加算　●認知症専門ケア加算　●総合マネジメント体制強化加算

書いて覚えよう！

◆定期巡回・随時対応型訪問介護看護の方針

● 一体型の事業所において、サービス提供開始時には、主治医の指示を （①＿＿＿＿＿＿） で受ける必要がある。

● 定期巡回・随時対応型訪問介護看護計画と （②＿＿＿＿＿＿＿＿＿） は、事業者が主治医に提出しなければならない。

● 定期巡回・随時対応型訪問介護看護計画は、保健師、看護師または准看護師が定期的に訪問して行う （③＿＿＿＿＿＿＿＿） の結果を踏まえて作成される。

● 居宅サービス計画が作成されている場合はその内容に沿うが、サービス提供日時については、居宅サービス計画に位置づけられた日時にかかわらず、（④＿＿＿＿＿＿＿＿＿） が決定することができる。

● 利用者、家族、地域住民の代表者、医療関係者、地域包括支援センターの職員などにより構成される （⑤＿＿＿＿＿＿＿＿＿＿＿） を設置し、おおむね6か月に1回以上サービス提供状況などを報告し、評価を受けるとともに、必要な要望、助言などを聴く機会を設け、報告、評価、要望、助言などについての記録を作成し公表しなければならない。

● 利用者から （⑥＿＿＿＿＿＿） を預かる場合には、その管理を厳重に行い、必要な事項を記載した文書を交付する。

◆定期巡回・随時対応型訪問介護看護の主な介護報酬

● 1か月につき、一体型と連携型の事業所別に、また、一体型では （⑦＿＿＿＿＿＿） サービスを行う場合と行わない場合にわけて、要介護度に応じて設定される。

用語

総合マネジメント体制強化加算

①利用者の心身の状況またはその家族などをとりまく環境の変化に応じ、随時、関係者が共同し、定期巡回・随時対応型訪問介護看護計画の見直しを行っていること、②地域の病院・診療所、介護老人保健施設その他の関係施設に対し、事業所が提供することのできるサービスの具体的な内容に関する情報提供を行っていること、のいずれにも適合している事業所が、サービスの質を定期的に管理した場合に算定する。

NOTE

レッスン **35**

看護小規模多機能型居宅介護（1）

重要度 ▶ **A**

学習日 ▶ ／／／

1. 看護小規模多機能型居宅介護とは

①**サービスの定義**：複合型サービスのうち、**訪問看護**および**小規模多機能型居宅介護**を一体的に提供することにより、要介護者の**居宅**においてまたは**サービス拠点**に通**所**または短期間**宿泊**してもらい、①**日常生活上**の世話、②**機能訓練**、③**療養上**の世話、④**必要な診療の補助**を行うサービス。

②**事業者**：市町村長の指定を得た**指定看護小規模多機能型居宅介護事業者**がサービスを行う。

③**人員基準**：**従業者**（日中〔通い〕：利用者３人に対し常勤換算で１人以上〔１人以上は看護職員〕。日中〔訪問〕：常勤換算で２人以上〔１人以上は看護職員〕。夜間〔夜勤〕：時間帯を通じて１人以上。夜間〔宿直〕：時間帯を通じて必要数以上。従業者のうち看護職員を常勤換算で2.5人以上〔うち１人以上は常勤の保健師か看護師〕）、**介護支援専門員**（事業所のほかの職務と兼務可、非常勤可、厚生労働大臣が定める研修の修了者）、**管理者**（常勤専従。支障なければ兼務可。３年以上認知症ケアに従事した経験があり、厚生労働大臣の定める研修修了者または保健師か看護師）、**事業者の代表者**（認知症ケアに従事した経験、または保健医療・福祉サービスの経営に携わった経験があり、厚生労働大臣の定める研修修了者または保健師か看護師）。

④**登録定員・１日の利用定員など**：登録定員および１日の利用定員、主な設備基準の宿泊室や地域住民との交流の機会確保などの規定は、小規模多機能型居宅介護とほぼ同様（P336参照）。

2. 看護小規模多機能型居宅介護の内容

利用者が住み慣れた地域でできるだけ長く生活できるように、療養上の管理のもとで、**通いサービス**を中心として、**訪問サービス（介護・看護）**、**宿泊サービス**を柔軟に組み合わせてサービスを提供します。登録者が通いサービスを利用しない日でも、可能なかぎり訪問サービスや電話連絡による見守りなどを行います。

> 小規模多機能型居宅介護と似ていますが、必要に応じて訪問サービスに介護や看護を組み合わせて行うことができる点に特徴があります。
> 看護小規模多機能型居宅介護事業所の介護支援専門員がサービスの一元管理を行うため、利用者のニーズに応じた柔軟なサービス提供が可能になっています。

書いて覚えよう！

用語

複合型サービス
居宅の要介護者に対して、一定の居宅サービスおよび地域密着型サービスを2種類以上組み合わせるサービスで、①看護小規模多機能型居宅介護、②一体的に提供されることが特に効果的・効率的なサービスの組み合わせにより提供されるサービスとして厚生労働省令で定めるもの。

定義	（①　　　　　）と（②　　　　　　　　　）を一体的に提供することにより行うサービス。
事業者	（③　　　　　　）の指定を得た指定看護小規模多機能型居宅介護事業者。
人員基準	○従業者 ・日中（（④　　　　　））：利用者3人に対し常勤換算で1人以上（1人以上は看護職員） ・日中（（⑤　　　　　））：常勤換算で2人以上（1人以上は看護職員） ・夜間（夜勤）：時間帯を通じて1人以上 ・夜間（宿直）：時間帯を通じて必要数以上 ・従業者のうち看護職員を常勤換算で2.5人以上（うち1人以上は常勤の保健師か看護師） ○（⑥　　　　　　）：事業所のほかの職務と兼務可、非常勤可、厚生労働大臣が定める研修修了者 ○管理者：常勤専従。支障なければ兼務可。3年以上認知症ケアに従事した経験があり、厚生労働大臣の定める研修修了者または保健師か看護師 ○事業者の代表者：認知症ケアに従事した経験、または保健医療・福祉サービスの経営に携わった経験があり、厚生労働大臣の定める研修修了者または保健師か看護師
登録定員など	登録定員および1日の利用定員、主な設備基準の宿泊室や地域住民との交流の機会確保などの規定は、小規模多機能型居宅介護とほぼ同様。
サービス内容	利用者が住み慣れた地域でできるだけ長く生活できるように、療養上の管理のもとで、通いサービスを中心として、訪問サービス（介護・看護）、（⑦　　　　　）サービスを柔軟に組み合わせてサービスを提供する。 登録者が通いサービスを利用しない日でも、可能なかぎり（⑧　　　　）サービスや電話連絡による見守りなどを行う。

NOTE

レッスン **35** 看護小規模多機能型
居宅介護（2）

1. 看護小規模多機能型居宅介護の方針

（1）主治医との関係

　看護サービスの提供開始時には、**主治医の指示を文書で受け**なければなりません。事業者は、主治医に**看護小規模多機能型居宅介護計画書**と**看護小規模多機能型居宅介護報告書**を定期的に提出し、密接な連携を図ります。

（2）看護小規模多機能型居宅介護計画と看護小規模多機能型居宅介護報告書

　介護支援専門員Ⓐは、**看護小規模多機能型居宅介護計画**を作成するにあたっては、**看護師等**Ⓑと密接な連携を図ります。そして計画の内容を利用者や家族に説明のうえ、利用者の同意を得て交付します。計画の作成にあたり、利用者の多様な活動が確保されるものとなるよう努めます。**看護師等**（准看護師を除く）は、**看護小規模多機能型居宅介護報告書**を作成します。

（3）地域との連携等

　運営にあたり、地域住民やその自発的な活動などとの連携協力を行うなど、地域との交流を図ります。提供したサービスに関する利用者からの苦情に関して、市町村等が派遣する者が相談・援助を行う事業等に協力するよう努めます。事業所の所在する建物と**同一の建物**に居住する利用者にサービスを提供する場合には、その建物に居住する利用者以外にもサービスを提供するよう努めます。**運営推進会議を設置**し、おおむね2か月に1回以上、活動状況を報告し、評価を受けるとともに、必要な要望、助言などを聞く機会を設け、会議の内容は記録し、公表します。

（4）その他の方針

　その他、**身体的拘束等の禁止**Ⓒ、居宅サービス事業者などとの連携、介護など、社会生活上の便宜の提供などが規定されています。

2. 看護小規模多機能型居宅介護の主な介護報酬

区分	同一建物の居住者かそれ以外かで、月単位の定額報酬と短期利用（1日ごと）につき、それぞれ要介護度別に設定されている。
加算	小規模多機能型居宅介護、訪問看護とほぼ同様のもののほか、●栄養改善加算、●栄養アセスメント加算、●口腔機能向上加算、●褥瘡マネジメント加算、●排せつ支援加算など

書いて覚えよう！

NOTE

◆看護小規模多機能型居宅介護の方針

● 看護サービスの提供開始時には、主治医の指示を（① _____ ）で受けなければならない。

● 事業者は、看護小規模多機能型居宅介護計画書と看護小規模多機能型居宅介護報告書を（② _____ ）に定期的に提出し、密接な連携を図る。

● 介護支援専門員は（③ _____ ）計画を作成する。

● 介護支援専門員は、計画を作成するにあたって、（④ _____ ）の多様な活動が確保されるものとなるよう努める。

● 看護師等（准看護師を除く）は（⑤ _____ ）を作成する。

◆看護小規模多機能型居宅介護の主な介護報酬

● 同一建物の居住者かそれ以外かで、（⑥ _____ ）単位の定額報酬と短期利用につき、それぞれ要介護度別に設定されている。

確認しよう！

★看護小規模多機能型居宅介護計画はだれが作成する？　⇒ Ⓐ

★看護小規模多機能型居宅介護計画を作成する介護支援専門員は、だれと密接な連携を図る必要がある？　⇒ Ⓑ

★看護小規模多機能型居宅介護には身体的拘束などの禁止が規定されている？　⇒ Ⓒ

レッスン **36** 介護老人保健施設（1）

重要度 **A**
学習日 ／／／

1. 介護老人保健施設とは

①**サービスの定義**：病状が安定期にあり、主に心身機能の維持回復を図り、居宅での生活を営むことができるようにするための支援が必要な要介護者を対象に、施設サービス計画に基づき、看護、医学的管理下における介護、機能訓練、その他必要な医療、日常生活上の世話を行う施設。

②**開設できる団体**：非営利の団体で、**地方公共団体、医療法人、社会福祉法人**その他厚生労働大臣が定めた者が、都道府県知事の**開設許可**を得てサービスを提供する。

③**人員基準**：**医師**を入所者100人に対し常勤換算で1人以上。原則として常勤で1人以上必要。**薬剤師**を実情に応じた適当数。**介護職員・看護職員**（看護師・准看護師）を入所者3人に対し常勤換算で1人以上。**支援相談員**を1人以上。**理学療法士・作業療法士・言語聴覚士**は常勤換算で入所者数を100で除した数以上。**栄養士または管理栄養士**は入所定員100人以上の場合、1人以上、兼務可。**介護支援専門員**を常勤専従で1人以上（入所者100人に対し1人を標準、増員分は非常勤可）、兼務可。**調理員・事務員等**を実情に応じた適当数。

2. 介護老人保健施設の役割と目標

明るく家庭的な雰囲気のもとで、高齢者の自立を支援して家庭への復帰をめざし、地域や家庭との結びつきを重視した運営をします。また、①**包括的ケアサービス施設**（医療と福祉のサービスを統合）、②**リハビリテーション施設**、③**在宅復帰（通過）施設**、④**在宅生活支援施設**、⑤**地域に根ざした施設**（家庭介護者や地域のボランティアなどがケア技術を習得する）、といった役割・機能を目標にケア事業を進めていきます。

3. 介護老人保健施設の方針

①サービス提供拒否の禁止（正当な理由なく〔特に**要介護度**や**所得の多寡**を理由に〕、介護老人保健施設サービスの提供を拒んではならない）、②診療の方針（診療は、一般に医師として**診療の必要性**が認められる疾病、負傷に対して、的確な診断を基とし、また、**検査、投薬、注射、処置**などは、入所者の病状に照らして、療養上妥当適切に行うなど）、③必要な医療の提供が困難な場合等の措置等（施設の医師は、協力病院その他適当な病院・診療所への入院のための措置を講じたり、ほかの医師の往診を求めたりするなど診療について適切な措置を講じるなど）、④協力病院（入所者の病状の急変などに備え、あらかじめ**協力病院**を定めておく 🅐〔**協力歯科医療機関も定めるよう努める**〕）、⑤看護および医学的管理の下における介護（1週間に2回以上の入浴や清拭、排泄の自立の援助、適切なおむつ介助、褥瘡予防のための介護と体制整備、離床、着替え、整容その他日常生活上の世話を適切に行うなど）など。

書いて覚えよう！

定義	病状が安定期にあり、主に心身機能の維持回復を図り、居宅での生活を営むことができるようにするための支援が必要な要介護者を対象に、（①　　　　　　　）計画に基づき、看護、医学的管理下における介護、機能訓練、その他必要な医療、日常生活上の世話を行う。
団体	非営利の団体で、地方公共団体、医療法人、社会福祉法人その他厚生労働大臣が定めた者が、都道府県知事の（②　　　　　　）を得た施設。
人員基準	○医師：入所者100人に対し常勤換算で1人以上。原則として常勤で1人以上必要。 ○薬剤師：実情に応じた適当数。 ○介護職員・看護職員（看護師・准看護師）：入所者3人に対し常勤換算で1人以上。 ○（③　　　　　　）：1人以上。 ○理学療法士・作業療法士・言語聴覚士：常勤換算で入所者数を100で除した数以上。 ○（④　　　　）または管理栄養士：入所定員100人以上の場合、1人以上、兼務可。 ○介護支援専門員：常勤専従で1人以上（入所者100人に対し1人を標準、増員分は非常勤可）、兼務可。 ○調理員・事務員等：実情に応じた適当数。

◆介護老人保健施設の方針

● （⑤　　　　　）や所得の多寡を理由に、介護老人保健施設サービスの提供を拒んではならない。

● （⑥　　　）、投薬、注射、処置などは、入所者の病状に照らして、療養上妥当適切に行う。

確認しよう！

★介護老人保健施設は協力病院を定める必要はない？　⇒Ⓐ

用語

介護老人保健施設の形態
介護老人保健施設は、100床程度の定員の施設のほか、以下の形態の施設が認められており、人員・設備基準が一部緩和されている。
○サテライト型小規模介護老人保健施設
本体施設と密接な連携を図りつつ、本体施設とは別の場所で運営される。
○医療機関併設型小規模介護老人保健施設
介護医療院または病院・診療所に併設される。
○分館型介護老人保健施設
大都市や過疎地域に設置される。
○介護療養型老人保健施設
療養病床などのある病院・診療所から転換した介護老人保健施設のうち、経管栄養や痰の吸引を実施しているなど医療を必要としている人が一定の割合で入所し、夜間の看護体制が整っているなどの基準を満たした施設。
○ユニット型
入居者を原則としておおむね10人以下とし、15人を超えない人数のユニットにわけ、少人数の家庭的な雰囲気を生かしたケアを行い、少数の居室（原則個室）と共同生活室（食事や談話に利用する）によって一体的に構成される。

レッスン **36** # 介護老人保健施設（2）

1. 介護老人保健施設の内容

　介護老人保健施設では、①必要な医療（療養に必要な検査、投薬、注射、処置など）、②リハビリテーション、③看護・介護サービスなど（1週間に2回以上の入浴または清拭、排泄、離床、着替え、整容などの生活上必要な介護、レクリエーション）を提供します。

2. 介護老人保健施設の主な介護報酬

区分	1日につき、**ユニット**型か否か、従来の介護老人保健施設か**介護療養型老人保健施設**か否か、居室環境、在宅復帰・在宅療養支援機能、要介護度に応じて単位が設定されている。
加算	●**試行的退所時指導加算**　●**退所時情報提供加算**　●**入退所前連携加算**　●**訪問看護指示加算**（入所者の退所時に、施設の医師が、訪問看護ステーション、定期巡回・随時対応型訪問介護看護事業所、看護小規模多機能型居宅介護事業所に対して、訪問看護指示書〔または看護サービスにかかる指示書など〕を交付した場合）　●**入所前後訪問指導加算**（入所前後の一定期間内に入所者の居宅を訪問し、退所を目的とした施設サービス計画の策定と診療方針を決定した場合）●**栄養マネジメント強化加算**　●**再入所時栄養連携加算**　●**経口移行加算**　●**経口維持加算**　●**口腔衛生管理加算**（歯科衛生士が入所者に対し口腔衛生等の管理を月2回以上行い、入所者の口腔に関する介護職員からの相談対応などを行った場合）●**療養食加算**　●**在宅復帰・在宅療養支援機能加算**　●**自立支援促進加算**　●**褥瘡マネジメント加算**　●**排せつ支援加算**　●**短期集中リハビリテーション実施加算**　●**認知症行動・心理症状緊急対応加算**　●**若年性認知症入所者受入加算**　●**認知症専門ケア加算**　●**認知症ケア加算**　●**認知症短期集中リハビリテーション実施加算**　●**認知症情報提供加算**　●**かかりつけ医連携薬剤調整加算**　●**緊急時施設療養費**（緊急的な投薬、検査、注射、処置などを行った場合〔**緊急時治療管理**〕や、リハビリテーション、処置、手術、麻酔または放射線治療を行った場合〔**特定治療**〕）　●**所定疾患施設療養費**（肺炎、尿路感染症、帯状疱疹などの入所者に投薬、検査、注射、処置などを行った場合）●**地域連携診療計画情報提供加算**　●**ターミナルケア加算**　●**特別療養費**（感染対策指導管理など日常的に必要な医療行為を行った場合）●**療養体制維持特別加算**　●**在宅復帰支援機能加算**（退所後の在宅生活について入所者の家族との連絡調整を行い、居宅介護支援事業者に対して情報提供や利用調整を行い、一定割合以上の在宅復帰を実現している場合）　●**夜勤職員配置加算**　●**初期加算**　など ※●は介護療養型老人保健施設のみ。
減算	●**定員を超過した場合**　●**基準に定める員数の人員を配置していない場合**　●**夜勤体制未整備の場合**　●**身体的拘束等についての基準を守っていない場合**　●**ユニットケアにおける体制が未整備である場合**（ユニット型）　など

書いて覚えよう！

◆介護老人保健施設の内容

● 介護老人保健施設では、①必要な（　[1]　）、②リハビリテーション、③看護・介護サービスなどを提供する。

◆介護老人保健施設の主な介護報酬

● （　[2]　）加算とは、入所前後の一定期間内に入所者の居宅を訪問し、退所を目的とした施設サービス計画の策定と診療方針を決定した場合の加算である。

● （　[3]　）加算とは、入所者の退所時に、施設の医師が、訪問看護ステーション、定期巡回・随時対応型訪問介護看護事業所、看護小規模多機能型居宅介護事業所に対して、訪問看護指示書を交付した場合の加算である。

● （　[4]　）加算とは、歯科衛生士が入所者に対し口腔衛生等の管理を月2回以上行い、入所者の口腔に関する介護職員からの相談対応などを行った場合の加算である。

● （　[5]　）費とは、緊急時治療管理や、特定治療を行った場合の加算である。

● （　[6]　）費とは、肺炎、尿路感染症、帯状疱疹などの入所者に投薬、検査、注射、処置などを行った場合の加算である。

● （　[7]　）費とは、感染対策指導管理など日常的に必要な医療行為を行った場合の加算である。

● （　[8]　）加算とは、退所後の在宅生活について入所者の家族との連絡調整を行い、居宅介護支援事業者に対して情報提供や利用調整を行い、一定割合以上の在宅復帰を実現している場合の加算である。

用語

褥瘡マネジメント加算
入所者全員に対し、褥瘡の発生リスクに関する評価を行って国に報告するとともに、褥瘡発生リスクのある入所者について多職種で共同して褥瘡ケア計画を作成して褥瘡管理を実施し、少なくとも3か月に1回は褥瘡ケア計画の見直しをしている場合。3か月に1回を限度として算定する。

排せつ支援加算
排泄介護を要する入所者に対し、入所時とその後6か月に1回、要介護状態の軽減の見込みについて評価を行い、その結果等を厚生労働省に提出等し、多職種が共同して支援計画を作成し、3か月に1回の計画の見直しをするなどの要件を満たした場合。

かかりつけ医連携薬剤調整加算
施設の医師または薬剤師が高齢者の薬物療法に関する研修を受講しており、入所後、入所者の主治医に状況に応じて処方内容を変更する可能性があることについて説明し合意を得て、退所後、主治医に情報提供などを行っている場合など。

NOTE

レッスン37 介護医療院

重要度 **A**
学習日 ／／／

1. 介護医療院とは

①**サービスの定義**：病状が安定期にあり、主に長期にわたり療養が必要である要介護者を対象に、施設サービス計画に基づいて、療養上の管理、看護、医学的管理のもとにおける介護および機能訓練その他必要な医療と日常生活上の世話を行う施設。

②**開設できる団体**：**地方公共団体、医療法人、社会福祉法人**などの**非営利法人**等が都道府県知事の許可を受け、介護医療院サービスを提供する。

③**人員基準**：厚生労働省令に定める員数の**医師**および**看護職員**のほか、**薬剤師**を常勤換算でⅠ型入所者の数を150で除した数に、Ⅱ型入所者の数を300で除した数を加えて得た数以上、**介護職員**を常勤換算でⅠ型入所者の数を5で除した数に、Ⅱ型入所者の数を6で除した数を加えて得た数以上、**理学療法士・作業療法士・言語聴覚士**を実情に応じた適当数、**栄養士または管理栄養士**を入所定員100人以上の場合1人以上、**介護支援専門員**を1人以上（入所者100人に対し1人を標準、増員分は非常勤可）、**診療放射線技師**を実情に応じた適当数、**調理員・事務員等**を実情に応じた適当数。

④**形態**：単独の介護医療院のほか、医療機関併設型介護医療院（病院・診療所に併設）、併設型小規模介護医療院（医療機関併設型介護医療院のうち、入所定員が19人以下）があり、宿直の医師を兼任できるようにするなどの人員基準の緩和がされ、設備の共有も可能。ほかの介護保険施設と同様にユニット型もある。

⑤**内容・方針**：旧介護療養型医療施設のもつ「**日常的な医学管理**」や「**看取りやターミナルケア**」などの機能を引き継ぐとともに、日常生活上の世話を一体的に行い、**生活施設**としての機能も備えている。旧介護療養型医療施設と同様に、療養棟単位（小規模な施設では療養室単位）でのサービス提供が可能。

2. 介護医療院の主な介護報酬

区分	1日につき、Ⅰ型療養床、Ⅱ型療養床など別に、ユニット型か否か、人員配置、居室環境、要介護度に応じて単位が設定されている。
加算	●退所時指導等加算　●在宅復帰支援機能加算　●栄養マネジメント強化加算　●再入所時栄養連携加算　●経口移行加算　●経口維持加算　●口腔衛生管理加算　●療養食加算　●排せつ支援加算　●認知症専門ケア加算　●若年性認知症患者受入加算　●長期療養生活移行加算　●認知症行動・心理症状緊急対応加算　●緊急時施設診療費　●特別診療費　●重度認知症疾患療養体制加算　●科学的介護推進体制加算　●安全対策体制加算　など
減算	●療養環境未整備　●夜勤体制未整備　●身体拘束廃止未実施の場合　など

書いて覚えよう！

◆介護医療院とは

定義	病状が安定期にあり、主に長期にわたり療養が必要である要介護者を対象に、施設サービス計画に基づいて、療養上の管理、（ ⓵ ）、医学的管理のもとにおける（ ⓶ ）および機能訓練その他必要な医療と（ ⓷ ）の世話を行う。
団体	都道府県知事の許可を受けた、地方公共団体、医療法人、社会福祉法人などの（ ⓸ ）等。
人員基準	○厚生労働省令に定める員数の（ ⓹ ）および（ ⓺ ）。 ○薬剤師を常勤換算でⅠ型入所者の数を150で除した数に、Ⅱ型入所者の数を300で除した数を加えて得た数以上。 ○介護職員を常勤換算でⅠ型入所者の数を5で除した数に、Ⅱ型入所者の数を6で除した数を加えて得た数以上。 ○理学療法士・作業療法士・（ ⓻ ）を実情に応じた適当数。 ○（ ⓼ ）または管理栄養士を入所定員100人以上の場合1人以上。 ○介護支援専門員を1人以上（入所者100人に対し1人を標準、増員分は非常勤可）。 ○診療放射線技師を実情に応じた適当数。 ○調理員・事務員等を実情に応じた適当数。

● 日常的な医学管理、看取りや（ ⓽ ）などの機能とともに、日常生活上の世話を一体的に行い、（ ⓾ ）としての機能も備えている。

● 旧介護療養型医療施設と同様に、療養棟単位（小規模な施設では療養室単位）でのサービス提供が可能。

用語

厚生労働省令で定める医師および看護職員
医師は、常勤換算で入所者のうちⅠ型療養床の利用者数を48で除した数に、介護医療院の入所者のうちⅡ型療養床の利用者数を100で除した数を加えて得た数以上。看護職員は常勤換算で介護医療院の入所者の数を6で除した数以上、と定められている。

Ⅰ型療養床
旧介護療養型医療施設（療養機能強化型）相当のサービス。重篤な身体疾患を有する者および身体合併症を有する認知症高齢者などを対象とする。

Ⅱ型療養床
介護老人保健施設相当以上のサービス。Ⅰ型と比べて比較的容態の安定した者を対象とする。

長期療養生活移行加算
療養病床に1年以上入院していた入所者を受け入れ、入所者および家族に生活施設としての取り組みについて説明を行うとともに、地域の行事や活動等に積極的に関与している場合に加算。

特別診療費
入所者に対して、指導管理、リハビリテーションのうち日常的に必要な医療行為を行った場合に加算。

特定疾病と主な症状

特定疾病	主な症状
①初老期における認知症	65歳未満で発症し、認知症をきたす疾患すべてを含む。アルツハイマー病、血管性認知症（脳血管性認知症）、レビー小体型認知症など。
②脳血管疾患	脳の血管に障害が起こる疾患の総称で、脳血管障害ともいう。脳出血、脳梗塞など。
③筋萎縮性側索硬化症（ALS）	運動をつかさどる神経細胞が変性・消失していくために、呼吸や嚥下に必要な筋を含む全身の筋肉が萎縮していく疾病。手足の脱力感から始まる。
④進行性核上性麻痺、大脳皮質基底核変性症およびパーキンソン病	これら3疾患には、筋肉のこわばり（筋固縮）、ふるえ（振戦）、動作緩慢（無動）、突進現象（姿勢反射障害）といったパーキンソン症状のいくつかが共通に認められる。このうちパーキンソン病は、パーキンソン症状を中心とする。進行性核上性麻痺は、異常な姿勢や眼球運動障害などの多彩な症状を示す。大脳皮質基底核変性症は、パーキンソン症状と大脳皮質症状（手が思うように使えないなど）が同時にみられるといった特徴がある。
⑤脊髄小脳変性症	運動をスムーズにするための調整を行う小脳とそれに連なる神経経路が慢性的・進行的に変性し、運動失調（協調運動障害など）が起こる神経変性疾患。原因は不明。
⑥多系統萎縮症	シャイ・ドレーガー症候群、オリーブ橋小脳萎縮症、線条体黒質変性症の3つの疾患を指す。それぞれ自律神経症状（起立性低血圧、排尿障害、発汗低下など）、小脳症状（立位や歩行時のふらつき、ろれつが回らない、字がうまく書けないなど）、パーキンソン症状が特徴的だが、進行するとそれぞれの症状が重複し、多系統の萎縮がみられる。原因は不明。
⑦糖尿病性神経障害、糖尿病性腎症、糖尿病性網膜症	糖尿病の合併症。それぞれ、腎不全、失明、知覚障害などの重篤な経過をたどりうる。
⑧閉塞性動脈硬化症	動脈硬化症による慢性閉塞性疾患。初発症状では間欠性跛行が多い。病変が重度になると安静時痛、潰瘍、壊疽が起こる。
⑨慢性閉塞性肺疾患	気道の狭窄などにより、慢性的に呼気の排出などに障害をきたす疾患。慢性気管支炎、肺気腫、慢性気管支喘息、びまん性汎細気管支炎を指し、症状は、大量の痰、呼吸困難（特に運動時）など。
⑩両側の膝関節または股関節に著しい変形を伴う変形性関節症	関節の軟骨が変性し、軟骨にかかる負荷が過剰なために起きる疾患。主な症状は関節の痛み、腫れ、水腫（水がたまる）、膝関節の変形、関節が伸ばせなくなるなど。
⑪関節リウマチ	中年以降の女性に多く、全身の関節が腫れ、痛む疾患。関節が変形するため、日常生活が不自由となる、難治性の疾患。悪性関節リウマチを含む。
⑫後縦靱帯骨化症	脊椎の後縦靱帯の異常骨化により、脊髄または神経根に圧迫障害を起こす疾患。頸椎に多い。上肢のしびれ、痛み、知覚鈍麻などが進行。
⑬骨折を伴う骨粗鬆症	骨の形成が阻害され、骨がすきまだらけになって、もろくなる疾患。性ホルモンの低下、運動不足・カルシウム不足・日光浴不足などが原因で起こる。骨粗鬆症があって、事故などの外力によって骨折した場合も含む。
⑭脊柱管狭窄症	脊髄を保護する脊柱管が老化などにより狭窄することによって、脊髄神経が圧迫され、腰痛、足の痛みやしびれ、歩行障害などをきたす疾病。広範脊柱管狭窄症を含む。
⑮早老症	早期に老化に似た病態を呈する症候群。白内障、白髪、脱毛、糖尿病、動脈硬化等の早老性変化がみられる。ウェルナー症候群などが代表的。
⑯がん（がん末期）	悪性腫瘍（がん）であると診断され、かつ治癒を目的とした治療に反応せず、進行性かつ治癒困難な状態（おおむね6か月程度で死が訪れると判断される場合）にあるもの。

福祉サービス分野

ソーシャルワークの概要

重要度 > **A**

学習日 / / /

1．ソーシャルワークの概要

　ソーシャルワークを対象範囲などで整理すると、①ミクロ・レベル（個人・家族）、②メゾ・レベル（グループ、地域住民、身近な組織）、③マクロ・レベル（地域社会、組織、国家、制度・政策、社会規範、地球環境）にわけられます。

2．ミクロ・レベルのソーシャルワーク

　相談ニーズを抱える個人や家族に対し、**相談面接**などを通して、**生活課題を個別的に解決**する方法です。地域の多様な**社会資源**を活用・調整し、多職種・多機関連携によるチームアプローチを展開して支援します。そのプロセスは、①ケースの発見、②開始（インテーク・契約・合意）、③アセスメント、④プランニング、⑤支援の実施、⑥モニタリング、⑦支援の終結と事後評価、⑧アフターケアからなります。

3．メゾ・レベルのソーシャルワーク

　グループや人と身近な組織との**力動を活用**し、**個人の成長**や抱えている**問題の解決**をめざすものです。①自立期にある高齢者に対しては、老人クラブや介護予防活動の現場などで、共通の趣味や生きがい活動を通して、人間関係や生活を豊かにするための支援を行います。②心理的なニーズの高い高齢者に対しては、グループの力動を活用して行う治療的なアプローチや、メンバー間の相互支援機能をもつセルフヘルプ・グループを活用します。③身体的な自立度が低い高齢者に対しては、**通所介護**などで、運動や活動を通して心身機能の低下を防ぐリハビリテーションを重視したアプローチを行います。

4．マクロ・レベルのソーシャルワーク

　地域社会、**組織**、**国家**、**制度・政策**、**社会規範**、**地球環境**などに働きかけ、それらの社会変革を通して、個人や集団のニーズの充足をめざす支援方法です。**NPO法人**、地域にサテライト型のサービスを展開する福祉施設、**地域包括支援センター**、生活支援コーディネーターの業務において、積極的に活用されています。

5．ジェネラリスト・ソーシャルワーク

　ソーシャルワークでは、人と環境を相互に作用しあう**一体的なシステム**としてとらえ、その相互作用しあう接点に働きかけて両者の適合性を高めていきます。ミクロ・メゾ・マクロの各領域も相互に連動しあうサブシステムであり、ソーシャルワークは、課題全体の関連性を把握し、**統合的に展開**される必要があり、このような実践を**ジェネラリスト・ソーシャルワーク**と呼びます。

書いて覚えよう！

◆ミクロ・レベルのソーシャルワーク

● 相談ニーズを抱える個人や家族に対し、（①＿＿＿＿＿＿＿＿）などを通して、生活課題を個別的に解決する方法である。地域の多様な（②＿＿＿＿＿＿＿＿）を活用・調整し、多職種・多機関連携によるチームアプローチを展開して支援する。

◆メゾ・レベルのソーシャルワーク

● グループや人と身近な組織との力動を活用し、個人の（③＿＿＿＿＿）や抱えている問題の解決をめざすものである。

■メゾ・レベルのソーシャルワークの活用例

（④＿＿＿＿＿＿）　にある高齢者
老人クラブや介護予防活動の現場などで、共通の趣味や生きがい活動を通して、人間関係や生活を豊かにするための支援を行う。
心理的なニーズの（⑤＿＿＿＿）　高齢者
グループの力動を活用して行う治療的なアプローチや、メンバー間の相互支援機能をもつセルフヘルプ・グループを活用する。
身体的な自立度が（⑥＿＿＿＿）　高齢者
通所介護などで、運動や活動を通して心身機能の低下を防ぐリハビリテーションを重視したアプローチを行う。

◆マクロ・レベルのソーシャルワーク

● （⑦＿＿＿＿＿＿＿）、組織、国家、制度・政策、（⑧＿＿＿＿＿＿＿）、地球環境などに働きかけ、それらの社会変革を通して、個人や集団のニーズの充足をめざす支援方法である。

◆ジェネラリスト・ソーシャルワーク

● 人と環境を相互に作用しあう（⑨＿＿＿＿＿＿）なシステムとしてとらえ、その相互作用しあう接点に働きかけて両者の適合性を高めていき、課題全体の関連性を把握し、（⑩＿＿＿＿＿＿＿）に展開することをジェネラリスト・ソーシャルワークという。

用語

NGO
非政府組織の略で、発展途上国への援助活動などを行う。開発、環境、人権問題などで海外と協力関係をもって取り組む市民組織も含む。

NPO
民間非営利組織。利潤の追求や利益の配分を行わない組織、団体の総称。法人格の有無は問わない。

NOTE

レッスン **2** # 相談面接技術

重要度 **A**
学習日 ／／／

1. 相談面接における基本的な視点

　面接は、一般的にいう相談にあたります。相談援助者は、面接においてクライエントの**人権**を**擁護**し、人間としての尊厳に敬意を表し、お互いの立場は**対等**だということを伝える必要があります。

　自立と社会参加を促すため、クライエントが**自信**を回復し、積極的な**自立への意欲**をもてるよう援助します。意欲を高めるためには、日常の小さなことがらから始める**自己決定**の体験が効果的です。

2. 面接の実践原則

　面接の実践に際しては、①**個別化**（クライエントを分類しない）、②**意図的な感情表出への配慮**（クライエントが**自由に感情表現**できる機会を意図的に与える）、③**非審判的な態度**（自分の価値観や社会通念で相手を一方的に評価しない）、④**受容と共感**（その人のあるがままを受け入れて認め〔**受容**〕、クライエントへの理解や**共感**を伝える）、⑤**統制された情緒的関与**（共感的理解を伝える一方で、**自分の感情をコントロール**する）、⑥**自己決定の支援**、⑦個人の情報の**秘密保持**の義務、といった原則（バイステックの7原則）を守る必要があります。

3. コミュニケーションの基本技術

　相談面接は、相談援助者とクライエントとの**双方向的なコミュニケーション**の場です。言語的コミュニケーションだけでなく、話すときの**表情**、**声の調子**や速度、**視線**、しぐさ、服装などの**非言語的コミュニケーション**も大変重要です。面接では、クライエントの話す内容とその思いに積極的に耳と心を傾けて聴くこと（**傾聴**）と、クライエントの世界を、クライエント自身がとらえるように理解すること（**共感**）が必要です。共感は、次の2つにわけられます。

　①**第一次共感**（基本的共感）：「〜だから、〜ですね」など相手の話をよく聴き、その内容を理解し、話に含まれている思いを受け止め、理解した内容と思いを援助者の言葉に変えて応答する。

　②**第二次共感**：相手の話していない**内面**や**想い**を深く洞察し、その想いと想いの出てきた背景を的確に理解して、相手に伝わりやすいように戻す。

　質問の種類には、「はい」「いいえ」など簡単に答えられる**クローズドクエスチョン**（閉じられた質問）と、クライエント自身が自由に答えを選んだり決定したりできるように促す**オープンクエスチョン**（開かれた質問）があります。

書いて覚えよう！

◆面接の実践原則

(①⬜）化	クライエントを分類しない。
意図的な感情表出への配慮	クライエントが自由に（②⬜）できる機会を意図的に与える。
(③⬜）な態度	自分の価値観や社会通念で相手を一方的に評価しない。
受容と共感	その人のあるがままを受け入れて認め（受容）、クライエントへの理解や共感を伝える。
統制された情緒的関与	共感的理解を伝える一方で、自分の（④⬜）をコントロールする。
(⑤⬜）の支援	クライエントが誤りのない自己決定ができるよう、環境や条件を整え、その決定を支援する。
秘密の保持	個人の情報の秘密保持の義務。

◆コミュニケーションの基本技術

● コミュニケーションの伝達経路には、言語的コミュニケーションだけでなく、（⑥⬜）的コミュニケーションも重要である。

● 面接では、クライエントの話す内容とその思いに積極的に耳と心を傾けて聴くこと（（⑦⬜））と、クライエントの世界を、クライエント自身がとらえるように理解すること（（⑧⬜））が必要である。

● 質問には、「はい」「いいえ」など簡単に答えられる（⑨⬜）と、クライエント自身が自由に答えを選んだり決定したりできるように促す（⑩⬜）がある。

レッスン **3** # 支援困難事例

1. 支援困難事例の3つの発生要因

　支援困難事例の発生要因は多様で、複数の要因が複合的に重なることで発生しますが、大きく①**本人要因**、②**社会的要因**、③**サービス提供者側の要因**にわけることができます。

2. 支援困難事例の要因別対応

(1) 本人要因

①**心理的要因**：支援拒否の場合は、その要因や背景を**共感的**な対話や観察から探り、**信頼関係の構築**によって、必要な支援が導入できるように環境整備を行っていく。本人が信頼している**キーパーソン**を探し、支援につなげていく方法も有効。

②**身体的・精神的要因**：疾病や障害では、医療スタッフとの協働や障害者福祉制度、成年後見制度など複数の制度を活用して支援する必要がある。判断能力が低下する前に、本人の意思決定を早期から継続的に支援する取り組みが求められる。

(2) 社会的要因

①**家族・親族との関係**：家族や親族などとの関係では、虐待につながる事例もあり、注意が必要。一人ひとりの考え方、感情、生活様式、関係性を理解したうえで、現状の関係を好転させる糸口を見つけ出し、必要な支援を活用できるよう働きかけていく。

②**地域との関係**：孤立していたり、周囲とのトラブルが発生していることも少なくない。適度なプライバシーを確保しながら、相互に支え合う関係性をどのように築くかが課題となる。

③**社会資源の不足**：家族や親族、近隣における**インフォーマル**な支援の開発、地域ケア会議を活用して地域資源の開発につなげていく方法も考えられる。

(3) サービス提供者側の要因

①**本人との支援関係の不全**：援助者は支援関係の基盤となる**価値**を土台として、知識とスキルを活用して働きかけ、信頼関係を形成することが大切。

②**チームアプローチの機能不全**：支援困難事例では、複合的な課題が複雑に重なるため、多職種連携で解決に当たる必要があるが、チームの役割や責任が不明瞭なため機能不全に陥りやすくなるので、**地域包括支援センター**と連携し、地域ケア会議を活用した取り組みが求められる。

③**ニーズとケアプランの乖離**：ニーズがあっても、本人がサービス利用を拒否していたり、本人がニーズを認識していない場合もあるので、このような支援困難な状況を分析することで、本当に必要な支援内容や社会資源が明らかになる。

書いて覚えよう！

◆支援困難事例の要因別対応

■本人要因

心理的要因	支援拒否の要因や背景を（①　　　　　）な対話や観察から探り、（②　　　　　）の構築によって、必要な支援が導入できるように環境整備を行っていく。
身体的・精神的要因	疾病や障害では、医療スタッフとの協働や障害者福祉制度、成年後見制度など複数の制度を活用して支援する。

■社会的要因

家族・親族との関係	一人ひとりの考え方、感情、生活様式、関係性を理解したうえで、現状の関係を好転させる糸口を見つけ出し、必要な支援を活用できるよう働きかけていく。
地域との関係	適度な（③　　　　　　）を確保しながら、相互に支え合う関係性をどのように築くかが課題。
社会資源の不足	家族や親族、近隣における（④　　　　　）な支援の開発、地域ケア会議を活用して地域資源の開発につなげていく方法も考えられる。

■サービス提供者側の要因

本人との支援関係の不全	援助者は支援関係の基盤となる（⑤　　　　　）を土台として、知識とスキルを活用して働きかけ、信頼関係を形成することが大切。
チームアプローチの機能不全	（⑥　　　　　　　　）と連携し、地域ケア会議を活用した取り組みが求められる。
ニーズとケアプランの乖離	ニーズがあっても、本人がサービス利用を拒否していたり、本人がニーズを認識していない場合、（⑦　　　　）を分析することで、本当に必要な支援内容や社会資源が明らかになる。

レッスン **4** # 訪問介護（1）

重要度 **A**
学習日 ／／／

1. 訪問介護とは

①**サービスの定義**：介護福祉士などが要介護者の居宅を訪問して、入浴、排泄、食事 などの介護、調理、洗濯、掃除などの家事、生活に関する相談・助言、その他の必 要な日常生活上の世話を行う（介護・看護連携型の**定期巡回・随時対応型訪問介護 看護**または**夜間対応型訪問介護**に該当するサービスは除く）。

②**人員基準**：**訪問介護員等**を常勤換算で2.5人以上（介護福祉士または介護職員初任 者研修課程修了者であることなど）、**サービス提供責任者**を原則として利用者40人 またはその端数を増すごとに１人以上（常勤の訪問介護員等から選出。介護福祉士 または実務者研修修了者、旧介護職員基礎研修課程修了者、旧１級課程修了者。常 勤で３人以上配置し、かつその業務に主に従事する人を１人以上配置している事業 所では、利用者50人またはその端数を増すごとに１人以上とできる）、**管理者**は常 勤専従（支障なければ兼務可Ⓐ）。

③**利用者**：日常生活を営むうえで<u>**何らかの介助が必要なすべての要介護者**</u>が対象。た だし、生活援助は、<u>**一人暮らし**か、**同居家族に障害や疾病がある場合**、または**同様 のやむを得ない事情**がある場合</u>Ⓑにのみ利用することができる。

2. 訪問介護の役割と目的

（1）訪問介護の役割

　訪問介護員は生活支援を通し、利用者の生活実態について多くの情報をもっているた め、利用者の希望や願いなどの**代弁者**としての役割を担うことがあります。介護支援専 門員は、訪問介護員と密接な連携をとり、得た情報をケアマネジメントに活用します。

　また、利用者が訪問介護員に**業務範囲を超えた要求**をするなど、さまざまな困難に遭 遇する可能性があるため、介護支援専門員と相談しながら解決を図ります。

（2）訪問介護の目的

①利用者の価値観や生活習慣を尊重して生活基盤を整える。

②**自立支援**：利用者の**潜在能力を引き出し**、自立支援に向けて働きかけを行う。

③**自己実現**：利用者が常に**社会との接触**を保ち、**自己実現**できるように援助する。

④**介護予防と事故防止**：寝たきり、褥瘡、などの二次障害を予防する。

⑤**利用者の状態の変化の発見**：異状や状態の変化を見つけた場合は、すばやく他職種 の関係者へ連絡・相談し、適切な援助へつなげる。

書いて覚えよう！

定義	介護福祉士などが要介護者の居宅を訪問して、入浴、排泄などの介護、調理などの家事、生活に関する相談・助言、その他の必要な（①　　　　　）の世話を行う。
人員基準	○（②　　　　　）等：常勤換算で 2.5 人以上 ○（③　　　　　　）：利用者 40 人またはその端数を増すごとに 1 人以上（常勤の訪問介護員等から選出） ○管理者：常勤専従（支障なければ兼務可）
利用者	日常生活を営むうえで何らかの介助が必要なすべての要介護者。ただし、生活援助は、（④　　　　　）か、同居家族に障害や疾病がある場合、または同様のやむを得ない事情がある場合にのみ利用することができる。
役割	○訪問介護員は生活支援を通し、利用者の生活実態について多くの情報をもっているため、利用者の希望や願いなどの（⑤　　　　　）としての役割を担うことがある。 ○利用者が訪問介護員に業務範囲を超えた要求をするなど、さまざまな困難に遭遇する可能性があるため、介護支援専門員と相談しながら解決を図る。
目的	①利用者の（⑥　　　　　）や（⑦　　　　　）を尊重して生活基盤を整える。 ②自立支援 ③自己実現 ④（⑧　　　　　）と事故防止 ⑤利用者の状態の変化の発見

確認しよう！

★管理者は兼務できる？　　　　　　　　　　　　　　　⇒ Ⓐ

★同居家族がいる場合は、生活援助を受けることができない？　⇒ Ⓑ

レッスン **4** # 訪問介護（2）

重要度 **A**
学習日 ／／／

1. 訪問介護の方針

　訪問介護を実施するには、利用者または家族の望みや願いなどの情報を収集し、内容を説明して同意を得たうえで**居宅サービス計画**に沿った内容の**訪問介護計画**を、**サービス提供責任者**が作成する必要があります。その他、以下のような訪問介護に固有の方針があります。

①**サービス提供責任者の責務**：利用申込の調整、**訪問介護計画の作成**、サービス実施状況の把握、居宅介護支援事業者などとの連携、訪問介護員等に対する具体的な援助目標や援助内容の指示、**業務管理**、研修や技術指導、その他**サービス内容の管理**などを行う。

②**管理者の責務**：事業所の従業者や業務の**管理・統括**、従業者に運営基準を遵守させる指揮命令を行う。

③**介護などの総合的な提供**：生活全般の援助を行うという観点から、身体介護、生活援助のうち、特定のサービスに偏ってはならない（基準該当訪問介護での提供は可能）。

④**同居家族への訪問介護の禁止**：訪問介護員等自身の同居家族に対し、訪問介護を行うことはできない（基準該当訪問介護での提供は可能）。

2. 訪問介護の内容

サービス内容は**身体介護**と**生活援助**に大別されます。

①**身体介護**：食事・排泄・入浴介助、身体の清拭・洗髪・整容、更衣の介助、移乗・移動介助、就寝・起床介助、服薬介助、体位変換、**通院・外出介助**、自立生活支援・重度化防止のための見守り的援助、嚥下困難者のための流動食や糖尿食など特段の専門的配慮をもって行う調理。

②**生活援助**：一般的な調理・配下膳、衣類の洗濯・補修、掃除・ごみ出し・片づけ、買い物、薬の受け取り、ベッドメイクなど。

　なお、**直接本人の援助に該当しない行為**や**日常生活の援助に該当しない行為**は生活援助の範囲に含まれません。

書いて覚えよう！

◆訪問介護の方針

（①　　　　　　　　　）の責務	○利用申込の調整　○訪問介護計画の作成 ○サービス実施状況の把握 ○居宅介護支援事業者などとの連携、訪問介護員等に対する具体的な援助目標や援助内容の指示 ○業務管理、研修や技術指導 ○その他サービス内容の管理など
（②　　　　　　）の責務	○事業所の従業者や業務の管理・統括、従業者に運営基準を遵守させる指揮命令を行う。
介護などの総合的な提供	生活全般の援助を行うという観点から、身体介護、生活援助のうち、（③　　　　　　　　）に偏ってはならない。
同居家族への訪問介護の禁止	（④　　　　　　　　）等自身の同居家族に対し、訪問介護を行うことはできない。

◆訪問介護の内容

身体介護	生活援助
○食事・排泄・入浴介助 ○身体の清拭・洗髪・整容 ○更衣の介助　○移乗・移動介助 ○就寝・起床介助　○服薬介助 ○体位変換　○通院・外出介助 ○自立生活支援・重度化防止のための見守り的援助 ○嚥下困難者のための流動食や糖尿食など特段の（⑤　　　　　　　）をもって行う調理	○一般的な調理・配下膳 ○衣類の洗濯・補修 ○掃除・ごみ出し・片づけ ○買い物 ○（⑥　　　）の受け取り ○ベッドメイクなど

確認しよう！

★訪問介護計画はなにに沿った内容でなければならない？　⇒ Ⓐ

用語

直接本人の援助に該当しない行為
利用者以外への洗濯、調理、買い物、布団干し、利用者が使用しない居室の掃除、来客の応接、洗車など。

日常生活の援助に該当しない行為
訪問介護員が行わなくても日常生活に支障のない、草むしり、花木の水やり、ペットの世話、日常の家事の範囲を超える、模様替え、器具の修繕、大掃除、園芸など。

NOTE

レッスン **4**

訪問介護（3）

重要度 **A**

学習日 ／／／

1. 身体介護における医行為等

　原則として医行為（医療行為）はできません。ただし、●**体温測定**、●**自動血圧測定器**による**血圧測定**、●**パルスオキシメーター装着**（新生児以外）、●**軽微**な切り傷、すり傷、やけどなどの処置、●一定の条件下での医薬品の使用介助（**軟膏塗布**〔褥瘡処置を除く〕、**湿布**の貼付、**点眼薬**の点眼、一包化された内用薬の内服等）、●**爪切り**等、●口腔内のケア、●**耳垢の除去**（耳垢塞栓の除去を除く）、●**ストマ装具**のパウチの排泄物を捨てる、●**インスリン投与**の準備・片づけ、●**持続血糖測定器**のセンサー貼り付け・測定値の読み取り等、●**経管栄養**の準備・片づけ（注入・停止行為を除く）、●喀痰吸引の吸引器にたまった**汚水の破棄**、水の補充、●膀胱留置カテーテルの**蓄尿バッグ**の尿破棄等、●とろみ食を含む食事の介助、●義歯の着脱・洗浄等は、医行為ではないとされています。これらの行為は、身体介護として算定することができます。

　また、一定の研修を受けた介護福祉士と介護職員等は、一定の条件下で、**痰の吸引**（口腔内、鼻腔内、気管カニューレ内部）や**経管栄養**の行為を実施できます。

2. 訪問介護の主な介護報酬

区分	①身体介護中心　②生活援助中心　③通院などのための乗車または降車の介助中心、の3つに分類され、それぞれ時間により（③は1回につき）設定される。
加算	●夜間や早朝、深夜のサービス提供　●同時に訪問介護員等2人が1人の利用者に対して身体介護および生活援助を行った場合　●**特定事業所加算**（質の高い人材確保、訪問介護員等の活動環境の整備、中重度者への対応を行っている場合など）　●**初回加算**（新規に訪問介護計画を作成した利用者に対し、サービス提供責任者が初回の訪問介護を行った場合、初回または初回のサービスを実施した月に、ほかの訪問介護員等に同行訪問した場合）　●**生活機能向上連携加算**（サービス提供責任者が、訪問リハビリテーション事業所、通所リハビリテーション事業所、医療提供施設の医師、理学療法士、作業療法士または言語聴覚士の居宅訪問に同行するなどにより、医師、理学療法士などと共同して利用者の身体状況などを評価のうえ訪問介護計画を作成し、医師、理学療法士などと連携してその計画に基づくサービスを行った場合）　●**緊急時訪問介護加算**（利用者やその家族などからの要請に基づき、サービス提供責任者が介護支援専門員と連携し、介護支援専門員が必要と認めたときに、訪問介護員等が居宅サービス計画にない訪問介護〔身体介護〕を緊急に行った場合）　●**認知症専門ケア加算**
減算	●サービス提供責任者として、介護職員初任者研修課程修了者を配置している場合　●同一建物等居住者　●共生型訪問介護を行う場合　など

書いて覚えよう！

◆身体介護における医行為等

● 原則として （ ⒈＿＿＿＿ ） はできない。ただし、以下は医行為ではないとされている。

　○ （ ⒉＿＿ ） 測定　○自動血圧測定器による血圧測定

　○ （ ⒊＿＿ ） な切り傷、すり傷、やけどなどの処置　○一定の条件下での医薬品の使用介助（軟膏塗布〔褥瘡処置を除く〕、（ ⒋＿＿ ） の貼付、点眼薬の点眼、一包化された内用薬の内服等）　○爪切り等　○ （ ⒌＿＿ ） 内のケア　○耳垢の除去（耳垢塞栓の除去を除く）　○ストマ装具のパウチの排泄物を捨てる　○インスリン投与の準備・片づけ　○膀胱留置カテーテルの蓄尿バッグの尿破棄　など

● 一定の研修を受けた介護福祉士と介護職員等は、一定の条件下で、（ ⒍＿＿＿＿ ） や （ ⒎＿＿＿＿ ） の行為を実施できる。

◆訪問介護の主な介護報酬

（ ⒏＿＿ ） 加算
新規に訪問介護計画を作成した利用者に対し、サービス提供責任者が初回の訪問介護を行った場合、初回または初回のサービスを実施した月に、ほかの訪問介護員等に同行訪問した場合。

（ ⒐＿＿＿＿ ） 加算
サービス提供責任者が、訪問リハビリテーション事業所、通所リハビリテーション事業所、医療提供施設の医師、理学療法士などの居宅訪問に同行するなどにより、医師、理学療法士などと共同して利用者の身体状況などを評価のうえ訪問介護計画を作成し、医師、理学療法士などと連携してその計画に基づくサービスを行った場合。

（ ⒑＿＿＿＿ ） 加算
利用者やその家族などからの要請に基づき、サービス提供責任者が介護支援専門員と連携し、介護支援専門員が必要と認めたときに、訪問介護員等が居宅サービス計画にない身体介護を緊急に行った場合。

レッスン **5** # 訪問入浴介護（1）

重要度 **A**
学習日 ／／／

1. 訪問入浴介護とは

①**サービスの定義**：在宅の要介護者の居宅を入浴車などで訪問し、浴槽を提供して 入浴の介助を行うサービス。

②**人員基準**：**看護職員**（看護師・准看護師）を1人以上、介護職員を2人以上。看護職員、介護職員のうち、1人以上は常勤。**管理者**は常勤専従（支障なければ兼務可）。

③**利用者**：**感染症**にかかっている、**ターミナル**期にあるなどで、訪問介護など家庭での介助入浴や通所での施設入浴の場合と比較し、**より入浴が困難な状況にある人**が想定される。

　そのためサービスの導入に際しては、安全な訪問入浴介護が提供できるように、地域の保健・医療・福祉関係のネットワーク体制の実情を把握し、連携した対応が図れるようにしておくことが重要である。

2. 訪問入浴介護の目的

訪問入浴介護は、次のような目的をもって提供します。

①**入浴が困難なすべての人**に入浴を保障する。

②身体を**清潔に保持**し、身体的・精神的な爽快感（そうかい）をもたらす。

③入浴の三大作用により、筋肉の血行促進や疲労物質の排出、また感染症や**褥瘡（じょくそう）の予防**・改善など**疾病予防**的な効果もある。

④**精神的な安定**を与える。

> 　入浴の三大作用とは、①温熱作用（身体を温め、血行を促進）、②静水圧作用（身体が水の重さにより、水圧を受ける作用。血液が急速に心臓へ押し上げられ、心臓の動きが活発になる）、③浮力・粘性作用（浮力が働き、身体が軽くなる一方で、水の粘性〔抵抗〕によってかかる負荷は、運動効果を助長する）のことだよ。

書いて覚えよう！

NOTE

定義	在宅の要介護者の居宅を（□1　　　）などで訪問し、浴槽を提供して入浴の介助を行う。
人員基準	○看護職員（看護師・准看護師）：（□2　　　）人以上 ○介護職員：（□3　　　）人以上 ※看護職員、介護職員のうち、1人以上は常勤 ○管理者：常勤専従（支障なければ兼務可）
利用者	感染症にかかっている、（□4　　　）期にあるなどで、訪問介護など家庭での介助入浴や通所での施設入浴の場合と比較し、より入浴が困難な状況にある人が想定される。
目的	①入浴が困難なすべての人に入浴を保障する。 ②身体を清潔に保持し、身体的・精神的な（□5　　　）をもたらす。 ③入浴の三大作用により、筋肉の血行促進や疲労物質の排出、感染症や（□6　　　）の予防・改善などの疾病予防的な効果もある。 ④（□7　　　）的な安定を与える。
入浴の三大作用	①（□8　　　）作用：身体を温め、血行を促進。 ②（□9　　　）作用：身体が水の重さにより、水圧を受ける作用。血液が急速に心臓へ押し上げられ、心臓の動きが活発になる。 ③（□10　　　）・（□11　　　）作用：浮力が働き、身体が軽くなる一方で、水の粘性（抵抗）によってかかる負荷は、運動効果を助長する。

確認しよう！

★訪問入浴介護は利用者の自宅の浴槽を使うサービス？　⇒ Ⓐ

★入浴は褥瘡の予防になる？　⇒ Ⓑ

レッスン **5**

訪問入浴介護（2）

重要度　**A**
学習日

1. 訪問入浴介護の内容・方針

①事前に家庭を訪問し、利用者の日常動作、全身状態、健康状態の**観察**を行う。さらに主治医の意見の確認を行う。介護職員は、家屋の建築構造、周辺の道路事情などを確認し、室内への**浴槽の搬送方法などを検討**する。

②訪問入浴介護についての計画を作成する。

③入浴前に利用者の心身状況をチェックし、発熱や血圧上昇などの異常がみられる場合は、主治医の意見を確認して**清拭**や**部分浴**に変更するか、**入浴を中止**する。

④利用者が**医療器具**をつけている場合や**感染症**にかかっている場合には、主治医から入浴の際の注意事項、具体的な感染防止の方法などの説明を十分に受けておく。

⑤1回ごとのサービスは、原則的に**看護職員1人**と**介護職員2人**（うち1人をサービス提供の責任者）で担当する。ただし、利用者の身体の状況から支障がない場合は、主治医の意見を確認したうえで、**介護職員3人**で行うことができる。

⑥利用者の希望による通常の事業の実施地域を越えて行う場合の交通費、**特別な浴槽水の費用**を別途徴収できる。また利用者に病状の急変が生じた場合には、すみやかに主治医やあらかじめ定めた協力医療機関へ連絡するなど必要な措置をとる。設備・器具などの清潔保持に留意し、浴槽など利用者の身体にふれるものは**利用者1人ごとに消毒**する。

2. 訪問入浴介護の主な介護報酬

　訪問入浴介護の介護報酬は、1回につき算定します。初回加算や認知症専門ケア加算が設定されています。介護職員が3人で全身浴を行った場合や、**清拭**または**部分浴**を行った場合は、減算されます。

注目!

3. 介護予防訪問入浴介護

　介護予防訪問入浴介護とは、**疾病その他やむを得ない理由**により入浴の介護が必要な**要支援者**の居宅を入浴車などで訪問し、**介護予防を目的**に、**介護予防サービス計画**に定める期間にわたり、浴槽を提供して入浴の介護を行うサービスです。

　人員基準は看護職員が**1人以上**、介護職員が**1人以上**（従業者のうち1人以上常勤）となっており、1回ごとのサービスは、原則的に**看護職員1人**と、**介護職員1人の2人**で担当しますが、利用者の身体の状況から支障がない場合は、主治医の意見を確認したうえで、**介護職員2人**で行うことができます。

書いて覚えよう！

◆訪問入浴介護の内容・方針

事前訪問	事前に家庭を訪問し、利用者の日常動作、全身状態、健康状態の観察を行う。さらに主治医の意見の確認を行う。介護職員は、家屋の建築構造、周辺の道路事情などを確認し、室内への浴槽の（①　　　　）方法などを検討する。
計画の作成	訪問入浴介護についての計画を作成する。
入浴前のチェック	発熱や血圧上昇などの異常がみられる場合は、（②　　　　）の意見を確認して清拭や部分浴に変更するか、入浴を中止する。
利用者が医療処置を受けている場合	利用者が医療器具をつけている場合や感染症にかかっている場合には、主治医から入浴の際の注意事項、具体的な（③　　　　）の方法などの説明を十分に受けておく。
サービス担当者	1回ごとのサービスは、原則的に看護職員（④　　　　）人と介護職員（⑤　　　　）人（うち1人をサービス提供の責任者）で担当する。ただし、利用者の身体の状況から支障がない場合は、主治医の意見を確認したうえで、介護職員（⑥　　　　）人で行うことができる。
その他	利用者の希望による通常の事業の実施地域を越えて行う場合の交通費、特別な（⑦　　　　）の費用を別途徴収できる。また利用者に病状の急変が生じた場合には、すみやかに主治医やあらかじめ定めた協力医療機関へ連絡するなど必要な措置をとる。設備・器具などの清潔保持に留意し、浴槽など利用者の身体にふれるものは利用者（⑧　　　　）人ごとに消毒する。

◆介護予防訪問入浴介護

● 1回ごとのサービスは、原則的に看護職員（⑨　　　　）人と介護職員（⑩　　　　）人の（⑪　　　　）人で担当するが、利用者の身体の状況から支障がない場合は、（⑫　　　　）の意見を確認したうえで、介護職員（⑬　　　　）人で行うことができる。

通所介護（1）

重要度 **A**
学習日 ／／／

1. 通所介護とは

①**サービスの定義**：要介護者に老人デイサービス事業を行う施設または老人デイサービスセンターに通ってきてもらい、入浴、排泄、食事などの介護、生活などについての相談・助言、健康状態の確認、その他の必要な日常生活上の世話や機能訓練を行うサービス（事業所の定員が19人以上のものにかぎられ、**認知症対応型通所介護**に該当するサービスは除く）。

②**人員基準**：提供日ごとに、**生活相談員を提供時間数に応じて専従で１人以上、介護職員**を提供時間数に応じて専従で利用者15人まで１人以上、それ以上は15人を超える部分の利用者の数を５で除して得た数に１を加えた数以上（単位ごとに介護職員等を常時１人以上）、**看護職員を単位ごとに専従で１人以上、機能訓練指導員を１人以上（兼務可）、管理者**は常勤専従（支障なければ兼務可）。生活相談員または介護職員のうち１人以上は常勤。

③**利用者**：寝たきりの高齢者、認知症高齢者など、さまざまな場合が考えられる。

2. 通所介護の目的

通所介護では、利用者の**生活機能の維持・向上**のため必要な日常生活上の世話と機能訓練を行い、**社会的孤立感の解消や心身機能の維持向上**を図り、利用者の自立した**在宅生活を支援**します。同時に、**介護者である家族の心身的な負担の軽減**をめざします。通所介護では、**社会生活を送るうえでの支援**に主眼がおかれています。

3. 通所介護の方針・内容

通所介護計画は管理者が作成し、利用者または家族に**説明**をし、**同意**を得て**交付**します。計画を作成する際には、個別性のある援助を行うために、居宅サービス計画での情報に加え、**利用者や家族**についてのより詳細な情報が必要になります。

その他、固有の方針として、利用者の希望で通常の実施地域を越えて行う**送迎費用、通常の時間を超えるサービス費用、食費、おむつ代**Aなどについては、別途支払いを受けることができます。

通所介護では、送迎、食事の提供や介助、希望者への入浴の提供や介助、個別の機能訓練（日常生活訓練）や小グループでの作業療法、ゲームなどによる機能訓練、レクリエーションを行います。

書いて覚えよう！

用語

通所介護計画の作成者
管理者は、計画の作成に関し経験のある人や介護の提供に豊富な知識・経験のある人にとりまとめを行わせる。事業所に介護支援専門員がいる場合は、介護支援専門員に作成を行わせることが望ましい。

NOTE

定義	要介護者に老人デイサービス事業を行う施設または老人デイサービスセンターに通ってきてもらい、入浴、排泄、食事などの介護、生活などについての相談・助言、健康状態の確認、その他の必要な日常生活上の世話や（①　　　　　　）を行う。
人員基準	○（②　　　　　　　）：提供日ごとに、提供時間数に応じて専従で１人以上 ○介護職員：提供時間数に応じて専従で利用者15人まで１人以上、それ以上は15人を超える部分の利用者の数を5で除して得た数に1を加えた数以上（単位ごとに介護職員等を常時１人以上） ○看護職員：単位ごとに専従で１人以上 ○機能訓練指導員：１人以上（兼務可） ○管理者：常勤専従（支障なければ兼務可） ※生活相談員または介護職員のうち１人以上は常勤
利用者	寝たきりの高齢者、認知症高齢者など、さまざま。
目的	利用者の（③　　　　　　　　　）の解消や心身機能の維持・向上を図ると同時に、介護者である家族の心身的な負担の軽減を目指し、利用者の自立した在宅生活を支援する。
方針	○通所介護計画は（④　　　　　　）が作成する。 ○利用者の希望で通常の実施地域を越えて行う送迎費用・通常の時間を超えるサービス費用・食費・（⑤　　　　）代などについては、別途支払いを受けることができる。
サービス内容	送迎、食事の提供や介助、希望者への入浴の提供や介助、個別の機能訓練、ゲームなどによる機能訓練、レクリエーションなど。

確認しよう！

★おむつ代は、別途利用者から支払いを受けることができる？　⇒

レッスン **6**

通所介護（2）

重要度 **A**

学習日 ／／／

注目!

1. 通所介護の主な介護報酬

区分	事業所の規模に応じ、所要時間別、要介護度別に単位が定められている。
加算	●**延長加算**（8時間以上9時間未満のサービスの前後に日常生活上の世話を行い、その合計が9時間以上となる場合、5時間<u>　</u>の延長を限度として）●**入浴介助加算**　●**中重度者ケア体制加算**　●**個別機能訓練加算**（専従の機能訓練指導員を配置し、多職種が共同して、利用者ごとに個別機能訓練計画を作成し、計画的に機能訓練を行っているなどの場合）●**認知症加算**（看護職員または介護職員を指定基準よりも常勤換算で2人以上確保し、前年度または過去3か月間の利用者総数のうち、認知症高齢者の日常生活自立度Ⅲ以上の利用者の占める割合が20％以上で、提供時間を通じて、専従で認知症介護に関する研修修了者を1人以上配置している事業所が、認知症高齢者の日常生活自立支援度Ⅲ以上の利用者にサービスを提供した場合）●**生活機能向上連携加算**（通所リハビリテーション事業所、訪問リハビリテーション事業所、医療提供施設の医師または理学療法士・作業療法士・言語聴覚士の助言に基づき、事業所の機能訓練指導員等が共同して個別機能訓練計画等を作成し、医師、理学療法士等と連携して計画の進捗状況等を3か月に1回以上評価して、見直している場合）●**ＡＤＬ維持等加算**（自立支援、重度化防止の観点から、評価対象期間内に事業所を利用した者のうち、ADLの維持または改善の度合いが一定の水準を超えた場合）●**若年性認知症利用者受入加算**　●**栄養改善加算**　●**口腔・栄養スクリーニング加算**　●**栄養アセスメント加算**●**口腔機能向上加算**　●**科学的介護推進体制加算**　など

　利用定員を超える場合、2時間以上3時間未満のサービスを行う場合、事業所と**同一建物**に居住または同一建物から通う利用者にサービスを提供する場合、看護・介護職員の数が基準を満たさない場合、共生型通所介護を行う場合、**送迎**を行わない場合は減算となります。

　送迎時間は所要時間には含まれませんが、送迎時に実施した居宅内での**介助**などに**要する時間**は、一定の要件を満たせば、1日30分を限度に通所介護の所要時間に含めてよいとされています。

書いて覚えよう！

◆通所介護の主な介護報酬

● 事業所の（ ① ） に応じ、（ ② ） 別、（ ③ ） 別に単位が定められている。

● （ ④ ） 加算とは、専従の機能訓練指導員を配置し、多職種が共同して、利用者ごとに個別機能訓練計画を作成し、計画的に機能訓練を行っているなどの場合の加算である。

● （ ⑤ ）加算とは、看護職員または介護職員を指定基準よりも常勤換算で2人以上確保し、前年度または過去3か月間の利用者総数のうち、認知症高齢者の日常生活自立度Ⅲ以上の利用者の占める割合が20％以上で、提供時間を通じ、専従で認知症介護に関する研修修了者を1人以上配置している事業所が、認知症高齢者の日常生活自立支援度Ⅲ以上の利用者にサービスを提供した場合の加算である。

● （ ⑥ ） 加算とは、通所リハビリテーション事業所、訪問リハビリテーション事業所、医療提供施設の医師または（ ⑦ ）・（ ⑧ ）・言語聴覚士の助言に基づき、事業所の機能訓練指導員等が共同して（ ⑨ ） 計画等を作成し、医師、理学療法士等と連携して計画の進捗状況等を（ ⑩ ） か月に1回以上評価して、見直している場合の加算である。

● 利用定員を超える場合、（ ⑪ ） 時間以上（ ⑫ ） 時間未満のサービスを行う場合、事業所と同一建物に居住または同一建物から通う利用者にサービスを提供する場合、看護・介護職員の数が基準を満たさない場合、（ ⑬ ） を行わない場合は減算となる。

確認しよう！

★延長加算は、何時間の延長を限度として加算できる？　⇨ Ⓐ

用語

事業所での宿泊サービス

指定通所介護事業者が、事業所の設備を使って独自に介護保険外の宿泊サービスを実施する場合は、指定を行った都道府県知事に届出を行う必要がある。また、事故発生時には、通常の通所介護の規定に準じた必要な措置をとる（地域密着型通所介護、認知症対応型通所介護、介護予防認知症対応型通所介護でも同様）。

NOTE

311

レッスン **7**

短期入所生活介護（1）

重要度 **A**
学習日

1. 短期入所生活介護とは

①**サービスの定義**：在宅の要介護者に老人短期入所施設や特別養護老人ホームなどに短期間入所してもらい、介護、日常生活上の世話や機能訓練を提供するサービス。

②**事業者**：特別養護老人ホーム、養護老人ホーム等、老人短期入所施設を設置する法人が都道府県知事の指定を受けてサービスを提供する。事業所の類型には**単独型**、**併設型**、**空床利用型**がある。

③**人員基準**：**医師**を1人以上、**生活相談員**を利用者100人に対して常勤換算で1人以上。1人は常勤（利用者20人未満では非常勤も可）。**介護職員・看護職員**を利用者3人に対して常勤換算で1人以上、**栄養士**を1人以上、**機能訓練指導員**を1人以上（兼務可）、**管理者**は常勤専従（支障なければ兼務可）。

④**利用要件**：要介護者の**心身状態の虚弱化**、悪化などで在宅生活が困難な場合のほか、家族の**疾病**、**冠婚葬祭**、**出張**や身体的・精神的な**負担軽減**を図る場合など。

2. 短期入所生活介護の目的・方針

短期入所生活介護は、利用者の社会的接点や人間関係を広げ、心身機能の維持や生活の安定を図り、利用者の自宅での自立した生活を維持できるよう支援するものです。

相当期間以上（おおむね**4日以上**）の継続利用の場合は、管理者が居宅サービス計画の内容に沿って**短期入所生活介護計画**を作成し、利用者または家族に**説明**し、利用者の**同意**を得て**交付**します。その他、次のような事項が規定されています。

①利用者の負担により、従業者以外の者による介護を受けさせてはならない。 Ⓐ

②利用者の病状が急変した場合などは、主治医や協力医療機関などに連絡する。

③食事は栄養や本人の心身の状況、嗜好を考慮し適切な時間に行い、可能なかぎり食堂での食事とする。

④定員の遵守。また、介護支援専門員が緊急利用が必要と認めた場合は、一定の条件下で、居室以外の静養室での定員数以上の受け入れが可能。

⑤**食費**、**滞在費**、**特別な居室**（個室など）や**特別な食事**、**送迎費**（利用者の心身の状態や家族の事情などから、送迎が必要な利用者に送迎を行う場合は除く）、**理美容代**、その他日常生活費（おむつ代は利用料に含まれる）は利用者から別途支払いを受けることができる。

書いて覚えよう！

定義	在宅の要介護者に老人短期入所施設や特別養護老人ホームなどに短期間（<u>①</u>）してもらい、介護、日常生活上の世話や機能訓練を提供する。
事業者	都道府県知事の指定を受けた特別養護老人ホーム、養護老人ホーム等、老人短期入所施設を設置する法人。
人員基準	○医師：1人以上 ○生活相談員：利用者（<u>②</u>）人に対して常勤換算で1人以上 ○介護職員・看護職員：利用者3人に対して常勤換算で1人以上 ○（<u>③</u>）：1人以上 ○機能訓練指導員：1人以上（兼務可） ○管理者：常勤専従（支障なければ兼務可）
利用要件	○要介護者の心身状態の虚弱化、悪化などで在宅生活が困難な場合。 ○家族の疾病、（<u>④</u>）、出張、身体的・精神的な負担軽減を図る場合など。
目的	利用者の社会的接点や（<u>⑤</u>）を広げ、心身機能の維持や生活の安定を図り、利用者の自宅での自立した生活を維持できるよう支援する。

● 利用者がおおむね（<u>⑥</u>）日以上継続して利用する場合は、（<u>⑦</u>）が短期入所生活介護計画を作成する。

用語

単独型
老人短期入所施設などで単独でサービスを行う。利用定員は20人以上。

併設型
特別養護老人ホームなどに併設し、一体的にサービスを行う。併設型と空床利用型は利用定員20人未満でも可。

空床利用型
特別養護老人ホームの空床を利用してサービスを行う。人員基準など運営上や介護報酬では併設型に区分される。

短期入所生活介護計画の作成者
管理者は、計画の作成に関し経験のある人や介護の提供に豊富な知識・経験のある人にとりまとめを行わせる。事業所に介護支援専門員がいる場合は、介護支援専門員にとりまとめを行わせることが望ましい。

NOTE

確認しよう！

★利用者の負担であれば、従業者以外の人の介護を受けられる？ ⇒

レッスン **7**

短期入所生活介護(2)

1. 短期入所生活介護の内容

　短期入所生活介護では、介護や食事の提供、**入浴または清拭**（原則として**1週間に2回以上**）、医師・看護職員による健康管理、心身状況に応じたレクリエーションや機能訓練、必要な相談援助を行います。

2. 短期入所生活介護を活用する視点

　在宅生活の継続と自立支援、社会的孤立感の解消、サービスの連続性の視点、家族介護の負担軽減、介護者の社会生活を支援、家族との連携、役割を明確にする、といった点を念頭におきながら、ほかのサービスとの組み合わせて活用します。

3. 短期入所生活介護の主な介護報酬

区分	単独型と併設型の別、従来型とユニット型の別、また要介護度別に区分された単位が設定され、一日について算定される。
加算	●送迎を行う場合　●専従で常勤の機能訓練指導員を利用者100人につき1人以上配置する場合　●**個別機能訓練加算**　●**生活機能向上連携加算**　●**療養食加算**　●**緊急短期入所受入加算**　●**在宅中重度者受入加算**（利用者が利用していた訪問看護事業所に利用者の健康管理などを行わせた場合）　●**看護体制加算**（常勤の看護師を配置して、基準を上回る看護職員を配置し、事業所または医療機関等の看護職員との連携で24時間連絡体制を確保している場合など）　●**医療連携強化加算**（急変の予測や早期発見などのため看護職員による定期的な巡視や主治医と連絡がとれない場合の対応について事前に取り決めているなどの要件を満たした事業所が、喀痰吸引を実施しているなど一定の重度な状態にある利用者を受け入れた場合）　●**夜勤職員配置加算**（夜勤を行う介護職員・看護職員の数が、基準を1人以上上回っている場合など）　●**認知症行動・心理症状緊急対応加算**　●**若年性認知症利用者受入加算**　●**認知症専門ケア加算**　など

4. 介護予防短期入所生活介護

　在宅の**要支援者**に短期間入所してもらい、**介護予防を目的**に、**介護予防サービス計画**に定める期間にわたり、入浴、排泄、食事などの介護、その他の日常生活上の支援や機能訓練を提供するサービスです。

　利用者が継続しておおむね**4日以上**入所する場合には、介護予防サービス計画の内容に沿って**介護予防短期入所生活介護計画**を作成します。作成した計画は、利用者または家族に説明し、利用者の**同意**を得て**交付**します。

書いて覚えよう！

◆短期入所生活介護を活用する視点

在宅生活の継続と　（ ①　　　　　　 ）
利用者の家庭での生活スタイルや生活パターンを尊重し、自宅での自立した生活が無理なく継続できるようにする。
（ ②　　　　　　　　　 ）　の解消
共同生活をすることで、新たな人間関係や社会関係を築くことができる。
（ ③　　　　　 ）　の連続性の視点
短期入所を終えたあとの生活を視野に入れ、ほかの居宅サービスとの組み合わせを考慮して居宅サービス計画を作成する。
家族介護の負担軽減
介護によって疲れた心身をリフレッシュさせ、家族の介護力を高める。
（ ④　　　　　 ）　の社会生活を支援
介護により、介護者の人権やノーマライゼーションが制約されることのないよう支援する。
家族との連携、役割を明確にする
利用者、家族が納得して利用できるよう家族の役割を明確にし、施設での利用者の生活状態や心身の状況などの情報は家族に必ず提供する。

◆短期入所生活介護の主な介護報酬

● （ ⑤　　　　　　　　　　 ）加算とは、利用者が利用していた訪問看護事業所に利用者の健康管理などを行わせた場合の加算である。

● （ ⑥　　　　　　　　　　 ）　加算とは、看護職員による定期的な巡視や主治医と連絡がとれない場合の対応について事前に取り決めているなどの要件を満たした事業所が、一定の重度な状態にある利用者を受け入れた場合の加算である。

◆介護予防短期入所生活介護

● 利用者が継続しておおむね （ ⑦　　　 ）　日以上入所する場合には、（ ⑧　　　　　　　　　　　 ）　の内容に沿って介護予防短期入所生活介護計画を作成する。

特定施設入居者生活介護（1）

重要度 **B**
学習日

1. 特定施設入居者生活介護とは

①**サービスの定義**：特定施設（**有料老人ホーム**、**軽費老人ホーム**、**養護老人ホーム**）に入居している要介護者に、入浴、排泄（はいせつ）、食事などの介護、洗濯、掃除などの家事、生活などに関する相談・助言、その他の必要な日常生活上の世話、機能訓練、療養上の世話を行うサービス（地域密着型特定施設入居者生活介護を除く）。

②**人員基準**：**生活相談員**を利用者100人に対して常勤換算で１人以上、**介護職員・看護職員**を要介護者３人に対して常勤換算で1人以上など、**機能訓練指導員**を１人以上（兼務可）、**計画作成担当者**（介護支援専門員）を１人以上（利用者100人に対して１人を標準）、**管理者**は専従で、支障なければ兼務可。

③**利用者**：特定施設入居者生活介護事業者として指定を受けている施設に入居している**要介護者**。特定施設入居者生活介護を利用している間は居宅介護支援には保険給付がされない（短期利用を除く）。また、居宅療養管理指導を除くほかの居宅サービス、地域密着型サービスを同時に利用することはできないが、特定施設入居者生活介護を受けずに地域での介護サービスを選択することができる🄐。

2. 特定施設入居者生活介護の目的と内容

特定施設入居者生活介護の目的は、利用者の要介護状態の軽減または悪化を防止し、自立した日常生活を送ることができるよう支援することです。

特定施設入居者生活介護では、**１週間に２回以上の入浴または清拭（せいしき）**、排泄の自立、食事、離床、着替え、整容などの援助、**機能訓練**のほか、**健康管理**、生活などに関する**相談・援助**、社会生活上の支援をします。**家族との交流の機会**も積極的に設けるよう努めます。

外部サービス利用型特定施設入居者生活介護は、基本サービスは特定施設から受け🄑、その他の介護サービス（訪問介護、訪問入浴介護、訪問看護、訪問リハビリテーション、通所介護、通所リハビリテーション、福祉用具貸与、地域密着型通所介護、認知症対応型通所介護）については、特定施設が契約した外部のサービス事業者から受けるものです。介護職員の配置基準は、特定施設入居生活介護よりも緩和されています。

そのほか、一定要件を満たす特定施設において、あらかじめ30日以内の利用期間を定めて空室を利用する短期利用があります。

書いて覚えよう！

定義	特定施設（有料老人ホーム、軽費老人ホーム、（⑴　　　）老人ホーム）に入居している要介護者に、排泄、食事などの介護、洗濯、掃除などの家事、生活などに関する相談・助言、その他の必要な日常生活上の世話、機能訓練、（⑵　　　）の世話を行う（地域密着型特定施設入居者生活介護を除く）。
人員基準	○生活相談員：利用者 100 人に対して常勤換算で 1 人以上 ○介護職員・看護職員を要介護者（⑶　　　）人に対して常勤換算で 1 人以上など ○（⑷　　　　　　）を 1 人以上（兼務可） ○計画作成担当者（（⑸　　　　　　））：1 人以上（利用者 100 人に対して 1 人を標準） ○管理者：専従で、支障なければ兼務可
利用者	特定施設入居者生活介護事業者として指定を受けている施設に入居している要介護者。特定施設入居者生活介護を利用している間は居宅介護支援には保険給付がされない（短期利用を除く）。 また、居宅療養管理指導を除くほかの居宅サービス、地域密着型サービスを同時に利用することはできないが、特定施設入居者生活介護を受けずに（⑹　　　）での介護サービスを選択することができる。
目的	利用者の（⑺　　　　　　）の軽減または悪化を防止し、自立した日常生活を送ることができるよう支援する。
サービス内容	1 週間に（⑻　　　）回以上の入浴または清拭、排泄の自立、食事、離床、着替え、整容などの援助、機能訓練のほか、健康管理、生活などに関する相談・援助、社会生活上の支援。家族との（⑼　　　）の機会も積極的に設けるよう努める。

用語

有料老人ホーム
高齢者に入浴、排泄、食事の介護、食事の提供など日常生活上必要な便宜を提供する施設。介護付、住宅型、健康型がある。施設と利用者の個別的な契約により入居し、入居費用は全額利用者負担。

軽費老人ホーム
無料または低額な料金で高齢者を入居させ、日常生活上必要な便宜を提供する。A型、B型、ケアハウスがある。ケアハウスは、自炊ができない程度の身体機能の低下のある高齢者が対象。A型、B型は、今後はケアハウスに一元化される。

養護老人ホーム
環境上および経済的理由により、自宅で養護を受けることが困難な高齢者を措置により入所させる施設。養護を行うとともに、その人が自立した生活を営み、社会的活動に参加するために必要な指導および訓練などの援助を行う。

NOTE
- - - - - - - - - - - - - - - -
- - - - - - - - - - - - - - - -
- - - - - - - - - - - - - - - -
- - - - - - - - - - - - - - - -

確認しよう！

★特定施設に入居すると、特定施設入居者生活介護を受けずに地域での介護サービスを選択することはできない？　⇒ Ⓐ

★外部サービス利用型特定施設入居者生活介護では、すべてのサービスを外部の事業者から受ける？　⇒ Ⓑ

特定施設入居者生活介護(2)

重要度 **B**

学習日 ／／／

1. 特定施設入居者生活介護の方針

　計画作成担当者である**介護支援専門員**が、**特定施設サービス計画**の原案を作成し、利用者または家族に**説明**し、文書による**同意**を得て**利用者**に**交付**します。そのほか、サービス内容の説明と契約の締結を**文書**により行うこと、入居者が希望する場合に、ほかの介護サービスを利用することを妨げてはならないこと、利用者の病状の急変などに備え、あらかじめ**協力医療機関**を定めておかなければならないこと、おむつ代A や利用者負担が適当な日常生活費、**手厚い人員配置による介護サービス**、**個別的な選択による介護サービス**の費用は、別途、利用者から徴収できる、といった方針が規定されています。

2. 特定施設入居者生活介護の主な介護報酬

区分	1日につき、一般の特定施設入居者生活介護、短期利用型では、要介護度別に設定されている。外部サービス利用型の単位も別に設定されている。
加算	●**個別機能訓練加算**　●**生活機能向上連携加算**　●**医療機関連携加算**（看護職員が利用者ごとに健康の状況を継続して記録し、利用者の同意を得て、協力医療機関や主治医に対し、利用者の健康状況について月1回以上情報提供をした場合）　●**看取り介護加算**（看取りに関する指針を作成し、利用者・家族に指針の内容を説明し同意を得たうえで、多職種が協議して指針の見直しを適宜行い、看取りに関する職員研修を行っているなど一定の基準に適合する事業所が、看取り介護を行った場合）　●**退院・退所時連携加算**　●**口腔衛生管理体制加算**　●**口腔・栄養スクリーニング加算**　●**認知症専門ケア加算**　●**入居継続支援加算**　●**科学的介護推進体制加算**　● **ADL維持等加算**　※以上、外部サービス利用型、短期利用を除く　●**夜間看護体制加算**（夜間における看護体制について、一定の要件を満たした場合）　●**若年性認知症入居者受入加算**　※以上、外部サービス利用型を除く　●**障害者等支援加算**（精神上の障害などにより特に支援を必要とする利用者に基本サービスを行った場合。養護老人ホームである外部サービス利用型のみ）

3. 介護予防特定施設入居者生活介護

　特定施設（介護専用型特定施設を除く）に入居している**要支援者**に、**介護予防を目的**として、**介護予防特定施設サービス計画**に基づき、介護、家事、日常生活上の支援、機能訓練、療養上の世話を行うサービスです。人員基準は、介護職員・看護職員が利用者数により定められています。

　計画作成担当者は、**サービス提供開始時**から、**計画に記載したサービスの提供期間が終了**するまでに**少なくとも1回**はサービス実施状況の把握を行います。介護報酬では、短期利用、夜間看護体制加算、看取り介護加算などの設定はありません。

書いて覚えよう！

◆特定施設入居者生活介護の方針

● 特定施設入居者生活介護では、サービス内容の説明と契約の締結を（ ① ）により行うことが規定されている。

● おむつ代や利用者負担が適当な日常生活費、手厚い（ ② ）による介護サービス、（ ③ ）な選択による介護サービスの費用は、別途、利用者から徴収できる。

◆特定施設入居者生活介護の主な介護報酬

● 1日につき、一般の特定施設入居者生活介護、短期利用型では、（ ④ ）別に設定されている。

● （ ⑤ ）加算とは、看護職員が利用者ごとに健康の状況を継続して記録し、利用者の同意を得て、協力医療機関や主治医に対し、利用者の健康状況について月1回以上情報提供をした場合の加算である。

● （ ⑥ ）加算とは、看取りに関する指針を作成し、利用者・家族に指針の内容を説明し同意を得たうえで、多職種が協議して指針の見直しを適宜行い、看取りに関する職員研修を行っているなど一定の基準に適合する事業所が、看取り介護を行った場合の加算である。

● （ ⑦ ）加算とは、精神上の障害などにより特に支援を必要とする利用者に基本サービスを行った場合の加算である。

◆介護予防特定施設入居者生活介護

● 介護予防特定施設入居者生活介護の介護報酬では、（ ⑧ ）、夜間看護体制加算、看取り介護加算などは設定されていない。

用語

退院・退所時連携加算
病院、診療所、介護老人保健施設または介護医療院から指定特定施設に入居した場合、入居した日から起算して30日以内の期間に算定。

入居継続支援加算
痰の吸引などを必要とする者の占める割合が利用者の15%以上で、かつ介護福祉士の数が、常勤換算方法で、利用者の数が6またはその端数を増すごとに1人以上であるなどの場合。

NOTE

確認しよう！

★おむつ代は保険給付に含まれる？　⇒

レッスン9 福祉用具・住宅改修（1）

1. 福祉用具・住宅改修とは

①**福祉用具貸与**：心身機能が低下し、日常生活に支障がある要介護者に、日常生活上の便宜や機能訓練のための福祉用具を貸し出す。費用の9割（または8割か7割）が**現物給付**される。

②**特定福祉用具販売**：在宅の要介護者が、入浴や排泄（はいせつ）に用いる福祉用具などの**特定福祉用具**を購入した場合に、費用（福祉用具購入費）の9割（または8割か7割）が**償還払い**で支給される。**支給限度基準額**は、**同一年度で10万円**で、原則**同一種目**について**1回**支給される。

③**住宅改修**：在宅の要介護者が一定の住宅改修を行った場合に、改修費の9割（または8割か7割）が**償還払い**で支給される。**支給限度基準額**は、**居住する住宅**について**20万円**で、**転居した場合は再度支給**が受けられる。また、同一住宅であっても、最初に支給を受けた住宅改修の着工時点と比較して、要介護状態区分を基準とした介護の必要の程度が著しく高くなった場合（3段階以上）は、**1回にかぎり再度支給**が受けられる。

2. 福祉用具・住宅改修の目的と介護支援サービス

福祉用具の導入や住宅改修は、利用者の**自立支援**、**介護者の心身の負担の軽減**、**地域社会への参加**、**介護費用の軽減**などを目的に行います。サービスの利用に際しては、**福祉用具専門相談員**、理学療法士、作業療法士、医師、ソーシャルワーカー、工務店や建築士など関連するさまざまな職種の人と効果的に連携することが重要です。また、車いすを導入する際には、床材の変更や床段差の解消が必要になるなど、福祉用具と住宅改修は密接に関連しています。福祉用具と住宅改修はあわせて検討することが大切です。

3. 福祉用具・住宅改修の利用手順

①**特定福祉用具販売**：指定事業者から特定福祉用具を購入後、支給申請書に領収証などを添えて市町村の窓口に提出する。

②**住宅改修**：市町村に対し、施工前に**事前申請**（支給申請書、住宅改修が必要な**理由書**、工事費見積もり書、改修後の完成予定の状態を確認できるもの、住宅所有者〔利用者でない場合〕の承諾書の提出）、施工後に**事後申請**（領収証、工事費内訳書、完成後の状態が確認できる書類の提出）を行う。理由書は基本的に介護支援専門員が作成する。

書いて覚えよう！

福祉用具貸与	心身機能が低下し、日常生活に支障がある要介護者に、日常生活上の便宜や（①　　　　　）のための福祉用具を貸し出す。 ○費用の原則9割が（②　　　　　）される。
特定福祉用具販売	在宅の要介護者が、特定福祉用具を購入した場合に、費用の原則9割が（③　　　　　）で支給される。 ○支給限度基準額：同一年度で（④　　　）万円で、原則同一種目について（⑤　　）回支給される。 **指定事業者から特定福祉用具を購入** → **支給申請**　市町村の窓口に（⑥　　　　　）などを添付して支給申請書を提出 → **福祉用具購入費の支給**
住宅改修	在宅の要介護者が一定の住宅改修を行った場合に、改修費の原則9割が（⑦　　　　　）で支給される。 ○支給限度基準額：居住する住宅について（⑧　　　　）万円で、（⑨　　　　）した場合は再度支給が受けられる。 ○同一住宅であっても、最初に支給を受けた住宅改修の着工時点と比較して、要介護状態区分を基準とした介護の必要の程度が著しく高くなった場合（3段階以上）は、（⑩　　）回にかぎり再度支給が受けられる。 **事前申請**　市町村の窓口に必要書類を提出 → **改修工事** → **事後申請**　市町村の窓口に必要書類を提出 → **改修費の支給** 支給申請書、住宅改修が必要な理由書（基本的に（⑪　　　　　）が作成）、工事費見積もり書、改修後の完成予定の状態を確認できるもの、住宅所有者（利用者でない場合）の承諾書 （⑫　　　　　）、工事費内訳書、完成後の状態が確認できる書類
目的	利用者の自立支援、介護者の心身の負担の軽減、（⑬　　　　　）への参加、（⑭　　　　　）の軽減など。

用語

理由書
改修が必要な理由を記載した書類。基本的に介護支援専門員が居宅介護支援事業の一環として、または地域包括支援センターの担当職員が介護予防支援事業の一環として作成する。

NOTE

レッスン**9** # 福祉用具・住宅改修（2）

重要度 **A**
学習日 ／／／

1. 福祉用具貸与の種目

車いす・車いす付属品※	自走用標準型車いす、介助用標準型車いす、普通型電動車いすと、車いすと一体的に使用される付属品。
特殊寝台・特殊寝台付属品※	サイドレールが取りつけてあるか取りつけ可能なもので、背、脚の傾斜の角度を調整できる機能、または床板の高さを無段階に調整できる機能があるベッドと、特殊寝台と一体的に使用される付属品。
床ずれ防止用具※	送風装置または空気圧調整装置を備えた空気マットか、水などによって体圧分散効果をもつ全身用のマット。
体位変換器※	仰臥位から側臥位または座位への体位の変換を容易に行うことができるもの。**起き上がり補助装置**も含む。
手すり・スロープ	工事を伴わないもの。Ⓐ
歩行器	車輪のあるものでは、体の前や左右を囲む把手(とって)のあるもの。四脚のものでは、上肢で保持して移動させることが可能なもの。電動アシスト、自動制御などの機能が付加された電動の歩行器も含む。
歩行補助杖	松葉杖、ロフストランドクラッチ、多点杖、カナディアンクラッチ、プラットホームクラッチが対象。
認知症老人徘徊感知機器※	認知症高齢者がある地点を通過したときに、センサーで感知し、家族、隣人などに通報するもの。**離床センサー**も対象。
移動用リフト（つり具の部分を除く）※	床歩行式、固定式、据置式で、自力での移動が困難な利用者の移動を補助する。**段差解消機、起立補助機能付きいす、浴槽用昇降座面、階段移動用リフト**も対象。
自動排泄処理装置※	自動的に尿または便が吸収され、尿や便の経路が分割可能で要介護者や介護者が容易に使用できるもの。交換可能部品は除く。

※要支援者と要介護1の人(自動排泄処理装置は要支援1～要介護3の人)の場合、一定の例外に該当する場合を除き、給付されない。

2. 特定福祉用具販売の種目

腰掛便座	高さを補う補高便座、立ち上がり補助機能のあるもの、ポータブルトイレ（水洗式含む）、便座の底上げ部材などが対象。
自動排泄処理装置の交換可能部品Ⓑ	レシーバー、チューブ、タンクなどのうち尿や便の経路となるもので、要介護者や介護者が容易に交換できるもの。
排泄予測支援機器	排尿の機会を本人や介護者などに通知するもの。
入浴補助用具	入浴用いす、浴槽用手すり、浴槽内いす、入浴台、浴室内すのこ、浴槽内すのこ、入浴用介助ベルト。
簡易浴槽	空気式または折りたたみ式の浴槽、給排水のためのポンプ。
移動用リフトのつり具の部分Ⓒ	

書いて覚えよう！

◆福祉用具貸与の種目

● 体位変換器は、仰臥位から側臥位または座位への体位の変換を容易に行うことができるもので、（ ① ） も含む。

● 手すり、スロープは（ ② ） を伴わないものが対象となる。

● （ ③ ） は、松葉杖、ロフストランドクラッチ、多点杖、カナディアンクラッチ、プラットホームクラッチが対象となる。

● 認知症老人徘徊感知機器では、（ ④ ） も対象となる。

● 移動用リフトは、段差解消機、起立補助機能付きいす、浴槽用昇降座面、（ ⑤ ） リフトも対象となる。

● 車いす・車いす付属品、特殊寝台・特殊寝台付属品、床ずれ防止用具、体位変換器、認知症老人徘徊感知機器、移動用リフトは、要支援者と（ ⑥ ） の人の場合、一定の例外に該当する場合を除き、給付されない。

● 自動排泄処理装置は、要支援1～（ ⑦ ） の人の場合、一定の例外に該当する場合を除き、給付されない。

◆特定福祉用具販売の種目

● 特定福祉用具販売の対象となる特定福祉用具として、腰掛便座、自動排泄処理装置の（ ⑧ ）、排泄予測支援機器、入浴補助用具、簡易浴槽、移動用リフトの（ ⑨ ） の部分がある。

用語

車いす
「車いす」においては、ティルト機能（座面全体を後方に傾ける機能）やリクライニング機能がついた車いす、パワーアシスト機能（電動機で人力を補助する機能）も対象となる。

歩行補助杖
「歩行補助杖」においては、Ｔ字杖（いわゆる一本杖）は対象とはならない。

NOTE
- - - - - - - - - - - - - - - - - -
- - - - - - - - - - - - - - - - - -
- - - - - - - - - - - - - - - - - -
- - - - - - - - - - - - - - - - - -
- - - - - - - - - - - - - - - - - -
- - - - - - - - - - - - - - - - - -
- - - - - - - - - - - - - - - - - -
- - - - - - - - - - - - - - - - - -
- - - - - - - - - - - - - - - - - -
- - - - - - - - - - - - - - - - - -
- - - - - - - - - - - - - - - - - -
- - - - - - - - - - - - - - - - - -
- - - - - - - - - - - - - - - - - -
- - - - - - - - - - - - - - - - - -
- - - - - - - - - - - - - - - - - -

確認しよう！

★工事を伴う手すりは福祉用具貸与の給付対象となる？ ⇒ **A**
★自動排泄処理装置の交換可能部品は特定福祉用具販売の対象？ ⇒ **B**
★移動用リフトのつり具の部分は特定福祉用具販売の対象？ ⇒ **C**

レッスン **9** 　# 福祉用具・住宅改修（3）

1. 住宅改修の種類

手すりの取りつけ	廊下、便所、浴室、玄関から道路までの通路などに手すりを設置するもの。手すりの取りつけのための壁の下地補強も対象。
段差の解消	居室、廊下、便所、浴室、玄関など各室間の**床段差解消**、玄関から道路までの**通路の段差解消**、**通路などの傾斜**の解消。段差解消に伴う**給排水設備工事**、**転落防止柵の設置**も対象。動力により段差を解消する機器を設置する工事は支給対象外。
床または通路面の材料の変更	居室、廊下、便所、浴室、玄関など各室の**床材変更**と玄関から道路までの**通路の材料の変更**。床材などの変更に伴う**下地補修や根太の補強、路盤の整備**も対象。
引き戸などへの扉の取り替え	**扉全体の取り替え、ドアノブの変更、扉の撤去、戸車の設置**など。費用が低く抑えられる場合には、**引き戸などの新設**も含まれる。これらの改修に伴う**壁または柱の改修工事**も対象。自動ドアとした場合、自動ドアの動力部分は対象外。
洋式便器などへの取り替え	和式便器から洋式便器（暖房便座、洗浄機能付きを含む）への取り替え、便器の位置・向きの変更。これらの改修に伴う給排水設備工事、**床材の変更**も対象。

2. 福祉用具貸与・特定福祉用具販売の人員基準

　福祉用具貸与・特定福祉用具販売の人員基準は、ともに**福祉用具専門相談員**が常勤換算で2人以上、**管理者**が常勤専従（兼務可）です。

3. 福祉用具貸与の介護報酬

　1か月につき、実際に福祉用具貸与に要した費用の額に基づき設定されます。福祉用具は、事業者の裁量で決める自由価格となっています。ただ、貸与価格のばらつきを抑えるため、国が商品ごとにホームページで**全国平均貸与価格を公表**することになりました。さらに、適正な貸与価格を確保するため、貸与価格に一定の**上限**が設けられました。複数の福祉用具を貸与する場合は、通常の貸与価格から**減額**して貸与することが可能となっています。

4. 介護予防福祉用具貸与など

　介護予防福祉用具貸与は在宅の**要支援者**を対象とし、内容は福祉用具貸与と同様ですが、一部の福祉用具に対して**給付の制限**があります。特定介護予防福祉用具販売、介護予防住宅改修は、在宅の**要支援者**を対象としますが、支給対象や支給限度基準額、給付の手続きは特定福祉用具販売、住宅改修とそれぞれ同じです。

書いて覚えよう！

◆住宅改修の種類

● 手すりの取りつけでは、廊下、便所、浴室、玄関から道路までの通路などに手すりを設置する場合、手すりの取りつけのための壁の（ ① ）も対象となる。

● 段差の解消は、居室、廊下、便所、浴室、玄関など各室間の床段差解消、玄関から道路までの通路の段差解消、通路などの傾斜の解消が対象となる。（ ② ）により段差を解消する機器を設置する工事は支給対象外である。

● 床または通路面の材料の変更は、居室、廊下、便所、浴室、玄関など各室の（ ③ ）変更と玄関から道路までの通路の材料の変更を対象とする。

● 引き戸などへの扉の取り替えは、扉全体の取り替え、ドアノブの変更、扉の撤去、戸車の設置などが対象で、費用が低く抑えられる場合には、引き戸などの（ ④ ）も含まれる。

● （ ⑤ ）便器から（ ⑥ ）便器（暖房便座、洗浄機能付きを含む）への取り替え、便器の位置・向きの変更では、改修に伴う給排水設備工事、床材の変更も対象。

◆福祉用具貸与・特定福祉用具販売の人員基準

● 福祉用具貸与・特定福祉用具販売の人員基準では、ともに（ ⑦ ）が常勤換算で（ ⑧ ）人以上必要である。

用語

福祉用具専門相談員
介護福祉士、義肢装具士、保健師、看護師、准看護師、理学療法士、作業療法士、社会福祉士のほか、福祉用具専門相談員指定講習の課程を修了し、修了証明書の交付を受けた人。

NOTE

確認しよう！

★介護予防住宅改修の支給限度基準額は住宅改修と同じ？　⇒ Ⓐ

レッスン 10 夜間対応型訪問介護（1）

1. 夜間対応型訪問介護とは

①**サービスの定義**：介護福祉士などが**夜間**に**定期的**に要介護者の居宅を**巡回**し、または**随時通報**を受けて、居宅において入浴、排泄、食事などの介護、生活などに関する相談・助言、その他必要な日常生活上の世話を行うサービス（定期巡回・随時対応型訪問介護看護に該当するサービスを除く）。

②**人員基準**：**オペレーションセンター従業者**として、通報受付業務にあたる**オペレーター**（看護師、准看護師、介護福祉士、医師、保健師、社会福祉士、介護支援専門員Ⓐ）を提供時間帯を通じ専従で１人以上確保できる必要数、**面接相談員**（オペレーターと同様の資格または同等の知識経験を有する者を配置するように努める）を１人以上確保できる必要数。**訪問介護員等**（介護福祉士、介護職員初任者研修課程修了者）を、定期巡回サービスを行う訪問介護員等を必要数、随時訪問サービスを行う訪問介護員等を提供時間帯を通じ専従で１人以上確保できる必要数。**管理者**は常勤専従（支障なければ兼務可）。

③**利用者**：一人暮らしの高齢者や高齢者のみの世帯、要介護度が**中重度**の人が中心となると考えられるが、これらの人に限定するものではない。

2. オペレーションセンターの設置など

オペレーションセンターは、通常の事業の実施地域内に１か所以上設置することが原則です。ただし、定期巡回サービスを行う訪問介護員等が利用者からの通報により適切にオペレーションセンターサービスを実施できる場合（利用者の数が少なく、事業者との間に密接な関係が築かれているなどにより、十分対応可能な場合など）は、設置しないこともできますⒷ。

また、オペレーションセンターには利用者からの通報を受け取る通信機器（携帯電話でも可）や、オペレーターが常時閲覧できる心身の情報を蓄積できる機器を備え、利用者には通報のための端末機器（**ケアコール端末**、携帯電話など）を配布します。

> 利用者の心身の状況によって、随時通報が行える場合は、ケアコール端末などを配布しないで、利用者の携帯電話や家庭用電話で通報してもかまいません。
> ケアコール端末の設置料、リース料、保守料などの費用を利用者から徴収することは認められません。

書いて覚えよう！

NOTE

定義	介護福祉士などが夜間に定期的に要介護者の居宅を巡回し、または随時（①　　　）を受けて、居宅において入浴、排泄、食事などの介護、生活などに関する相談・助言、その他必要な日常生活上の世話を行う。
人員基準	○オペレーションセンター従業者：（②　　　　　）（看護師、准看護師、介護福祉士、医師、保健師、社会福祉士、介護支援専門員）を提供時間帯を通じ専従で（③　　）人以上確保できる必要数、（④　　　　　）を（⑤　　）人以上確保できる必要数 ○訪問介護員等：定期巡回サービスを行う訪問介護員等を必要数、随時訪問サービスを行う訪問介護員等を提供時間帯を通じ専従で（⑥　　）人以上確保できる必要数 ○管理者：常勤専従。支障なければ兼務可
利用者	一人暮らしの高齢者や高齢者のみの世帯、要介護度が中重度の人が中心となると考えられる。

● オペレーションセンターは、通常の事業の実施地域内に（⑦　　　）か所以上設置することが原則である。ただし、定期巡回サービスを行う訪問介護員等が利用者からの通報により適切にオペレーションセンターサービスを実施できる場合は、設置しないこともできる。

● オペレーションセンターは、利用者に通報のための端末機器（（⑧　　　　　　　　　）、携帯電話など）を配布する。

確認しよう！

★オペレーターになれる資格は、看護師、准看護師、介護福祉士、医師、保健師、社会福祉士とあとひとつは？　⇒ Ⓐ

★オペレーションセンターは必ず設置しなければならない？　⇒ Ⓑ

夜間対応型訪問介護（2）

1. 夜間対応型訪問介護の内容

夜間（最低限22時から6時までの間を含み、各事業所で設定）に、次のサービスを<u>一括</u>Aして行います。

①**定期巡回サービス**：訪問介護員等が定期的に利用者の居宅を巡回して夜間対応型訪問介護を行う。

②**オペレーションセンターサービス**：オペレーションセンター従業者（オペレーションセンターを設置しない場合は訪問介護員等）が利用者からの随時の通報を受け、通報内容などをもとに、訪問介護員等の訪問の要否などを判断する。

③**随時訪問サービス**：随時の連絡に対応して、訪問介護員等が夜間対応型訪問介護を行う。

夜間対応型訪問介護では、8時から18時までの間にサービスを提供することは認められていないよ。この時間帯は通常の訪問介護を利用することになるんだ。

2. 夜間対応型訪問介護の方針

（1）夜間対応型訪問介護計画の作成

オペレーションセンター従業者（オペレーションセンターを設置していない事業所では、<u>訪問介護員等</u>B）が居宅サービス計画の内容に沿って**夜間対応型訪問介護計画**を作成します。内容は利用者または家族に**説明**し、**同意**を得たうえで**交付**します。

（2）その他夜間対応型訪問介護に固有の方針

①随時訪問サービスを適切に行うため、**オペレーションセンター従業者**は、利用者の**面接**および1か月から3か月に1回程度の利用者の居宅への**訪問**を行う。

②必要な場合は、利用者の利用する指定訪問看護ステーションへの連絡を行う。

③利用者から**合鍵**を預かる場合は、従業者であっても容易に持ち出すことができないよう、その管理を厳重にし、管理方法、紛失した場合の対処方法、その他必要な事項を記載した文書を利用者に交付する。

3. 夜間対応型訪問介護の介護報酬

オペレーションセンターを設置する場合では、**月単位**の基本報酬額に加え、定期巡回サービス・随時訪問サービスそれぞれ**1回**ごとの単位が設定され、**24時間通報対応加算**、認知症専門ケア加算などが設けられています。オペレーションセンターを設置しない場合も、月単位の定額報酬が設定されています。

書いて覚えよう！

◆夜間対応型訪問介護の内容

	夜間（最低限 22 時から 6 時までの間を含み各事業所で設定）に、次のサービスを（ ① ）して行う。
定期巡回サービス	訪問介護員等が定期的に利用者の居宅を巡回して夜間対応型訪問介護を行う。
オペレーションセンターサービス	オペレーションセンター従業者（オペレーションセンターを設置しない場合は訪問介護員等）が利用者からの（ ② ）の通報を受け、通報内容などをもとに、訪問介護員等の訪問の（ ③ ）などを判断する。
随時訪問サービス	随時の連絡に対応して、（ ④ ）が夜間対応型訪問介護を行う。

◆夜間対応型訪問介護の方針

● 随時訪問サービスを適切に行うため、オペレーションセンター従業者は、利用者の（ ⑤ ）および 1 か月から 3 か月に 1 回程度の利用者の居宅への訪問を行う。

● 利用者から（ ⑥ ）を預かる場合は、その管理を厳重にし、必要な事項を記載した文書を利用者に交付する。

◆夜間対応型訪問介護の介護報酬

● オペレーションセンターを設置する場合では、（ ⑦ ）単位の基本報酬額に加え、定期巡回サービス・随時訪問サービスそれぞれ 1 回ごとの単位が設定され、（ ⑧ ）加算、認知症専門ケア加算などが設けられている。オペレーションセンターを設置しない場合も、（ ⑨ ）単位の定額報酬が設定されている。

確認しよう！

★定期巡回サービスのみを提供することはできる？　⇒ Ⓐ

★オペレーションセンターを設置していない事業所ではだれが夜間対応型訪問介護計画を作成する？　⇒ Ⓑ

用語

24時間通報対応加算

日中に、オペレーターが利用者からの通報を受け、緊急対応が必要な場合に連携する指定訪問介護事業所に連絡して訪問介護が実施されるようにするなど、日中におけるオペレーションセンターサービスの体制を確保した事業所が、日中にオペレーションセンターサービスを行う場合に加算がされる。

NOTE

地域密着型通所介護

重要度 ▶ **B**
学習日 ▶

1. 地域密着型通所介護とは

(1) サービスの定義

　地域密着型通所介護は、要介護者に老人デイサービス事業を行う施設または老人デイサービスセンターに通ってきてもらい、入浴、排泄、食事などの介護、生活などに関する相談・助言、健康状態の確認、その他必要な日常生活上の世話や機能訓練を行うサービスです。事業所の利用定員が**18人以下**のものにかぎられ、認知症対応型通所介護に該当するものは除かれます。

(2) 主な方針

　管理者は、その内容について利用者または家族に説明し、利用者の同意を得て**地域密着型通所介護計画**を作成・交付します（事業所に配置されている場合は、介護支援専門員がとりまとめることが望ましい）。また、**運営推進会議**を設置し、おおむね6か月に1回（療養通所介護では12か月に1回）以上開催します。

2. 療養通所介護

　難病などにより重度の介護を必要とする人、または**がん末期**の要介護者で、サービス提供にあたり常時看護師による観察が必要な人を対象に、**療養通所介護計画**に基づき、入浴、排泄、食事などの介護その他の日常生活上の世話や機能訓練を行います。

　事業所の利用定員は**18人以下**で、利用者1.5人につき1人以上の看護職員または介護職員（1人以上は常勤専従の看護師）が必要です。管理者は常勤専従の**看護師**です。

　そのほか、主治医や訪問看護事業者と密接な連携を図ること、管理者が療養通所介護計画を作成（居宅サービス計画の内容に沿うとともに訪問看護計画の内容と整合を図る）して利用者またはその家族に内容を説明し、利用者の同意を得て交付すること、同一敷地内か近くの場所に**緊急時対応医療機関**を定めておくこと、地域の医療関係団体の者や保健・医療・福祉分野の専門家などから成る**安全・サービス提供管理委員会**を設置し、おおむね**6か月に1回**以上は開催して対策を講じること、**運営推進会議**の設置（**12か月に1回以上開催**）などが規定されています。

3. 地域密着型通所介護の介護報酬

　介護報酬は、所要時間別、要介護度別に算定します。療養通所介護は、月単位の定額報酬となっています。地域密着型通所介護の加算の内容は、基本的に通所介護と同じです。療養通所介護については、**口腔・栄養スクリーニング加算**が設定されています。

書いて覚えよう！

◆地域密着型通所介護とは

● 事業所の利用定員が（① ＿＿＿）人以下のものにかぎられ、認知症対応型通所介護に該当するものは除かれる。

◆療養通所介護

サービスの定義	（② ＿＿＿）などにより重度の介護を必要とする人、または（③ ＿＿＿＿）の要介護者で、サービス提供にあたり常時看護師による観察が必要な人を対象に、（④ ＿＿＿＿＿）に基づき、入浴、排泄、食事などの介護その他の日常生活上の世話や機能訓練を行う。
人員基準	○看護職員または介護職員：利用者 1.5 人につき 1 人以上（1 人以上は常勤専従の看護師） ○管理者：常勤専従の（⑤ ＿＿＿＿）
利用定員	（⑥ ＿＿＿）人以下
方針（運営基準）	○主治医や訪問看護事業者と密接な（⑦ ＿＿＿）を図る。 ○（⑧ ＿＿＿）が療養通所介護計画を作成する（居宅サービス計画の内容に沿うとともに（⑨ ＿＿＿＿）の内容と整合を図る）。 ○同一の敷地内か近くの場所に（⑩ ＿＿＿＿）を定めておく。 ○安全・サービス提供管理委員会を設置し、おおむね（⑪ ＿＿＿）か月に 1 回は開催する。

用語

地域密着型通所介護
2016（平成28）年 4 月から、利用定員が18人以下の小規模な事業所で行われている通所介護は、地域との連携や運営の透明性を確保するという観点から、市町村長が指定・監督する地域密着型サービスに移行した。

NOTE

レッスン12 認知症対応型通所介護（1）

1. 認知症対応型通所介護とは

①**サービスの定義**：**認知症**である要介護者に老人デイサービス事業を行う施設または老人デイサービスセンターに通ってきてもらい、入浴、排泄（はいせつ）、食事などの介護、生活などに関する相談・助言、健康状態の確認、その他必要な日常生活上の世話や機能訓練などを行うサービス。

②**事業者**：事業所の類型としては、**単独型**（特別養護老人ホーム、養護老人ホーム、病院、診療所、介護老人保健施設、介護医療院、社会福祉施設、特定施設に併設されていない事業所。利用定員は単位ごとに**12人以下**）、**併設型**（単独型であげた施設に併設している事業所。利用定員は単位ごとに**12人以下**）、**共用型**（指定〔介護予防〕認知症対応型共同生活介護事業所の居間や食堂、または指定地域密着型特定施設や指定地域密着型介護老人福祉施設の食堂や共同生活室において、これらの事業所・施設の利用者とともに行われる。1日の利用定員は〔介護予防〕認知症対応型共同生活介護事業所では共同生活住居ごとに、それ以外は施設ごとに、**3人以下**。ユニット型地域密着型介護老人福祉施設入所者生活介護では、ユニット型の入居者の数とあわせて**12人以下**）がある。

③**人員基準**：**生活相談員**を提供時間数に応じ専従で1人以上確保できる必要数、**看護職員・介護職員**を専従で2人以上（サービスの単位ごとに専従で1人以上、および提供時間数に応じ専従で1人以上確保できる必要数）、**機能訓練指導員**を1人以上、**管理者**は常勤専従（支障なければ兼務可）、サービスを提供するために必要な知識や経験をもち、必要な研修を修了していること。生活相談員または看護職員・介護職員のうち1人以上は常勤であること。

2. 認知症対応型通所介護の目的・利用者

（1）認知症対応型通所介護の目的

認知症である利用者が可能なかぎり居宅において日常生活を営むことができるよう支援すること、社会的孤立感の解消、心身機能の維持、また家族の身体的・精神的な負担の軽減を図ります。

（2）認知症対応型通所介護の利用者

認知症（P222参照）である要介護者が対象です。ただし、認知症の原因疾患が急性の状態にある者は対象となりません。

書いて覚えよう！

定義	（① 　　　　　）である要介護者に老人デイサービス事業を行う施設または老人デイサービスセンターに通ってきてもらい、入浴、排泄、食事などの介護、生活などに関する相談・助言、健康状態の確認、その他必要な日常生活上の世話や機能訓練などを行う。	
事業所の類型	（② 　　　）型	○特別養護老人ホーム、養護老人ホーム、病院、診療所、介護老人保健施設、介護医療院、社会福祉施設、特定施設に併設されていない事業所。 ○利用定員は単位ごとに（③ 　　　）人以下。
	（④ 　　　）型	○単独型であげた施設に併設している事業所。 ○利用定員は単位ごとに（⑤ 　　　）人以下。
	（⑥ 　　　）型	○指定（介護予防）認知症対応型共同生活介護事業所の居間や食堂、または指定地域密着型特定施設や指定地域密着型介護老人福祉施設の食堂や共同生活室において、これらの事業所・施設の利用者とともに行われる。 ○1日の利用定員は共同生活住居ごと、または施設ごとに（⑦ 　　　）人以下など。
人員基準	○生活相談員：提供時間数に応じ専従で（⑧ 　　）人以上確保できる必要数 ○看護職員・介護職員：専従で（⑨ 　　）人以上（サービスの単位ごとに専従で1人以上、および提供時間数に応じ専従で1人以上確保できる必要数） ○機能訓練指導員：（⑩ 　　）人以上 ○管理者：常勤専従（支障なければ兼務可）、サービスを提供するために必要な知識や経験をもち、必要な研修を修了していること。 ※生活相談員または看護職員・介護職員のうち（⑪ 　　　）人以上は常勤であること。	

レッスン **12**
認知症対応型通所介護(2)

重要度 **B**
学習日 / / /

1. 認知症対応型通所介護の内容・方針

①**基本方針など**：認知症の特性に配慮して行われるサービスであるため、一般の通所介護と一体的な形で行うことは認められていない。サービスの実施にあたっては、認知症の症状の進行の緩和に資するために目標を設定し、計画的に行う。

②**認知症対応型通所介護計画の作成**：**管理者**_Aが、居宅サービス計画の内容に沿って**認知症対応型通所介護計画**を作成し、利用者または家族に**説明**し、利用者の**同意**を得たうえで**交付**する。

③**その他認知症対応型通所介護の方針**：①定員の遵守・非常災害対策、②**運営推進会議を6か月に1回以上開催**_Bし、活動状況の報告や評価、その記録の公表など、③利用者の希望で通常の実施地域を越えて行う場合の送迎費用・長時間のサービス費用・食費・おむつ代・その他日常生活費は、利用者から別途費用を徴収できる。

> 事業所が一般の通所介護と同じ時間帯にサービスを提供する場合は、パーテーションで間を仕切るなど職員、利用者、サービス空間を明確に区分する必要があるよ。

2. 認知症対応型通所介護の主な介護報酬

単独型、併設型、共用型ごとに、所要時間別、要介護度別に介護報酬額が設定されています。

加算には、9時間以上のサービスを行った場合の延長加算、入浴介助加算、個別機能訓練加算、生活機能向上連携加算、若年性認知症利用者受入加算、栄養改善加算、口腔(こうくう)・栄養スクリーニング加算、口腔機能向上加算などがあります。

利用定員を超える場合、2時間以上3時間未満のサービス_C、送迎を行わない場合は減算となります。

3. 介護予防認知症対応型通所介護

認知症である要支援者を対象に、必要な日常生活上の支援と機能訓練を行い、利用者の心身機能の維持・回復や生活機能の維持・向上を目指し、居宅での生活を支援するものです。

介護予防認知症対応型通所介護計画の作成、従業者がサービス提供開始時から計画に記載したサービス提供期間終了時までに**少なくとも1回**はサービス実施状況を把握すること、管理者がその結果を記録し、指定介護予防支援事業者へ報告することなどが規定されています。

書いて覚えよう！

◆認知症対応型通所介護の内容・方針

● 認知症の特性に配慮して行われるサービスであるため、一般の

（① ＿＿＿＿＿＿） と一体的な形で行うことは認められていな

い。サービスの実施にあたっては、認知症の症状の（② ＿＿＿＿＿）

の緩和に資するために目標を設定し、計画的に行う。

● 管理者が、居宅サービス計画の内容に沿って

（③ ＿＿＿＿＿＿＿＿＿＿＿＿＿＿） を作成し、利用者または

家族に説明し、利用者の同意を得たうえで交付する。

● （④ ＿＿＿＿＿） の遵守・非常災害対策、（⑤ ＿＿＿＿＿＿＿）

を6か月に1回以上開催し、活動状況の報告や評価、その記録の

公表など、利用者の希望で通常の実施地域を越えて行う場合の送

迎費用・長時間のサービス費用・食費・おむつ代・その他日常生

活費は、利用者から別途費用を徴収できる。

◆認知症対応型通所介護の主な介護報酬

● （⑥ ＿＿＿＿） 型、（⑦ ＿＿＿＿） 型、（⑧ ＿＿＿＿＿） 型ごとに、

所要時間別、要介護度別に介護報酬額が設定されている。

● 加算には、（⑨ ＿＿＿） 時間以上のサービスを行った場合の延

長加算、入浴介助加算、個別機能訓練加算、生活機能向上連携加

算、（⑩ ＿＿＿＿＿＿＿＿＿＿）加算、栄養改善加算、口腔・

栄養スクリーニング加算、口腔機能向上加算などがある。

◆介護予防認知症対応型通所介護

● 認知症である要支援者を対象に、必要な日常生活上の支援と機

能訓練を行い、利用者の心身機能の維持・回復や（⑪ ＿＿＿＿＿＿）

の維持・向上を目指し、居宅での生活を支援するもの。

確認しよう！

★認知症対応型通所介護計画はだれが作成する？ ⇨ Ⓐ

★運営推進会議の開催頻度は？ ⇨ Ⓑ

★サービス提供が2時間以上3時間未満の場合は減算される？ ⇨ Ⓒ

レッスン **13** 小規模多機能型居宅介護（1）

1. 小規模多機能型居宅介護とは

①**サービスの定義**：要介護者の心身の状況やおかれている環境に応じ、また自らの選択に基づいて、**居宅**においてまたは機能訓練や日常生活上の世話を行うサービス拠点に**通所**または**短期間宿泊**してもらい、入浴などの介護、調理などの家事、生活などに関する相談・助言、健康状態の確認、その他の日常生活上の世話、機能訓練を行う。

②**人員基準**：**従業者**は、日中（通い）は利用者3人に対し常勤換算で1人以上、日中（訪問）は常勤換算で1人以上、夜間（夜勤）は時間帯を通じて1人以上、夜間（宿直）は時間帯を通じて必要数以上など。**介護支援専門員**は兼務可、非常勤可で、厚生労働大臣が定める研修の修了が必要。**管理者**は常勤専従。支障なければ兼務可。3年以上認知症ケアに従事した経験があり、厚生労働大臣の定める研修を修了していること。**事業者の代表者**は認知症ケアに従事した経験、または保健医療・福祉サービスの経営に携わった経験があり、厚生労働大臣の定める研修を修了していること。

③**主な設備基準**：宿泊室（7.43㎡以上、**個室**が原則、処遇上必要な場合は、2人部屋可）・居間・食堂・台所・浴室、消火設備などを備え、利用者に対して家庭的な雰囲気でサービスを提供すること、地域との交流を図るという観点から、事業所は**住宅地**、または住宅地と同程度に利用者の家族や地域住民との交流の機会が得られる場所にあることが条件である。

④**登録定員・1日の利用定員**：利用者は**1か所の事業所**にかぎって利用登録できる。サテライト事業所以外の事業所の登録定員は**29人以下**。1日の利用定員は、通いサービスは登録定員の2分の1から15人（登録定員が25人を超える事業所では18人）まで、宿泊サービスは、通いサービスの利用定員の3分の1から9人までの範囲内とされる。サテライト事業所の登録定員は18人以下で、通いサービスの利用定員は登録定員の2分の1から12人まで、宿泊サービスは、通いサービスの利用定員の3分の1から6人までの範囲内とされる。

2. 小規模多機能型居宅介護の内容

利用者の心身の状況や希望、環境を踏まえて、**通いサービス**を中心に、**訪問サービス**や**宿泊サービス**を組み合わせ、柔軟にサービスを提供し、通いサービスを利用しない日でも、可能なかぎり訪問サービスや電話連絡による見守りなどを行います。

通いサービスの利用者が登録定員に比べて著しく少ない状態（登録定員の3分の1以下を目安）が続くものであってはならないとされています。

書いて覚えよう！

用語

サテライト事業所

本体事業所（指定居宅サービス事業などに3年以上経験のある小規模多機能型居宅介護事業者・看護小規模多機能型居宅介護事業者により設置される事業所）との密接な連携を図りつつ、本体事業所とは別の場所で運営される事業所。人員要件などは緩和されている。

定義	要介護者の心身の状況やおかれている環境に応じ、また自らの選択に基づいて、居宅においてまたは機能訓練や日常生活上の世話を行うサービス拠点に（ ① ）または短期間（ ② ）してもらい、入浴などの介護、調理などの家事、生活などに関する相談・助言、健康状態の確認、その他の日常生活上の世話、機能訓練を行う。
人員基準	○従業者：日中（（ ③ ））は利用者3人に対し常勤換算で1人以上、日中（（ ④ ））は常勤換算で1人以上、夜間（夜勤）は時間帯を通じて1人以上、夜間（宿直）は時間帯を通じて必要数以上など。 ○（ ⑤ ）：兼務可、非常勤可で、厚生労働大臣が定める研修の修了が必要。 ○管理者：常勤専従。支障なければ兼務可。3年以上認知症ケアに従事した経験があり、厚生労働大臣の定める研修を修了していること。 ○事業者の代表者：認知症ケアに従事した経験、または保健医療・福祉サービスの経営に携わった経験があり、厚生労働大臣の定める研修を修了していること。
主な設備基準	○宿泊室・居間・食堂・台所・浴室、消火設備などを備え、利用者に対して家庭的な雰囲気でサービスを提供すること。 ○地域との交流を図るという観点から、事業所は住宅地、または住宅地と同程度に利用者の家族や（ ⑥ ）との交流の機会が得られる場所にあること。
登録定員など	○利用者が登録できるのは、（ ⑦ ）か所の事業所のみ。 ○事業所の登録定員は（ ⑧ ）人以下。 ○1日の利用定員は、通いサービスは登録定員の2分の1から（ ⑨ ）人まで、宿泊サービスは、通いサービスの利用定員の3分の1から（ ⑩ ）人までの範囲内。
サービス内容	利用者の心身の状況や希望、環境を踏まえて、（ ⑪ ）サービスを中心に、（ ⑫ ）サービスや（ ⑬ ）サービスを組み合わせ、柔軟にサービスを提供する。

NOTE

レッスン 13 小規模多機能型居宅介護（2）

1. 小規模多機能型居宅介護の方針

事業所の介護支援専門員が利用登録者の**居宅サービス計画**を作成し、ほかのサービス利用も含めた給付管理を行います（居宅介護支援事業者による居宅介護支援は行われない**(A)**）。**小規模多機能型居宅介護計画**も作成し、これらの計画に沿ってサービスを提供します。作成した計画は利用者または家族に**説明**し、利用者の**同意**のうえ**交付**します。

> 訪問看護、訪問リハビリテーション、居宅療養管理指導、福祉用具貸与については、小規模多機能型居宅介護と組み合わせて利用できます。福祉用具購入、住宅改修も使えます。

そのほか、①行政機関に対する手続き代行など**社会生活上の便宜の提供**、②自ら提供するサービスの**質の評価**を行い、結果を**公表**する、③**協力医療機関**を定めておく。また協力歯科医療機関を定めておくよう努める、④利用者の負担により小規模多機能型居宅介護従業者以外の者による介護を受けさせてはならない、⑤可能なかぎり利用者と従業者が共同で食事や家事を行う、⑥**運営推進会議**を設置し、おおむね**2か月に1回以上**会議を開催して活動状況を報告し、評価を受ける。会議の内容は**記録**、**公表**する、⑦市町村が行う**調査に協力**し、指導または助言を受けた場合には必要な改善を行う、⑧利用者がほかの施設に利用を希望する場合には、必要な措置をとる、⑨定員の遵守、非常災害対策、身体的拘束などの禁止**(B)**などが規定されています。

2. 小規模多機能型居宅介護の介護報酬

同一建物の居住者かそれ以外かで、月単位の定額報酬と短期利用（1日ごと）につき、それぞれ要介護度別に単位が設定されています。**初期加算、認知症加算、若年性認知症利用者受入加算、生活機能向上連携加算、看護職員配置加算、看取り連携体制加算、訪問体制強化加算、総合マネジメント体制強化加算、口腔・栄養スクリーニング加算**などの加算があります。登録者1人あたりの平均サービス提供回数が少ない事業所の場合は減算されます。

3. 介護予防小規模多機能型居宅介護

要支援者を対象に、居宅において、またはサービス拠点に通所または短期間宿泊してもらい、入浴、排泄、食事などの介護、調理、洗濯、掃除などの家事、生活などに関する相談・助言、健康状態の確認、その他の日常生活上の支援と機能訓練を行うサービスです。

事業所の介護支援専門員による**介護予防サービス計画**の作成と**介護予防小規模多機能型居宅介護計画**の作成、サービス提供開始時から計画に記載したサービス提供期間終了時までに少なくとも1回はサービス実施状況を把握することなどが規定されています。

書いて覚えよう！

NOTE

◆小規模多機能型居宅介護の方針

● 事業所の介護支援専門員が利用登録者の居宅サービス計画を作成し、ほかのサービス利用も含めた（ ①＿＿＿＿＿ ）を行う。さらに（ ②＿＿＿＿＿＿＿＿＿＿ ）も作成し、これらの計画に沿ってサービスを提供する。

● （ ③＿＿＿＿＿ ）に対する手続き代行など、社会生活上の便宜を提供する。

● 自ら提供するサービスの質の評価を行い、結果を（ ④＿＿＿＿ ）する。

● （ ⑤＿＿＿＿＿ ）を定めておく。また（ ⑥＿＿＿＿＿＿＿ ）を定めておくよう努める。

● （ ⑦＿＿＿＿ ）の負担により小規模多機能型居宅介護従業者以外の者による介護を受けさせてはならない。

● 可能なかぎり利用者と従業者が（ ⑧＿＿＿＿ ）で食事や家事を行う。

● （ ⑨＿＿＿＿＿ ）を設置し、おおむね２か月に１回以上会議を開催する。内容は記録、公表する。

● （ ⑩＿＿＿＿ ）が行う調査に協力し、指導または助言を受けた場合には必要な改善を行う。

◆小規模多機能型居宅介護の介護報酬

● 同一建物の居住者かそれ以外かで、月単位の定額報酬と短期利用につき、それぞれ（ ⑪＿＿＿＿＿ ）別に単位が設定されている。

確認しよう！

★小規模多機能型居宅介護を利用している間は、居宅介護支援事業者による居宅介護支援を受けることはできない？ ⇨ Ⓐ

★小規模多機能型居宅介護には身体的拘束などの禁止が規定されている？ ⇨ Ⓑ

レッスン 14 認知症対応型共同生活介護（1）

重要度　B
学習日　／／／

1. 認知症対応型共同生活介護とは

①**サービスの定義**：**認知症**（急性の状態にある者を除く）のある要介護者に、共同生活住居において、入浴、排泄、食事などの介護、その他の**日常生活上の世話**、**機能訓練**を行うサービス。

②**人員基準**：**介護従業者**は、日中は利用者3人に対し常勤換算で1人以上、夜間および深夜は時間帯を通じて1人以上、かつ夜間・深夜の勤務（宿直勤務を除く）を行わせるために必要な数以上、など。**計画作成担当者**は事業所ごとに専従で1人以上、少なくとも1人を**介護支援専門員**とし、必要な研修を修了していること（支障なければ兼務可）。**管理者**は常勤専従（共同生活住居ごと）、支障なければ兼務可。3年以上認知症ケアに従事した経験があり、厚生労働大臣の定める研修を修了していること。**事業者の代表者**は認知症ケアに従事した経験、または保健医療・福祉サービスの経営に携わった経験があり、厚生労働大臣の定める研修を修了していること。

③**主な設備基準**：定員は共同生活住居（ユニット）ごとに**5～9人**（事業所が複数の共同生活住居を設ける場合は、3ユニットまで）。居室は**個室**が原則（7.43㎡以上。処遇上必要な場合は、2人部屋可）で、居間・食堂・台所・浴室、消火設備などが必須。その他、利用者に対して家庭的な雰囲気でサービスを提供すること、事業所は**住宅地**、または住宅地と同程度に利用者の家族や地域住民との交流の機会が得られる場所にあること。

2. 認知症対応型共同生活介護の内容・方針

計画作成担当者が**認知症対応型共同生活介護計画**を作成し、利用者または家族に**説明**し、利用者の**同意**を得たうえで**交付**します。居宅介護支援事業者による**居宅介護支援は行われず**（短期利用を除く）、またサービスを利用している間は、居宅療養管理指導を除く**ほかの居宅サービス、地域密着型サービスには保険給付がされません**。計画の内容には、通所介護の活用や地域活動への参加の機会を提供し、地域の特性や利用者の生活環境に応じたレクリエーションや行事を盛り込むなど**多様な活動**が確保できるように配慮します。

そのほか、社会生活上の便宜の提供（行政機関の手続き代行、家族との交流の機会の確保など）、定期的に外部の者による評価または運営推進会議による評価とその結果の公表、協力医療機関等の設定、利用者の負担による事業所の介護従業者以外の者による介護の禁止、利用者と従業者が共同で食事や家事を行うこと、地域との連携（運営推進会議の設置など）、調査への協力など、身体的拘束などの禁止が規定されています。

書いて覚えよう！

定義	認知症のある要介護者に、（①　　　　　　　　　　）において、入浴、排泄、食事などの介護、その他の日常生活上の世話、機能訓練を行う。
人員基準	○介護従業者：日中は利用者3人に対し常勤換算で1人以上、夜間および深夜は時間帯を通じて1人以上、かつ夜間・深夜の勤務（宿直勤務を除く）を行わせるために必要な数以上、など。 ○計画作成担当者：事業所ごとに専従で1人以上、少なくとも1人を（②　　　　　　　　　）とし、必要な研修を修了していること（支障なければ兼務可）。 ○管理者：常勤専従（共同生活住居ごと）、支障なければ兼務可。3年以上認知症ケアに従事した経験があり、厚生労働大臣の定める研修を修了していること。 ○事業者の（③　　　　　　）：認知症ケアに従事した経験、または保健医療・福祉サービスの経営に携わった経験があり、厚生労働大臣の定める研修を修了していること。
主な設備基準	○定員：共同生活住居ごとに（④　　　）～（⑤　　　）人 ○居室など：（⑥　　　　　　）が原則で、居間・食堂・台所・浴室、消火設備などが必須。 ○利用者に対して（⑦　　　　　　）な雰囲気でサービスを提供すること。 ○事業所は住宅地、または住宅地と同程度に利用者の家族や地域住民との交流の機会が得られる場所にあること。

◆認知症対応型共同生活介護の内容・方針

● 認知症対応型共同生活介護計画の内容には、（⑧＿＿＿＿＿＿）の活用や地域活動への参加の機会を提供し、地域の特性や利用者の生活環境に応じた（⑨＿＿＿＿＿＿＿）や行事を盛り込むなど多様な活動が確保できるように配慮する。

確認しよう！

★認知症が急性の状態にある要介護者も利用できる？　⇒ Ⓐ

★運営推進会議の設置は規定されている？　⇒ Ⓑ

レッスン 14 認知症対応型共同生活介護（2）

重要度 B

学習日 ／／／

1. 認知症対応型共同生活介護の主な介護報酬

区分	1日につき、1ユニットか2ユニット以上か別、要介護度別に単位が設定されている。短期利用（30日以内）の場合の単位も設定されている。	
加算	共通	●医療連携体制加算（看護師を1人以上配置し、24時間連絡可能な体制を確保し、重度化した場合の対応にかかる指針を定め、利用者または家族などに説明をし同意を得ている場合など）　●夜間支援体制加算（夜間・深夜勤務の通常の配置に加えて、夜勤を行う介護従業者または宿直勤務を行う者を1人以上配置している場合）　●生活機能向上連携加算　●若年性認知症利用者受入加算
	短期利用を除く	●初期加算（入居した日から30日以内の期間、および30日を超えた入院のあと再入居の場合）　●退居時相談援助加算（利用期間が1か月を超える利用者の退居時に、退居後のサービスについて相談援助を行い、退居の日から2週間以内に市町村や老人介護支援センターなどに必要な情報を提供した場合）　●看取り介護加算 A　●栄養管理体制加算（管理栄養士〔外部の管理栄養士でも可〕が、従業者に栄養ケアにかかる技術的助言および指導を月1回以上行っている場合）　●科学的介護推進体制加算　●口腔衛生管理体制加算　●口腔・栄養スクリーニング加算　●認知症専門ケア加算
	短期利用のみ	●認知症行動・心理症状緊急対応加算 B

なお、理美容代、おむつ代、日常生活費については、別途利用者負担となります。

2. 介護予防認知症対応型共同生活介護

　介護予防認知症対応型共同生活介護は、**要支援者（要支援2にかぎる）**を対象に、共同生活住居において、介護、日常生活上の支援、機能訓練を行うサービスです。

　サービス提供の方針として、計画作成担当者による**介護予防認知症対応型共同生活介護計画**の作成、サービス提供開始時から計画に記載したサービス提供期間終了時までに、少なくとも**1回**はサービス実施状況を把握（モニタリング）することなどが規定されています。

　介護報酬は、医療連携体制加算、看取り介護加算以外は、認知症対応型共同生活介護と同様に設定されています C。

書いて覚えよう！

◆認知症対応型共同生活介護の主な介護報酬

● 1日につき、1ユニットか2ユニット以上か別、

（　①　　　　　　）別に単位が設定されている。短期利用（（　②　　　）

日以内）の場合の単位も設定されている。

● （　③　　　　　　　　） 加算とは、看護師を1人以上配置し、

24時間連絡可能な体制を確保し、重度化した場合の対応にかかる

指針を定め、利用者または家族などに説明をし同意を得ている場

合などの加算である。

● （　④　　　　　　　　　） 加算とは、利用期間が1か月を超

える利用者の退居時に、退居後のサービスについて相談援助を行

い、退居の日から2週間以内に市町村や老人介護支援センターな

どに必要な情報を提供した場合の加算である。

● （　⑤　　　　　　　　） 加算とは、管理栄養士（外部の管理

栄養士でも可）が、従業者に栄養ケアにかかる技術的助言および

指導を月1回以上行っている場合の加算である。

● 理美容代、（　⑥　　　　　） 代、日常生活費については、別途

利用者負担となる。

◆介護予防認知症対応型共同生活介護

● 介護予防認知症対応型共同生活介護の対象者は、要支援

（　⑦　　　） の要支援者にかぎられる。

確認しよう！

★看取り介護加算は、短期利用にのみ設定されている？　⇒ Ⓐ

★認知症行動・心理症状緊急対応加算は、短期利用にのみ設定さ
れている？　⇒ Ⓑ

★医療連携体制加算は、介護予防認知症対応型共同生活介護の介
護報酬に設定されている？　⇒ Ⓒ

レッスン 15 その他の地域密着型サービス

重要度 **B**

学習日 ／／／

1. 地域密着型特定施設入居者生活介護

①**サービスの定義**：入居定員29人以下の介護専用型特定施設（地域密着型特定施設）に入居している要介護者に、**地域密着型特定施設サービス計画**に基づいて、入浴、排泄、食事などの介護、洗濯、掃除などの家事、生活などに関する相談・助言、その他必要な日常生活上の世話、機能訓練および療養上の世話を行うサービス。

②**人員基準**：**生活相談員**（1人以上）、**看護職員・介護職員**（総数で、利用者3人に対して常勤換算で1人以上など）、**機能訓練指導員**（1人以上）のほか、**計画作成担当者、管理者**が必要。

③**内容・方針**：**地域密着型特定施設サービス計画**に基づいて提供される。居宅介護支援、居宅療養管理指導を除くほかの居宅サービス、地域密着型サービスを同時に受けることはできない（利用者が地域密着型特定施設入居者生活介護を受けずに、地域での介護サービスを選択することは可能）。

④**介護報酬**：1日につき、要介護度別に設定されている。短期利用も1日につき、要介護度別に設定されている。加算項目は特定施設入居者生活介護と同様。

2. 地域密着型介護老人福祉施設入所者生活介護

①**サービスの定義**：入所定員29人以下の特別養護老人ホームに入所している要介護者（原則要介護3以上）に、**地域密着型施設サービス計画**に基づいて、入浴、排泄、食事などの介護その他の日常生活上の世話、機能訓練、健康管理および療養上の世話を行うサービス。

②**施設の形態**：単独の小規模な介護老人福祉施設、本体施設のある**サテライト型居住施設**（同一法人により設置される指定介護老人福祉施設、指定地域密着型介護老人福祉施設、介護老人保健施設、介護医療院、病院、診療所といった本体施設と密接に連携しながら本体施設とは別の場所で運営する形態）、居宅サービス事業所や地域密着型サービス事業所と**併設**された小規模な介護老人福祉施設がある。

③**人員基準**：**医師、生活相談員、介護職員**または**看護職員、栄養士**または**管理栄養士、機能訓練指導員、介護支援専門員**。

④**方針**：**地域密着型施設サービス計画**に基づいて、サービスを提供する。方針は介護老人福祉施設と同趣旨である。

⑤**介護報酬**：**小規模拠点集合型施設加算**（同一敷地内に複数の居住単位を設けている施設において、5人以下の居住単位に入所している入所者に対し算定）が設定されている。その他は介護老人福祉施設と同様。

書いて覚えよう！

◆地域密着型特定施設入居者生活介護

定義	入居定員29人以下の（①　　　　　　）型特定施設に入居している要介護者に、地域密着型特定施設サービス計画に基づいて、入浴、排泄、食事などの介護、洗濯、掃除などの家事、生活などに関する相談・助言、その他必要な日常生活上の世話、機能訓練および療養上の世話を行う。
人員基準	○生活相談員　○看護職員・介護職員 ○（②　　　　　　　　　　）○計画作成担当者　○管理者
内容・方針	○居宅介護支援、（③　　　　　　　　　　）を除くほかの居宅サービス、地域密着型サービスを同時に受けることはできない（利用者が地域密着型特定施設入居者生活介護を受けずに、地域での介護サービスを選択することは可能）。
介護報酬	○1日につき、要介護度別に設定されている。短期利用も1日につき、要介護度別に設定されている。

◆地域密着型介護老人福祉施設入所者生活介護

定義	入所定員（④　　　　　）人以下の特別養護老人ホームに入所している要介護者（原則要介護3以上）に、地域密着型施設サービス計画に基づいて、入浴、排泄、食事などの介護その他の日常生活上の世話、機能訓練、健康管理および療養上の世話を行う。
施設の形態	○単独の小規模な介護老人福祉施設 ○本体施設のある（⑤　　　　　　　）型居住施設 ○居宅サービス事業所などと併設された小規模な介護老人福祉施設
人員基準	○医師　○生活相談員　○介護職員または看護職員 ○栄養士または管理栄養士　○機能訓練指導員 ○（⑥　　　　　　　　）
方針	○地域密着型施設サービス計画に基づいてサービスを提供する。
介護報酬	○（⑦　　　　　　　）加算：同一敷地内に複数の居住単位を設けている施設において、5人以下の居住単位に入所している入所者に対し算定。

レッスン **16** 介護老人福祉施設（1）

1. 介護老人福祉施設とは

①**サービスの定義**：介護老人福祉施設において、施設サービス計画に基づき、要介護者（原則として要介護3以上）に対して、入浴・排泄・食事の介護などの日常生活上の世話、機能訓練、健康管理、療養上の世話を行うサービス。

②**指定を受けることができる施設**：老人福祉法に規定される入所定員30人以上の**特別養護老人ホーム**であり、都道府県知事の指定を受けたものが**指定介護老人福祉施設**としてサービスを提供する。

③**人員基準**：**医師**を必要数、**生活相談員**を入所者100人またはその端数を増すごとに常勤で1人以上、**介護職員・看護職員**を入所者3人に対して常勤換算で1人以上、**栄養士**または**管理栄養士**を1人以上（入所定員が40人を超えない施設では、他施設の栄養士または管理栄養士との連携により置かないことができる）、**機能訓練指導員**を1人以上（兼務可）、**介護支援専門員**を常勤で1人以上（入所者100人に対し1人を標準。増員分は非常勤可、兼務可）、**管理者**は常勤専従（支障なければ兼務可）。

④**設備基準**：**居室**の定員は原則として**1人**（サービス提供上、必要と認める場合は2人可）。静養室（介護職員室または看護職員室に近接）、便所（居室に近接）、浴室、洗面設備、**医務室**（医療法に規定する診療所）を設置。**食堂・機能訓練室**は、それぞれ必要な広さを有していることなどが必要。

⑤**入所要件**：原則として要介護3以上の要介護者で、身体上・精神上著しい障害があるため常時介護を必要とし、在宅介護が困難な人。

2. 介護老人福祉施設の目的

　介護老人福祉施設の目的は、日常生活の援助、機能訓練などのサービス提供を通じ、**生活の安定、心身の状態の維持・改善**を図り、要介護者の自立支援を図ることです。

3. 介護老人福祉施設の利用者

　原則**要介護3以上**の要介護者が入所対象です。

　要介護1、2でも、やむを得ない事情がある場合は、特例的に入所が認められます。特例入所は、市町村の適切な関与のもと、施設での入所検討委員会での検討を経て決定されます。

　なお、施設には、老人福祉法の措置に基づき措置により入所する高齢者もいます。

書いて覚えよう！

◆介護老人福祉施設とは

定義	介護老人福祉施設において、施設サービス計画に基づき、要介護者（原則として要介護 （①　） 以上）に対して、入浴・排泄・食事の介護などの日常生活上の世話、機能訓練、健康管理、（②　　） 上の世話を行う。
指定を受けることができる施設	老人福祉法に規定される入所定員 （③　） 人以上の （④　　　　　） であり、都道府県知事の指定を受けたもの。
人員基準	○医師：必要数 ○生活相談員：入所者100人またはその端数を増すごとに常勤で1人以上 ○介護職員・看護職員：入所者 （⑤　） 人に対して常勤換算で1人以上 ○栄養士または管理栄養士：1人以上 ○機能訓練指導員：1人以上。兼務可 ○介護支援専門員：常勤で1人以上。入所者 （⑥　　　） 人に対し1人を標準。増員分は非常勤可、兼務可 ○管理者：常勤専従。支障なければ兼務可
設備基準	○居室の定員は原則として （⑦　） 人（サービス提供上、必要と認める場合は2人可）。 ○静養室、便所、浴室、洗面設備、（⑧　　　） を設置。 ○食堂・機能訓練室は、それぞれ必要な広さを有していることなどが必要。
目的	日常生活の援助、機能訓練などのサービス提供を通じ、生活の安定、心身の状態の維持・改善を図り、要介護者の （⑨　　　　） を図る。
利用者	原則要介護 （⑩　　） 以上の要介護者。

レッスン **16** # 介護老人福祉施設(2)

重要度 ▶ **A**
学習日 ▶ ／／／

1. 介護老人福祉施設の方針

入所申込者、家族に施設の運営規程や従業者の勤務体制、サービス内容などの重要な事項を文書で十分説明し、同意を得ます。

入退所に際し施設が守るべき基準（国の運営基準）として、以下が規定されています。

①正当な理由なく、入所を拒むことはできない。

②入所待ちの申込者がいる場合、介護の必要の程度や家族などの状況を勘案し、**入所の必要性がより高い人を優先**する。

③**居宅介護支援事業者**に**照会**するなどして、入所者の心身状況や病歴、生活歴、居宅サービス利用状況などを把握する。

④入所者が自宅での生活が可能かどうか、生活相談員、介護職員、看護職員、介護支援専門員などで**定期的**に検討する。

⑤自宅復帰が可能と考えられる場合は諸条件を勘案し、**退所のための必要な援助**を行う。

⑥入所者の退所時には、居宅介護支援事業者に**居宅サービス計画作成のための情報を提供**するほか、ほかのサービス事業者との連携に努める。

サービスは、**計画担当介護支援専門員**が作成する**施設サービス計画**に基づいて実施されます。施設では、アセスメントからモニタリングまで、一連の施設介護支援の過程が実施されます。

2. その他の方針

利用者の**自立支援**を心がけ、利用者の意思と人格を尊重し、利用者の立場に立った支援を行います。**身体的拘束**など (A) は、緊急やむを得ない場合を除いて**禁止**されています。

その他、①入所者が入院し、およそ**3か月**以内の退院が見込める場合には、退院後、円滑に施設に**再入所**できるようにしておく、②あらかじめ**協力病院**を定めておかなければならない (B) （**協力歯科医療機関**も定めておくよう努める）、③食費、居住費、特別な居室に入所した場合、特別な食事を提供した場合、理美容代、その他日常生活費で利用者による負担が適当な費用は、別途利用料が徴収できる、などが規定されています。

> 　入所者が入院している間の空きベッドは短期入所生活介護などで使用できますが、退院した入所者が円滑に再入所できるよう、計画的に行わなければなりません。
> 　施設では、栄養ケア計画などのさまざまな個別援助計画が作成されますが、施設サービス計画は、その基本計画（マスタープラン）となるものです。

書いて覚えよう！

◆介護老人福祉施設の方針

■ 入退所に際し施設が守るべき基準（国の運営基準）

① （ ［1］ 　　　　　　　 ） なく、入所を拒むことはできない。

②入所待ちの申込者がいる場合、入所の （ ［2］ 　　　　　　 ） が
より高い人を優先する。

③ （ ［3］ 　　　　　　　　　 ） に照会するなどして、入
所者の心身状況や病歴、生活歴、居宅サービス利用状況など
を把握する。

④入所者が自宅での生活が可能かどうか、生活相談員、介護職員、
看護職員、介護支援専門員などで （ ［4］ 　　　　　 ） に検
討する。

⑤ （ ［5］ 　　　　 ） が可能と考えられる場合は諸条件を勘
案し、退所のための必要な援助を行う。

⑥入所者の退所時には、居宅介護支援事業者に
（ ［6］ 　　　　　　 ） 作成のための情報を提供するほ
か、ほかのサービス事業者との連携に努める。

● サービスは、計画担当介護支援専門員が作成する
（ ［7］ 　　　　　　　　　 ） に基づいて実施される。

◆その他の方針

● 入所者が入院し、およそ （ ［8］ 　　 ） か月以内の退院が見込め
る場合には、退院後、円滑に施設に再入所できるようにしておく。

● 食費、（ ［9］ 　　 ） 費、特別な居室に入所した場合、特別な
食事を提供した場合、（ ［10］ 　　　 ） 代、その他日常生活費で
利用者による負担が適当な費用は、別途利用料が徴収できる。

確認しよう！

★介護老人福祉施設において、緊急やむを得ない場合を除いて禁
止されていることとは？ ⇒ Ⓐ

★介護老人福祉施設は、協力病院を定める必要はない？ ⇒ Ⓑ

レッスン **16** # 介護老人福祉施設（3）

重要度 **A**
学習日 ／／／

1. 介護老人福祉施設の内容

　サービスは、施設サービス計画に基づき①**1週間に2回以上の入浴または清拭**、適切な**おむつ介助**などの介護、日常生活の世話、栄養や入所者の心身の状況、嗜好に配慮した**食事の提供**（可能なかぎり食堂での食事の提供）、**機能訓練、健康管理**、②必要に応じた**相談援助や行政機関への代行事務**、③教養・娯楽やレクリエーション、**外出の機会の確保**、要介護者と家族との交流の機会の確保、などが行われます。

2. 介護老人福祉施設の主な介護報酬

区分	1日につき、ユニット型か否か、施設規模、居室環境などにより、要介護度に応じて単位が設定されている。
加算	●**日常生活継続支援加算**（要介護4、5の者、認知症の者などが一定割合以上入所しており、入所者数に対し介護福祉士を一定割合以上配置しているなどの場合）　●**看護体制加算**　●**夜勤職員配置加算**（夜勤を行う介護職員・看護職員の数が基準を1人以上、上回っている場合）　●**認知症行動・心理症状緊急対応加算**　●**若年性認知症入所者受入加算**　●**個別機能訓練加算**　●常勤専従の医師を配置している場合　●認知症の入所者が3分の1以上を占める施設において、精神科医師による療養指導が月2回以上行われている場合　●**障害者生活支援体制加算**（視覚障害者等が合計15人以上入所または視覚障害者等の入所者の占める割合が30％以上の施設で、常勤専従の障害者生活支援員を一定数以上配置している場合）　●**初期加算**　●**退所時等相談援助加算**（退所前訪問相談援助加算、退所後訪問相談援助加算、退所時相談援助加算、退所前連携加算）　●**栄養マネジメント強化加算**　●**療養食加算**　●**経口移行加算**　●**経口維持加算**　●**口腔衛生管理加算**　●**準ユニットケア加算**（ユニット型施設に準じるケアを行っている従来型施設の場合）●**生活機能向上連携加算**　●**ADL維持等加算**　●**再入所時栄養連携加算**　●**配置医師緊急時対応加算**　●**褥瘡マネジメント加算**　●**排せつ支援加算**　●**在宅復帰支援機能加算**（退所後の在宅生活について入所者・家族などに対し相談支援を行い、居宅介護支援事業者と連携し、一定割合以上の在宅復帰を実現している場合）　●**自立支援促進加算**　●**科学的介護推進体制加算**　●**安全対策体制加算**　●**看取り介護加算**　●**在宅・入所相互利用加算**（在宅と施設それぞれの介護支援専門員が利用者に関する情報交換を十分に行い、複数の利用者が在宅期間や入所期間〔3か月を限度〕を定めて、施設の居室を計画的に利用する場合）　●**認知症専門ケア加算**　など
減算	●**身体的拘束等についての基準を守っていない場合**　●ユニット型において、ユニットケアにおける体制が未整備である場合　●安全管理体制未実施の場合　など

書いて覚えよう！

◆介護老人福祉施設の主な介護報酬

● １日につき、（ <u>①_____</u> ） か否か、施設規模、居室環境などにより、要介護度に応じて単位が設定されている。

● （ <u>②_____</u> ） 加算とは、要介護４、５の者、認知症の者などが一定割合以上入所しており、入所者数に対し介護福祉士を一定割合以上配置しているなどの場合の加算である。

● （ <u>③_____</u> ） 加算とは、夜勤を行う介護職員・看護職員の数が基準を１人以上、上回っている場合の加算である。

● （ <u>④_____</u> ）加算とは、視覚障害者、知的障害者、精神障害者などが合計15人以上入所する施設などで、常勤専従の障害者生活支援員を１人以上配置している場合の加算である。

● （ <u>⑤_____</u> ） 加算とは、ユニット型施設に準じるケアを行っている従来型施設の場合の加算である。

● （ <u>⑥_____</u> ） 加算とは、退所後の在宅生活について入所者・家族などに対し相談支援を行い、居宅介護支援事業者と連携し、一定割合以上の在宅復帰を実現している場合の加算である。

● （ <u>⑦_____</u> ） 加算とは、在宅と施設それぞれの介護支援専門員が利用者に関する情報交換を十分に行い、複数の利用者が在宅期間や入所期間を定めて、施設の居室を計画的に利用する場合の加算である。

● （ <u>⑧_____</u> ） 等についての基準を守っていない場合、減算される。

確認しよう！

★介護老人福祉施設では、可能なかぎりどこで食事を提供する？ ⇒ Ⓐ

★介護老人福祉施設では、行政機関への代行事務を行う？ ⇒ Ⓑ

 用語

配置医師緊急時対応加算

24時間対応体制にあるなど一定の基準を満たした施設において、施設の配置医師が早朝、夜間・深夜に施設を訪問して入所者の診療を行い、診療を行った理由を記録した場合など。

褥瘡マネジメント加算

入所時に褥瘡発生リスクの評価を行い、その結果等を厚生労働省に提出等し、褥瘡発生リスクのある入所者に対し、医師、看護師、介護職員、介護支援専門員などが共同して褥瘡ケア計画を作成して褥瘡管理を行い、少なくとも３か月に１回、計画の見直しをしているなどの場合。

NOTE

レッスン **17** # 社会資源の導入・調整

重要度 **C**
学習日 ／／／

1. 社会資源とは

　社会資源とは、社会生活上のニーズの充足や問題解決のために動員される**施設・設備、機関・団体**など、**資金・物資、制度、集団・個人**と、それらの**知識や技術**の総称です。

　社会資源は、**フォーマルサービス**と**インフォーマルサポート**にわけることができ、この２つのサービスを組み合わせることにより、利用者の多様なニーズに対応することができます。

　①**フォーマルサービス**：行政、社会福祉法人、医療法人、企業、NPOなど。**最低限の生活が保障**され、専門性が高い。ただし、サービスが画一的になりやすい。

　②**インフォーマルサポート**：家族、親戚、友人、ボランティア、近隣など。柔軟な対応が可能。ただし、専門性が低く、安定した供給が難しい。

　これらを利用者のニーズに合わせて連続したものとするのが**介護支援専門員**の役割です。各種の社会資源を組み合わせ、ネットワークを築くことで、サービスに多くの選択肢が生まれます。なお、介護支援専門員自身も<u>フォーマルな社会資源</u>Ⓐに分類されます。

2. 地域包括ケアシステムと社会資源

　地域包括ケアシステムの構築にあたっては、地域の社会資源の種類や量を把握することが不可欠です。それをもとに関係者間で対応策を協議し、地域に必要なサービスの開発・改善・量的確保を行います。そのためには地域の機関・団体・施設における<u>**機関間のネットワーク**</u>Ⓑが相互に連携し、有効に機能していくことが必要になります。

　機関間のネットワークでは、サービス担当者会議のような実務者の会議と、代表者による会議が相互に連携し、有効に機能することが重要です。このことにより、個別ケースの検討から地域課題の発見、地域の資源開発や政策形成につなげていくことが可能になります。

3. 介護支援専門員が活用する社会資源

　介護保険における給付サービス以外に、**介護支援専門員が把握しておくべきサービス**に、**所得保障サービス、医療保険サービス、市町村が実施している保健福祉サービス**など（配食や移送サービスなど）、利用者の人権や公正を守るサービス（**成年後見制度、日常生活自立支援事業**）、市町村が実施している**住宅にかかわるサービスや安全を守るサービス**などがあります。

　このほかにも、ボランティア活動などのインフォーマルサポート、地域の団体や組織の社会資源（自治会や、高齢者の見守り活動・相談支援を行う**民生委員・児童委員**）、要介護者等自身の**内的資源**（能力、資産、意欲など）の活用も重要です。

書いて覚えよう！

NOTE

◆社会資源とは

	(①_____) サービス	(②_____) サポート
	行政、社会福祉法人、医療法人、企業、NPO など。	(③_____)、親戚、友人、ボランティア、近隣など。
長所	最低限の生活が保障される。(④_____) 性が高い。	(⑤_____) な対応が可能。
短所	サービスが (⑥_____) 的になりやすい。	専門性が低い。安定した供給が難しい。

◆介護支援専門員が活用する社会資源

(⑦_____) サービス	年金や生活保護制度など。
(⑧_____) サービス	急性期の医療や介護保険の例外規定による訪問看護。
市町村が実施している (⑨_____) サービスなど	配食サービス、移送サービス、訪問指導など。
利用者の人権や公正を守るサービス	(⑩_____)、日常生活自立支援事業。
市町村が実施している (⑪_____) にかかわるサービス	サービス付き高齢者向け住宅、公営住宅、住宅改修サービスなど。
市町村が実施している (⑫_____) を守るサービス	緊急通報システムなど。

● 要介護者等自身の (⑬_____) 資源の活用も重要である。

確認しよう！

★介護支援専門員は、社会資源においてはなにに分類される？ ⇒ Ⓐ

★地域に必要なサービスの開発・改善・量的確保をするためには、なにが相互に連携し、有効に機能していくことが必要？ ⇒ Ⓑ

レッスン **18** 障害者福祉制度

重要度 **B**
学習日 ／／／

1. 障害者総合支援法の概要

　障害者総合支援法に基づく障害者福祉制度は、市町村が実施主体となり行われます。対象となるのは、身体障害者、知的障害者、精神障害者（発達障害者を含む）、難病患者等で、障害の種別にかかわりなく、障害者（児）に対して共通のサービスを提供するしくみです。サービスは、個別の支給決定により**障害福祉サービス**などを提供する**自立支援給付**と、地域の実情に応じて柔軟に実施する**地域生活支援事業**の2つが大きな柱です。

　なお、自立支援給付と地域生活支援事業で行われるサービスのうち、施設で行われるサービスは「**日中活動**」、「**居住支援**」に区分され、日中は通所により生活介護などを受け、夜間は施設への入所をするなど、障害者が地域社会と自然に交わり合いながら、自分に合った複数のサービスを選択することが可能になっています。

2. 給付の手続きとケアマネジメント

　自立支援給付を希望する人は、市町村に**申請**を行います。市町村は、申請者にサービス等利用計画案の提出を求め（介護給付の場合は、一次判定、**市町村審査会**による二次判定、市町村による**障害支援区分**〔区分1〜6の6段階〕の認定を経て）、サービス等利用計画案や勘案すべき事項などを踏まえて支給決定をします。支給決定後は、指定特定相談支援事業者によるサービス担当者会議などによる調整を経て、最終的に決定したサービス等利用計画に基づき、サービス利用が行われます。

　「計画相談支援」では、指定特定相談支援事業者がサービス等利用計画の作成やサービス事業者等との連絡調整・モニタリングを行い、「地域相談支援」では、指定一般相談支援事業者が、施設から地域生活への移行支援などを行います。市町村は、「地域生活支援拠点等」を整備し、「基幹相談支援センター」を設置するよう努めます。

3. 財源と利用者負担・障害福祉計画

　自立支援給付にかかる費用は、国が50％、都道府県と市町村が25％ずつの負担義務があります。利用者負担は、サービス費用の1割を上限として、所得に応じて1か月ごとの**負担上限額**が定められています。また、障害福祉サービスと介護保険法に規定する一部のサービス（政令で定める）および補装具費の合計負担額が著しく高額な場合は、高額障害福祉サービス等給付費が支給され、利用者負担の軽減化が図られています。

　市町村と都道府県は、国の定めた基本指針に基づき、必要なサービス量とそれを確保するための方策などを記載した**障害福祉計画**を、3年を一期として策定することとされています。

書いて覚えよう！

◆障害者総合支援法の概要

● サービスは、個別の支給決定により障害福祉サービスなどを提供する （ ① 　　　　　 ） と、地域の実情に応じて柔軟に実施する （ ② 　　　　　 ） の2つが大きな柱である。

市町村

自立支援給付

介護給付
○居宅介護　○重度訪問介護　○同行援護
○行動援護　○重度障害者等包括支援　○短期入所
○療養介護　○生活介護　○施設入所支援

訓練等給付
○自立訓練（機能訓練・生活訓練）　○就労移行支援
○就労継続支援　　　　　　　　　　○共同生活援助
○就労定着支援　　　　　　　　　　○自立生活援助
○就労選択支援※
※公布（令和4年）後3年以内の政令で定める日から追加

補装具　**地域相談支援**　**計画相談支援**

自立支援医療　　　　　　　　※実施主体は都道府県
○更生医療　○育成医療　○精神通院医療※

↓

障害者（児）

地域生活支援事業
○理解促進研修・啓発　○自発的活動支援　○相談支援　○成年後見制度利用支援　○成年後見制度法人後見支援
○意思疎通支援　○日常生活用具給付等　○手話奉仕員養成研修　○移動支援　○地域活動支援センター　など

↑支援

広域支援、人材育成など
都道府県

◆給付の手続きとケアマネジメント

● 自立支援給付を希望する人は、市町村に申請を行う。市町村は、申請者にサービス等利用計画案の提出を求め（介護給付の場合は、一次判定、 （ ③ 　　　　　 ） による二次判定、市町村による障害支援区分〔区分1～6の6段階〕の認定を経て）、サービス等利用計画案や勘案すべき事項などを踏まえて支給決定をする。

◆利用者負担・障害福祉計画

● 利用者負担は、サービス費用の1割を上限として、所得に応じて1か月ごとの （ ④ 　　　　　 ） が定められている。

● 障害福祉計画は、 （ ⑤ 　 ） 年を一期として策定される。

用語

自立支援給付
自立支援給付には、主に次のようなものがある。
①介護給付：居宅介護、施設入所支援など介護の支援に関する給付を行う。
②訓練等給付：自立訓練、就労移行支援、共同生活援助など訓練などの支援に関する給付を行う。
③自立支援医療：対象は、更生医療、育成医療、精神通院医療。支給認定手続きや利用者負担のしくみの共通化、指定医療機関制度の導入が図られている。
④補装具：補装具の購入、貸与または修理に要した補装具費について支給する。

地域生活支援拠点等
地域で生活する障害者の緊急事態に対応し、地域移行を推進するサービスの拠点。2024（令和6）年4月から整備が努力義務とされた。

基幹相談支援センター
地域における中核的な役割を担う。2024（令和6）年4月から設置が努力義務とされた。

利用者負担
2018（平成30）年度から、65歳まで長期間にわたり障害福祉サービスを利用してきた障害者が介護保険サービスを利用する場合に、一定の所得以下であれば介護保険の利用者負担額を軽減（償還）するしくみが設けられた。

レッスン **19** # 生活保護制度

1. 生活保護制度とは

　生活保護制度は、日本国憲法第25条「**生存権の保障**」の理念に基づき、国が生活に困窮するすべての国民に対しその困窮の程度に応じて必要な保護を行い、**最低限度の生活**を保障するとともに、**自立を助長**することを目的とした制度です。

　原則として保護の**申請**により手続きが行われ、**世帯を単位**に支給の要否や程度の決定がされます。扶助には、①**生活扶助**、②**教育扶助**（義務教育）、③**住宅扶助**、④**医療扶助**、⑤**出産扶助**、⑥**生業扶助**（就労のために必要な費用）、⑦**葬祭扶助**、⑧**介護扶助**、の8種類があり、原則として④、⑧は**現物給付**で、それ以外は金銭給付です。

2. 介護扶助の内容

①**介護扶助の対象者**：「要介護または要支援の状態にある介護保険の被保険者」、または「要介護または要支援の状態にあるが、医療保険未加入のため介護保険の被保険者になれない40歳以上65歳未満の人」が対象。40歳以上65歳未満の人は、要介護または要支援の状態が特定疾病によることが要件。

②**介護扶助の範囲**：居宅介護、福祉用具・介護予防福祉用具、住宅改修・介護予防住宅改修、施設介護、介護予防、介護予防・日常生活支援、移送。移送以外は原則的に介護保険によるサービスと同じ内容。

③**被保険者である被保護者の食費と日常生活費など**：介護保険施設における**食費**は**負担限度額**までが介護扶助の対象（負担限度額を超えた費用は、介護保険の特定入所者介護サービス費の対象）。介護保険施設での**日常生活費**は、介護施設入所者基本生活費として**生活扶助**により給付が行われる。

3. 要介護認定

　被保護者が介護保険の被保険者の場合には、一般の被保険者と同じ手順です。介護保険の被保険者でない場合は、生活保護制度で認定を行います。

4. 介護扶助の申請と給付・指定介護機関

　介護保険の被保険者の場合は、保護申請書と居宅介護支援計画または介護予防支援計画の写しを福祉事務所に提出して介護扶助の申請を行います。介護扶助の給付は、原則的に**現物給付**（住宅改修や福祉用具など現物給付が難しい場合は金銭給付）です。

　サービスは、**介護保険法**の指定を受け、かつ**生活保護法**による指定を受けた**指定介護機関**が委託を受け、福祉事務所から毎月被保護者ごとに交付される**介護券**をもとにサービスを提供します。

書いて覚えよう！

◆生活保護制度とは

● 生活保護制度は、（ ① 　 ）が生活に（ ② 　　　　 ）する
るすべての国民に対しその困窮の程度に応じて必要な保護を行
い、（ ③ 　　　　　　　 ）の生活を保障するとともに、自立を
助長することを目的とした制度である。

（ ④ 　 ）扶助	食費、光熱費など日常生活費
（ ⑤ 　 ）扶助	義務教育の就学に必要な費用
（ ⑥ 　 ）扶助	住宅の確保や補修に必要な費用
（ ⑦ 　 ）扶助	入院または通院による治療費用。現物給付
（ ⑧ 　 ）扶助	出産に要する費用
（ ⑨ 　 ）扶助	就労のためや高校就学に必要な費用
（ ⑩ 　 ）扶助	葬祭のために必要な費用
（ ⑪ 　 ）扶助	介護保険法に規定する要介護者等を対象とする扶助。現物給付

◆介護扶助の内容

● 介護扶助の範囲は、（ ⑫ 　　　 ）以外は原則的に介護保険に
よるサービスと同じ内容である。

● 介護保険施設においては、食費は、（ ⑬ 　　　　　 ）までが介
護扶助、日常生活費は、（ ⑭ 　　　 ）により給付が行われる。

◆要介護認定

● 被保護者が介護保険の被保険者でない場合は、（ ⑮ 　　　　　 ）
制度で認定を行う。

◆介護扶助の申請と給付・指定介護機関

● サービスは、介護保険法の指定を受け、かつ生活保護法による
指定を受けた（ ⑯ 　　　　　　 ）が委託を受け、福祉事務
所から毎月被保護者ごとに交付される（ ⑰ 　　　 ）をもと
にサービスを提供する。

用語

4つの基本原理
○国家責任の原理
生活に困窮する国民の最低生活の保障を、国がその責任において行う。
○無差別平等の原理
生活困窮者の信条や性別、社会的身分、また生活困窮に陥った原因にかかわりなく、経済的状態にのみ着目して保護を行う。
○最低生活保障の原理
最低限度の生活とは、健康で文化的な生活水準を維持できるものでなければならない。
○補足性の原理
保護は、資産や働く能力、その他あらゆるものを活用しても、なおかつ最低限度の生活が維持できない場合に行われ、民法に定める扶養義務者の扶養およびほかの法律による扶助が優先する（他法優先の原則）。

居宅介護支援計画と介護予防支援計画
計画は、介護保険の被保険者の場合は介護保険法により、介護保険の被保険者でない場合は、介護扶助として作成される。

NOTE

20 後期高齢者医療制度

重要度 ▷ **B**
学習日 ／／／

1. 後期高齢者医療制度の創設

　医療制度改革に伴い、2008（平成20）年度に、「高齢者の医療の確保に関する法律（高齢者医療確保法）」に基づく後期高齢者医療制度が創設されました。

　それまでの老人保健制度の問題点を踏まえ、医療保険者間での共同事業ではなく、独立した新たな制度としています。高齢者にも応分の負担を求め、老人医療にかかる給付と負担の運営に関する責任が明確になっています。

2. 後期高齢者医療制度の概要

　後期高齢者医療制度は、後期高齢者を被保険者として、保険料を徴収して医療給付を行う**社会保険方式**の制度です。

（1）運営主体

　都道府県区域内のすべての市町村が加入して設立する**後期高齢者医療広域連合**が運営主体となります。

（2）被保険者

　①**75歳以上の者**、②**65歳以上75歳未満で後期高齢者医療広域連合の障害認定を受けた者**が被保険者となります。ただし、生活保護世帯に属する人などは適用除外になります。

（3）給付内容

　医療保険制度の給付とほぼ同様で、次のものがあります。

●療養の給付　　　　●入院時食事療養費　●入院時生活療養費
●保険外併用療養費　●療養費　　　　　　●訪問看護療養費
●特別療養費　　　　●移送費　　　　　　●高額療養費
●高額介護合算療養費　　など

（4）利用者負担割合

　一般所得者は**1割**、一定以上所得者（現役並み所得者以外）は**2割**、現役並み所得者は**3割**です。

（5）保険料

　各後期高齢者医療広域連合が条例で保険料率を定めます。

　広域連合では、特別な理由があるものには、保険料の減免、徴収の猶予ができます。年額18万円以上の年金受給者は、年金保険者による**特別徴収**が行われます。

（6）費用負担割合

　患者負担分を除いた制度に要する費用のうち、約1割を被保険者の保険料、約4割を後期高齢者支援金（現役世代の保険料）、約5割を公費で賄います。その他、国の調整交付金、財政安定化基金などのしくみが取り入れられています。

書いて覚えよう！

NOTE

◆後期高齢者医療制度の概要

運営主体	都道府県区域内のすべての市町村が加入して設立する（ ① _____ ） が運営主体となる。
被保険者	① （ ② _____ ） 歳以上の者 ② 65 歳以上 75 歳未満で後期高齢者医療広域連合の （ ③ _____ ） を受けた者 ※ただし、生活保護世帯に属する人などは適用除外になる。
給付内容	（ ④ _____ ） 制度の給付とほぼ同様。 ○療養の給付 　　　○入院時食事療養費 ○入院時生活療養費　○保険外併用療養費 ○療養費 　　　　　○訪問看護療養費 ○特別療養費 　　　○移送費 ○高額療養費 　　　○高額介護合算療養費　など
利用者負担割合	一般所得者は （ ⑤ ___ ） 割、現役並み所得者以外は （ ⑥ ___ ） 割、現役並み所得者は （ ⑦ ___ ） 割。
保険料	各後期高齢者医療広域連合が （ ⑧ _____ ） で保険料率を定める。 広域連合では、特別な理由があるものには、保険料の減免、徴収の猶予ができる。 年額 18 万円以上の年金受給者は、年金保険者による （ ⑨ _____ ） が行われる。
費用負担割合	患者負担分を除いた制度に要する費用のうち、約 （ ⑩ _____ ） 割を被保険者の保険料、約 （ ⑪ _____ ） 割を後期高齢者支援金（現役世代の保険料）、約 （ ⑫ _____ ） 割を公費で賄う。 その他、国の調整交付金、財政安定化基金などのしくみが取り入れられている。

レッスン **21** 高齢者虐待の防止

1. 高齢者の虐待とは

　高齢者の虐待は、「主に親族など、高齢者と何らかの人間関係がある者によって与えられた行為で、高齢者の心身に深い傷を負わせ、高齢者の基本的人権を侵害し、時に犯罪上の行為」と定義され、**他者による虐待**と**自分自身による虐待**に区別されます。

　認知症高齢者の身体的虐待の場合は、他者によるものか、自傷自害行為によるものなのか、慎重な見きわめが必要です。他者による虐待には、①**身体的暴力**による虐待（殴る、つねる、おさえつける、身体拘束、抑制をするなど）、②**性的暴力**による虐待（性的いたずらなど）、③**心理的障害を与える虐待**（言葉の暴力や無視など）、④**経済的虐待**（年金を渡さない、財産を無断で処分するなど）、⑤**介護拒否**、放棄、怠慢による虐待（ネグレクト：治療を受けさせない、食事を与えないなど）があります。

2. 高齢者の虐待の現状

　養護者による虐待では、①**身体的虐待**（7割近く）が最も多く、次いで心理的虐待、介護等放棄、②被虐待高齢者は約7.5割が**女性**、年齢では80〜84歳が最も多く、85〜89歳と続き、**認知症日常生活自立度**がⅡ以上の者が約7割です。③発生要因としては被虐待者の「**認知症の症状**」が最も多く、虐待者の「**介護疲れ・介護ストレス**」と続き、④虐待者は**息子**が最も多く、次いで夫、娘、といった傾向がみられます。**養介護施設従事者等**による虐待の種別は**身体的虐待**が最も多く、次いで心理的虐待、介護等放棄となっています。

3. 虐待への対応と高齢者虐待防止法

　身体にあざやみみず腫れがある、おびえる、極端に人目を避けている、介護者や家族がそばにいると態度が変わる、部屋に施錠されている、などの虐待のサインがみられる場合は、サービス従事者同士で情報交換を行い、**正確な事実把握**をします。

　「**高齢者虐待の防止、高齢者の養護者に対する支援等に関する法律**」（高齢者虐待防止法）では、**市町村が第一に責任を有する主体**と位置づけられ、**地域包括支援センター**は、**高齢者虐待対応の中核機関のひとつ**に位置づけられています。このため、虐待の対応にあたっては、各サービス事業所との連携が重要です。

　高齢者虐待防止法には、国・地方公共団体・国民の責務、市町村への通報義務、市町村が通報などを受けた場合の対応、立ち入り調査、警察署長への援助要請、養護者支援、連携協力体制、**地域包括支援センター**への事務の委託、都道府県への報告、都道府県知事による公表などについて規定されています。

書いて覚えよう！

◆高齢者の虐待とは

● 高齢者の虐待は、主に親族など、高齢者と関係のある者による行為で、高齢者の（ ① _____ ）に深い傷を負わせ、高齢者の（ ② _____ ）を侵害し、時に犯罪上の行為と定義される。

（③ ____ ）的虐待	殴る、つねる、おさえつける、身体拘束、抑制をするなど。
（④ __ ）的虐待	性的いたずらなど。
（⑤ __ ）的虐待	言葉の暴力や無視など。
（⑥ __ ）的虐待	財産を無断で処分するなど。
介護拒否、放棄などの虐待（⑦ ____ ）	治療を受けさせない、食事を与えないなど。

◆養護者による高齢者の虐待の現状

虐待の種別	（⑧ _____ ）が最も多い。
被虐待高齢者	女性、80 ～ 84 歳、認知症高齢者が多い。
発生要因	被虐待者の「（⑨ ___ ）の症状」が最も多い。
虐待者	（⑩ ___ ）が多い。

◆虐待への対応と高齢者虐待防止法

● 高齢者虐待防止法では、（⑪ _____ ）が第一に責任を有する主体と位置づけられる。

● 高齢者虐待防止法には、国・地方公共団体・国民の責務、市町村への（⑫ _____ ）義務、市町村が通報などを受けた場合の対応、立ち入り調査、（⑬ _____ ）署長への援助要請、養護者支援、連携協力体制、（⑭ _____ ）への事務の委託、都道府県への報告、都道府県知事による公表などについて規定されている。

用語

自分自身による虐待
高齢者が自分自身の心身状態を傷つけるような行為を行うこと。食事や薬の服用を拒否する、整理整頓を放棄する、認知症高齢者の自傷自害行為など。

NOTE

レッスン 22 成年後見制度

重要度 ▶ **A**

学習日 ▶ ／／／

1. 成年後見制度の概要

　成年後見制度は、**判断能力が不十分で意思決定が困難な人**を支援し、**権利を守る**ための制度で、**身上監護**（生活や介護に関する各種契約、施設入所、入院手続きなどの行為を本人に代わって行う）と**財産管理**（預貯金、不動産、相続、贈与、遺贈などの財産を本人に代わって管理する）を行います。**法定後見制度**と**任意後見制度**にわかれます。

2. 法定後見制度

　本人、配偶者、四親等内の親族、検察官などによる後見開始等の審判の請求に基づき、**家庭裁判所**が成年後見人等を職権で選任する制度です。**市町村長**も65歳以上の者、知的障害者、精神障害者について、必要があると認めるときは後見開始等の審判を請求できます。

　本人の判断能力の程度により、次の３つの類型に分類されます。

①**後見類型**：判断能力を常に欠いた状態の人に対し、**成年後見人**に、財産に関する法律行為について包括的な**代理権**（**本人の居住用の不動産を処分**する場合は**家庭裁判所の許可が必要**）と、日常生活に関する行為以外の法律行為への**取消権**が付与。

②**保佐類型**：判断能力が著しく不十分な人に対し、**保佐人**に、**本人の同意**のもと、申し立ての範囲内で家庭裁判所が審判で定める特定の法律行為に関する**代理権**が付与。日常生活に関する行為以外の民法に定める重要な一定の行為に関する**同意権**と**取消権**が付与。

③**補助類型**：判断能力が不十分な人に対し、**補助人**に、**本人の同意**のもと、申し立ての範囲内で家庭裁判所が審判で定める特定の法律行為に関する**代理権**と**同意権・取消権**が付与。同意権の範囲は保佐人よりも限定される。

3. 任意後見制度

　任意後見制度は**判断能力が衰える前**に自分で友人や弁護士などを**任意後見人**として指定し、後見事務の内容を契約により決めておく制度で、任意後見人には**代理権**を与えることができます。

　任意後見は、①本人と任意後見受任者が**公正証書**で任意後見契約をする、②公証人が**法務局**へ後見登記の申請をする、③本人の判断能力が不十分になった段階で本人、配偶者、四親等内の親族、任意後見受任者の請求により、**家庭裁判所が任意後見監督人**を選任する、という流れで開始されます。

　家庭裁判所は、任意後見監督人の定期的な**報告**を受け、任意後見人に不正があるときには、任意後見監督人等の請求により任意後見人を**解任**することができます。任意後見契約は、本人または任意後見人が死亡・破産したときなどに終了します。

書いて覚えよう！

◆法定後見制度

分類	対象	後見等事務の内容
後見類型	判断能力を常に欠いた状態の人	成年後見人に、財産に関する法律行為について包括的な（①　　　）権と、日常生活に関する行為以外の法律行為への（②　　　）権が付与。
保佐類型	判断能力が著しく不十分な人	保佐人に、本人の（③　　　）のもと、申し立ての範囲内で家庭裁判所が審判で定める特定の法律行為に関する（④　　　）権が付与。日常生活に関する行為以外の民法に定める重要な一定の行為に関する同意権と取消権が付与。
補助類型	判断能力が不十分な人	補助人に、本人の同意のもと、申し立ての範囲内で（⑤　　　　　）が審判で定める特定の法律行為に関する（⑥　　　）権と同意権・（⑦　　　）権が付与。

◆任意後見制度

● 任意後見制度は、判断能力が衰える前に自分で友人や弁護士などを（⑧　　　　　　）として指定し、後見事務の内容を契約により決めておく制度で、任意後見人には（⑨　　　　）権を与えることができる。

②公証人が法務局へ後見登記を申請　登記

公証役場　　　　　　　　　　　　　　法務局

④監督

本人　①（⑩　　　）で任意後見契約　任意後見人　（⑪　　　　　　　　）人

③本人の判断能力が不十分になったとき、申し立てによって家庭裁判所が任意後見監督人を選任し、任意後見を開始。　⑤報告　③選任

④⑤任意後見監督人の報告により任意後見人に不正などがあった場合、家庭裁判所が任意後見人を解任することができる。

（⑫　　　　　）

用語

代理権
本人に代わってさまざまなことを行う権利。

取消権
本人が自ら行った契約でも、本人にとって不利益な場合には、取り消すことができる権利。

同意権
本人が行おうとしている行為について同意を与える権利。

市民後見人
親族や専門職以外の一般市民が成年後見人等となること。市町村は、後見、保佐、補助の業務を適正に行うことができる人材の育成・活用を図るために必要な措置を講じるよう努め、市民後見人養成のための研修の実施や体制の整備、家庭裁判所への後見候補者の推薦などを行っている。

NOTE

レッスン23 日常生活自立支援事業

1. 日常生活自立支援事業の実施体制

　日常生活自立支援事業は、認知症高齢者、知的障害者、精神障害者など判断能力が不十分な人が安心して自立した生活が送れるようその意思決定をサポートし、福祉サービス利用の援助などを行うもので、利用対象となるのは、**判断能力が不十分な人**であって、**事業の契約の内容**について**判断し得る能力**のある人です。

　実施主体は**都道府県社会福祉協議会**および**指定都市社会福祉協議会**、委託を受けた**市区町村社会福祉協議会**（**基幹的社会福祉協議会**という）です。基幹的社会福祉協議会には、初期相談から契約締結までを行う**専門員**と、具体的な支援を行う**生活支援員**が配置されます。また、都道府県社会福祉協議会には、第三者監視機関として**運営適正化委員会**が設置され、利用者からの苦情の受付から調査、解決を行うほか、事業全体の運営監視、助言、勧告を行います。医療・福祉・法律の専門家で構成される**契約締結審査会**も設置され、利用希望者の判断能力などについて審査などを行います。

2. 日常生活自立支援事業の利用

　利用希望者が基幹的社会福祉協議会などに相談（申請）すると、基幹的社会福祉協議会などは契約締結能力の有無について判断します。利用要件に該当すると判断されたら、**専門員**が医療・保健・福祉の関係機関との調整を行い、**支援計画**を作成して**利用契約を締結**します。計画に基づいて**生活支援員**が援助を行います（定期的に評価と見直しがされる）。

　支援内容は、①**福祉サービスの利用援助**（行政手続きに関する援助など）、②**日常的金銭管理サービス**（医療費や公共料金等の日常的な支払い手続き）、③**書類などの預かりサービス**（年金証書、実印、銀行印などの預かり）を基本として援助します。

　利用料は、実施主体が定め、利用者が負担します。ただし、契約締結前の初期相談などにかかる費用や生活保護受給者に対しては無料とするなどの配慮がなされています。

3. 介護保険の利用に関する具体的な援助

　介護保険制度の利用に関しては、①要介護認定等の申請手続き、②居宅介護支援事業者の選択・契約など諸手続き、③認定調査で本人の状況を正しく調査員に伝える、④介護支援専門員の居宅サービス計画等の作成に立ち会い、本人の状況を正しく介護支援専門員に伝える、⑤サービス事業者との諸手続き、⑥サービス利用料の支払い、⑦サービスの苦情解決制度の利用手続き、などについての援助が考えられます。

書いて覚えよう！

◆日常生活自立支援事業の実施体制

● 日常生活自立支援事業の利用対象となるのは、判断能力が不十分な人であって、事業の（①＿＿＿＿＿）の内容について判断し得る能力のある人である。

● 基幹的社会福祉協議会には、初期相談から契約締結までを行う（②＿＿＿＿＿）と、具体的な支援を行う（③＿＿＿＿＿＿）が配置される。

● 都道府県社会福祉協議会には、第三者監視機関として（④＿＿＿＿＿＿＿）が設置される。

◆日常生活自立支援事業の利用

利用希望者が基幹的社会福祉協議会などに相談（申請）。

→基幹的社会福祉協議会などが利用希望者の（⑤＿＿＿＿＿）能力の有無について判断。

→（利用要件に該当すると判断されたら）（⑥＿＿＿＿＿）が医療・保健・福祉の関係機関との調整を行い、（⑦＿＿＿＿＿）を作成して利用契約を締結。

→計画に基づいて（⑧＿＿＿＿＿）が援助を開始。

| サービスの内容 | 基本的なサービス | ①（⑨＿＿＿＿）サービスの利用援助（行政手続きに関する援助など）、②（⑩＿＿＿＿＿）サービス（医療費や公共料金等の日常的な支払い手続き）、③（⑪＿＿＿）などの預かりサービス（年金証書、実印、銀行印などの預かり）。 |
| | 介護保険の利用に関する具体的な援助 | ①（⑫＿＿＿＿＿）の申請手続き、②居宅介護支援事業者の選択・契約など諸手続き、③（⑬＿＿＿＿＿）で本人の状況を正しく調査員に伝える、④介護支援専門員の（⑭＿＿＿＿＿）等の作成に立ち会い、本人の状況を正しく介護支援専門員に伝える、⑤サービス事業者との諸手続き、⑥サービス利用料の支払い、⑦サービスの苦情解決制度の利用手続き、などについての援助。 |

用語

専門員
常勤職員で、原則として、高齢者や障害者などへの援助経験のある社会福祉士、精神保健福祉士などがあてられる。

生活支援員
保有資格の規定はなく、非常勤職員が中心となる。

NOTE

生活困窮者自立支援制度

重要度 **B**
学習日 ／／／

1. 生活困窮者自立支援法

　生活困窮者自立支援法は、2013（平成25）年に成立し、2015（平成27）年4月に施行されました。

　近年の長引く経済不況を背景に、生活保護受給者などの増加を踏まえ、**生活保護に至る前の自立支援策の強化**を図ること、また生活保護から脱却した人が再び生活保護に頼ることのないようにすることを目的にしています。

2. 生活困窮者自立支援制度の概要

（1）実施主体・対象者

　都道府県、市および福祉事務所を設置する町村が、実施主体となります。

　「就労の状況、心身の状況、地域社会との関係性その他の事情により、現に経済的に困窮し、最低限度の生活を維持することができなくなるおそれのある者」が、対象となります。

（2）事業内容

　事業内容には、必ず行う必須事業のほか、実施主体の判断で行う任意事業があります。就労準備支援事業と家計改善支援事業の実施は**努力義務**とされ、自立相談支援事業と一体的に行うこととされています。

①必須事業：**生活困窮者自立相談支援事業**（生活困窮者や家族などの相談を受けて、抱えている課題を評価・分析し、ニーズを把握して自立支援計画を策定し、計画に基づく支援を実施）、**生活困窮者住居確保給付金**（離職等により住宅を失った、またはそのおそれが高い生活困窮者に対して、原則として3か月間〔最長9か月間〕、家賃相当額を支給）

②任意事業：①**生活困窮者就労準備支援事業**（ただちに就労が困難な生活困窮者に対し、一般就労に向けた基礎能力の養成を計画的に行い、就労に向けて支援する）、②**生活困窮者家計改善支援事業**（家計の状況を適切に把握すること、家計の改善の意欲を高めることを支援し、生活に必要な資金の貸付けのあっせんを行う）、③**生活困窮者一時生活支援事業**（一定期間、宿泊場所や衣食の供与等、訪問による情報提供・助言など）、④**子どもの学習・生活支援事業**（生活保護受給世帯を含む生活困窮者の子どもに対する学習支援や生活習慣・育成環境の改善に関する助言など）、⑤その他の生活困窮者の自立の促進を図るために必要な事業

書いて覚えよう！

◆生活困窮者自立支援法

● 生活困窮者自立支援法の目的は、（① ＿＿＿＿＿＿＿＿）に至る前の自立支援策の強化を図ること、また生活保護から脱却した人が再び生活保護に頼ることのないようにすること、にある。

◆生活困窮者自立支援制度の実施主体

● 生活困窮者自立支援制度は、（② ＿＿＿＿＿＿＿＿）、市および福祉事務所を設置する町村が実施主体となる。

◆生活困窮者自立支援制度の事業内容

必須事業	生活困窮者（③ ）相談支援事業	生活困窮者や家族などの相談を受けて、抱えている課題を評価・分析し、ニーズを把握して自立支援計画を策定し、計画に基づく支援を実施。
	生活困窮者住居確保給付金	離職等により住宅を失った、またはそのおそれが高い生活困窮者に対して、原則として3か月間（最長9か月間）、（④ ）相当額を支給。
任意事業	努力義務	生活困窮者就労準備支援事業	ただちに就労が困難な生活困窮者に対し、一般就労に向けた（⑤ ）の養成を計画的に行い、就労に向けて支援する。
		生活困窮者家計改善支援事業	家計の状況を適切に把握すること、家計の改善の意欲を高めることを支援し、生活に必要な資金の貸付けのあっせんを行う。
	● 生活困窮者一時（⑥ ）支援事業：一定期間、宿泊場所や衣食の供与等、訪問による情報提供・助言など ● 子どもの学習・生活支援事業：生活保護受給世帯を含む生活困窮者の子どもに対する学習支援や生活習慣・育成環境の改善に関する助言など ● その他の生活困窮者の自立の促進を図るために必要な事業		

高齢者住まい法

重要度 C
学習日 / / /

1. 高齢者住まい法の概要

　高齢者住まい法は、高齢者向け賃貸住宅等の登録制度を設けるとともに、良好な居住環境を備えた高齢者向けの賃貸住宅の供給を促進するための措置を講じることで、**高齢者の居住の安定確保**をめざすことを目的としています。

　国土交通大臣と厚生労働大臣は、**基本方針**を定め、都道府県および市町村は、基本方針に基づき、**高齢者居住安定確保計画**を定めることができます。

2. サービス付き高齢者向け住宅の登録

　高齢者住まい法に基づき、2011（平成23）年に**サービス付き高齢者向け住宅**が制度化されました。サービス付き高齢者向け住宅として、**都道府県知事**（指定都市の長、中核市の長、以下、都道府県知事）に申請し、登録を受けた事業者は、建設・改修費に対して一定の補助を受けられるほか、税制上の優遇措置や住宅金融支援機構から融資を受けることができます。

　登録基準としては、次のようなものがあります。

①**入居対象**：単身高齢者、または高齢者とその同居者。高齢者とは、60歳以上、または要介護・要支援認定を受けている40歳以上60歳未満の者をいう。

②**構造・設備**：各居室の床面積は原則25㎡以上、構造・設備が一定の基準を満たすこと。**バリアフリー構造**であること。

③**サービス**：少なくとも**状況把握**（安否確認）サービス、**生活相談**サービスを提供。

④**契約内容**：書面による契約であること。居住部分が明示された契約であること。入居後3か月以内に契約が解除され、または入居者の死亡により契約が終了した場合に、家賃等の**前払金を返還**することとなる契約であること。権利金その他の金銭を受領しない（敷金、家賃、前払金を除く）など。

　サービス付き高齢者向け住宅を登録した都道府県知事は、必要に応じ、登録事業者またはサービスの委託を受けた者に対して、必要な**報告**を求めたり、登録住宅などへの**立入検査**、**改善指示**を行うことができ、また、その指示に違反した事業者等に対し、**登録を取り消す**ことができます。

> サービス付き高齢者向け住宅は、有料老人ホーム（地域密着型特定施設を除く）に該当すれば住所地特例の対象です。

書いて覚えよう！

◆高齢者住まい法

● サービス付き高齢者向け住宅の入居対象者は、単身高齢者、または高齢者とその同居者である。高齢者とは、60歳以上、または要介護・要支援認定を受けている（①＿＿＿）歳以上（②＿＿＿）歳未満の者をいう。

● サービス付き高齢者向け住宅は、（③＿＿＿＿＿＿）構造を有することが登録基準のひとつである。

● サービス付き高齢者向け住宅では、少なくとも（④＿＿＿＿）（安否確認）サービス、（⑤＿＿＿＿＿）サービスが行われる。

● サービス付き高齢者向け住宅では、契約で入居後3か月以内に契約が解除され、または入居者の死亡により終了した場合に、家賃等の（⑥＿＿＿＿）を返還することとされていることが必要である。

● サービス付き高齢者向け住宅では、（⑦＿＿＿＿）その他の金銭を受領しない（敷金、家賃、前払金を除く）契約であることが必要である。

● サービス付き高齢者向け住宅を登録した都道府県知事は、必要に応じ、登録住宅などへの（⑧＿＿＿＿＿＿）、改善指示を行うことができる。

● サービス付き高齢者向け住宅を登録した都道府県知事は、改善指示に違反した事業者等に対し、（⑨＿＿＿）を取り消すことができる。

用語

高齢者住まい法
正式名称は、「高齢者の居住の安定確保に関する法律」である。

NOTE

老人福祉法

重要度　C
学習日　／／／

1. 老人福祉法の目的

　老人福祉法は、老人の福祉に関する原理を明らかにし、老人の**心身の健康の保持**および**生活の安定**のために必要な措置を講じ、もって老人の福祉を図ることを目的として、1963（昭和38）年に制定されました。

2. 老人福祉法の事業・施設と介護保険法の関係

　老人福祉法に規定される**老人居宅生活支援事業**や**老人福祉施設**のサービスの多くが介護保険制度の保険給付として位置づけられ、利用者と事業者・施設との契約に基づき利用されています。

　しかし、介護保険制度の導入後も、やむを得ない事由がある場合は、老人福祉法において、市町村の**措置**によるサービス提供や施設入所が行われます。

　老人福祉法に規定されている施設には、次のようなものがあります。

①**養護老人ホーム**：65歳以上の者で、環境上の理由や経済的理由により、居宅において養護を受けることが困難な者を市町村長の**措置**により入所させる施設

②**特別養護老人ホーム**：65歳以上の者で、身体上または精神上著しい障害があるために常時の介護を必要とし、居宅においてこれを受けることが困難な者を措置により入所させ、または介護保険法の規定により入所させ、養護することを目的とする施設

③**軽費老人ホーム**：無料または低額な料金で老人を入所させ、食事の提供その他日常生活上の便宜の提供を目的とする施設

④**有料老人ホーム**：老人を入居させ、入浴・排泄・食事などの介護、食事の提供、その他日常生活上必要な便宜を提供する施設

⑤**老人福祉センター**：無料または低額な料金で、高齢者の各種の相談に応じるとともに、健康の増進、教養の向上およびレクリエーションのための便宜を総合的に供与する施設

⑥**老人介護支援センター**：地域の高齢者やその家族などからの相談に応じ、必要な助言を行うとともに、ニーズに対応した各種のサービス（介護保険を含む）が総合的に受けられるように、市町村や各行政機関やサービス実施機関、老人居宅生活支援事業者などとの連絡調整等を行う。

⑦**老人短期入所施設**：老人福祉法上の措置または介護保険法、生活保護法の規定により入所させ、養護することを目的とする施設

①、③、④は、介護保険法上の「特定施設」のひとつです。

書いて覚えよう！

◆老人福祉法

● 老人福祉法の目的は、老人の心身の（ ①　　　 ） の保持および（ ②　　 ） の安定のために必要な措置を講じ、もって老人の福祉を図ることにある。

■老人福祉法に規定されている施設

施設	内容
（ ③　　　 ） 老人ホーム	65歳以上の者で、環境上の理由や経済的理由により、居宅において養護を受けることが困難な者を市町村長の（ ④　　 ） により入所させる施設
特別養護老人ホーム	65歳以上の者で、身体上または精神上著しい障害があるために（ ⑤　　　 ） の介護を必要とし、居宅においてこれを受けることが困難な者を措置により入所させ、または介護保険法の規定により入所させ、養護することを目的とする施設
（ ⑥　　　 ） 老人ホーム	無料または低額な料金で老人を入所させ、食事の提供その他日常生活上の便宜の提供を目的とする施設
（ ⑦　　　 ） 老人ホーム	老人を入居させ、入浴・排泄・食事などの介護、食事の提供、その他日常生活上必要な便宜を提供する施設
老人福祉センター	無料または低額な料金で、高齢者の各種の相談に応じるとともに、健康の増進、教養の向上および（ ⑧　　　　　 ） のための便宜を総合的に供与する施設
老人介護支援センター	地域の高齢者やその家族などからの相談に応じ、必要な助言を行うとともに、ニーズに対応した各種のサービスが（ ⑨　　　 ） に受けられるように、市町村や各行政機関やサービス実施機関、老人居宅生活支援事業者などとの連絡調整等を行う。
老人短期入所施設	老人福祉法上の措置または介護保険法、生活保護法の規定により入所させ、（ ⑩　　　 ） することを目的とする施設

レッスン **27** **個人情報保護法**

1. 個人情報保護法の概要

　個人情報保護法は、個人情報の**有用性**に配慮しつつ、**個人の権利利益**を保護することを目的としています。個人情報等は、次のように定義されています。

①**個人情報**：**生存する個人**に関する情報であって、氏名や生年月日等により特定の個人を**識別**することができるもの、または**個人識別符号**が含まれるもの。

②**個人情報取扱事業者**：個人情報データベース等を事業の用に供している者。ただし、国の機関や地方公共団体、独立行政法人等は除外される。

③**要配慮個人情報**：人種、信条、社会的身分、病歴、犯罪の経歴、障害の有無など不当な差別または偏見が生じる可能性のある情報が含まれる個人情報。原則として取得の際は本人の同意を得ることが義務づけられている。

2. 個人情報取扱事業者の義務

①**利用目的の特定**：個人情報を取り扱うにあたり、その**利用の目的**をできるかぎり**特定**しなければならない。利用目的を変更する場合には、変更前の利用目的と関連性を有すると合理的に認められる範囲を超えて行ってはならない。

②**利用目的による制限**：特定された利用目的の達成に必要な範囲を超えて個人情報を取り扱う場合は、あらかじめ**本人の同意**を得なければならない。

③**不適正な利用の禁止**：違法または不当な行為を助長し、または誘発するおそれがある方法により個人情報を利用してはならない。

④**適正な取得**：偽りその他**不正の手段**により個人情報を取得してはならない。

⑤**利用目的の通知**：個人情報を取得した場合、あらかじめ利用目的を公表している場合を除き、すみやかにその**利用目的**を本人に**通知**、または**公表**しなければならない。

⑥**データ内容の正確性の確保等**：利用目的の達成に必要な範囲内において、個人データを**正確・最新の内容**に保つとともに、利用する必要がなくなったときは、個人データを遅滞なく**消去**するように努めなければならない。

⑦**安全管理措置**：取り扱う個人データの**漏えい**、**滅失**または**毀損**の防止その他の個人データの安全管理のために必要かつ適切な措置を講じなければならない。

⑧**漏えい等の報告等**：個人データの漏えい、滅失などが発生して個人の権利利益を害するおそれが大きいとされる場合は、個人情報保護委員会への報告および**本人への通知**を行わなければならない。

⑨**第三者提供の制限**：あらかじめ本人の同意を得ないで、個人データを第三者に**提供**してはならない（外国の第三者への提供についても同様）。

⑩**開示請求**：本人から個人データの開示を請求された個人情報取扱事業者は、遅滞なく、個人データを**開示**しなければならない。

書いて覚えよう！

個人情報保護法
正式名称は、「個人情報の保護に関する法律」である。

◆個人情報保護法の概要

● 個人情報とは、生存する個人に関する情報であって、氏名や生年月日等により特定の個人を（［①］　　　）することができるもの、または（［②］　　　　　　　）が含まれるものをいう。

● 個人情報取扱事業者には、国の機関や（［③］　　　　　　　）、独立行政法人等は除外される。

◆個人情報取扱事業者の義務

● 個人情報取扱事業者が個人情報を取り扱うにあたり、その利用の目的をできるかぎり（［④］　　　）しなければならない。

● 個人情報取扱事業者が特定された利用目的の達成に必要な範囲を超えて個人情報を取り扱う場合は、あらかじめ本人の（［⑤］　　　）を得なければならない。

● 個人情報取扱事業者が個人情報を取得した場合は、あらかじめその利用目的を公表している場合を除き、すみやかに、その（［⑥］　　　　　　）を本人に通知し、または（［⑦］　　　）しなければならず、利用する必要がなくなったときは、遅滞なく消去するように努めなければならない。

● 個人情報取扱事業者は、個人データの（［⑧］　　　　　　　）のために必要かつ適切な措置を講じなければならない。

● 個人データの漏えい、滅失などが発生して個人の権利利益を害するおそれが大きいとされる場合は、個人情報保護委員会への報告および（［⑨］　　　）への通知を行わなければならない。

● 個人情報取扱事業者はあらかじめ本人の（［⑩］　　　）を得ないで、個人データを第三者に提供してはならない。

● 本人から個人データの（［⑪］　　　）請求を受けたときは、個人情報取扱事業者は、遅滞なく、個人データを（［⑪］　　　）しなければならない。

NOTE

レッスン
28 育児・介護休業法

1. 育児・介護休業法の概要

　育児・介護休業法は、育児や介護を行う労働者が、仕事と家庭を両立できるように、また、そのことにより、福祉を増進し、日本の経済および社会の発展に資することを目的としています。

（1）育児休業制度

　育児休業は、基本的にすべての労働者を対象に、労働者が原則として**1歳**に満たない子を養育するために取得する休業です。原則として子が1歳に達する日までの期間に取得することができます（事情に応じ最長2歳まで延長可能）。また、一定の要件を満たし、父母ともに育児休業を取得した場合、育児休業の可能な期間が原則1歳から1歳2か月にまで延長されます（**パパ・ママ育休プラス**制度）。さらに、2022（令和4）年10月1日から**産後パパ育休**制度が始まり、男性労働者は子の出生後8週間以内に4週間までの育児休業を取得できることになり、また、育児休業の2回の分割取得も可能となりました。

（2）介護休業制度

　介護休業は、基本的にすべての労働者を対象に、労働者が**要介護状態**にある家族（配偶者〔事実婚含む〕、父母、子、配偶者の父母、祖父母、兄弟姉妹および孫）を介護するために取得する休業です。期間は、対象家族1人につき通算93日まで、3回を上限として分割取得できます。

2. その他育児・介護の支援策

　育児休業、介護休業以外に、①**子の看護休暇**（1年に1人〔小学校就学前の子〕につき5労働日まで）、②**介護休暇**（1年に1人〔要介護状態にある対象家族〕につき5労働日まで）、③**所定外労働の制限**（残業の免除）、④**時間外労働の制限**、⑤**深夜業の制限**、⑥**所定労働時間短縮のための措置**、⑦**不利益取り扱いの禁止**（育児休業、介護休業、①〜⑥についての申し出や取得を理由として、労働者に解雇その他不利益な取り扱いをしてはならない）、⑧**育児休業等に関するハラスメントの防止**（育児休業、介護休業などを理由とする、上司、同僚による就業環境を害する行為〔育児・介護休業などに関するハラスメント〕を防止するため、事業主は、労働者からの相談に応じ、適切に対応するために必要な体制の整備などの措置を講じなければならない）などの支援策を定めています。

書いて覚えよう！

用語

育児・介護休業法
正式名称は、「育児休業、介護休業等育児又は家族介護を行う労働者の福祉に関する法律」である。

◆育児・介護休業法の概要

● 育児休業は、基本的にすべての労働者を対象に、労働者が原則として（ ① ）歳に満たない子を養育するために取得する休業である。

● パパ・ママ育休プラス制度は、一定の要件を満たし、（ ② ）ともに育児休業を取得した場合、育児休業の可能な期間が原則1歳から1歳2か月にまで延長されるものである。

● （ ③ ）パパ育休制度は、男性労働者が子の出生後8週間以内に4週間までの育児休業を取得できるものである。

● 介護休業の対象となる家族は、配偶者（（ ④ ）含む）、父母、子、（ ⑤ ）の父母、祖父母、兄弟姉妹および孫である。

◆その他育児・介護の支援策

子の看護休暇	1年に1人（小学校就学前の子）につき（ ⑥ ）労働日まで。
介護休暇	1年に（ ⑦ ）人（要介護状態にある対象家族）につき5労働日まで。
不利益取り扱いの禁止	育児休業、介護休業、子の看護休暇、介護休暇、所定外労働の制限、時間外労働の制限、深夜業の制限、所定労働時間短縮のための措置についての申し出や取得を理由として、労働者に（ ⑧ ）その他不利益な取り扱いをしてはならない。
育児休業等に関するハラスメントの防止	育児休業、介護休業などを理由とする、上司、同僚による就業環境を害する行為（育児・介護休業などに関する（ ⑨ ））を防止するため、事業主は、労働者からの相談に応じ、適切に対応するために必要な体制の整備などの措置を講じなければならない。

NOTE

書いて覚えよう！ の解答

介護支援分野

レッスン1 ····················· P.21

①少子・高齢化　②後期高齢者　③6割　④認知症高齢者　⑤夫婦のみの世帯　⑥単独世帯　⑦介護保険制度

レッスン2（1） ················· P.23

①利用者　②社会保険　③医療保険　④悪化　⑤医療　⑥総合的　⑦効率的　⑧居宅　⑨要介護　⑩保持増進　⑪共同連帯　⑫負担

レッスン2（2） ················· P.25

①予防重視　②施設給付　③地域密着型　④地域包括支援センター　⑤認知症　⑥地域包括ケアシステム　⑦費用負担　⑧介護医療院　⑨共生型　⑩持続可能性　⑪3

レッスン2（3） ················· P.27

①努力義務　②認知症　③有料老人ホーム　④業務効率

レッスン2（4） ················· P.29

①全世代　②生産性の向上　③生産性の向上　④連携　⑤指定　⑥経営状況

レッスン3 ····················· P.31

①保険料　②現物　③金銭　④医療　⑤介護　⑥年金　⑦雇用　⑧短期　⑨地域

レッスン4（1） ················· P.33

①社会資源　②総合　③居宅介護支援　④

施設介護支援　⑤介護サービス計画　⑥連絡　⑦モニタリング　⑧相談　⑨介護支援専門員証

レッスン4（2） ················· P.35

①実務研修　②5　③更新研修　④信用失墜行為　⑤秘密保持　⑥都道府県知事　⑦指示　⑧命令　⑨業務禁止処分

レッスン5（1） ················· P.37

①保険者　②助言　③援助　④効率化　⑤生産性の向上　⑥認知症　⑦適合　⑧標準　⑨実情

レッスン5（2） ················· P.39

①被保険者　②種類支給限度基準額　③地域包括支援センター　④市町村介護保険事業計画　⑤第1号被保険者　⑥特別会計　⑦施設　⑧公表　⑨財政安定化基金　⑩都道府県介護保険事業支援計画

レッスン5（3） ················· P.41

①法令　②2　③調整交付金　④2　⑤医療保険料　⑥1　⑦特別徴収　⑧社会保障審議会

レッスン6（1） ················· P.43

①地域支援事業　②介護サービス　③協議　④3　⑤被保険者　⑥都道府県知事　⑦介護給付等対象サービス　⑧地域支援事業

レッスン6（2） ················· P.45

①厚生労働大臣　②市町村老人福祉計画

③一体　④市町村計画　⑤医療計画　⑥都
道府県高齢者居住安定確保計画

レッスン7（1）················ P.47

①65　②医療保険　③住民基本台帳　④
住所　⑤強制適用　⑥40　⑦65　⑧適用
除外施設

レッスン7（2）················ P.49

①発生　②遡及適用　③年齢到達　④1
⑤世帯主　⑥氏名　⑦要介護認定

レッスン7（3）················ P.51

①前　②最初　③介護保険施設　④A　⑤
A　⑥A　⑦全国一律　⑧要介護認定・要
支援認定　⑨市町村　⑩再交付

レッスン8 ····················· P.53

①市町村　②認定　③身体　④6　⑤介護
⑥精神　⑦6　⑧軽減　⑨悪化　⑩65
⑪要介護状態

レッスン9（1）················ P.55

①市町村　②全国一律　③コンピュータ
④介護認定審査会　⑤被保険者証　⑥医療
保険　⑦家族　⑧地域包括支援センター
⑨申請

レッスン9（2）················ P.57

①面接　②認定調査票　③市町村　④指定
市町村事務受託法人　⑤指定居宅介護支援
事業者　⑥基本調査　⑦主治医　⑧主治医
意見書　⑨二次判定

レッス10（1）················ P.59

①基本調査　②要介護認定等基準時間　③
食事　④間接生活介助　⑤徘徊　⑥医療

⑦樹形モデル　⑧5　⑨8　⑩介護認定審
査会

レッスン10（2）··············· P.61

①主治医意見書　②特定疾病　③再任　④
合議体　⑤条例　⑥種類　⑦保険給付　⑧
居宅サービス計画

レッスン11（1）··············· P.63

①介護認定審査会　②サービスの種類　③
被保険者証　④都道府県　⑤介護保険審査
会　⑥30　⑦30　⑧6　⑨申請のあった
⑩現物

レッスン11（2）··············· P.65

①60　②新規認定　③翌日　④変更認定
⑤申請　⑥介護　⑦申請　⑧12　⑨12
⑩36　⑪認定

レッスン12 ···················· P.67

①居宅サービス　②要支援者　③介護予防
支援　④条例　⑤1　⑥介護予防　⑦要支
援者

レッスン13（1）··············· P.69

①居宅介護サービス　②都道府県知事　③
居宅療養管理指導　④福祉用具　⑤居宅介
護福祉用具購入　⑥償還払い　⑦特定福祉
用具

レッスン13（2）··············· P.71

①指定地域密着型サービス事業者　②現物
③夜間対応型訪問介護　④18　⑤居宅
⑥通所　⑦認知症対応型共同生活介護
⑧29　⑨介護専用型特定施設　⑩看護小
規模多機能型居宅介護

解答

③生活機能　④目標　⑤主体的　⑥評価
⑦アセスメント　⑧サービス担当者会議
⑨地域包括支援センター

レッスン36（2） ⋯⋯⋯⋯⋯⋯ P.155
①利用者基本情報　②意向　③目標　④
サービス担当者会議　⑤評価　⑥基本
チェックリスト　⑦社会参加　⑧健康管理
⑨生活機能　⑩総合的課題　⑪セルフケア
⑫インフォーマルサービス

レッスン36（3） ⋯⋯⋯⋯⋯⋯ P.157
①専門的見地　②利用者　③個別サービス
計画　④報告　⑤定期的　⑥3　⑦介護予
防支援・介護予防ケアマネジメント経過記
録　⑧報告　⑨評価

レッスン37（1） ⋯⋯⋯⋯⋯⋯ P.159
①自立　②尊重　③市町村　④保健医療
⑤人権　⑥虐待　⑦介護保険　⑧100

レッスン37（2） ⋯⋯⋯⋯⋯⋯ P.161
①同意　②申請　③請求　④入院治療　⑤
身体的拘束　⑥高　⑦感染症　⑧防止

レッスン37（3） ⋯⋯⋯⋯⋯⋯ P.163
①居宅介護支援事業者　②従業者　③アセ
スメント　④計画担当介護支援専門員　⑤
サービス担当者会議　⑥モニタリング　⑦
再アセスメント

レッスン38 ⋯⋯⋯⋯⋯⋯⋯⋯ P.165
①尊重　②地域　③連携　④事故発生時
⑤身体的拘束　⑥受給資格　⑦申請　⑧地
域　⑨変更　⑩定員

レッスン39 ⋯⋯⋯⋯⋯⋯⋯⋯ P.167
①生活機能　②厚生労働省令　③居宅サー
ビス事業者　④居宅サービス事業者　⑤厚
生労働省令　⑥運営推進会議

解答

解答

福祉サービス分野

レッスン22 ‥‥‥‥‥‥‥‥ P.363

①代理　②取消　③同意　④代理　⑤家庭
裁判所　⑥代理　⑦取消　⑧任意後見人
⑨代理　⑩公正証書　⑪任意後見監督　⑫
家庭裁判所

レッスン23 ‥‥‥‥‥‥‥‥ P.365

①契約　②専門員　③生活支援員　④運営
適正化委員会　⑤契約締結　⑥専門員　⑦
支援計画　⑧生活支援員　⑨福祉　⑩日常
的金銭管理　⑪書類　⑫要介護認定等　⑬
認定調査　⑭居宅サービス計画

レッスン24 ‥‥‥‥‥‥‥‥ P.367

①生活保護　②都道府県　③自立　④家賃
⑤基礎能力　⑥生活

レッスン25 ‥‥‥‥‥‥‥‥ P.369

①40　②60　③バリアフリー　④状況把
握　⑤生活相談　⑥前払金　⑦権利金　⑧
立入検査　⑨登録

レッスン26 ‥‥‥‥‥‥‥‥ P.371

①健康　②生活　③養護　④措置　⑤常時
⑥軽費　⑦有料　⑧レクリエーション　⑨
総合的　⑩養護

レッスン27 ‥‥‥‥‥‥‥‥ P.373

①識別　②個人識別符号　③地方公共団体
④特定　⑤同意　⑥利用目的　⑦公表　⑧
安全管理　⑨本人　⑩同意　⑪開示

レッスン28 ‥‥‥‥‥‥‥‥ P.375

①1　②父母　③産後　④事実婚　⑤配偶
者　⑥5　⑦1　⑧解雇　⑨ハラスメント

·· Memo ··

難関試験突破を強力サポート!

2024年版ケアマネジャー試験対策書籍

合格に必要な知識を網羅したテキスト!

速習レッスン
B5判　2023年12月18日発刊

過去5年分を徹底解説!

過去問完全解説
B5判　2024年1月12日発刊

第26回もバッチリ的中!

2024徹底予想模試
B5判　2024年1月19日発刊

読んで書いて知識を定着!

書いて覚える! ワークノート
B5判　2024年2月9日発刊

絶対押さえる精選600問!

これだけ! 一問一答
四六判　2024年1月19日発刊

イラスト・図表で整理!

これだけ! 要点まとめ
四六判　2024年2月16日発刊

全体像を手軽に把握!

はじめてレッスン
A5判　2023年10月20日発刊

ユーキャン資格本アプリ

U-CAN 資格本

スマホアプリでいつでもどこでも!
好評の一問一答集がいつでもどこでも学習できるスマホアプリです!人気資格を続々追加中!

App Store／Google Playでリリース中!
詳しくはこちら(PC・モバイル共通)
http://www.gakushu-app.jp/shikaku/

◆ケアマネジャー 一問一答 2024年版
『ユーキャンのケアマネジャーこれだけ!一問一答』のアプリ版です。
復習帳、小テストなどアプリならではの便利な機能が盛りだくさん。

2023年12月末現在。書名・発刊月・カバーデザイン等変更になる可能性がございます。

●法改正・正誤等の情報につきましては、下記「ユーキャンの本」ウェブサイト内
「追補（法改正・正誤）」をご覧ください。
　　https://www.u-can.co.jp/book/information

●本書の内容についてお気づきの点は
・「ユーキャンの本」ウェブサイト内「よくあるご質問」をご参照ください。
　　https://www.u-can.co.jp/book/faq
・郵送・FAXでのお問い合わせをご希望の方は、書名・発行年月日・お客様のお名前・
　ご住所・FAX番号をお書き添えの上、下記までご連絡ください。
　【郵送】〒169-8682 東京都新宿北郵便局 郵便私書箱第2005号
　　　　　ユーキャン学び出版 ケアマネジャー資格書籍編集部
　【FAX】03-3350-7883
　◎より詳しい解説や解答方法についてのお問い合わせ、他社の書籍の記載内容等に関
　　しては回答いたしかねます。

●お電話でのお問い合わせ・質問指導は行っておりません。

本文キャラクターデザイン　なかのまいこ

2024年版　ユーキャンの ケアマネジャー　書いて覚える！ワークノート

2014年4月25日　初　版　第1刷発行	編　者	ユーキャンケアマネジャー
2024年2月9日　第11版　第1刷発行		試験研究会
	発行者	品川泰一
	発行所	株式会社 ユーキャン 学び出版
		〒151-0053
		東京都渋谷区代々木 1-11-1
		Tel 03-3378-1400
	編　集	株式会社 東京コア
	発売元	株式会社 自由国民社
		〒171-0033
		東京都豊島区高田 3-10-11
		Tel 03-6233-0781（営業部）

印刷・製本　望月印刷株式会社